# 日本瞥見記

## 異文化的觀察與愛戀

Glimpses of Unfamiliar Japan

05

小泉八雲

Lafcadio Hearn

# 目錄

# 序言

一八七一年，密福特（A. B. MitFord）先生在他的名著《古日本物語》序言中寫道：

「近來有關日本的著作，不是依據官方報告寫成，就是過客留下的走馬看花印象。日本人真正的生活為何，可說世人並不知曉。日本人的宗教、迷信、思考模式、刺激他們的內在原動力……，這一切依然被神秘的面紗覆蓋。」

密福特先生所言及的日本人生活，正是我得以窺知一二的「不為人知的日本面容」[1]。或許各位讀者會覺得我瞥見的太少而失望，然而我與日本人一起生活才四年多，即便積極努力地吸收他們的風土人情，畢竟我是外國人，總有一定的限制。要熟知如此不可思議的國家，四年遠遠不夠。本書尚有許多未達成的目標，還留下許多課題，關於這點，我本人比誰都深感惋惜。

本書觸及的日本民間信仰，特別是從佛教衍生出來的想法、奇異的迷信等，幾乎不為新日本知識階級所接受。已然西化的日本人有一項特徵，就是對抽象性一般概念及哲學性思考不表關心，除此之外，他們在知性方面，可說與有教養的巴黎人、波士頓人並無二致。今日的日本知識階級對超自然事物過度嗤之以鼻，對時下的宗教大事一概漠然置之，即便大學學過近代哲學，似乎也沒興趣研究其與社會學、心理學等學問上的關聯性，因為在他們眼中，迷信不過是迷信罷了，至於迷信與日本人情感上的關聯等，則無動於衷。

這是為什麼呢？原因不光是日本人有徹底的自知之明，更因為日本知識階級——雖說極其理所當然——至今仍莫名奇妙地對自己的古老信仰感到可恥。西方人多自稱不可知論者，認為人類的知識並非絕對，因此從西方人的觀點來看，既然已從遠比佛教更不合理的信仰中解放出來了，何不以回首的心情看待祖先那黯淡的神學觀？重理性的日本，直到近二、三十年才開始提倡不可知論，在此之前，他們在精神上之所以產生如此劇烈的變革，雖不能完全歸咎於今日上流階級對佛教的態度，但這的確是主因。今天，

1　編註：本書曾以《不為人知的日本面容》為名出版過節譯版本。

他們的態度依然近乎狹隘，連對有別於迷信的宗教尚且如此，對於談不上宗教的迷信更是頑固地全盤否定。

話雖如此，日本人生活上那無與倫比的魅力，不但全世界絕無僅有，也是在日本西化後的知識階級中見不到的。任何國家皆然，這種魅力僅存於代表該國美德的庶民中，僅在可喜的古老習俗、艷麗如畫的和服、佛壇與神龕、依然固守祭祖這項溫馨傳統的民眾中才看得到。如果一個外國觀察者能幸運地融入該生活並產生共鳴，即會發現那是一種永不厭膩的生活模式，甚至會衷心期望傲慢的西方文明能朝此方向進步。

隨歲月推進，你定能從日本人的日常中發現珍貴且超乎意料的美。當然，任何生活均有黑暗面，可比起西方，日本光明多了。日本人的生活中有缺點、有愚蠢，有惡劣也有殘酷，但越是仔細觀察，越能發覺其中存在過人的善良、堪稱奇蹟的韌性，以及未曾改變的殷勤、樸實的內在、和隨時為對方著想的貼心，在在叫人驚艷。

此外，從西方人更開闊的觀點來看，庶民生活中那些所謂的迷信，即便在東京等地遭到輕視，其實是希望、恐怖及善惡的體驗，是一種對解開靈界之謎所做的純樸的努力，是不成文字的文學片段，十分值得重視。而那些輕鬆又容易親近的迷信為日本人的生活增添多少趣味，只要身在其中並經常運用即可充分理解。迷信中也有少數是不吉利的，例如狐狸的惡靈等，但這類迷信已隨國民教育的普及快速消失中，不如說，大多數的發想都美麗得足與希臘神話匹敵，成為今日著名詩人想像力的泉源。

反之，有不少迷信是對不幸之人表達親切、對動物表達愛護，這些都是由可喜的道德觀產生出來的。家禽家畜與人親近，野生動物於人前亦不躁動。汽船入港時，成群海鷗如白雲般聚過來乞食；參拜者播撒米粒，鴿子便從寺院屋簷飛下來啄食。老式公園飼養的不怕人的鸛，神社中等待被人撫摸及餵食餅乾的鹿；人影一倒映水中，立即從蓮池探出頭來的魚……。這些美麗光景，全是從所謂的迷信衍生出來的，而這種想法，是以極單純的形式反覆闡釋「萬物一體」這個崇高真理的結果。再說，即便是其他荒誕得令人發噱的無聊迷信，只要持平看待，腦中應會浮現愛爾蘭歷史學家威廉·勒基（William Edward Hartpole Lecky）的這段話吧：

「希臘人有種盲目的『對諸神的怖畏』，而許多迷信恰恰是呼應這種認識而來，並且已對人類造成難以言喻的不幸。不過，不具這種傾向的迷信依然甚多。換言之，迷信並非反映出我們的恐懼心理而已，有些也在表達我們的希望。許多迷信係為符合我們內心深處的要求，使之滿足。若說理性是在判斷可能性、或然性，那麼迷信就是在為其真偽背書，或是成為想像力的活水泉源，有時，甚至會對道德真理下新的判斷。此外，有些欲求唯有迷信才能滿足，有些恐懼唯有迷信才得紓解，因此，迷信往往也是人類獲致幸福所不可或缺的。失魂落魄時、窮困潦倒時、人們最想獲得安慰時，迷信就能充分發揮力量。

「比起知識，人類更依賴幻想。相較於經過思考而多為批判性、破壞性的理性，具綜觀性、建設性的想像力對我們的幸福才更有貢獻吧。當人們真的不知所措時，比起裝腔作勢的哲學理論，粗野之人亦會於危險及窮途之際不假思索地緊握胸前的粗糙護身符，或是普遍認為同樣庇佑貧困人家的神明圖像，才能實際療癒人心。認為批判精神普及後，喜樂的信仰會全數留下，造成痛苦的信仰便會通通消失，這種想法太膚淺了。」

昔日西方諸國曾經執拗地散播一種殘酷的迷信，即是讓人們心中懷著永不寬恕的神祇以及永遠的地獄；如今這種迷信早被西方理性所唾棄。可我深感遺憾，近代日本的批判精神已經破壞了日本人純樸且幸福的信仰，取而代之的是，非但不對昔日西方這種做法加以抵抗，反倒間接予以支持。距今超過一百六十年前，德國博物學者恩格爾貝特・

坎普弗爾（Engelbert Kaempfer）這樣評論日本人：「在美德的實踐、潔淨的生活、信仰的禮儀方面，日本人遠遠凌駕基督教徒之上。」除了一些開港城市——日本原有道德被外國人嚴重侵犯之地——這句話可說仍適用在日本人身上。日本若是改信基督教，不得不說，在道德及其他方面不會有所斬獲，反而會失去許多。這是許多公平觀察日本的知識分子所發出的心聲，我也相信不疑。

一八九四年五月

於日本九州熊本

拉夫卡迪奧・赫恩（Patrick Lafcadio Hearn）

# 東洋的第一天

「對日本的第一印象，你要趕快寫下來。」來日本後不久，一位幸得相見且為人十分親切的英國教授如此建議。

「第一印象這種東西會隨時間消失，一旦消失就回不來了。你在這個國家，無論接下來獲得多麼不可思議的感動，都不會像第一印象那樣心動了。」

如今，我正想將當時匆忙寫下的筆記整理還原，果然強烈感受到，莫道什麼常駐心中的魅力，剩下的就僅有一時的記憶，全都消失在遺忘的彼方，再也想不起來了。

我原本決意從善如流，結果卻敷衍了事。來日本的最初幾週，根本無法閉門伏案，因為美麗的日本城市陽光燦爛，值得看、值得聽、值得感受的景象太多太多。然而失去的最初感動能夠全數被喚醒嗎？能夠進一步化為文字永久保存嗎？日本的第一印象彷彿香水，非但捉摸不住，甚且善變啊。

那麼，就從我搭人力車自橫濱的外國人居留地踏入日本城市時說起吧。但願我能將腦海中的記憶逐一寫下來。

## 一

第一次搭乘人力車於日本大街上奔馳，這樣的旅行十分愉快、充滿驚奇。無論去哪裡，我都只能拼命對車伕比手畫腳，卻無法達到溝通效果，這種體驗美妙得難以形容，比什麼都新鮮，因為我終於首度抵達東洋，踏上僅於文字世界認識的、長年在夢中見到的極東國土。

我在這裡，正親眼捕捉這個未知世界。可即便我很清楚這項事實，依然有點茫茫然，那天非比尋常的神奇之美，令我的意識也不尋常。富士山上白雪皚皚，從山頂吹來陣陣涼颼颼的春風，如此早晨，空氣中有著無法言喻的魅力。此魅力與其說來自清晰的色調，毋寧說來自溫柔的透明感。澄澈異常且稍微偏藍的透明感，讓遠方景物一清二楚。陽光煦暖怡人。無法想像有小型車坐起來如人力車這樣舒服。而且，隨著穿著草履的車伕移動而搖晃、從狀似香菇的斗笠下瞥見的街道景緻，絕對百看不厭，令人浮想連翩。

左看右看，都活像個小精靈之國。人也好、物也好，全都嬌小玲瓏，奇特又神祕。

覆蓋藍色屋頂的小屋、掛著藍色暖簾的小店，站在前面穿著藍色和服的嬌小店員笑容可掬。而打破我幻想的，是時不時擦身而過的高大外國人，以及各式店家的英文招牌。但這種礙眼之物只會強調出現實感，絕對無損趣味小路的魅力。

放眼所及，旗幟翻飛，藏青色暖簾搖曳。我看著上面優美的假名及漢字晃動得好神祕，起初只覺得這種奇妙的混亂倒叫人開心。感覺不到街上的建築與裝飾有何一目瞭然的法則，似乎每棟建築皆獨樹一格，沒有兩兩相似的，全都新穎到令人困惑。

不過，逛了一小時左右，還是能大致窺得幾項特徵：低矮、輕巧、奇妙的「切妻造」木造建築幾乎未上漆；一樓大門全部面對馬路；每家店面上方皆有一道細長屋頂斜斜突出以便遮陽，後端則連接到有紙格門的二樓小簷廊。

我也漸漸看出小店鋪的端倪了。無論哪家店都在高於路面處鋪設榻榻米，招牌文字多半縱寫，若非寫在布上隨風如波浪起伏，就是寫在金色木板上熠熠生輝。和服多為藏青色，而這種藏青色也被大幅應用在暖簾上，當然，明亮的藍、白、紅等其他色彩零星可見，但看不到綠色和黃色的。此外，店員的衣服上也有和暖簾一樣的美麗文字。再精心的設計，也設計不出這般意趣吧。雖說這是為了裝飾而加上去的，但這些表意文字散發出無意義圖案絕對表現不出來的美感，而且極為均整。員工背上（為了顯示穿著該工作服的人隸屬哪家店或哪個單位）有藍底白字，寫著再遠也瞧得一清二楚的大字，這麼一來，廉價衣服都增添手工的光彩了。

就這樣，在我為各式各樣的不可思議而困惑時，終於彷彿天啟般靈光乍現。原來，名畫似的街肆之美，幾乎是由裝飾於各種器物上——從門口側柱到紙格門——的無數白、黑、藍、金色漢字及假名所形成的結果。或許，在你腦中會掠過一幅由英文字代替這種魔力文字的想像。但倘若你多少具備一點審美觀，就會對這種想法不寒而慄，並會同我一樣，無法原諒「日本羅馬字協會」這個討厭的功利主義團體——誰叫他們想把羅馬字母導入日語中。

## 二

表意文字在日本人腦中的印象，與西方人腦中那種無聊、僅為音聲記號的字母組合並不相同。對日本人而言，文字是有生命的圖畫。表意文字是活的，它們會說話。而且，日本的大街小巷充滿了吸引你目光、像人一樣微笑或蹙眉的鮮活文字。

這些文字與西方那種感覺不到生命力的文字有何差別，唯有曾經住在這個極東之地的人才能明白。即便是日本的假名或由中國傳入的漢字，只要變成印刷文字，便無法期待它能擁有裝飾性碑文、雕刻，乃至一般廣告用手寫字體的美感了。這些文字絲毫沒有限制住書法家、設計家創意的嚴格規範，全是為了追求優美字形切磋琢磨而來的。況且，這些都是藝術家們自遠古時期跨越數個時代的爭鋒，歷經幾世紀不斷努力研究後，才由原始的象形文字及表意文字，發展至難以名狀的美的境界。

文字雖是一筆一畫的組合，但每一筆畫中，皆蘊藏著氣質、勻整、微妙曲線等難以明示的祕技。這樣的文字才有生命力，同時也是書法家在電光石火般寫就的瞬間，依然從第一筆至最後一畫毫不輕忽地摸索理想字形的證據。

然而，運筆技巧並非一切。一點、一畫的組合之妙才是魅力所在，連日本人也多為這種精彩的組合之妙傾倒。思及日本文字所特有的個性、生氣、深奧的一面，便能領悟部份關於書法的傳說，例如聖人所寫的文字會從匾額走出來與人對話等，而不感到離奇了。

## 三

我的車伕自稱「阿茶」。他的裝扮是這樣的：頭戴一個如巨大香菇般的白色斗笠，身披一件短式藍色外衣，袖口很寬，下半身穿著一件長及腳踝、如同緊身褲般的藍色長褲，赤腳纏著棕櫚草鞋。毫無疑問，他是一位具備忍耐、堅毅、善於抓住客人的典型車伕。證據則是他讓我付出超過法定金額的車資。儘管有人一再忠告，但我無法不給他額外的小費。在車轅之間快速奔馳，在我面前絕不顯露疲憊地上下搖晃數小時。第一次見到這種取代馬匹的人，怎能不寄予憐憫呢？

況且，這位車伕懷抱著他的希望、記憶、情感與理想，若他時而露出親切笑容，對我的一點點善意報以莫大的感激之情，我的憐憫便會轉為同情且不自覺地將自己置於一旁。當然，和那汗流浹背的身影也有關係。我擔心他會不會心跳過快、抽筋，也擔心他會不會畏寒、充血、罹患胸膜炎。阿茶的衣服濕透了。他用一條小小的天藍色手巾擦汗。手巾上有麻雀停在竹枝上的圖案，但圖案褪色了。擦完後，阿茶將手巾纏在手腕上，繼續奔跑。

對於阿茶這樣的一個人——而非人力——他所吸引我的東西，我從無數看我們跑過這條小路的人們臉上也陸續感受到了。說不定這天早上的印象之所以特別開心，就是因為我感受到人們眼中有著驚人的溫柔。大家的目光充滿好奇，但毫無不悅，更別說是敵對了，大多數人都對我投以微笑或開懷的笑靨。

若你初次造訪這個國家，親眼見到如此體貼的好奇眼光與笑容，肯定覺得像是走入童話世界般。或許這種形容太過稀鬆平常，令人生厭，因為眾人對此地的第一印象，便是異口同聲地表示，日本是個童話王國，日本人是住在童話王國裡的人。畢竟大家從未描述過這個幾乎不可能被正確描述的世界，只能形容得千篇一律也無可厚非吧。一個所有東西都比我的生活圈更小、更美的世界；一個人數較少、人們態度親切、彷彿祝我好運般對我微笑的世界；一個所有動作皆溫文爾雅，所有聲音都低緩輕柔的世界；一個大地、生物、天空全是我前所未見，宛如仙境般的世界……。我就突然闖進這樣的世界來了。若是從小聽英國民間故事長大而想像力豐富的人，肯定錯以為闖入兒時夢中的精靈王國了。

## 四

身為一名旅人，突然造訪一個正處於社會變革中的國家，特別是從封建社會時代邁向民主社會時代的國家，很難不為美麗事物的衰退與醜陋事物的抬頭而皺眉吧。接下來在日本，肯定會目睹這種情形，可這一天，我在洋溢異國風情的街道上，看到的盡是新舊完美交融、互相映襯的景象。

混合漢字、假名且以紙張印刷的世界新聞，透過一整排矮小的白色電線桿對外傳播；在某間茶屋內的象牙按鈕電鈴旁，張貼著難以理解的東方文字；佛像店旁邊是販賣美製縫紉機的店；草鞋店隔壁是照相館。全無明顯的違和感。西洋的技術革新被分別放進東洋的畫框裡，而且每幅畫都十分協調，別具風情。

對一名異國訪問者而言，東洋的第一天，老舊也顯得新鮮，各種事物盡皆引人注目。只要是日本風格的東西，全都細致且美得無與倫比。隨處可見裝在印上小小圖案的紙袋中的木筷、用印上三色文字的紙張包起來的櫻木牙籤，就連人力車伕擦汗使用有著麻雀圖案的天藍色小手巾，都讓人不覺讚歎。紙幣亦然，極普通的銅板也是，全都美極了。店員為你所購之物所綁上的彩色絲繩也都非常可愛。稀奇的、別緻的東西實在太多，多到令人不知所措。不論眼睛往哪看，總有還沒見過的東西接二連三映入眼簾。

話雖如此，可苦了我的眼睛，因為一旦瞧見了，不買怎麼行？倒不是真的非買不可，但店員對著我笑瞇瞇，同一種商品拿出不同款式給我看，每一個都那麼叫人愛不釋手，下場就是全都想要，只得怕自己衝動買下而逃之夭夭。其實店員不會要求你購買，可當不敵引誘而買下第一個，就煞不住車了。便宜是破產的致命吸引力。不買不行的便宜藝術品在這裡無窮無盡，連可橫渡太平洋的最大型汽船，也裝不下我想入手的東西吧。

這種事或許難以承認，搞不好你打從心底想要的，並不是擺在店裡的商品，而是那家店、那家店的店員，包括暖簾、居民在內的一整條商店街；甚至是整座城市、海灣、包圍城市與海灣的群山、朗朗晴空中富士山那清麗的盈白山頂吧。事實上，魅力十足的樹木、晶瑩剔透的空氣、所有的都市、街道、寺院，以及全世界最最可愛的四千萬日本國民，我都想一起買下，我想買的是一整個日本啊。

我想起一個實利主義的美國人說的話。他在聽到日本發生大火後說：「啊，沒問題的，日本人蓋房子便宜得很。」民眾那脆弱的木造家屋的確花不了什麼錢，也能立刻重建，可是，原本房子裡的美麗便再也回不來了。如此一想，認真覺得無論哪種火災，對藝術而言均是悲劇。正因為這個國家的各種器物都是純手工製造，悲慘尤甚。這裡的機器（為因應各國需要，為配合低俗市場而製造低俗產品的情況除外）還不至於製造出便宜貨常見的一致化，以及僅求實用而產生的醜陋。工匠及職人製作的產品全都與他人不同，即便同為自己的作品也各自有各自的模樣。因此，每當有個美麗的產品因火災而報銷時，就表示有個絕無僅有的意匠消失了。

可喜的是，在這個火災頻仍的國家，追求藝術的衝動蘊藏著強大生命力，使它透過世世代代的藝術家倖存下來，因此，面對將名作摧毀殆盡的火燄，它依然勇敢對抗。意匠這種東西很有意思，即便表現意匠的作品消滅了，經過一世紀之久，仍能透過不同的創作形式再次甦醒。儘管形貌改變，依然能輕易判別出這是汲取昔日思想脈絡的作品。

藝術家都是受靈魂主宰的職人。並非藝術家本人歷經漫長歲月的摸索、透過各種犧牲而學會高水準的表現。過去的犧牲已內化成身體的一部分，技藝早已繼承。他們的手指，在靈魂的主宰下，一筆一筆勾繪出飛鳥、山嵐、暮色晨光、枝椏與春花爛漫。承襲自幾代傑出職人的扎實功夫，會在今日一位藝術家的傑作中甦醒。那些早期下意識付出的努力，幾世紀後已然無意識，變成對今日作家而言幾乎是反射性的直觀藝術了。因此，當初以低價售出的葛飾北齋與歌川廣重的彩色浮世繪版畫，可謂真正的藝術，這點是許多足以買下整座日本城市的天價西洋畫所無法比擬的。

## 五

葛飾北齋版畫上描繪的人們，正在眼前的馬路上來來往往。身披蓑衣、頭戴香菇型大斗笠、腳纏草鞋的農民，外露的手腳因風吹日曬而黝黑。表情堅忍的母親揹著笑瞇瞇的光頭嬰兒，拖著木屐（一種行走時會發出噪音的高跟木鞋）散步。穿著寬鬆和服的商人，在店內無數我不認識的商品圍繞中，盤腿而坐，吸著銅製烟斗。

此時，我發現這些人的腳全都小巧玲瓏。無論農民那黝黑的赤腳，或是拖著小木屐的兒童的腳、套上白色足袋的女孩們的腳，全都一樣袖珍可愛。足袋類似大拇趾和其他四趾分開的白色襪子，可說與牧神弗納斯的白色蹄腳相當，讓純白的腳下增添神話風味。無論穿什麼或是什麼都不穿，日本人的腳都散發出古典的勻整之美，尚未被西方那種因醜化雙腳而惡名昭彰的鞋子給扭歪。

不論哪種日本木屐，走起來都是卡啷、叩隆地左右發出不同聲響。因此行人的足音，聽起來就像反覆發出「卡啷、叩隆」的二拍子節奏。尤其走在鐵路車站這類地面經過鋪設的地方，聲音更加響亮。有時我在人潮中，會聽見彷彿眾人故意發出整齊畫一且拖長的木頭聲響，非常滑稽。

## 六

我不得不返回西式風旅店了。不是因為午餐，老實說，我連吃午餐的時間都捨不得浪費，只因為我無法讓阿茶明白我想去寺廟。經過一番折騰，阿茶終於明白，真多虧旅店主人用咒語似的語言為我發聲。

「tera e yuke!」（去寺廟！）

「tera e yuke!」

我們在有庭園、有豪華但不美觀的西洋建築並立的大馬路上跑了幾分鐘，穿過架在運河上方的橋樑。運河上有幾艘船首尖尖的、以糙葉樹製成的小舟，形狀很特別。接著，車伕再次跑進狹隘、有著整排低矮房子、整潔又明亮的馬路。另一幅日本街景於眼前展開。二樓比一樓小一點，呈方舟型的小屋排了好幾排。阿茶全速奔馳，跑過這些小屋及陌生小店。店鋪上面大多有向下傾斜直到二樓紙拉窗處的藍色瓦片屋頂。

每家店面都掛著藏青色、白色或深紅色暖簾。約三十公分寬的暖簾布上，藍底白字、黑底紅字、白底黑字地染上曼妙的日本文字。如夢般倏忽穿過去了。我們再次越過運河，筆直跑進通往小山丘的小路。突然，阿茶在一處又寬又高的石階前停下，將車轅棒放到地面讓我下車，指著石階叫喊一聲：

「tera!」（寺廟！）

我下車，爬上石階。走到開闊的台地便望見雄偉大門，上面是反弓且前端尖翹的中國式屋頂。處處皆是不可思議的雕刻。大門敞開，上方的格窗雕著盤龍。門板上也有一模一樣的雕飾。怪獸般的獅子頭像從屋簷突出。整體呈石灰色，但我怎麼也不認為那些雕刻品是作為雕像固定在那裡的。龍蛇雕刻宛如打轉的漩渦般成群翻騰，彷彿一躍而出。

回頭一瞥，莊嚴的天光中海天一色，淡藍如澄。眼下，妙不可言的偏藍色屋頂，從右側的平靜水灣，波波相連到接壤城市兩端的深綠色山丘下。半圓型綠色山丘對面，看得到一片鋸齒狀山頂的藍色剪影。還有，那些山稜線的上空，巍峨聳立著一幅筆墨難以形容的幻影。

那座孤立的雪之高嶺，是一幅薄靄輕覆的絕景，白得似可洗淨人心。若不認識這座自太古時代便為人熟悉的輪廓，肯定錯看成雲吧。山麓部分與天色爽快交融，分辨不清。雪線以上那如夢似幻的尖峰，彷彿懸於光輝的天地之間。這正是神聖不二的靈峰——富士山。

猛地，站在雕刻駭人的正門前，我感受到一陣衝擊。該說是夢嗎？疑念嗎？總之不可思議。彷彿那些石階、群龍盤旋的門、將一波波屋頂包在裡面的藍天、美麗如幻的富士山，以及映在灰色石階上的我的陰影，都將不久後消失無蹤。怎麼會湧現這種感覺呢？一定是眼前這些東西：彎翹的屋頂、盤繞的龍、中國風的怪獸雕刻，其實並非初見，而是曾在夢中見過了。一定是親眼目睹這些東西後，喚醒了早已遺忘的幼時繪本的記憶。

不過，那種幻覺很快消失，我又回到現實的詩意世界中。遍及遠方的奇異透明感、眼前光景的絕妙色彩搭配、碧澄澄的夏季天空高度、日本陽光那純白柔和的魔力……。這些全都成為無比新鮮且賞心悅目的記憶，於我胸中甦醒。

## 七

繼續爬上石階，到達同樣有著滴水嘴獸和群龍的第二道門。穿過門扉，信徒捐贈的優雅石燈籠如紀念碑般豎立著，左右各有一隻又大又怪的石獅子——佛陀的獅子——雌雄並立。再往前是細長質樸的建築，上方為翹曲的切妻造青瓦屋頂，入口有三段木階，兩側是簡樸的紙格門。這就是寺廟。

我在木階上脫鞋。一名年輕男子悄悄走到關閉的入口格門旁，畢恭畢敬地行禮表示歡迎。我走進去，腳掌感受到厚榻榻米那如棉被般的溫柔。眼前是一個寬敞的四方型房間，瀰漫著我沒聞過的甜香。那是日本線香的香氣。不過，從耀眼的太陽下突然走進來，透進格門的日光宛如月光般幽暗，瞬間，除了昏暗中微微閃爍的金光，我什麼都看不見。

待眼睛稍微習慣後，我才看見圍著內殿三個方向的格門上，有一大朵花的落影。走近一看，是紙花。那是佛教的蓮花，色彩明艷。外捲的葉子，表面是金色，背面是明亮的綠色。面對入口正面的最深暗處有佛壇。豪華且位置高出一階的佛壇上，有個小小的金色佛龕，左右裝飾成串的青銅或金色佛器。看不到本尊。但有個磨得光亮的金屬製品——我沒見過這種形狀——神祕地浮現在佛龕與佛壇後面的陰暗處。我無法分辨那是更後面的另一處空間，或者就在內殿裡。

為我導覽的年輕男子走過來。叫我驚訝的是，他指著佛壇上眾多燭台間一個裝飾豪華的鍍金物品，以漂亮的英文說道：

「那就是佛龕。」

「我想供養佛菩薩。」我提出請求。

「沒必要的。」男子彬彬有禮地笑著回答。

不過，我表示一定要供養後，他就為我將小小的供品放在佛壇上，然後帶我到本堂旁邊他的房間去。那是一間明亮的大房間，沒有家具，地面鋪設整潔的榻榻米。我們席地交談。這名男子是寺廟的學生。他的英語是在東京學的，有些怪腔怪調，但遣辭用字很正確。最後，他問我：

「你是基督徒？」

我老實回答：

「不是。」

「是佛教徒嗎？」

「不，也不算。」

「那麼，既然你不信佛，為什麼要上供？」

「因為我很尊敬佛陀教義的美，以及佛教徒的信仰。」

「英國和美國也有佛教徒嗎？」

「至少很多人對佛教哲學感興趣。」

於是，他從壁龕拿出一本小冊子給我，說：「請看。」是奧爾科特（Henry Steel Olcott）所著《佛教教義問答》（*Buddhist Catechism*）的英文本。

「為什麼你們的寺廟沒有佛像？」我問。

「佛壇的佛龕裡有一尊小佛像。」男子回答。

「佛龕現在關著。我們寺院有幾尊大的佛像，但不是每天對外展示，只在特別的祭祀日才開放參觀，其中有些一年只開放一兩次而已。」

自我所在處，可以從打開的格門之間，看見善男信女走上木階的情景。他們在寺廟的入口前就下跪禮拜。懷著純真的歸依之心自然下跪，這樣的身影非常典雅。相較於日本人，前來寺廟的西方人動作太笨拙，甚至有點冒犯的感覺。有人只是雙手合十，有人緩慢地大聲拍手，低頭，默禱片刻便抬頭離去。這種短暫的祈禱方式反倒新鮮而令人印象深刻。入口處有個大型的木製賽錢箱，時而傳來投入銅板的咚咚聲。

我回頭問那名男同學：

「為什麼祈禱之前，他們要拍手三下呢？」

他回答：

「拍三下是因為天、地、人三才。」

「日本人召喚神佛時，也像召喚傭人那樣拍手嗎？」

「不，不是的。」他解釋：

「拍手表示從長夜夢中醒來[1]。」

「什麼樣的長夜？什麼樣的夢呢？」

1 這個解釋應該有誤。由於是首次聽到這種說法，因此特別好奇。嚴格來說，到寺院參拜不能拍手，只要輕輕雙手合十。到神社參拜的話，通常是拍手四次。

他遲疑了一下，如此回答：

「佛陀開示，一切眾生只是在這個不幸的無常世界中做夢罷了。」

「這麼說，拍手表示要在祈禱時讓靈魂從夢中清醒囉？」

「沒錯。」

「我說的『靈魂』，你知道是什麼意思嗎？」

「當然知道。佛教徒相信靈魂不論在過去或未來，都是永遠存在的。」

「連涅槃也是？」

「是的。」

就在這樣的持續交談中，一位年邁住持帶著兩名年輕法師進來。男同學介紹我時，三位法師深深行禮致意，讓我看見剃得十分光亮的頭頂。他們如佛菩薩那樣盤腿而坐。仔細一看，三人都不笑。這是我第一次看見沒有笑容的日本人。雖然面無表情宛如雕像，但是，當男同學翻譯他們的問題，以及我針對《東洋聖典叢書》（*Sacred Books of the East*）中的經典翻譯，還有英國學者貝爾（Samuel Beal）、法國學者比爾努夫（Eugene Burnouf）、費赫（Feer）、戴維斯（Davids）、克恩（Kern）等人的力作表達我的看法時，他們用細長的眼睛一直盯著我，五官動也不動地傾聽。男同學翻譯完我的意見，他們聽了連一句反應都沒有。這時候，茶端上來了，我的前面放了一只小茶碗，用蓮葉形的黃銅茶托盛著。然後，他們請我品嘗小點心，上面印著在古印度被當成法輪符號的「卍」字。

待我起身準備離開，他們也都站起來。走到木階時，男同學問了我的姓名及住所。

「其實，我們不會在這裡見面了，因為我就要離開這間寺院。不過，我會去拜訪你。」他補充說。

「你的名字是？」

「請叫我『阿明』。」他說。

到了門口，我行禮道別。他們也都深深行禮致意。一人頂著青黑色的頭，另三人的頭則如象牙般閃閃發亮。我離開時，臉上浮現微笑的，只有阿明而已。

## 八

「廟嗎？」阿茶問我，手上拿著巨大的白色斗笠。我已經坐進停在石階下方的人力車中。他應該是在問我還想不想看寺廟吧。一點也沒錯。因為我還沒見到佛像。

「對，阿茶，去寺廟。」

就這樣，眼前再次展開由奇特的店鋪、傾斜的屋簷、隨處可見的不可解文字等所構成的長幅全景圖。阿茶正在往哪個方向跑，我全然不知，只知道馬路越來越窄，有些房子看起來像樹枝編成的大鴿籠，並且穿過了幾座橋。

馳騁一陣後，人力車再次於另一座山丘底下暫停。這裡也一樣，石階通向高處，前方有一座如門一般，又像是某種象徵性的建築巍然而立，但與從前見過的寺廟山門大異其趣。令我驚訝的是，其輪廓乾淨俐落，沒有任何雕刻、顏色及文字，卻莊嚴得不可思議，散發不明所以的美。它就是鳥居。

「宮。」阿茶說。這次我們造訪的不是寺廟，而是祭祀日本古代信仰之神的神社，也就是宮。

我站在象徵神道的鳥居前面。過去僅在圖畫上見過，這是首次親眼目睹。對於從沒在照片或圖畫上見過鳥居的人，我該如何解釋才好？如門柱般聳立的兩根圓柱支撐著兩根水平的橫木；下方的橫木比上方的小，兩端嵌在圓柱頂端往下一點的地方；上方的大方形橫木就架在圓柱頂端，左右大幅外突。這就是鳥居。建材有石頭、木頭或金屬等不同，但構造大致沒什麼兩樣。

不過，光這樣並不能正確形容出鳥居的外觀、威嚴，以及作為一座門的神聖姿態。第一次看見雄偉鳥居的人，或許會把它想像成一個頂天立地、優美而龐大的漢字模型，因為鳥居的線條富有表意文字的生動，那大膽的角度與曲線，彷彿是大書法家揮動四筆寫出來的[2]。

穿過鳥居，爬上感覺有一百階那樣高的石階後，見到第二座鳥居，下段橫木繫著神祕的注連繩。這裡的注連繩全部是由直徑五公分的麻繩編織而成，且兩端如蛇尾般變細。如果鳥居本身為青銅製，注連繩也可能是青銅製的，但遵循傳統的話，就會用稻草製作，而這種也最常見。

根據貝西・霍爾・張伯倫[3]教授翻譯的神道古代神話，當怪力神「天手力男命」將

2 許多作家承襲學者薩道義（Ernest Mason Satow）的說法，在著作上寫道，鳥居是讓公雞站在神社前「不是作為供品，而是報曉」的木架。根據這一派大師的說法，鳥居語源為「鳥之居（場所）」。不過，也有具同樣權威的學者，例如威廉・喬治・阿斯頓（William George Aston），認為鳥居只是單純「門」的意思。請參考張伯倫教授的《日本事物誌》（*Things Japanese*）第四二九、四三〇頁。

太陽女神「天照大神」從天岩戶引出來後，「大玉命」立刻貼上稻草繩，這就是注連繩的由來。此外，如果是造型簡樸的注連繩，就會在一定的間隔處垂吊繩穗。注連繩原本就是將稻草連根拔起後直接扭編出來的，繩穗就是沒被扭編到而露出來的稻根部分。

鳥居對面，有一片像是山丘公園或遊樂場的空間。右側有一間小佛堂，但大門深鎖。我往前走。因為常在書上讀到「神社是蛻皮的殼而叫人失望」這類文字，因此我想，就算神主不在也沒什麼好後悔的。再說，我的心被眼前景象釘住了。那是被美得無法言喻之物所覆蓋住的櫻花樹叢。每一根枝椏上，全都開滿如夏季積雨雲般的純白櫻花，繽紛得令人目眩。樹下的地面上、我眼前的小徑上，盡是香氣盈人的溫柔花瓣，積出一片厚厚的白雪。

這幅美景前方，有個將小祠堂圍起的花園，還有一個聚集了龍與神話怪獸的奇異岩穴。盆栽小樹、迷你小湖、用放大鏡才看得清楚的小橋流水盆景。還有兒童專用鞦韆。山丘稍遠處有個瞭望台，可以遍覽市街美景、漁舟點點的靜謐海灣，以及遠方海面上的山岬，宛如用藍色鉛筆上色般，朦朧之美筆墨難以形容。

為何日本的樹木美成這樣？在西方，梅花、櫻花開了也不致叫人如此驚艷。可在這裡，面對這般奇蹟美景，我只能一再目眩。不論你讀得再多，當親眼目睹，依然只會瞠目結舌。不見一片葉子。那裡，唯有讓你彷彿看見一大片薄靄般的花之煙霞而已。

在這個諸神之國，樹木獲得人們的喜愛與呵護，因此樹有樹靈，樹木會像可愛女孩般越長越美麗，這是在表達對人們的感謝吧。毫無疑問，樹木以它的美麗擄獲日本國民的心，一如擄獲美的奴隸般。有個立牌用英語寫著：「禁止傷害樹木。」既然樹立這個牌子，可見一定有野蠻的外國旅客來過。

## 九

「廟？」

「是的，阿茶，去寺廟。」

可不一會兒，才剛通過純日本風的街道，房子便零零星星地散布在山丘下了。再穿過一個小山谷，房子更加稀落，終於消失在我的背後。人力車奔馳在可俯瞰海面的蜿蜒曲徑，右側是坡度極大的綠丘斜面，左側下方是灰褐色沙灘廣漠，海水拍岸。

3　貝西·霍爾·張伯倫（Basil Hall Chamberlain）教授是日本東京帝國大學的日本語教授，這種成就實屬異例，在英文的文獻學上享譽非凡。

由於距離太遠，波浪的推進看起來僅像是白線在移動。有時一陣海潮褪去，會出現大批撿拾貝殼的人，但同樣地，那些身體前屈望向遠方的人，看起來就像是散布在閃爍海灘上的小昆蟲。有人將滿滿的收穫放進籠子裡，離開海灘，從我們前來的道路走回去。少女們的臉龐和英國女孩一樣，雙頰泛紅。

隨著人力車咔嗒咔嗒前進，路旁兩側的山丘漸次升高。突然，阿茶停下來了，停在一個從沒見過的又高又陡的寺廟石階前。

我頭也不回地爬上石階，偶爾會為了舒緩疼痛的大腿肌肉而停步。就這樣到達最頂端後，我已精疲力盡。待回過神來，發現自己杵在二頭石獅子中間，一頭獠牙外露，一頭嘴巴緊閉。小小境內被低崖三面包圍，最前端有一間寺廟。一間十分古老雅致的寺廟。

寺廟左側有一道細長瀑布，從高聳的岩壁流瀉到柵欄圍起的水潭裡，滔滔聲蓋掉一切聲音。海風冰冽刺骨，站在太陽底下都覺得涼颼颼。好個荒涼寂寥之地，彷彿百年來，連一個參拜者的聲音都聽不到。

我在磨薄了的階梯前脫鞋時，阿茶東敲西叩地喚人來。約等了一分鐘，傳來安靜的足音，接著紙格門後面響起低沉的咳嗽聲。格門拉開，一身白裝的老法師現身，低頭行禮，用手招呼我們入內。法師相貌莊嚴，我覺得自己從未被這樣的微笑迎接過。法師再次咳嗽。由於咳得太厲害，我真擔心下次來訪還見得到他嗎？

腳下是覆蓋日本所有建物地面的榻榻米，一塵不染，我邊感受那溫柔的觸感邊走進本堂。經過任何寺廟皆有的鐘、塗漆的經案，眼前是一排從地面直到天花板的紙格門。老師父再次咳嗽，拉開右側一扇門，引我進入微微散發線香味的昏暗內殿。

首入眼簾的是巨大的青銅燭檯，金龍盤繞著粗大的檯柱。走過燭檯時，從寶蓋垂下的蓮形彩飾碰到了我的肩膀，發出小小鈴聲。我在連形狀都沒能辨識出來的情況下，探索似地走近佛壇。不過，老師父為我一扇一扇拉開格門，於是天光照在晶亮的黃銅佛具及碑銘上。我在螺旋狀燭檯並陳的佛壇上尋找佛像，但只見到一面鏡子而已。我的臉就映在拋光的白色金屬圓盤中，鏡像後面是一片遠海幻影。

只有鏡子啊！這鏡子代表什麼？幻影嗎？或是意味著宇宙只是我們靈魂的反射罷了？又或者像中國古老教誨告訴我們的，佛在心中莫遠求？或許有朝一日，我能夠解開這個謎吧？

我坐在寺廟門口木階處穿鞋準備離開，親切的住持再次走過來致意，並出示一個碗。我以為那是托缽用的缽，便連忙放幾個硬幣進去，才發現碗裡面有滿滿的熱水。可老師父很貼心，沒讓我感覺到犯下大錯的失禮。師父靜靜微笑，把碗端走，很快又端來另一個碗，用小小的水壺注入熱水，以眼神示意我喝。

寺廟一定會請參拜者用茶，可是這間小廟應該很窮吧，搞不好這位老師父連日常所需都不夠。我從迎著強風的石階走到底下的馬路，回頭一看，師父還在目送我，而且還聽得見他那低沉的咳嗽聲。

此時，那面映現我模樣的鏡像再度於心中甦醒。我不禁強烈懷疑，真能在我以外的世界，即我心描繪的幻想以外的世界，尋找到我所追尋的東西嗎？

## 十

「廟？」阿茶又問我。

「喔，夠了。太陽下山了，載我回旅店。」

然而，當阿茶彎過一條小路時，又在一間像神社又似小廟處前面停下。那裡只有日本極小極小的店家那般大，卻有個比我之前造訪的大神社佛閣更驚人的地方。入口左右有兩尊怪物像，全身通紅、肌肉隆起，宛如赤身鬼魅，雙腳像獅子，手上揮舞金色閃電，怒目瞪視。這就是意為「二尊王」的仁王像，是神佛的左右護法神[4]。一名少女站在這兩尊深紅色的怪物中間，看著我。

這名身穿銀灰色和服、繫深紫色腰帶的纖細少女，感覺像是浮在薄暮時分的昏暗中。那美得不可思議的五官，不論在哪遇上都會深受吸引，而在這裡，少女與兩旁傲然而立且形象可怖的仁王像成了奇妙對比，產生無法想像的效果。如此可愛的少女認為仁王值得尊敬。這麼一想，忽然腦中掠過一道疑問：我對那兩頭怪物產生反感是對的嗎？而且，看著站在仁王像中間、如彩蝶般楚楚可憐的纖細少女，我漸漸覺得仁王像不難看了。少女根本不知道眼前的外國人認為仁王像既邪惡又醜陋，而用天真無邪的眼神看著我。

仁王為何物？以美術觀點來看，是梵天與帝釋天改信佛教後的形象。雖然身在法力

4 我在日本首見的這個仁王像極為粗製濫造。不僅在東京、京都，在所有地區的大寺院入口，均能見到雄偉的仁王像。其中最氣派的，當屬奈良東大寺的巨大仁王門，已有八百年歷史，宛如暴風的威嚴與勇猛，叫人讚歎不已。許多朝聖者會對仁王像許願。他們把衛生紙嚼爛後朝仁王像吐出，因此仁王像的美觀多被那些紙團破壞了。這是因為有迷信認為，只要紙團吐中仁王像即能實現願望，落地便會願望落空。

無邊的佛教中，但帝釋天因陀羅只有在守護曾經驅逐自己的宗門時，才能揮舞手中的閃電。換句話說，祂已淪為寺廟的警衛，不，豈止如此，這裡是還不到佛陀層級的觀音堂，可見祂已落魄到變成菩薩的僕人了。

「旅店，阿茶，旅店。」我再次出聲。回程頗遠，而且日已西斜。多麼柔和的黃玉色彩霞。今日無緣見到釋迦像（日本人如此稱釋迦牟尼佛）。其實我從未瞻仰過佛陀尊顏。或許明天，我就能在綿延的木造家屋中，或是尚未到訪過的山丘上，邂逅期待中的佛像吧。

太陽已下山，黃玉彩霞消失無蹤。阿茶停下來，在提燈上點火。然後，我們再次急馳於兩長排懸掛於店家門前的燈籠間。燈籠排得很近，而且排成水平線，火珠看上去宛如二條無盡頭的念珠。此時，忽然有個莊嚴肅穆且扣人心弦的聲音，從街坊屋頂對面傳入耳裡。是野毛山上寺廟的鐘聲。

我覺得那天特別短暫。然而，我的雙眼已經長時間暴露在白天眩目的光芒中，再加上無邊無際的、神秘的招牌文字——似有妖術，令人錯以為是在窺視魔法書般——已經讓我暈頭轉向，於是，連這些燈籠的溫柔珠光都看得我生厭。因為那些燈籠上，同樣密密麻麻寫著彷彿從魔法書上跑出來的文字。不知不覺，我打起盹了。感到厭膩後，我往往會如此。

## 十一

「amma-kamishimo-go-hyakmon!」

女人的聲音在黑夜響起。如笛聲的漣漪，一字一字以怡人音調從我房間敞開的窗戶反覆傳過來。我房間的女傭會說一點英語，她告訴我這句話的意思是：

「按摩，上下，五百文。」

長長的呼喚聲中，夾帶著滿是哀愁的笛聲。先是長音，再以不同音調吹一次短音，這就是按摩的笛聲。貧窮盲女以幫病人或疲勞者按摩為生，笛聲是為了提醒行人及車伕注意眼盲的她們。如歌的聲聲呼喚，希望家中若有疲勞者或病人，能招呼她們來按摩。

「按摩，上下，五百文。」

縱然旋律如此悲傷，聲音卻美得無以復加。這段呼喚的意思是，她們可以幫忙按摩身體，「從上到下」，以消除疲勞和疼痛，然後收取費用「五百文」。五百文就是五錢

（相當於美國貨幣單位的五分）。一錢是十厘，一厘是十文。那聲音聽得我好舒服，繚繞於心。如果我有哪裡疼痛，一定花五百文請她們幫忙消解。

我一入睡就做夢了。夢中，好多奇怪的漢字文句從我身邊往同一方向飛去。招牌上、拉門上、草鞋男子背上的白色或黑色漢字，全部朝相同方向飛去，宛如有意識的生物。那些漢字生物蠕動著部分身體，活像巨大的竹節蟲。

我坐在虛幻的人力車上，馳騁於低窄明亮的街道間。聽不見車輪聲，但一路奔跑的阿茶頭上那頂白色香菇狀大斗笠，不斷在我眼前上下躍動著。

# 弘法大師的書法

## 之一

弘法大師是日本地位最崇高的高僧之一，是真言宗的開山祖師——真言宗也是阿明信奉的宗教。弘法大師是將平假名、「依呂波歌」等音節文字教授給日本人的第一人。弘法大師本身不僅是優秀的文學家，也是出類拔萃的書法家。

在名為《弘法大師一代記》的書籍中，記載著以下內容。弘法大師在中國學佛期間，掛在皇帝宮殿某房間的匾額文字，因歲月的洗禮，已難以辨別，皇帝便招喚弘法大師，命令他重新題字。

弘法大師左右手各執一枝筆，左右腳的指間也夾著筆，甚至連嘴上也銜了一隻。就這麼用了五隻筆，神態自若地在牆壁上的匾額題字。運筆遠勝中國優秀的書法家。字體之秀麗，如河川上的漣漪自然舒展。

接著，弘法大師再次拿起筆，稍微離開壁面，對準壁面，快速揮灑毛筆吸附的墨汁。飛濺至壁面的墨滴立刻化成美麗的文字。皇帝對五筆齊落讚不絕口，便賞賜「五筆和尚」的尊稱。

之前弘法大師還住在離京都很近的高雄山時，天皇想讓他在充滿歷史的金剛上寺的匾額題字，便差人拜訪大師。不過當差使把匾額帶到弘法大師住所附近時，前方河川因為雨水暴漲而無法渡河。

沒多久，弘法大師現身在河的另一邊。差使轉知天皇諭令後，大師令他將匾額舉高，差使照做。弘法大師就站在河的另一邊，用筆作出寫字的動作，差使手上的匾額居然立刻出現文字。

## 二

那時弘法大師常常一人在河畔冥想。某日，弘法大師一如往常地冥想時，發現有位少年站在一旁直盯著他看。少年的衣著雖然如乞丐般破爛，卻有著清秀的五官。弘法大師正覺得疑惑時，少年開口問「您就是弘法大師嗎？因為用五支筆寫字，而被稱為五筆和尚的那一位嗎」。

「在下正是五筆和尚」弘法大師答。接著少年說「如果您就是五筆和尚，能試著在天空寫字嗎」。弘法大師站了起來，緩緩地拿了筆，往天空作出寫字的動作，天空便立刻出現俊美的文字。

少年見此狀便說「接下來換我寫寫看」。少年像弘法大師般，也往天空寫了字。接著少年央求弘法大師「這次，能請您在水上寫字嗎」。於是弘法大師在水面提了一首詠嘆水的詩。詩的文字就如同樹葉漂浮在水面，在水面維持一小段時間的美麗字形，不過，最終文字還是順著水流消失。

「我也要試試」少年說。他在水上以草書寫了「龍」字。文字就這麼停在流動的水面上，紋風不動。弘法大師發現少年所寫的「龍」字並沒有點上「、」，便問少年。少年回「啊，我忘了」，並央求弘法大師「可否請您替我點上」。

於是弘法大師代替少年點上「龍」字上的點。說也奇怪，「龍」字居然變成真的龍，在水中劇烈翻動。接著天空雷電交加突然暗了下來，龍便乘著漩渦狀的水龍捲，往天上飛去。

弘法大師問少年「你究竟是何人」。少年回「我就是供奉在五台山上的智慧之佛——文殊菩薩」，語畢少年的外表開始起了變化。他的美充滿仙氣。文殊菩薩的手、腳都散發出溫潤的光芒。文殊菩薩臉上帶著一抹淺笑，緩緩騰空，突然消失在雲的另一端。

## 三

在京都御所「應天門」揮毫的匾額上，弘法大師也曾經忘了打上「應」字的點。在京都的天皇詢問，為什麼沒有打上「應」字的點，弘法大師回覆「自己疏忽了。現在就讓貧僧點上吧」。因為匾額已經高掛在應天門，天皇便命人拿了梯子。不過，弘法大師並沒有使用梯子，而是立於門前，將筆往匾額擲去。射出去的筆巧妙地在匾額上留下一點後，居然又繞回弘法大師手中。

弘法大師又在京都御所「光華門」的匾額上揮毫。那時光華門附近住著一位名為紀之百枝的人。百枝對弘法大師所寫的「光華門」嗤之以鼻，指著其中一字，毫不留情地說「那個字，外強中乾，就像弱不禁風的相撲手啊」。

那晚，百枝做了夢。有一位力士出現在他枕邊，還在想是不是要往他撲過來，百枝就被對方以拳頭狠狠痛毆。因為疼痛不已而哭喊了出來，百枝才睜開眼睛，居然看到夢中的力士騰空化成百枝曾嘲笑的那個字，回到掛在門上的匾額。

那時有另一位名叫小野道風的著名書法家。道風也曾嘲笑弘法大師所寫的「秋鶴門」匾額上的字。他指著「秋」字說「那個『秋』字看起來就像『米』字」。那天夜晚，道風嘲笑的「秋」字就化身成「人形」出現在他的夢裡。這人把道風當作馬騎，並且毆打他，還在他臉上飛踢了好幾下。就像搗米，杵搗在米上的動作。那個「人」一邊飛踢一邊說「我是弘法大師的使者」。道風驚醒後，發現自己身上留著傷口，滿身是血。

弘法大師仙逝，光陰荏苒，他所提的「美福門」與「光華門」的匾額都已陳舊斑駁，字跡難辨。於是天皇命大納言——行成負責修繕匾額。但行成畏懼天降災難，並沒有立即執行天皇的命令。他害怕觸怒弘法大師，備了供品，不斷乞求大師的許可。

那晚，弘法大師出現在行成的夢中。臉上掛著一抹微笑說「你可以依照殿下旨意修繕，無須多想」。

寬弘四年一月，行成終於完成匾額的修繕。這件事情的前因後果全寫在《本朝文粹》這本書中。以上內容全是我的友人——真鍋晃跟我說的。

# 地藏

## 六一

某天，我整日在神社和佛寺之間漫遊。珍寶是看了許多，但至今還沒見過神佛的尊容。

例如有一次，我費勁爬上看似無止盡的石階，彎腰走進象頭、獅頭等突出鬼瓦裝飾的山門，脫下鞋子，一股淡淡的抹香飄過來，宛如夢境一般的花園，朦朧中隱約看到金色蓮花，等眼睛習慣了微暗的光線，環顧四周竟仍無佛像的蹤影。倒是有很多金光閃閃的東西雜亂擺放著，我大概只看得見一半，——有奇形怪狀的青銅器、造形詭異的佛器、印著燙金咒語的經書，還有吊在天花板上、閃著金光的不明物體，全都放在看似華麗但其實是雜七雜八的神壇上。——這些東西就只是放進佛龕裡鎖好而已。

在這當中，令我留下深刻印象的，就是這個國家的大眾信仰看起來非常歡樂。在他們身上我完全看不到信仰的嚴肅、威信，或是自律。甚至連認真都稱不上。在明亮的寺院或神社境內，小孩都聚集在佛堂或本廳的階梯上玩著令人費解的遊戲，來佛堂參拜的母親們也放任小嬰兒在榻榻米上爬行，愛怎麼玩就怎麼玩。換句話說，這些國民都是以輕鬆愉快的態度看待他們自己的信仰。每個參拜者都會往巨大的賽錢箱裡投錢，雙手合掌，啪！啪！兩下，簡單地在嘴裡祈禱幾句，然後隨即轉過身去，開心地找人話家常，人都還在佛堂門口，就迫不及待拿出小煙管吸上一口。我還曾經在某個神社看過參拜者從頭到尾都沒有走進去，大家就站在門前，花幾秒鐘拜一下，然後丟幾個香油錢而已。這些人面對自己供奉的神佛絲毫沒有畏懼，不也是一種幸福。

## 二

阿明來到我的住處，在房門口笑嘻嘻地行了個禮。他脫下鞋子，穿著白足袋走了進來，滿臉笑意地又跟我打了聲招呼，朝我示意的椅子輕輕地坐下來。阿明是個有趣的孩子。他的臉上沒有鬍鬚，皮膚光滑黝黑，頭髮也黑得發青，額頭上瀏海齊眉，身穿寬大袖口的和服，還有腳上的白足袋，猛一看，活像個日本小姑娘。

我拍手讓人端茶上來。阿明管那叫「中國茶」，是旅店裡供應的茶。我拿出雪茄招待他，他一邊推辭，說抽煙管就好了，一邊抽出腰袋上綁在一起的煙管盒和裝著菸草的小麻袋，從盒子裡拿出點火孔只有豆粒大的黃銅煙管，再從小麻袋裡捏出一點細得像髮絲般的菸草，揉成團塞進煙管，點火吸了起來。他深深地把煙吸進肺部，再從鼻孔呼出來。一吸一吐大概相隔半分鐘，輕輕地吸了三口後，敲了敲煙管，然後又收進盒子裡。

趁著他抽煙的時候，我說至今沒有見過佛像，覺得很失望。

「哎呀，今天看得到呢」阿明說，「我帶您去藏德院，今天剛好是佛誕。不過那裡的佛像很小一尊，才五、六公分高而已。如果您想看大佛像，那一定得去鎌倉了。鎌倉有一尊坐在蓮花上的大佛，有五十呎高呢。」

阿明三天兩頭就來帶我出去玩，說是有「稀奇的東西」可以看。

## 三

佛寺大殿那邊聽起來很熱鬧，原來是一群媽媽帶著孩子在階梯附近遊玩，個個臉上都笑嘻嘻的。我們走進大殿門口，正前方是一個上了生漆的佛壇，旁邊圍了一些抱著孩子的婦人爭相上前。佛壇上有一個裝著甘茶的小盆子，甘茶裡站著一尊小佛像，一手向上、另一手朝下。婦人們熟練地獻上香油錢，然後拿起形狀滑稽的木勺舀一些甘茶，淋在佛像上，然後又取一勺，自己先喝一小口，再給抱在懷中的嬰兒也吸一口。原來這就是浴佛的儀式。

擺放甘茶盆子的生漆佛壇旁邊，還有一個較矮的桌子，上面有一個大銅缽。一位師父手裡拿著用布纏繞的撞木走過來敲了一下，但不知為何竟敲不出聲音，師父覺得奇怪，往缽裡探了探，彎下腰來，從缽中抱起一個笑嘻嘻的小嬰兒。嬰兒的母親見狀，哈哈大笑地跑過來，從師父手中接過孩子。師父、母親、嬰兒全都往我們這邊看，放肆地大笑。我們也就跟著一起笑。

阿明讓我暫時待著，自己跑去和堂守師父說話，不一會兒拿了一個生漆箱子回來。那是一個高約一呎，四吋厚的四方木箱子，上頭有一個小洞，看起來不像有蓋子。

「來看看」阿明說。「花點小錢，讓菩薩給我們指點指點運勢」。

我拿出兩錢，阿明便使勁地搖了搖手上的箱子，接著便跳出一支寫著漢字的竹籤來。

「吉！」阿明大叫一聲，「是上籤呢。五十一號」

阿明又搖了搖箱子，又一支竹籤從洞裡跳出來。

「大吉！上上籤。九十九號」

他再搖一次，菩薩指點的竹籤又跳出來。

「凶！」阿明笑著說，「大禍臨頭囉。六十四號」

阿明把箱子還給師父，換了三張紙回來，上面寫的正是竹籤上的號碼。他說這竹籤叫做神籤。

阿明為我翻譯籤文，五十一號籤文是這樣寫的——

「得此籤者，應祈求天道，信奉觀音。▼病可治癒，應耐心等待。▼喜事遲來，但指日可期。▼失物難尋，日後方可復得。▼訴訟難平，先苦而後甘。▼等待之人終會到來。▼諸事皆平安有福。」

再讀大吉的籤文，內容也是大同小異，就是觀音改成大黑、毘沙門、辯天——總之都是福德之神——相信就有福氣，等待的人終將現身云云。不過，寫著「凶」的籤上面可是這樣寫著——

「得此籤者，祈求天道，信奉觀音能逢凶化吉。▼惡病纏身，痊癒無望。無喜多愁。▼期待落空。▼失物難尋。▼訴訟難伸。▼口舌之爭多落敗。▼虔心求佛方可避災消難。再無更高之福德。」

「結果都一樣嘛，不過，我們運氣不錯呢」阿明這麼說，「抽了三支籤，其中兩支是吉啊。走吧走吧，我們再去看別的佛像。」

阿明又帶著我繞過幾條奇妙的街道，往城南的郊區走去。

## 四

眼前的小山丘長著茂密的杉樹和楓樹，當中鋪設了一道寬廣的石階，綿延到頂上。我們登上石階，看見高處有兩隻石獅子。雄獅這邊是張著血盆大口，雌獅這廂則緊閉雙唇。我們從兩隻石獅中間通過，進到寺院裡面。寺院深處又是草木繁茂的山林。

本堂的銅瓦已鏽成青色，反射的陽光、鬼瓦和龍，都泛著一股受盡風霜的暗沉。敞開的拉門那端傳來略帶陰森的誦經聲，原來是中午時分的日課。幾位師父正誦持著漢譯的法華經，其中一位師父拿著棉布捲成的棒子，往一個形狀像是海豚頭、塗上朱泥和金漆的奇怪物體敲著固定節奏。叩、叩、叩、叩，低沉而渾厚的聲音。那東西叫做木魚。

本堂右邊有一個小堂，傳來一股燒香的味道。小小的香爐裡裝著香灰，裡面插著六支香，青色的煙裊裊而上。我從這股輕煙看過去，陰暗的小堂深處，有一尊戴著頭冠、微微伏首、雙手合十、全身黝黑的佛像。祂的模樣像極了我經常在寺院堂外看見日本人拜佛的樣子。這尊木雕佛像的雕工和色澤都很粗糙，但那安詳的尊容，卻散發出耐人尋味的美感。

我們往本堂的左側走去，看到另一道石階，我本以為爬上去後，高聳茂密的樹林裡應該還有神秘的佛像。那就爬上去看看吧。當我們來到有兩隻石獅守護的頂端，周圍的空氣突然變得冷冽。而眼前那片從未見過的光景，令我不禁張大眼睛。

我看見一片幾乎漆黑的土地，不知樹齡多久的老樹下映著穿過茂密枝葉照射下來的陽光，閃閃發亮。在這片柔和靜謐的微光中，有一大群既陌生又詭異的物體。佈滿青苔的灰色石柱，上面刻著漢字，像是一座座石碑的物體。而這些石柱的周圍和後方，又佇立著更高的細長木板，上面也刻著奇妙的文字，放眼望去，就像是古老的沼澤中長出茂密的蘭草一般，雜亂地立在樹蔭下。

我頓時恍然大悟，這會兒是來到墳地了呀。而且還是年代久遠的老墳呢。

那些細長木板日本人管它叫「卒塔婆」。每支卒塔婆的上頭兩側各有五道刻痕，正面和反面都寫著漢字。往生者的法號下面一定會寫「為菩提」這三個字。背面寫的是梵文，但到底是什麼意思，恐怕連主持喪禮的師父也早都忘了。每建一個新墳，後面都會插一支卒塔婆。而人死後的四十九天之內，每逢七天就要再插上一支，四十九天之後還有百日，然後是周年忌、三周年忌，卒塔婆就在百年之內，一支接著一支地增加。

不管去到哪個墳地，大概都是一樣的光景。年代已久、顏色泛黑的舊卒塔婆和全新無垢的白木卒塔婆交雜佇立著。還有比那些泛黑更古老，兩面文字都已經無法判讀的卒塔婆。當中有些還橫倒在地上，更有好幾百支插入地面的底部早已鬆動，互相擠來擠去，哪怕是一絲絲的微風，都會令它們喀喀作響。

另外還有一個形狀也很怪異，甚至比卒塔婆還更有趣的，就是石塔。我所見過的一種是根據佛家說的五氣，一個立方體上放著球體，上面是金字塔形的東西，再上去是四個角成彎月造型的淺缽，缽裡放著洋梨形狀的東西，其最尖端部分朝著正上方。這代表人的五體在死後會化成五氣，依序是土、水、火、風、氣，這當中缺少了第六個要素「識」，卻蘊含著無限想像。從象徵主義的角度看來，「識」的省略與西方人的思維大不相同。

數量龐大的石塔中，最常見的是一種高度較矮、四角形、上方平坦的柱形石，表面有墨水或金水寫的日本文字，也有些是雕刻上去的。還有另一種形狀和高度雖各有差異，但都是圓頭直立的平石，表面有文字浮雕。最後是將稀有的岩石或天然石單面切割的，有些在磨光的那面還會有雕刻的圖形或紋樣。這些岩石形狀不一，但似乎都有其意境。彷彿從岩床切出時，就已經計算好五個角。一塊形狀不整的大石，卻能垂直且保持平衡，穩穩地佇立著，難道是用了什麼秘術？我這初來乍到的外人，又如何看出端倪。

石塔的底座，構造雖是天差地別，但不外乎是讓上面佇立的石塔朝向正面。石塔的平坦面會有三個凹洞，中間一個較大的橢圓形凹槽，兩旁各有一個小圓孔。小孔會插上點燃的香，大的凹槽則是裝水。我不懂為什麼要裝水，聽日本人說「為往生者澆水是日本自古以來就有的習俗」。石塔的兩側還有用來插花的竹筒。

許多石佛的模樣都像是正在打禪或說法。其中還有宛如熟睡的孩子，面容安詳的佛陀，代表著涅槃的意思。墓石上都雕著兩朵交錯的蓮花，似乎是很平常的圖形。

而我發現這當中竟有一個刻著英國人名字的墓，名字上頭還有雕工笨拙的十字架。我不禁對佛教僧侶寬大的包容心感到佩服，因為那分明是個基督教徒的墳啊！

放眼望去，每個墓都有缺陷、破損，還佈滿青苔。灰色的墓石之間都只相隔一、兩吋，它們緊靠著彼此，成千成百地排列、聚集在陽光稀疏的大樹蔭下。樹上有數不清的小鳥熱鬧地啼叫著，讓這裡的氣氛輕鬆不少。因為我們還是能隱約聽見遠處傳來石階下僧侶們蜂鳴般陰森的誦經聲。

阿明不發一語，逕自走下另一端的石階，帶著我往更陰暗、古老的墳地去。石階上面的右側又圍著一群較大的石塔，上面刻的文字深度都超過兩公分。石塔後面插的卒塔婆不是一般的細長木板，而是高十二尺到十四尺、厚度像本堂屋樑那樣，又粗又大的卒塔婆。這些全都是僧侶的墓。

## 五

我們再往陰暗的石階走下去，發現那裡有一排六尊三尺高的小雕像，並列在一片底座上。第一尊捧著著抹香盒，第二尊拿著蓮花，第三尊拄著行腳的木杖，第四尊手持佛珠，第五尊雙手合十，第六尊一手是掛著六個法輪的錫杖，另一手拿著如意寶珠，說是能成就諸願的神奇法器。這六尊像的臉部都一模一樣，但形體都依各自代表的象徵而有些許不同，不過每尊臉上都帶著微微的笑容，而且脖子上都吊著一個白色的棉袋，裡面裝了小石頭。在石佛的腳、膝蓋、肩膀上也都能看到這種小石頭堆得高高。不僅如此，連石頭打造的光背上也很巧妙地堆疊著，完全不會掉下來。這些石佛臉上童子般和善的

京都智積院靈園內的卒塔婆。／ iStock

位於東京增上寺的千體子育地藏尊。／iStock

表情，充滿了古意，既神秘，又有說不出的哀愁。

這些俗稱「六地藏」的佛像，常見於日本的墳地，是日本的民間信仰中代表最慈祥、最和善的佛，祂們守護著稚嫩孩童的靈魂，撫慰人心，救人脫離惡鬼的糾纏。「但是，為什麼四周為什麼要堆那麼多小石頭呢？」我忍不住問同行的人。

這是根據佛家的說法，小孩的亡靈在死後必須到賽之河原，在那裡將小石頭堆疊成塔用以贖罪。孩子們堆疊石塔時，會有惡鬼來阻撓，把石塔推倒、欺負那些孩子。孩子們便去找地藏菩薩，菩薩讓孩子們躲在自己大大的衣袖下，保護他們，把惡鬼趕走。路過的人只要虔誠地在地藏菩薩的膝蓋或腳上放一個小石頭，就可以幫助困在賽之河原的幼小靈魂早日脫離苦海[1]。

年輕的佛家弟子露出像地藏菩薩般的溫柔笑容說：「小孩子死後都必須去賽之河原，他們在那裡跟地藏菩薩一起玩。賽之河原就在我們腳下的地底深處[2]。」

「地藏菩薩的衣服有長長的袖子，孩子們拉著祂的袖子嬉戲，在菩薩前面堆這些小石頭。你看，堆在這石佛前面的小石頭，都是人們為死去的孩子堆疊的，大部分是孩子的母親向地藏菩薩許願。因為大人死後也不會到賽之河原去[3]。」

離開六地藏後，年輕弟子又帶我往墓地裡走，說還有其他讓我大開眼見的佛像。其中有些令人莫名感傷，但也都很耐人尋味，甚至有兩三尊佛像，我覺得特別美。這些佛像大部分都有光背，與昔日基督教美術的聖徒像極為相似，例如跪拜、合掌等姿態。有的手持蓮花，有的像是沉浸在三昧冥想中，也有的安詳盤坐在蜷曲的大蛇上。我還看到一尊佛像戴著冕帽似的頭冠，長著六隻手，一雙手在胸前合十祈禱，其他則高舉，拿著各種物品，腳下踩著一隻俯臥的鬼。另外還有一尊浮雕的佛像，有著數不

1 關於在地藏菩薩及其他佛前堆疊石頭的習俗起源，至今一般大眾仍不明所以。這個習俗是來自「法華經」中的經文：若於曠野中，積土成佛廟，乃至童子戲，聚沙成佛塔，如是諸人等，皆已成佛道（妙法蓮華經卷第一　方便品第二）。

2 地藏的語源，根據東洋學者的說法是來自梵文的 Kshitegarbha。東京帝大英國籍教授張伯倫曾指出，地藏與耶穌讀音近似的說法其實是「純粹巧合」。地藏其實已完全脫離日本的諸佛，可說是最日本式的信仰。根據佛教文獻「賽之河原口吟之傳」，賽之河原傳說是起源自日本，為西元九四六年駕崩的朱雀天皇在位之天慶六年，首度由空也上人所寫。空也上人在京都近郊西院村的賽川（據說為今日之芹川）河岸過夜時，獲佛祖啟示幼小亡靈在冥土中的苦難。（以上為書中所寫之內容。張伯倫教授主張「賽之河原」即是指「亡者之河原」，在現今日本的信仰中認為這條河就是冥界之河）。姑且不論這個傳說是否屬實，但的確是具有日本特徵的傳說。地藏菩薩疼愛死去的孩子，陪伴守護幼小亡靈的說法，正是日本所特有的。

3 地藏菩薩還有許多其他的形態，一般最常見的就是孕婦祈福許願的子安地藏。在日本幾乎找不到沒有地藏菩薩像的路。因為地藏菩薩也是行腳者的守護神。但從未結婚的成人是例外。

清的手，中間是一雙合十的手，其他無數隻手從兩肩後面如影子一般，向四面八方投射，舉著各式各樣的物品，像是法力無邊地回應祈願。我猜這是象徵著全能的愛吧。果不其然，這尊就是慈悲仁愛的女菩薩，為解救眾生靈魂、捨棄涅槃安樂往生，溫柔神通的大慈大悲觀世音菩薩。而我眼前的只是祂眾多形象的一種，在佛畫中多半是描繪成美麗優雅的日本女子，這裡的則是千手觀音像。在祂身旁有一塊很大的平面石板，上面鑿刻著坐在蓮花上冥想的佛陀浮雕，下面還有姿態怪異的小雕像。一尊用雙手遮住眼睛，一尊用兩手摀著耳朵，一尊則是兩手擋著嘴吧。三尊像都是猴子，「這有什麼特別的意思嗎？」我問，我的朋友學這三尊像的動作，簡單地回答我——

「非禮勿視，非禮勿聽，非禮勿言。」

漸漸地，聽多了各種說明，我也略知一二，大概可以從外觀分辨這些佛像。單手持劍、置身於火焰中，坐在蓮花上的叫不動尊。劍代表智慧，火焰是力量的象徵。另外還有單手拿著繩索冥想的佛。這就是佛陀，繩索是用來束縛五欲的。這裡也有模樣最溫柔、最像日本人臉的佛陀——閉著雙眼的日本童子一手托著腮假寐，像是達到涅槃的境界。宛如美麗的少女站在百合花上的，是日本的女神，觀音菩薩。還有一手拿著寶瓶，另一邊舉起開示眾生的手勢，堅定端坐著的則是能療癒一切、撫慰靈魂的醫者，藥師菩薩。

繼續看下去，也有各種動物的雕像。這邊有本生經故事裡的鹿，精緻地以雪白的石材雕刻，佇立在燈籠上，那邊的墓石上又有巧奪天工的魚，媲美希臘藝術的海豚，精美的雕工表現妖豔美麗的姿態，裝飾在石碑的頂部，張開的大嘴露出鋸子般的牙齒，上面刻著往生者的戒名。豎起的背鰭和捲起的魚尾，蘊含著超乎想像的意境。阿明說這是「木魚」。我仔細一看，的確和僧侶誦經時手上拿著布捲捆成的棒子敲打的那塊木頭雕刻、還塗上朱泥金漆的佛教法器是一樣的東西。最後，我看見一對坐著的動物，似乎也是某個神話裡的動物，長得很像灰狗，阿明說是「狐狸」。我聽他這麼說，便認真端詳一番，果然是狐狸。一對理想化、有靈性的狐狸，優美的姿態令人無法言喻。祂們雖然都是灰色石頭雕刻而成，細長而清秀、帶點壞心眼、卻又閃閃發光的眼睛，好像在凝視著什麼。狐狸算是妖，是米神稻荷的使者，嚴格說來，祂們不算是佛教的偶像，應該是神道的象徵才對。

這些刻在墓石上的文字，與西洋的碑文是完全不同的東西，只刻著家名——往生者與其親屬的名字，還有家徽。家徽大多是花的圖案，而卒塔婆上只寫著梵文。

我們再往前走，又看到幾尊地藏像，這邊是一尊一尊的浮雕，直接雕在墓石上面。其中有一尊雕得特別好，令我不忍心就這樣擦身而過。這尊陪伴幼小亡靈的佛，用雪白石頭雕刻而成，宛如一個瞇著眼睛的美少年，微笑中充滿了那種佛教藝術獨有的大愛與慈悲，彷彿就是天神的尊容。比任何基督像都更加美麗。一般人常用「地藏臉」來形容美麗的相貌，正是這個道理，地藏的確讓人有如沐春風的感覺。

## 六

後來，我們一直走到墓地盡頭的大森林邊境。柔美又祥和的日光從草木的另一端照射進來，這是何等神聖的美景！我總以為熱帶地區的天空比較低，好像從普通人家的屋頂伸出手，就可以摸到濕熱渾沌的青空，但日本的天空完全顛覆我的想像，是那麼地柔和、淡雅，彷彿外圍還籠罩著一圈更大的星空，描繪著無止境的圓弧。而映入眼簾的雲像是一層薄膜，令人不禁懷疑那其實不是雲，如夢似幻的，又或者是透明的妖靈——一切都像是幻影一般。這時我才注意到自己面前站著一個小孩。一個稚嫩的小女孩正仰著臉，好奇地看著我。可能是小鳥的啼叫聲和樹葉窸窣的聲音，掩蓋了腳步聲，她像是躡手躡腳地走過來似的。她的衣著襤褸，動作、眼睛和西瓜皮的髮型，都和日本人不一樣。是外國人——可能跟我一樣——的亡靈，那對藍色的眼睛一直盯著我看。孩子啊，你一定不知道為什麼會在這個墳場裡玩吧。周圍的一切是不是很詭異又很奇怪呢？又或許不是，你只是覺得我很奇怪吧。因為你已經忘記你的前世，也忘記你父親的世界了吧。

在異國的貿易港，貧窮又美麗的混血兒啊！你現在跟你周圍的這些亡靈們一起在這裡，反而是比較好的歸宿吧。比起那片祥和又光輝的青空，這個不為人知的黑暗對你更好吧。因為這裡有慈祥的地藏菩薩會照顧你。躲在地藏菩薩大大的衣袖下面，祂就能保護你遠離災難。祂也會陪你一起玩。你那被丈夫拋棄的母親一定是為了你來到這裡向地藏菩薩祈求，帶著日本人堅毅的笑容，沉默地指著你與眾不同的美貌，在平日敬拜的菩薩膝蓋上堆疊小石頭，只希望你從此無災無難……。

## 七

「阿明，可以再跟我多講一些地藏菩薩和賽之河原孩子亡靈的事嗎？」

「已經沒有什麼可說了呀」阿明笑著回答，他看我對這些令人敬愛的佛像這麼有興趣，又接著說：「不過，我可以帶您去久保山。那裡的寺廟裡有賽之河原的地藏菩薩圖，還有閻羅殿的圖，我帶您去看看。」

我們叫了兩台人力車，趕往久保山的琳光寺。穿過車水馬龍的日本街道，大概跑了一哩路之後，來到景色宜人的郊外。路邊綿延著修剪整齊的灌木籬笆，裡面的庭園中是精美得像編織工藝品的高級住宅。我們又跑了大約半哩，才下車走進蜿蜒小路，爬上綠意盎然的山丘，頂著豔陽，越過稻田和菜圃，走了一大段路，才來到全是神社和佛寺的村子。

在距離村子中心稍遠的地方，有三棟竹籬笆圍起來的建築物。那是真言宗的靈所。最先看到的是入口左邊那個開著門的小堂，是屍體的暫時收容所，裡面有日本式的棺木。當我們走進門口，正前方有一個略高的小神壇，上面排滿了模樣嚇人的佛像。

我的視線立刻停留在一尊滿臉朱紅、站姿威風凜凜的神像。一個眼睛大到深不見底的怪物，張著大嘴，似乎在怒罵著什麼，眉毛倒立，赤紅的鬍鬚垂在赤紅的胸前，頭上還戴著形狀怪異的頭冠。黑金相間的頭冠有三片奇怪的鰭，左邊的鰭是月亮的形狀，右邊的鰭是太陽的形狀，中間就只是黑色的一片。頭冠下面滾金邊的黑帶子上寫著意味

「大王」的神祕文字。頭冠帶子前端連著亮晶晶、像竹簡一樣的東西，左右各一個。大王一隻手上拿著與帶子前端同樣形狀，但尺寸大很多的竹簡。阿明向我解釋：

「這就是閻魔王[4]。地獄的老大，亡者的判官，冥界的大王。我們日本人形容長相兇惡的人叫做『閻魔臉』。」

閻魔王的右邊是白色地藏，坐在紅蓮座上。

而左邊有一尊老婦雕像，是可怕的奪衣婆，專門在冥界的三途之河岸邊，脫下亡者的衣物。她穿著青色的衣服，頭髮和皮膚都是白色，臉上滿是皺紋，小眼睛透露銳利的眼神，看起來很刻薄。這尊像看起來很老舊，已有幾處斑駁，活像個令人毛骨悚然的痲瘋病人。

那裡還有海的女神像．辯天和觀音像。這兩尊像是在一張罕見的精緻山水畫上方，整幅畫色彩相當豔麗。擺放著這片景緻的小神壇正面隔著一張鐵網，防止參拜的人不小心戳到。辯天有八隻手，其中兩隻合十敬拜，其他高舉的手各拿著不同的法器──寶

4　日本稱「閻魔」，源自梵文 Yama-Raja，是印度的觀念藉由日本的佛教思想轉化而來。

劍、法輪、弓箭、寶鑰、寶珠等。辯天端坐的山坡下，有十個衣著相同的侍女，每一個都以敬拜的姿勢站著。這些侍女的下方又有一條大白蛇，尾部掛在一邊的石屋，身體撐著頭部從另一端的石屋冒出來，再往山腳下看，還有一頭強壯的牛橫躺著。另一個觀音像是千手觀音，無數隻慈悲的手拿著要布施給眾生的各種物品。

不過，我們專程來到這裡，可不是為了來看這個。我們繼續往附近的禪宗佛寺去看地獄極樂圖。

途中，為我帶路的人這麼說：

「人死後要先把身體洗乾淨，剃去毛髮，穿上壽衣。然後在往生者脖子上掛一個三衣袋，就像是巡禮參拜時的囊袋，在裡面放三厘錢，跟往生者一起下葬[5]。

「除了小孩，每個人死後來到三途之川都要交三厘錢。這個老婦和丈夫懸衣翁住在三途之川河岸，如果不給她三厘錢，她就把往生者的衣物脫下來，掛在樹上。」

## 八

我們來到一個氣氛祥和、窗明几淨的佛寺，拉門全部打開讓陽光照射進來，使得房間裡明亮無比。阿明想必熟識這裡的住持，他們的寒暄沒有太多的客套。我奉獻了一點香油錢聊表心意，阿明向住持說明我們所為何來。住持帶我們到本堂旁邊一個可以鳥瞰庭園的大房間，榻榻米上已經為我們準備好坐墊，不一會兒，寺方又送來菸草盆和一個高約八吋的漆器桌子。一位師父打開壁櫥找著掛軸，另一位師父端茶進來，還有一盤造型漂亮的甜點。用砂糖和糯米粉揉成的甜點，有菊花、蓮花等造型，其他還有一塊薄薄的朱紅色菱形平板上，畫著飛鳥、戲水的鶴、魚，呈現出一幅小型的山水景色，充滿了巧思的甜點。阿明拿了一個菊花要我嘗嘗看，這麼漂亮的點心，我不忍一口咬壞，便把砂糖做的花瓣一片一片取下來吃。

這時，師父拿來了四幅掛軸，將它們展開並掛在牆壁上。我們都起身欣賞這些掛軸。

這四幅掛軸真是太美了，根本是線條和色彩所創造的奇蹟。用色沉穩且柔和，是日本美術最盛時期的色彩。每一幅都是巨作，長五尺，寬三尺多的絹本。

5 日本各地葬禮的習俗與其相關的各種信仰一樣，有很大的差異。東國地方的習俗就分西部和南部。在棺木之中擺放貴重物品——婦女放金屬製的鏡子，武士則是放刀——，這些古老的習俗近來已經漸漸廢止。在出雲，錢的金額變成六厘，稱為六道錢。

這四幅掛軸上畫的，分別是以下的傳說故事。

第一幅掛軸——

上方有「娑婆」圖，所謂「娑婆」就是我們稱為現世的人類世界。——畫裡的墳場有百花盛開的樹木，人們跪在石塔前為死去的人悲嘆，而他們的頭頂上卻是萬里晴空。

下方是幽冥界，亡者從地殼落入地下，在宛如墨汁一般的黑暗中，亡者們畫成白色，輕飄飄地飛去。前方遠處透出一絲慘白的明亮，亡者們在那裡渡過三途之河。右手邊是容貌嚇人、滿頭的白髮和蒼白的皮膚，身形像夢魔一樣高大的奪衣婆站在那裡等著亡者們，手上正忙著脫下幾個亡者的衣物。一旁的樹上已經掛了一些先來到這裡的亡者衣物。

再往下看，有一些鬼追著捉拿企圖逃走的亡者。——全身像鮮血一樣紅的赤鬼，長著獅子般的大腳，一張臉長得像人又像牛，跟西洋的牛頭妖怪一樣猙獰。一隻鬼抓著一個亡者將他撕得細碎，另一隻鬼圈住一群亡者，把他們變成馬、狗、豬，變成畜生的亡者又一個個被趕進黑暗中。

第二幅掛軸——

一片蒼白的微光，像是潛水夫潛進深海裡所看到的景象。中央有一個黑檀色的王座。坐在王座上身形駭人的正是鐵面無情，人人聞之色變的死者之王、亡者的判官，閻魔大王。大王身邊的鬼卒們個個手上都抓著獵物，在一旁探頭探腦。王座下面的左前方有一面神奇的「業鏡」，據說可以將亡者的身分，以及他在人世間的所作所為，一五一十地映照出來。而掛軸裡的業鏡正映照著一個情景。——宛如屏風的絕壁、沙灘和海，起伏的海浪之間有幾艘船。沙灘上躺著一具被刀砍死的屍體，而兇手正倉皇逃走。鏡子前面，一個亡者渾身顫抖被鬼卒緊緊抓著，鬼卒逼他看鏡中的情景，讓亡者看清楚鏡中兇手的臉正是自己的臉。王座右邊有一個高高的平台，像是佛寺裡擺放敬佛供品的案桌，桌上立著兩張臉，像是被斬下的頭活生生放在上面，感覺非常詭異。這兩張臉是證人，像女人的那張臉是「眼」，專看娑婆世界發生的一切，另一個滿臉虬髯的男臉是「鼻」，能從任何氣味聞出人類的行為。旁邊的桌上有一本打開的帳冊，那是人類行為的記錄簿。身著白衣的亡者就在業鏡與證人中間打著哆嗦，靜待判決。

往掛軸的最下方看，可以看到已經宣告判決的亡者遭受各種苦難。在世時滿口謊言的人，就要被鬼卒用燒紅的鐵鉗拔出舌頭。另一批亡者則被丟進火燒車裡，準備帶去別的地方折磨。車子是鐵製的，形狀像是平時常見的台車，日本人多半是露出小腿的打扮，氣喘吁吁地「嘿咻、嘿咻」，有的使勁拉、有的拼命推。只不過這裡拉車的是全身赤裸，獅足牛頭的鬼卒，就像人力車伕那樣，拉著燒得火紅的台車。

以上的亡者都是成人。

第三幅掛軸——

黑暗中，焚燒亡者的火爐裡火焰熊熊。鬼卒拿著鐵棒翻動，使火勢更旺盛。亡者們一個個從黑暗的天空中掉落向上延燒的火焰裡。

在這幕駭人的光景下方，轉變成一片幽暗的如夢境地。淡墨色、泛青的山谷間，蛇一般的小河蜿蜒流下。賽之河原就在那裡。蒼白的河岸上，聚集著幼小的亡靈，認真地堆疊石頭。他們都是可愛的孩子。就像現實世界的孩子一般，每個都惹人憐愛。（日本的繪師竟能將孩子的美描繪得如此淋漓盡致，著實令人驚嘆）這些孩子都穿著短版可愛的白色和服。

前方有一隻拿著鐵棒、模樣嚇人的鬼卒，正在破壞一個孩子堆疊的石塔。孩子看到自己辛辛苦苦堆疊的石塔被無情地摧毀，跌坐在一旁，可愛的雙手摀著眼睛，哇哇大哭。鬼卒看了竟哈哈大笑。旁邊的孩子們也跟著一起哭，這時全身散發溫柔光輝的地藏菩薩，背上帶著如滿月般的後光，莊嚴地現身。地藏菩薩伸出法力無邊的錫杖，幼小的亡靈們都趕緊抓住，躲到地藏菩薩的護持之下。就連稚嫩的嬰孩也都抓住地藏菩薩的衣袖，還有一個更爬上菩薩的胸前。

賽之河原的光景下，又是另一個完全不同的冥界，那是一片雜亂的竹林，裡面全是穿著白衣的女亡靈，每個都在哭泣。她們的手指滴著血，接下來的幾百年，她們都要用被剝去指甲的手指摘下銳利如刀刃的竹葉。

第四幅掛軸——

大日如來、觀音菩薩、阿彌陀佛現身於萬丈光芒中。而遙遠的下方，就如同地獄與天堂相隔的距離，有一個血池，亡靈在池中載浮載沉。池岸是一面絕壁，林立的劍刃如鯊魚的牙齒一般。鬼卒將裸身的亡者趕上那片險惡的斷崖。通紅的池水中卻有一道宛如水晶清透、像噴水一樣向上長出的花莖。——那是一朵擁有神奇法力的蓮花。這朵蓮花正撐起一個亡者到絕壁上一位僧侶的腳邊。因僧侶祈願的功德而出現的蓮花是來解救苦難的亡靈。

很遺憾，這就是全部的掛軸，原本還有四、五幅，但都已經遺失了。

然而，可能是我誤會了，很幸運地，師父又在一個奇怪的角落找到一幅。這幅掛軸也非常大，師父將掛軸展開，緊鄰著其他掛軸。一幅美不勝收的畫作！但這幅畫與信仰和亡靈有什麼關係呢？前方是一個面向青色小湖的庭園，就像神奈川一帶常見的庭園，有瀑布、石屋、菖蒲盛開的池塘、石橋、百花齊放的樹木、清雅的浮見堂佇立在湛藍靜謐湖水當中，充分展現山水之美。背景有一道光束般的雲劃過天際。在更遠的上方是一片如夏日彩霞般的霧光中，是一幢幢媲美龍宮的宏偉宮殿。許多美麗的日本姑娘受邀來到庭園遊玩，她們都帶著後光，這些像星星一樣閃亮的女孩們都是天女。

這裡就是極樂世界，在這裡外型是神佛模樣的，都是菩薩。我們走到畫的旁邊仔細觀察，這才發現裡面有特別艷麗的菩薩。那些美麗的菩薩們，正在修整庭園。每一位都細心呵護著蓮花的花苞，為花瓣澆上如水晶般的水，讓花能早日盛開。我從來沒有見過那麼美的花！人世間沒有那樣的顏色，已經盛開的花，花萼上散發日出一般的光芒，光芒中還坐著一個帶著後光的裸身孩童。那是亡靈投胎到極樂世界變成的新佛。其中有特別稚嫩的，也有已經稍微長大的。負責照顧這些新佛的美麗保母餵他們服用一種仙丹，好像能讓他們迅速長大，其中一人已經離開蓮花的搖籃，隨著天空中地藏菩薩的指引，昇上更高一層的紫魔金世界。

在更遙遠的上方，晴朗無雲的高空中，天女們展開鳳凰般的翅膀飛舞著。有的像舞伎彈三味線那樣彈奏著好幾條絃的象牙樂器，有的吹著現在大寺院裡也會使用的十七管笙。

阿明說極樂世界就像是人世間，照他的說法，極樂世界的庭園裡，除了那些蓮花，其他和我們人世間裡寺院裡的庭園沒什麼兩樣，極樂世界的宮殿屋頂甚至讓他想到西京的茶屋。

聽他這麼一說，我突然體悟到任何宗教所謂的天國，不就是重複或延長人自己的記憶中最愉悅的體驗嗎。換句話說，重現我們平日的夢想，並使它成為永恆——這就是天國啊。在日本有人對這種理想做了如此單純而平凡的解釋，而他畫出來的天堂，就是在日本庭園、佛寺、茶屋裡度過的記憶。如果有人吹噓自己的物質生活更勝一籌，他一定是不認識日本這個國家。在日本這個國家，有閑靜美麗的青空、悠然柔和的水色、晴朗時溫暖的日光、令人著迷的精美住家——那裡的一切，即使平凡，也不是刻意製造，而是發自體貼與慈悲的心所呈現的美——他一定連日本是這樣的國家也不知道。

## 六九

「您看，這裡有地藏菩薩的和讚呢。」阿明說著，從寺院壁龕的櫃子上拿了一本藍色封面、相當破舊的古籍。「和讚就像是你們國家的讚美歌。這本可是兩百年前的古書，叫做『賽之河原口吟之傳』。和讚就是這個。」他說完便打著節奏，為我吟唱了起來。

賽之河原地藏尊

這不是人世間的故事
是死出之山的山谷裡
賽之河原的故事
聽過的人都不捨
兩歲三歲四歲五歲
十歲不到的小嬰兒

都來到賽之河原
好想爸爸好想媽媽
孩子哭泣的聲音
早已不在人世間
椎心刺骨的悲傷
孩子們在這裡
採集河岸的石頭
堆疊迴向的石塔
第一層是為爸爸
第二層是為媽媽
第三層是為故鄉
兄弟姊妹的迴向
日出時獨自玩耍
就在日落之際

地獄惡鬼突現身
你們想要做什麼
留在人世的父母
無暇追善供養
從早到晚悲嘆著
無盡的悲傷和不捨
父親母親的悲泣
變成責難的原因
惡鬼拿我們出氣
揮舞黑色大鐵棍
砸壞我們的石塔
慈悲的地藏菩薩
為我們趕走惡鬼
你們短暫的小生命

孤身來到冥界
人世與冥界相隔遙遠
我就是你們
冥界的父母
孩子們都躲進來
我的衣服裡
感謝菩薩的慈悲
尚未行走的小嬰孩
讓他們抓住錫杖
躲進忍辱慈悲的衣服裡
給他們擁抱和安慰
感謝菩薩的慈悲

南無阿彌陀佛

# 鎌倉、江之島參拜

## 一

鎌倉。

頂著茂密低矮木叢的丘陵縫隙中，村莊的房舍比鄰而建。一條河川貫穿那些斑駁不起眼的住宅。壁板與拉門的上面可以看到呈現銳角的茅草屋頂。屋頂的斜面上，已是綠茵茵的一片。像田埂般的屋頂頂端，菖蒲茂密地生長，點綴著鮮豔的紫色花朵。

溫暖的空氣中瀰漫著日本酒、海帶芽味噌湯、當地生產的白蘿蔔的氣味等等，是這個國家才有的味道。其中寺廟線香的濃郁香氣更是明顯。那是供奉神佛的寺廟所散發出來的檀香味。

負責介紹的阿明，為了今日的參拜，特地雇用兩台人力車。萬里無雲的晴空，天空宛如弧線般地開展。太陽的光芒讓大地散發神聖的光輝。

小溪貫穿屋頂長著茂密雜草，腐舊不堪的農家，我們驅車沿著前行。難以言喻的寂寥之情，鬱積於心。因為這座荒廢的村莊曾是源賴朝將軍的地盤——曾經將前來強奪貢品，過於無理的忽必烈使者斬首——是那位武家掌權者意氣風發過一時的軍事據點。

現在，曾經活躍的寺廟，經過十五、六世紀發生的祝融之災仍保存下來的建築，已寥寥無幾。現存寺廟，不是建於高處，就是擁有廣闊腹地，有茂密樹叢圍繞，遠離那時深陷火海的市中心。

現在風華不再的神佛們，已經沒有前來參拜者，也沒有布施等供奉的民眾，就這麼褪去那些光環，隱身在寺院深深的孤寂中。神佛就像盤坐在被荒蕪農地包圍的地方。田畦中嘈雜的蛙鳴聲掩蓋了曾為軍事據點的往日風情。

## 二

我和阿明渡過小橋，越過溪流。我們來到傳說中的名刹——圓覺寺的大門。那座大門只有中式屋簷，完全沒有任何雕刻。我們兩人穿過那裡，登上很寬的石階，進入鬱鬱蒼蒼的茂林後，就抵達有著山門的寺廟境內。

這座山門也相當宏偉。屋簷向上彎曲，巨大的懸山頂雙層建築更顯氣派。其實山門的歷史超過四百年，期間也挺住風雪侵襲，卻難以嗅出痕跡。白木圓柱與大樑巧奪天工的組合撐起那些厚重且複雜的結構。

山門巨大的屋簷前端結了許多鳥巢，屋頂傳來此起彼落的鳥鳴聲，就像流水傾瀉的聲音。

山門散發著堂皇之氣，很值得一看。但也讓人感受到禪寺特有的穩重感。這座山門的構造完全沒有雕刻物、哥德式建築會有的怪物、滴水嘴獸[1]、甚至是一條龍等。屋簷下多層木材外推的結構讓我們不禁興起外國人才有的期待之情，也算是種矇騙。這座山門落實了獨

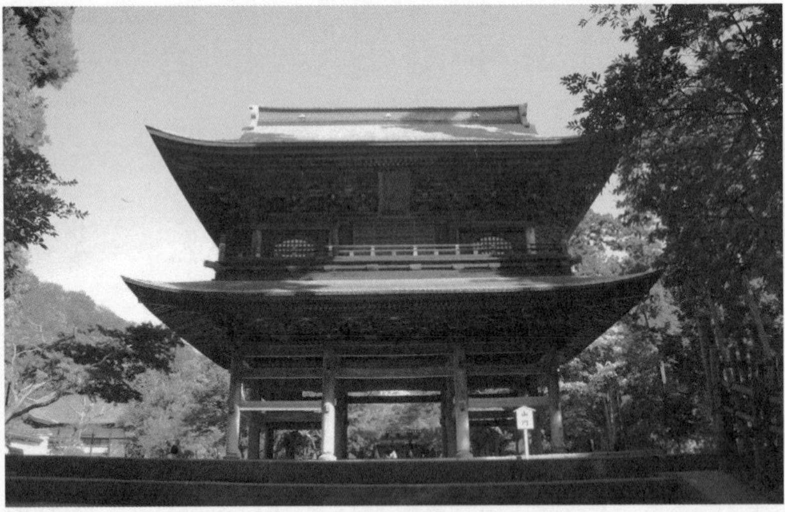

圓覺寺山門。／PIXTA

特的藝術深遠以及夢想中的要素。

或許來此造訪的人也會在這個建築物中探尋獅子、象、龍等雕刻的頭部。但映入眼簾的卻只有四根橫樑向外突出的部分。與其說讓造訪者失望，不如說是驚歎。因為這座建築不需要靠獅子、象、龍等雕刻就能讓人感受到莊嚴。

穿過山門，又通過樹齡超過千年的蒼鬱樹林，登上幾層寬寬的石階後，就看到擺著兩座美麗石燈籠的佛殿。佛殿建築並不大，卻與剛剛的山門有異曲同工之妙。

佛殿入口上掛著「大光明寶殿」的匾額。佛堂以格子柵欄重重圍起，不允許任何人進入。我靠著微弱燈光，從格子縫隙試著窺探。可以看到鋪著大理石的地板，接著是並列著支撐高聳暗沉屋簷的粗壯圓柱構成的迴廊，而在迴廊盡頭，可以稍微看到著金裝，色調沉穩的釋迦如來盤坐在直徑十二公尺左右的巨大蓮花上。

佛殿深處的小森林，茂密地長著樹齡悠久的杉樹與松樹。裡頭還混著竹子。竹林混在其他大樹枝枒、樹葉間，還是像桅杆直挺挺地垂直延伸，呈現出帶有莊嚴氛圍的熱帶

1　譯註：又稱雨漏。

景觀。穿過竹林的樹影，緩緩踩在寬寬的石板路一路往上，便來到古樸的塔頭。

再繼續沿著石板路向上，我們來到比先前通過的山門還小的門。這座小門上刻著再怎麼出色的雕刻師傅也刻不出來，為數眾多令人畏懼的龍。長著翅膀的龍群，從水中如龍捲般向上騰升；又或是從天而降的構圖，現在應該找不到師傅有此技術吧。

刻在左門扉上的龍，嘴巴緊閉；右門扉上的龍則是嘴巴張開，展現威嚇氣勢。左右兩條龍，就像侍奉佛陀的兩頭高麗犬，一公一母。壁面上栩栩如生地浮雕著漩渦海流以及捲起的浪頭，手法大膽，令人驚豔。

三

阿明說「接下來去看大吊鐘吧」。我們順著長著青苔，旁邊的土牆約高六、七公尺的小路往下，彎到左邊後便來到瀕臨崩壞的石階前。石階的連接處、崩裂處都長著小草。曾有無數的雙腳踏在那石階上，現在已磨損，瀕臨崩塌。要從石階往上走，不僅辛苦更是危險。

但我們還是順利抵達山頂。盡頭有座小佛堂。在那裡，一位等待我們來訪的年邁僧侶對我們微笑行禮。我們也回了禮。我們參拜佛堂前，決定先參觀右手邊著名的大吊鐘。

這個大吊鐘有中式向上彎曲的屋簷，掛在四方敞開的樓閣之下。吊鐘高八公尺以上、直徑約四公尺半、厚度竟然有二十公分左右。吊鐘外觀與西式吊鐘開口向外延展不同。整座鐘的口徑全一樣，並且在平滑的金屬表面上鑄有經文。

這個大吊鐘懸掛在屋簷的橫樑，並以繩子綁著沉甸甸的撞木，樣子像以前的破城槌。要順利敲出聲音，就得拉好繩索，往吊鐘側邊，刻有蓮花處敲擊。

這撞木一定已經敲打這大鐘好幾百回。因為撞木前端原本該是平整的四方形，雖然木紋顯得緊實，但就像活字印刷店植字人員長時間使用的木槌，打著打著，就出現外凸的弧線。

剛才的僧侶鼓吹我敲敲看吊鐘。我一開始先用手觸摸吊鐘邊緣，發出優美的聲音。接著，我試著用撞木奮力撞擊大鐘。如大管風琴低音部豐饒、如深沉雷鳴般的聲音——極盡響亮且優美的聲音——在群山中迴盪。接著，微微的、優美的回音就像追著前面的音，接替響起。明明只敲了一聲，這令人讚嘆的吊鐘卻持續響了至少十分鐘左右。聽說這吊鐘已有六百五十年的歷史。

在鐘樓附近的小佛堂，為我們指引的僧侶拿出紀念吊鐘鑄造六百年所繪製的畫卷給我們看。據說他們深信這鐘是神聖之物，有神靈依附其中。如果此地沒有這座大吊鐘，這小佛堂或許也不會吸引人們注意吧。

堂中放置描繪著德川家康與家臣們的幾幅掛畫。在區隔內外陣[2]的兩個出入口上，畫著身穿盔甲，等身大的武士群像。內陣的祭壇上，上了色的木雕山水畫上有辯才天女的十五童子像。堂前放著祭祀用的御幣和寶鏡，這是神道的象徵。這座佛堂在日本廢佛毀釋大轉換期時被迫改奉國家神道。

多數大型寺廟都會販賣紀錄寺廟起源的小冊子。圓覺寺也如此，在入口處販賣這樣的東西，其中也有印著大鐘圖樣的印刷品。借助阿明的翻譯才得知內容，裡面記載著以下的由來。

## 四

文明十二年，這座大吊鐘曾經自己響過。聽聞此內容而一笑置之的人都遭遇不幸。聽信此內容者，後來都非富即貴，實現所有願望。

那時在玉繩村有位名為「小野之君」的人病死。小野之君下了地府，在閻羅王前接受審判。地府的審判主——閻羅王——對小野之君這麼說「你來早了。於娑婆世界的壽命未盡啊。快回去吧」。

小野之君問「我該如何穿過幽暗之路回去呢」。閻羅王回「往南方去，若能聽到圓覺寺的鐘聲，應該就能找到回去娑婆世界的路」。小野之君向南走，果真聽到鐘聲，得以通過幽暗的地府，重回娑婆世界。

那時日本各處都出現巨人般僧侶的蹤跡。是大家從未見過、也從未聽過的僧侶。聽說那巨大的男人遊走各國，所到之處都會勸人前往圓覺寺的吊鐘前祈願。後來才知道這位男性行腳僧其實是以超乎常人之力幻化成僧侶的大吊鐘。正因為那樣的傳聞，據說許多人都慕名來這座吊鐘前祈願，並且有求必應。

## 五

穿過建長寺顯著地寫著「天下禪林」與「巨福山」的兩個門時，還誤以為來到圓覺寺的境內。因為眼前的山門與之後的佛殿，都與先前看到的圓覺寺建築相似。

2 譯註：內陣為安置神像，最裡面的地方。

穿過雄偉、肅穆且壯麗的山門後，佛殿前有一古銅水池。金屬製成的美麗水池，外觀呈現蓮花的形狀，由中心噴水口噴出的水剛好漫至水池邊緣。

佛殿內部由黑色與白色方形石板鋪成，所以我們可以直接穿著鞋進去參拜。外觀看來與圓覺寺相同，都有樸實與莊重的感覺，但進去後，卻比圓覺寺更加肅穆、莊嚴。那裡並不是背後有火焰形光環的深色佛陀像，而是鎮座著散發出如火焰般背光的巨大地藏菩薩。地藏菩薩像坐在變了色的金色大蓮花上，可以看到衣角從高台邊垂下。

地藏菩薩背後有金色階梯向上延

建長寺的地藏菩薩。／PIXTA

伸。那裡有好幾百尊散發著類似金光的神像成列擺著。這些神像就是千尊地藏。地藏菩薩本尊頭上的藻井吊掛著環狀垂飾。而那些堆積好幾世紀，如蜘蛛網狀的灰塵發出微光。當初的藻井想必很壯觀。藻井每一片網目上都畫著色彩繽紛的飛鳥。

支撐佛殿屋頂的八根大柱，以前應該也是塗得金碧輝煌吧！現在只剩下被蟲啃咬過的木紋、柱頭處還勉強嗅得到往日風采。另外，在褪色嚴重的出入口上，還看得到令人驚豔的雕刻。真的是精采絕倫的浮雕作品，仙女們一邊演奏笛子、琵琶，一邊起舞。

右手邊的側廊有間用厚實木門隔開的小房間。保管寺廟的僧侶為我們開了門，領我們進入那間房。用黃銅做成的底座上，架著前所未見，直徑達五公尺的大太鼓。大太鼓的旁邊吊著刻滿經文的大鐘。聽到禁止敲打太鼓，讓我覺得百般遺憾。還吊著幾個在陳舊的紙上印著佛教神聖象徵的卍字的提燈。

## 六

阿明跟我說在《地藏經古趣意》這本書中，記載著與建長寺地藏菩薩相關的傳說。

以前，在鎌倉曾經住著名叫曾我貞義的浪人之妻。她靠著養蠶，以蠶紡絲維生。她經常前往建長寺參拜。某個嚴寒的日子，她想著，地藏菩薩應該也覺得酷寒難耐吧。於是想讓地藏菩薩的頭能保暖一些，決定為地藏菩薩縫製鄉下人家在嚴寒之日會披上的頭巾。

她回到家之後，開始縫製頭巾，為地藏菩薩披上。然後跟地藏菩薩說「我沒有辦法為您縫製能將身體全部包裹起來的溫暖衣裳。小女一貧如洗，所獻上的頭巾，也無法與您的身分匹配」。

後來，那女人在治承五年十二日，年僅五十五歲就突然去世。大體居然維持三日左右的溫度，因此身旁的家人都無法將女人火葬。第三天半夜，女人居然復活了。

女人說「我死的那天，去閻羅王殿報到。閻羅王看到我，勃然大怒地說『你這惡女。違背佛教教義的傢伙。你還在人世時，把蠶繭丟入熱水中殺死吧！就讓你入鐵汁地獄。在那裡飽受煎熬直到妳的業障消除。』當祂這麼宣判後，我就被餓鬼們帶走，被丟進鐵塊被燒到融化的大爐中。我痛苦地哭喊。

後來地藏菩薩突然降臨在煮到沸騰的熱爐中。接著翻滾冒泡的鐵居然像冷卻的油一樣沉靜，火頓時熄滅。地藏菩薩把我抱了起來，領我到閻羅王那裡。

地藏菩薩幫我跟閻羅王求情，說這女人很善良，希望可以網開一面。所以我就被赦免，回到人世」。

我問阿明「如果按照佛教教義，身穿絲綢者就是違背佛法吧」。「是的。佛法禁止僧侶身穿絲綢」，阿明臉上依舊掛著沉靜的笑容回答我。但還是讓我覺得他的回答帶有諷刺的感覺。果然，阿明又說「但是，多數的僧侶都穿著絲綢的衣服」。

## 七

我們搭乘人力車往曲折的坡道前進，道路愈來愈窄，周圍也漸漸暗了下來。「欸，可以等一下嗎？」擔任指引的阿明，用沉穩的聲音對兩位車伕喊著。兩台車就這麼停在長著青苔的石階上，樹枝間有陽光灑落的地方。

「這裡就是供奉閻羅王的寺廟。一般稱為閻魔堂，但其實就是圓應寺，有七百年以上歷史的古禪寺，還有德高望重的高僧」阿明這麼為我說明。

我們登上石階，正殿坐落在狹小的境內。石階的盡頭，右手邊立著刻著「閻魔堂」

的石碑。

正殿的外觀及內部，都與之前看過的寺廟相似。就像鎌倉的釋迦牟尼或是其他供奉大地藏的佛堂，地上鋪滿平坦的石頭，這樣參拜者就無需特別脫鞋。佛堂中昏暗且荒廢已久，都已斑剝不堪，霉味撲鼻。

柱子的顏色也不知何時剝落的，露出原本的顏色。往左右高牆瞧去，右邊有五尊，左邊有四尊，共立著九尊莊嚴的佛像。九尊都戴著如喇叭狀的奇妙頭冠。那些神像每尊都充滿歷史的痕跡，外觀都褪色顯白，卻都像之前在久保山看到的閻羅王像。

我詢問介紹的人「這些神像全是閻羅王嗎」，他回「不是的，這幾尊是閻羅王的部眾——十王」。我回「但是，只看到九尊啊」。他說「這裡的九尊再加上閻羅王，就成了十王。你還沒看到閻羅王吧」。

閻羅王被供奉在哪裡呢？往小佛堂最深處的一隅望去，可以看見木造樓梯上高高的祭台。但是那裡沒有像神像的東西。在神桌上只有鋪著金箔的青銅以及漆器佛具。祭台後面有一張已經褪色，但原本應該是深紅色，二公尺平方的布幕。或許這個布幕藏著這座佛堂中最隱密的東西吧！

佛堂管理員走過來，領我們上到祭台。我們脫了鞋，踩著鋪著疊蓆的階梯上去。跟在佛堂管理員的後面，進到位於布幕前方的祭壇後面。

佛堂管理員對我說了「那就請參觀吧」後，就用長棍拉起布幕。在薄薄的黑幕下，神秘的暗黑中，不明的怪物正盯著我們。我不禁嚇得退後幾步，那居然是一張無法想像的巨大怪物的臉。

那容貌，就像燒得火紅的鐵冷卻後，凝固成灰色般，凶狠到令人膽顫心驚。我之所以嚇到，與其說是布幕拉起，突然看到閻羅王，我認為某些程度是因為佛堂管理員鋪陳出來的戲劇張力。但是隨著驚嚇逐漸平復，我對此佛像創作者的創造力感佩不已，也想知道這位淋漓盡致的藝術家創作的祕密。

這尊閻羅王之所以為傑作的秘密，並不是如猛虎般充滿威嚇的神情、令人感到恐懼的裂嘴，或是整張臉飽和到讓人不寒而慄的強烈色彩。而是會讓人作惡夢般的銳利眼神。

這座古寺有段不可思議的傳說。距今七百年前，轟動全日本的著名製佛師——運慶蘇生離世。「運慶蘇生」名字的由來就是「從冥界復生的運慶」的意思。

運慶死後前往閻羅殿，閻羅王跟運慶說「你生前從未製作過我的像。因為你現在才看到我本尊，你重回人世後，就要為我製作神像」。當運慶一回過神，果真重回人世。認識運慶的人們，看到他死而復生都很訝異，之後就稱他為「運慶蘇生」。後來運慶蘇生就持續把腦海中時常浮現的閻羅王容貌刻下來。任誰看到這閻羅像，都會產生畏懼。運慶後來也刻了跟隨閻羅的十王像。那十王像同樣坐鎮在這座佛堂中。

## 六八

進入寺廟境內，還是不見盤座於戶外的大佛——大佛的佛堂很久前就被沖走了。沿著草坪，我們走進一條石板小路。原來大佛被樹蔭遮住。之後繞進境內的小路，大佛突然出現在眼前。即使是看過好幾回大佛照片的人，第一次親眼看到，一定還是驚嘆連連。就算從離了近一百公尺的地方看，仍然會覺得太近吧！

我想好好觀看大佛的全貌，所以試著後退三十四、五公尺左右。但是在我身後的車伕，誤認我被栩栩如生的大佛嚇到而捧腹大笑。

即使大佛活生生出現在眼前，應該也不會有人畏懼吧！大佛柔和以及我所追求的淡然表情——外觀各角度呈現的無限祥和中，帶著讓眾人折服的美。此外，出乎我意料，當我愈接近這巨大的佛像，祂的魅力也愈強烈。

仰望大佛崇高美麗的臉龐以及半睜開的眼睛，青銅的眼瞼也像孩子的眼神，有被溫柔凝視的感覺。我覺得這尊大佛就像象徵著日本人靈魂中溫柔且安詳的部分。唯有日本人的思惟才能催生出這尊巨大的佛像。

大佛的美、崇高，以及無限的安詳，都反映出創造者——日本人的高度精神生活。如同大佛的捲髮以及佛教上具象徵的手印，雖然可以看到受印度佛像的影響，但技法還是具有日本特色。

大佛像其實做得很大、很美，在大佛前點著線香的腳座兩旁，還有高四公尺半左右，青銅製成的精緻蓮花等等，讓人看到失神。

大佛盤座的右手邊開了個狹小的入口，可以進入大佛體內。進入後看得到供奉著擺著小小觀音的佛龕和祐天上人像，立著刻有「南無阿彌陀佛」漢字的石碑。大佛體內巡禮如果用梯子，就能爬到大佛內側約肩膀高度的地方。肩膀處有兩扇小窗，將境內景色盡收眼底。

負責解說的僧侶為我們說明這尊大佛建於六百三十年前左右的概略歷史，接著便提到為了建造守護戶外大佛的大佛殿，需要多少奉獻，開始懇求佈施。這尊大佛原本建有堂宇，但遭受地震帶來的海嘯襲擊，堂宇的牆壁、屋頂全被沖走。只有這尊大佛，也就是阿彌陀如來像得以倖免，盤坐於大蓮花之上。

## 九

我們現在就在頗負盛名的長谷觀音寺前。觀音是為了永恆的和平而放棄一切的菩薩，是拯救眾生靈魂，數百萬年來為了分擔百姓苦難，捨棄成佛，懷有憐憫之心與慈悲心腸的觀世音菩薩。

鎌倉大佛。／PIXTA

我們往正殿方向踩著石階而上，有位年輕女孩出來迎接。當女孩找到負責指引的僧侶後便消失於正殿，接著就有一位穿著白色僧衣的老僧出現，示意要我們進去。

正殿的大小和我之前所看無異，但經過六百年的歲月洗禮，不免增添些許古色。天花板掛著各種奉獻品、字畫、色彩鮮艷的無數燈籠。與入口幾乎成反方向的地方，有一尊和人相同姿態的像。這尊像，有點令人反感，滿是皺紋的臉龐，帶點恐懼神情的小眼睛直直往這邊瞧。人像的臉原本該是塗著膚色，衣服是淺藍色吧！可是經年累月、塵土堆積，已變色成了灰色。

入口左右立著體貌魁梧，外表驚人的仁王尊像。正殿的祭壇上有一尊背光仿造火焰光芒的金色光輪，小小的，卻令人喜愛的觀音像鎮座於此。

但是這長谷寺有名的並非這尊小觀音像，而是另一尊，有條件才能膜拜的觀音像。先前提到的老僧，拿出一張用流利英文書寫的祈願紙給我看。這英文的祈願紙是為了寺廟的維護以及僧侶生活的保護，希望參拜者能有相應的捐獻。此外，也呼籲不同宗教的拜訪者都能記得「對人親切且行善的信仰，都值得表示敬意」。我在那裡真誠地向寺廟點了盞燈，讓我得以參拜大觀音。

接著，那老僧點了燈籠，從祭壇左手邊較低的入口領我們進入較高且顯得幽暗的正殿中。我一邊留意周圍，一邊跟在他後頭。但是除了燈籠的微弱光線外，什麼都看不到。終於我們停在某個發光的物品前。沒多久，或許我的眼睛也慢慢習慣幽暗，眼前的物品輪廓漸漸清晰。

那個發光的物品，就是巨大的金色佛腳。金色衣襬蓋在腳指甲處。也看到另一隻腳。這尊佛像一定是立像。我們好像在狹小的佛堂中，但是天花板卻很高。燈籠照在金色足部上的光，可以看到從頭頂上充滿神秘的黑色地帶垂下幾根線。

老僧又點了兩盞燈籠，將其掛在相隔約一公尺遠，垂著的兩根線的鉤子上。接著慢慢將兩個燈籠緩緩升起，隨著燈籠搖搖晃晃上升，金色的佛衣也慢慢顯現。總算看到巨大的雙膝線條，接著是藏在衣裳下，如圓柱般的大腿線條。

燈籠仍在搖搖晃晃地緩緩攀升。立於黑暗中的金色「幻象」愈見高聳，我們的期待也逐漸高漲。頭上只有看不到的軌道發出類似蝙蝠的聲音，沒有其他聲響。慢慢地，金色腰帶上可以看到類似胸部的形狀。接著看到為了祈福而高舉的金黃色的手，以及拿著蓮花的另一隻手。最後，永保年輕且掛著無比溫柔笑靨的金色觀音的仁慈臉龐，出現在眼前。

就這樣，在清淨的幽暗中顯現，女性神佛的理想樣貌——現在已被遺忘，前人高超技術下催生的創作品——讓我難以使用言語表達心中的感動。看到這尊觀音像，內心湧起的情緒，與其說是讚嘆，倒不如說是敬畏之意。

兩盞燈籠停在觀音臉部一會兒，接著隨著軌道聲音響起又再度攀升。可以看到觀音像頭上印著不可思議印記的頭冠。頭冠上是頭和臉構成金字塔型，就是印有很多尊縮小版的觀音，充滿魅力的女子像。是傳說中的長谷寺十一面觀音。

## 十

我們離開了長谷觀音。周圍杳無人煙，道路左右兩側蒼鬱延伸的石板路愈見險峻。頭上高聳的群樹樹蔭也愈來愈深沉。有時會經過長了青苔的寺廟石階、雕刻的山門、高大的神社鳥居等等的神聖場所，但現在無暇一一參拜。看了附近無數荒廢的神社佛寺，愈讓人回想到死寂之都——鎌倉——過往的繁榮以及盛大。

無論走到哪裡，空氣中都混合花香，飄著芬芳的樹脂味道。有時我們會從很久前就被棄置的無數無緣佛的墳墓前走過。心中也會覺得無奈，但有時也會經過心之嚮往的阿彌陀佛神像、面帶微笑的觀音像等等。

一切景象顯得世遠年陳，頹敗荒涼。歷經悠長歲月，飽受風霜摧殘，也不乏無法分辨之物。我在守護孩童亡靈的六地藏前佇足，一陣感傷湧上心頭。

這尊六地藏有不少地方都已毀損，且斑駁不堪，覆蓋了一層青苔。其中五尊地藏的肩上，可以看到參拜者堆的小石，幾年下來，小石也堆了不少。出自對死去孩子的憐惜而奉上的圍兜早已褪色，就這麼好幾件交疊掛在地藏菩薩的脖子上。六尊地藏中的另一尊，或許被來往的馬車或是什麼撞倒，受損嚴重。

隨著繼續步行前進，坡道也愈來愈多。要從雄壯的懸崖峭壁般險峻的岩石間而下，繞遠路而行。從絕壁處轉彎，突然一片海呈現在眼前。就像萬里無雲的晴空，蔚藍的海開闊無邊，是如夢境般沉穩的湛藍色。

道路一個急右彎後，馬上沿著往下可以看到咖啡色寬闊沙灘的岸壁繞行。海風帶來讓人心曠神怡的海水氣息，我用力地吸了一口。

遠處看得到被鬱鬱蔥蔥美麗樹林覆蓋的綠色小島。與陸地相隔約四百尺，宛如浮於海上的島，就是江之島。江之島是供奉海與美的女神的神聖島嶼。從這裡甚至可以看到江之島的急坡以及街道的貌樣。正逢退潮之際，好像今天就能從此地走到江之島。廣闊的潮間帶，就像悠長的堤防道路，從這岸的村子延伸到島的那一頭。

我們目前在江之島的對岸，名為片瀨的小村莊。由於連接片瀨與江之島的沙岸，困住了車子，車伕無法把車子拉起，我們決定捨棄搭乘人力車，以徒步的方式往江之島走去。比我們早到的，載完參拜者的幾台人力車也在村子的小路上等待。這天前往江之島參拜辯才天女神的外國人，似乎只有我一人。

愈靠近江之島，透過暮色靄靄的海，島上人家的細部也逐漸清晰。在印著神祕文字，隨風翻騰成詭異形狀的旗幟上方，可以看見屋簷上翹，不太常見的藍色屋頂的住家、感覺通風良好的樓上露臺、高聳的懸山頂構造等等。我們渡過潮間帶後，終於抵達迎接著每個人，海之都的玄關、龍神之都。眼前立著美麗青銅的鳥居，綁著注連繩，並且掛著「江島辯天宮」的匾額。

鳥居粗壯的柱子底部，浮雕著很少見的抵抗浪濤的海龜像。從陸路來看，這兩座鳥居就在辯天宮的正面，彷彿這座島的入口。但是若從片瀨開始數起，則是第三座鳥居。我們是從海路過來，所以沒有看到其他鳥居。

## 十一

喂，你看，我們現在就在江之島。眼前是一條延伸的坡道。街道是由較寬的石階鋪成，各種顏色的旗幟、印著白色奇妙文字的深藍色門簾，在光影交織下，隨著海風搖擺。道路兩旁旅店、小的伴手禮店林立。我忍不住一間間窺探。在日本，所見之物都想買下。我在江之島也買了各種伴手禮。

江之島確實是「珍珠貝之都」。掛著印著字的門簾的伴手禮店家，販售著雕琢精細的貝殼工藝品，價錢便宜得驚人。放在鋪有疊蓆的檯子上的玻璃櫃、靠著牆的整面陳列櫃，都因為乳白色螺鈿飾品而閃閃發光。那些是刻著魚、鳥、虹、小貓、狐狸、小狗等等模樣，巧奪天工的精巧貝殼工藝品。其中也有螺鈿鑲嵌的梳子、香菸盒、煙管，每個都美到捨不得用。也擺著日本女孩們會喜歡的螺鈿飾品，各種形狀的髮簪、胸針、項鍊等等。此外，還販售著江之島的風景照。

## 十二

江之島潛藏著筆墨難以形容的魅力。可以說是添加幾分難忘的性靈感動的魅力。

江之島的魅力不只是這難得的風景，而是由無數微妙感覺與念頭相互交織、混合而成。森林與海洋醞釀而成，帶點香甜的強烈海水味道。促進血流，讓生命復甦的海風觸感。覆蓋於蘚苔之下，藏著古老神秘的古物們呢喃的哀訴。踩進千年來被喚為聖地時湧上心頭，溢於言表的崇敬之心。現在想到那些去世的朝聖者們的足跡，我也不禁與他們產生共鳴。

還有段記憶猶新的事情。就是隔著如山嵐般一層紗初次眺望被海包圍的「真珠町」時的樣子。越過沉靜如天鵝絨般廣闊的咖啡色沙灘，迎著海風，我們走向那美麗的島嶼。青銅的大鳥居帶著不可思議的莊嚴感。眼前是前所未見

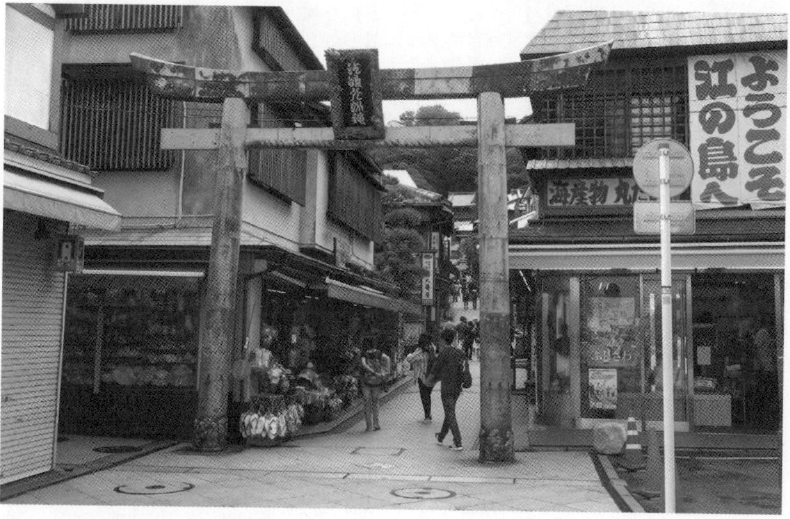


現今江之島的鳥居。／PIXTA

帶點奇特，由許多坡道構成的街道。那裡向外突出的露臺，因太陽的照射在地上印著清晰的影子。

隨海風搖曳的各種顏色的門簾。印著神祕文字的旗幟啪搭作響。伴手禮店家前陳列的珍珠，以光芒吸引人們的目光。

「眾神之島」美妙的一天。是我們外國人從未體驗過的，崇高的白晝世界。從大海與太陽之間，充滿寂靜，草木繁盛神聖的高處往下俯瞰的雄偉。如光輝般潔白，令人崇敬的雲浮於天空。比一般的雲多了點夢幻。雲的形狀，或許就像菩薩的靈魂永存於藍色的涅槃世界中吧！

這座島也有辯才天女神的故事。辯才天女神同時是美麗之神、愛的化身、雄辯的女神。所以被稱為「海的女神」並不是沒有原因。因為從遠古時期，海就是最出色的「說書人」。海是永遠的詩人，以波浪的韻律搖動世界，是充滿神秘禮讚的「歌手」。海洋妙不可言的音律，就連身為萬物之靈的人類，也模仿不來吧。

# 盂蘭盆市集

## 一

現在時間剛過下午五點。從總是敞開的小書齋門窗，吹進一陣日暮時分的微風，讓桌上的紙張亂飛。陽光的泛白光線也透著淡淡的琥珀色，似乎宣告已經熬過中午的酷暑。

蔚藍的天空，萬里無雲。即使是乾燥的天氣，日本最奧妙的天空也會飄著如棉絮般白色美麗纖維狀的雲，但是今天卻沒見著。

書齋入口出現人影。是年輕學僧阿明，他就站在門檻上。他脫了草鞋，像地藏王般掛著微笑走進屋裡。

「欸，阿明，晚安。」

阿明坐在地上，姿勢就像佛陀盤坐於蓮花之上，

「今晚有盂蘭盆市集。你應該會想看吧！」

「這個國家的任何東西我都想看。什麼是盂蘭盆市集呢？」

「盂蘭盆市集就是販售祭祀逝者物品的市集。為了逝者而舉辦的祭典是從明天開始。明天無論是寺廟或是檀家，大家都會為佛壇加上美麗裝飾」阿明回覆。

「那我一定要看看盂蘭盆市集。也想看看民家的佛壇。」

「我知道了。那就請來我投宿的地方吧，離這裡不遠。房子就在石川町前方，在不老町旁邊的翁町。家裡也有神明廳。路上就讓我為你解說祭祀的事情吧。」

事情的經過就是這樣，接下來要說的就是那時第一次從阿明口中聽到的事情。

## 二

「死者的祭典」又稱為「盂蘭盆祭」，於七月十三日到十五日期間舉辦。有些外國人也將此稱為「燈籠祭」。依地方不同，也有一年舉辦兩次。依循古老陰曆的人們，會在舊曆七月十三、十四、十五日舉行盂蘭盆祭，若以舊曆舉行，就會比新曆，也就是陽曆晚。

七月十三日早上，會將為了盂蘭盆祭特別以新稻草編織成的草蓆鋪在佛壇、神明廳。若是信仰虔誠的家庭，早晚都會在佛壇前膜拜。神明廳跟佛壇都會用色彩鮮艷的美麗色紙、聖潔的蓮花、或是千屈菜枝條之類的植物裝飾。然後會在佛壇上放上漆器的小餐盤，上面擺著各種供品。如果是家庭式的小佛壇，也可能將供品用裁切過的蓮花葉包裹，直接放在草蓆上供奉。

供品有細麵、煮好的米飯、糯米丸子，以及茄子、當季水果——胡瓜、西瓜、梅子、桃子——等等。有時也會加上帶有甜味的點心、看起來很美味的食物。雖然有時也會看到尚未料理的食材，但還是以烹調過的熟食為主。當然也少不了魚、肉、酒。

迎接祖先亡靈時，會奉上清水。有時會將千屈菜的枝葉浸泡在清水中，再將水滴撒在佛壇或是神明廳。這天，為了眼睛看不到的客人，每隔一小時就會奉上茶水。所有的供品都和款待活著的客人一樣，用小盤、碗缽用心地盛裝，旁邊也會附上筷子。就像這樣，這三天會讓亡靈們盡情享用。

太陽下山後，家戶門前都會點上火把，為亡靈指路。在盂蘭盆祭的第一天，村町的海邊或是河邊等處，也會為了迎接亡靈們而點火。點火的數量是一百八十。這一百八十的數字，是基於佛教的考量，具有某種神祕意義。

每一家的玄關每晚都會掛上美麗的燈籠。這個盂蘭盆燈籠是祭祀亡靈們的燈籠，有著特別的形狀及顏色。上面繪有山水或者花的圖樣，也都附上會隨風搖曳的紙片垂穗裝飾。

那一晚，失去親朋好友的人會前往墓園，獻上供品、祭拜。點上香、為死者們的墓碑澆水。墓碑兩側插花用的竹筒會插滿花，也會點上燈籠，掛在墳前。這裡的燈籠是沒有圖樣的純白色。

十五日，也就是最後一晚，每間寺廟都會有施餓鬼會的儀式。唯有這個時候「餓鬼道」的亡靈們才能享用供品。此外，僧侶也會供奉食物給沒有人祭拜的孤魂野鬼們。食物的供品比照供奉得道的眾神，分量充足。

## 三

阿明告訴我，施餓鬼是出自《佛說盂蘭盆經》的經文。

釋迦其中一位弟子——大目犍連，因為積了功德，而獲賜「六大神通力」。透過神通力，他得以看到身處餓鬼道的母親亡靈。餓鬼道是為了償還前世犯的錯，必須飽受飢餓之苦的冥界。

目犍連看到痛苦萬分的母親悲慟不捨，於是用缽裝滿美味的食物送給母親。當母親把食物送往嘴邊，正要享用時，卻無法入口。因為食物立刻燃燒化為灰燼。

目犍連詢問他的師父——釋迦牟尼佛——如何將母親從痛苦的深淵解救。釋迦牟尼開示「在七月十五日時，敬備供品供養各國僧寶」。當目犍連依師父所說的去做，果然看到母親順利脫離餓鬼道，歡欣雀躍地舞動著。

據說這就是盂蘭盆舞的起源。盂蘭盆舞就是盂蘭盆節的第三天晚上，日本全國各地皆會跳的「亡者的祭典」。

在盂蘭盆節第三天夜裡，比施餓鬼會更感動、比盂蘭盆舞更不可思議的是「告別的儀式」。活著的人們已經想方設法讓亡者感到滿足，開放給亡者們拜訪娑婆世界的時間也差不多結束，掌管冥界的管理者們必須讓他們返回另一個世界。

將亡者們送回另一個世界的儀式準備就緒。每戶人家都會用麥稈編成扎實的小船，再放入亡靈們想望的食物、小型燈籠、寫著願望以及思念的短箋等等。小船的大小不到六十公分。因為亡者們只需要很小的地方。這些看似容易毀損的小船，就這麼浮在溝渠、湖泊、河川、大海等等的地方。船身前端點著小燈籠，船尾則點著香。如果是沉靜的夜，小船就會航行到很遠的地方。

夢幻船隊在海灣、河川、溝渠等地，光就這麼一閃一滅地一路往下，往大海流去。這些象徵亡靈的小船，燈光照出海的水平線，海風中混著線香的香氣，讓氣味更加芳香。

但是，令人惋惜的是，最近大型的港灣開始禁止流放像這樣載著受到祝福的亡靈的小船。

## 四

翁町的路很窄。感覺張開雙手就會碰到道路兩旁小型店家前印有圖樣的門簾。如方舟形狀的住家就像玩具。阿明投宿的地方是更小的房子，既沒有販售物品的地方，也沒有二樓。大門深鎖。阿明打開入口的雨戶[1]，也拉開玄關和房間連結處的木製窗門。像這樣全都打開後，這小小的建築物其實就是用未上漆的原木蓋成，用紙屏風隔間的便宜住家。簡直就像大鳥籠。

但是鋪在高一階的地板上的藺草蓆是新的，連半點髒污也沒有，香氣四溢。我們脫了鞋進去，房間雖小但整理得井然有序。阿明在房間的正中央放了火鉢，為了方便我坐下，還幫我鋪了坐墊。

阿明說「旅店的女主人現在還沒出門」。我指著牆壁上用繩子吊著一塊薄木板問阿明「這個是什麼？」那是兩端還留有木皮，削去木板正中央的板子。上面有不可思議的符號整齊地排成兩排。

「喔，那是月曆。右手邊是有三十一天的月份名稱；左手邊則是未滿三十一天的月份名稱。你看，這裡就是佛壇」阿明回答。

在日本客廳總少不了的壁龕中擺著繪有飛鳥圖的櫃子。櫃子上面架設著佛壇。上了漆的金色佛壇上有仿作寺門的小小對開門。漆料有些剝落，金箔也脫落了，但還是上等的佛壇。

阿明深有同感地掛著笑容打開佛壇上的小門。我以為有供奉神佛，探頭窺看，裡面沒有特別供奉什麼。僅僅立著寫著死去小女孩姓名的原木牌位。旁邊插著已經枯萎的花以及觀音像和香爐。

1 譯註：防雨的木板門。

「明天旅店女主人應該就會裝飾佛壇，也會為死去的孩子擺些供品吧」阿明說著。

背後傳來一聲沉穩的招呼聲「晚安！」。失去孩子的母親想不到一位異邦人居然會對佛壇感興趣，面帶微笑地站在玄關。她是生活貧苦的中年婦女，容貌不算出色，但算是有氣質的長相。我回應她的招呼後，重新坐在火鉢前的坐墊。阿明在女主人耳邊不知道在嘀咕些什麼。之後，女主人就把茶壺放在火鉢上煮水。或許是請她準備茶水吧！

隔了火鉢和阿明對坐，我問他，「那牌位上的名字怎麼念？」

「你看到的名字，並不是本名。真正的名字會寫在牌位背面。去世的孩子會用別的名字，也就是法號。男孩死後被稱為『良智童子』，女孩死後則稱為『妙容童子』。」

兩人說話時，那位母親走到佛壇前，打開小門，把裡面的物品重新放整齊。點了小小的油燈，雙手合十，低頭祭拜。即使我們就在旁邊，喋喋不休地說話，她也不為所動。我想她平常應該就是擇善固執、不在意他人看法、坦率行事的人吧。像她這樣堅毅地由衷祭拜的態度，是貧窮的人們所具有的特質。他們純樸的靈魂，不只對人，對神佛也不會隱瞞任何事。約翰．拉斯金（John Ruskin）曾經說過「最神聖的人們」就是指這樣的人。

我不知道這位母親為死去的孩子祈求什麼。我只聽到她悄悄地從嘴唇吸氣時發出嘶、嘶聲，很柔和的摩擦音。這內斂的聲音，是這個國家中，那些內心溫柔的人們，想取悅他人時流露出來，極為含蓄的表現。

看見身為至親的人母膜拜的模樣，我感受到潛藏在自己生命的神秘中有什麼在蠢蠢欲動。就像遠祖的記憶，兩千年前早已被遺忘的感動再度被喚醒，隱晦不明卻又有難以言喻的熟悉感。那種感覺和我對太古世界的一知半解巧妙地融合，我家歷代先祖也就是那些深愛的逝者們。彷彿古代羅馬家庭的守護神——拉爾（Lar）的投影，這屋裡的神明廳，瀰漫著神妙之美。

母親短暫的祭拜結束後，又回到小火鉢旁。她與阿明閒聊，兩人一起笑著。她將茶注入茶杯讓我們飲用。沉著穩重地跪著倒茶，她的舉動宛如一幅畫，展現出日本傳統風貌。六百年來，泡茶的方式已成為日本女性的一種修養。

其實日本女性平常就會花很多時間修習茶道。浮世繪中甚至可以看到即使成了幽靈，仍在泡茶的日本女性。日本幽靈畫中，最讓我感到悲哀的是，被男性殺害後的女性幽靈，在滿懷悔恨的男性面前，還堅忍地跪著、遞茶的圖。

阿明說「好了，那我們就去看盂蘭盆市集吧！女主人應該也要出門了。外頭已經變暗了。再見」。

我們離開小小的住家後，周圍天色昏暗。夜空裡，繁星連接成帶狀，閃閃發亮。不時吹來陣陣微溫的晚風，是很適合散步的晚上。整排店家的門簾隨風飄逸著。

盂蘭盆市集在市街外的山腳下，在位於狹小路上的增德院舉行。那裡稱為元町，距離此處約一公里（十一丁等於一千二百公尺）。

## 五

元町狹窄的道路就像發亮的光束，數量壯觀的燈籠、火把、提燈的光芒，點綴道路兩旁，照亮那些從未見過的攤販、店家。路上有很多人魚貫而行。木屐的聲音簡直就像要壓過如浪濤般的群眾聒噪聲、叫賣聲，主控了那晚的氛圍。不過，人們的行動卻顯得沉穩。沒有相互推擠，也沒有不守秩序的人。無論身體虛弱的人、年幼的人，大家都能悠哉地邊走邊看。想看的東西的確很多。

「蓮花、蓮花！」盂蘭盆市集販售著供奉在墳前、佛壇的蓮花，以及包裹祭拜去世至親食物的蓮葉。成疊的蓮葉堆在小桌上。綻放的以及仍含苞的蓮花被綁成一束，立於竹容器中。

「苧麻莖、苧麻莖！」苧麻莖是去皮後曬乾的苧麻莖部。細的部分會被折下來作為亡者的筷子，剩餘部分則用於燒火迎靈時。松木筷子確實比較常見，但是這裡卻很少用到松木。因為對這一帶窮苦民眾而言價格過高，所以都用苧麻莖代替。

「土盤、土盤！」土盤是亡者們使用的餐具，紅色平坦無花紋的小盤子。雖然現在是亡者專屬的質樸窯燒器皿，但是此傳統甚至比佛教起源更古老。

「欸——，要不要盂蘭盆燈籠啊！」盂蘭盆燈籠是亡者要回到娑婆世界時，幫忙照路的燈籠。每個都很美。盂蘭盆燈籠有大寺院用的六角形、星形、大型發光的橢圓形等等，款式多樣。每個燈籠都繪有美麗的蓮花、細心附上色紙做成的垂穗、用剪刀從大張白紙裁剪出盛開的蓮花。此外也有如月亮般圓潤的白色燈籠。這種燈籠是帶去墳墓使用的。

「飾品、飾品店！」飾品店出售盂蘭盆祭的各種飾品。

「也有賣菰蓆、什麼都賣！」這裡販售鋪在神明廳、佛壇的全新白色草蓆。也有提供亡者騎乘，用稾做成的馬。還有為亡者勞動的小型稾牛。所有物品都「便宜」得令人驚訝。也有裝飾佛壇的日本莽草、施餓鬼會灑水會用到的千屈菜枝條。

「需要裝飾品嗎？」用紅白線串起來，如珠子般精緻的垂飾；有裝飾佛壇的美麗紙飾品；從一束二錢的便宜貨到一束一圓的高級品，應有盡有的線香。

「螢火蟲加上螽斯！是孩子們最佳的撫慰品！會算便宜喔！」這個究竟是什麼？像是用竹子、細木搭建，如崗哨的小型店家，上面有紅白格紋的紙屋頂。從這看似弱不經風的店家裡傳來如蒸氣般向上直衝的尖銳聲音。

「喔，那只是一般的蟲。跟盂蘭盆的供品完全無關」阿明邊笑邊答。的確是蟲。而且是放在蟲籠裡的蟲。那尖銳的聲音來自小小竹籠中好幾十隻綠色的螽斯。

「要餵螽斯茄子和西瓜皮。是給孩子當玩具的。」阿明繼續說著。那裡還有放了很多螢火蟲的蟲籠。蟲籠裡綁著一張蚊帳布，上面用一筆畫畫出色彩鮮艷的美麗圖樣。一隻螽斯附籠子要價二錢；十五隻螢火蟲附籠子則是五錢。

街角有位穿著紺藍色衣服的少年，坐在低矮木檯的後方，賣著用紅紙接合、如火柴盒般大小的木盒。堆著木盒的檯子旁，淺盤裡裝滿乾淨的水外形似花、木、鳥、小船、男女等等、看來扁平的東西漂浮其上。因為一盒才二錢，所以決定打開那個盒子。盒子裡是用薄薄的紙包裹住兩端粉紅色圓圓帶點白，成束如火柴棒的棒子。

我把棒子丟進水裡後，立刻舒展開來，變成蓮花慢慢擴張。其他的舒展開後則變成魚的模樣。第三根是小船、第四根是貓頭鷹、第五根是有葉子跟花的茶樹……。這些是用海藻做成的，每個都做得很精緻，當手一摸到水，就會立刻損壞。

「手工花、需要手工花嗎？」是賣假花的聲音。用紙做成的美麗菊花、就連蓮花的花苞、葉子、花，全都做得精緻巧妙，讓人難以辨別出這個居然是假花。所以假花賣得比真花貴也不無道理。

## 六

群眾的吵鬧聲與攤販無數燈火的上方，真言宗的大寺院以星空為背景拔地而起。反翹的屋檐前端掛著整排燈籠，凸顯出寺院的神聖輝煌。順著人潮，我們也順勢前進。

從寺院正面的大門，黃色的燈光成帶狀的照射在參拜者攢動的頭和肩膀上。還沒走到有高麗犬的石階，就可以聽到寺院傳來連續的銅鑼聲。銅鑼聲響起，表示參拜者投錢入賽錢箱祈求。今晚是醫治內心疾病的醫師——藥師如來——的緣日[2]，想必大賽錢箱裡，應該有不少布施的錢吧。

我爬上大石階，和安靜的人潮悠閒地漫步在色彩豐富的燈籠光芒中。通過販售蓮花、假花的小店家時，思緒把我拉回到先前那位貧窮母親的神明廳，快壞掉的佛壇。那裡吊著粗糙的玩具，御多福[3]的面具邊笑邊轉著。

眼前浮現長得像御多福，看起來很歡樂的小女孩一直凝望那個玩具。孩子生氣蓬勃的感覺，或許是從那樣粗糙的玩具中，看到我這種人所不知道的，傳承自歷代祖先的魅力與喜悅吧。就像今晚帶點溫暖的夜晚，被揹著的孩子，雙手環繞在母親脖子上，透過肩膀窺探外面的世界。混在那安靜人潮中的孩子景象顯得格外清晰。

那位失去幼子的母親，或許也在這人群之中吧。或許今晚她也會想起那雙小手觸摸她肩膀的感覺吧。但是母親應該不會像往常，回頭對孩子微笑吧。

# 盂蘭盆舞

## 一

遙遠的群山彼方有個地方叫「出雲」，在古代，那裡是神祇之國、由神統治的國家。我請勇腳的車伕們拉著人力車，載我從太平洋這邊跑到日本海那邊，進行為期四天的旅程。我們走的路徑距離最長，一路幾乎無人。

這段漫長的路途上盡是山谷，我們就這樣一座山谷一座山谷地爬過去。山間遍布層層隨坡闢建的梯田，宛如龐大的綠色階梯。

山谷上方，是杉樹與松樹形成的薄暗森林，而森林繁茂的山峰上方，可見遠山的靛藍色身影，再往上，則是灰濛濛尖頂的剪影。空氣溫暖，平靜無風。遠方霧靄迷離，安定的藍天上——日本的天空顯得比任何國家都高——日日飄散著薄膜般白晰透明又虛無

2 譯註：進行祭祀、奉養的日子。
3 譯註：圓臉低鼻的女性面孔。

縹緲之物，恰似浮雲精靈乘風翱翔。

爬坡途中，有時農田會瞬間變換風貌。大麥田、蓼藍田、裸麥田、棉花田，接力勾勒出道路的曲線。終於，我們進入森林。沿路的杉林叫人驚訝，因為這裡並非熱帶地區，如此蒼鬱且垂直的杉樹林，真是前所未見。

樹幹筆直如圓柱，樹皮已剝落。從正面看上去，感覺就像無數蒼白的柱子矗立於葉叢中。抬頭只見枝葉扶疏，枝椏融入葉影，其餘一概無以辨識。有時以為蒼白的樹幹間會露出空隙，但後面深邃如夜，令人聯想到古斯塔夫．多雷（Gustave Doré）所描繪的冷杉林。

來到這裡，已經見不到大型市街，僅山襞處有著成排茅葺屋頂的村落而已。茅葺屋頂密集處的村落上方有寺廟，青灰色的瓦片屋頂飛翹著。也有神社，猶如一個大漢字的石製或木製鳥居豎立著。但這一帶堪稱佛教占優勢，因為每座山丘頂上皆有寺廟，路旁每隔一定距離，宛如里程碑般，可以看見佛陀或菩薩的雕像。由於寺廟太大，周邊的村落人家倒顯得像是寺廟的倉庫了，這種情況出現好多次。

如此儉樸的村落，何以維持如此昂貴的佛堂呢？身為旅人的我百思不解。而且不論到哪，都可窺見溫柔的信仰心。例如，信仰的文字或圖案就刻在岩壁上，路旁為人忽略的陰影深處有著證明信仰的石像面帶微笑。有時，連風景本身都讓我覺得是以信仰心創造出來的，例如，平緩的丘陵輕輕隆起，狀似正在膜拜；有時上面還有如同釋迦佛頭的小丘；此外，覆於頂上的黑色葉群長得極為茂盛的話，簡直就像佛頭上面的髮髻了。

不過，越往西邊的深山行去，寺廟的數量逐漸減少。偶爾一見，也都是清寒小廟。路旁的地藏菩薩像也越來越稀落了。相對地，象徵神道的物件越來越多，神社的規模更大，屋頂更高，且隨處可見一座高過一座的鳥居。進入村落的入口前、由奇形怪狀的獅子或狐狸石像守護的境內入口處等，皆有鳥居聳立。穿過由古代杉木及松木組成的蔥鬱隧道後，幽暗森林中，青苔古階直通往枯朽的社殿，那樣的古階前也有鳥居。

在某個小村落，一處通往大神社的鳥居後面，有個極不一樣的小祠堂，我在好奇心驅使下，無論如何都要過去一探究竟。關閉的祠堂門扉上立著一排櫛瘤叢生的短棍棒。阿明誠惶誠恐地挪動木棒，打開小門，叫我往裡面看。裡面僅有一張面具。天狗的面具。長著巨大鼻子而難以形容的奇怪面具，看得我好難受，直後悔要是沒看就好了。

那些棒子是人們奉納的。人們相信奉納一根那種棒子，天狗就會幫忙趕走他的敵人。日本的雕刻繪畫上經常出現天狗的妖怪模樣，但其實天狗是神，雖然地位較低，可劍術等各種武術都很厲害。

其他變化也愈發明顯了。阿明抱怨聽不懂當地人說的話，因為我們剛剛通過全操著難懂方言的地區，連房子外觀都和東日本的鄉村不同。高高的茅葺屋頂上，在距離房子三十公分處，平行架起一根竹竿，上面裝飾著有趣的稻草束。農民的膚色也比東日本的黑，已經見不到東京近郊女性那種迷人的櫻色容顏。農民戴的斗笠也很特別，叫做「庵笠」，一如路邊庵寺的茅葺屋頂般尖尖的。

氣候更溫暖了，身上的衣服讓人覺得悶熱。穿過路邊小村落時，我看到好多健康又美麗的裸體，可愛的小朋友們全身赤條條，而僅在腰間纏上窄幅白色軟布的黝黑男子或少年們，都在屋內的榻榻米上午睡，紙格門全都拆下來了好納涼。男人個個身輕如燕，曲線流暢，見不到肌肉發達者。家家戶戶門前都有蓼藍鋪在草席上曬太陽。

鄉下人以奇異的眼光盯著我這個外國人。我們在許多地方稍事休息，便有村裡的老人跑來摸摸我的洋服。老人們拘謹地對我行禮，臉上掛著親切笑容，一邊為控制不住的好奇心道歉，一邊向我的翻譯東問西問。我從未見過如此善良的相貌。相由心生，因為截至目前，我不曾聽過怒吼聲，也不曾見過不友善的行為。

隨著旅途前進，這個國家的風景一天比一天美麗，是火山國家特有的奇拔風景所創造出來的美。薄暗的杉林與松林、高遠而如煙似夢的蒼穹、溫柔的白色日光……，如果沒有它們，或許有些瞬間我會錯以為正置身西印度群島，或是正在拂曉的多米尼克島或馬丁尼克島那蜿蜒曲折的陡坡上。其實，我已經迷糊到在陽光燦爛的地平線彼方尋找椰子與木棉樹的綠蔭了。然而，山谷間、森林下方那片廣袤山坡上的鮮綠，並非籐蔓植物的綠，而是水田的綠。如英國鄉間庭院般小小的青田，被彎曲如細蛇的田梗分隔著一畦接連一畦，就是這樣的綠。

## 二

青田上的險路延伸至連峰深處，行進其間，偶然發現旁邊懸崖的洞窟裡有間小祠，於是要車伕停下來確認。

那間小祠，兩側及斜屋頂是由未加工的岩石搭成的，裡面有一尊粗曠的微笑馬頭觀音像，前方供著一束野花，素燒的香爐四周撒著米粒。有別於馬頭觀音這個怪名予人的聯想，這尊觀音並非馬頭，而是觀音的寶冠上刻著馬頭。至於由來，立於小祠旁的塔型木牌「卒塔婆」上寫得清清楚楚。

上面寫著「馬頭觀世菩薩 牛馬菩提繁榮」。馬頭觀音會保佑百姓[1]的牛馬，讓這些為人類工作的家畜平安健康，死後能夠成佛。卒塔婆旁邊架起一個長一公尺二十公分的方型木框，上面平整地掛滿了幾百個松木牌子，小牌子上寫著這尊觀音像及這間小祠的捐贈者姓名，人數達一萬，但總金額不到十圓，可見平均一人僅捐贈一厘左右。百姓真是窮得沒話說了。

在此寂靜山中發現那間小祠，我有種安心的歡喜。能為自家牛馬祈福[2]的人，肯定不僅善良而已。

快速下坡時，人力車突然傾斜一邊。望著眼下數百公尺的斷崖深淵，我嚇出一身冷汗。其實是車伕為避開橫越馬路無害於人的一條蛇才這樣。但那條蛇完全不在意我們，一直爬行到馬路另一邊，才翹起鎌刀狀的蛇頭目送我們的背影。

## 三

不久，水田開始出現怪現象。稻穗中間，隨處突出一種宛如白羽箭的東西。祈禱之箭。我拔起一根仔細端詳。箭柄用細竹製成，全長有三分之一裂開，中間夾著一張寫上字的白紙，是神道的平安符；然後用繩子把裂縫綁起來，就綁在平安符上方。稍微退後幾步看，就像是修長、輕盈且優美的羽箭。

我第一次看見的平安符，上面寫著「湯淺神社　講全村中　安全」，也看過寫著「美保神社　諸願成就　御祈禱修行」的平安符。我望著前方青色稻穗水平線上微微閃亮的白箭，覺得它們恰似新綠原野上的點點白花。

此外，有時會在稻田周邊發現奇妙的柵欄。那是用長線綁在小竹竿上所搭起的圍柵，上面掛著一束束長稻草，每隔一定距離便垂吊著「紙垂」這種神事用紙片。這是神

1　「百姓」意指農夫，由「百」和「姓」這個漢字組合來看，我推測它與聖經上的「Their name is legion」（不可勝數）這句成語相當。一位日本友人也斷言我的推測八九不離十。據說從前農夫沒有姓氏，都是用地主或領主的姓再配上自己的名，於是，同在一個領地內的一百名農夫，就都是以領主的姓氏來稱呼了。

2　為動物亡靈祈福的風俗絕非尋常之事。不過，我確實看過西日本的某些地方會特別埋葬家畜，為之祈禱；做法是土葬，然後於墓上點燃線香，輕聲念佛。一名住在東京的友人告訴我這個有趣的訊息：「東京的回向院每天早上都會為立牌位的動物亡靈誦經。只要付三十錢，就能將寵物埋在寺廟的墓地裡，廟方會進行短期的供養。」其他地方肯定也有這樣的寺廟。能夠如此愛護不會說話並成為人類僕人的動物，這樣的人、這樣善良的風俗，怎能嘲諷呢？

道的神聖象徵「注連繩」。注連繩所圍起來的清淨聖域不會有疫病，也不會有曬枯幼苗的烈日。而且，白箭閃爍的地方不會長蝗蟲，肚子餓的小鳥也不會來搗蛋。

到這裡，再尋覓佛陀尊顏已是徒勞。我沒見到大寺廟，當然，也沒見到釋迦牟尼佛、阿彌陀佛、大日如來。菩薩等已然遠去，觀音及相關的佛像全都不見蹤影。掌管道路的「庚申」還看得到，但已經改名了，在這裡變成神道的神祇「猿田彥命」。看到庚申的差使「三猿」的雕像，我才明白祂其實在這裡。

不見猿：雙手遮眼，不看惡事。

不聽猿：雙手遮耳，不聽惡語。

不言猿：雙手遮口，不說惡言。

不，有一種菩薩像仍存在這個不可思議的神道氛圍中。路途上，依然每隔相當距離便可看見地藏菩薩像。只是，成為幼童亡靈玩伴的地藏菩薩，在這裡的模樣有點不同，連六地藏都不是以站姿呈現，而是坐在蓮花上[3]，並且，我在東日本看到地藏菩薩前面堆著許多石頭，但這裡並沒有。

## 四

巨大山脊的懸崖險徑冷不防變成一路下坡，盡頭是尖聳的茅葺屋頂與青苔屋簷連綿，好一座恰似從歌川廣重的老舊版畫本中冒出來的村落，色調與四周景緻完全融合。這裡是伯耆國「上市」。

人力車停在安靜古老的小旅店前，年邁的主人出來相迎。另一方面，文靜老實的村人們——幾乎都是小孩和女人——為了看外國人一眼而聚在人力車周圍。對於我這個外國人模樣，有人瞪大眼睛，有人掛著好奇又靦腆的笑容，然後摸摸我的衣服。我看了那老主人一眼，便決定住到明天，因為車伕已經太累，今晚實在無法繼續趕路了。

3 讀者或許想問，為何不是五、三或其他數字，而是六地藏呢？我自己也是到處詢問直到滿意為止。以下是我最能接受的答案。根據《大乘法師愍行念佛傳》，地藏菩薩在長達一萬劫的時間裡都是女性，發願要度化六趣四生一切有情。能藉法力自由變身的地藏菩薩，可在地獄、餓鬼、畜生、修羅、人、天這六道中同時出現，度化該道眾生（友人主張地藏菩薩為成就此願而先化為人身。）地藏菩薩有「不休息地藏」、「讚龍地藏」、「放火王地藏」、「金剛悲地藏」等各種名稱，我在其中找到了「無量體地藏」這個了不起的稱呼。

這間小巧的旅店，外表看起來很有歷經風霜的老舊感，但裡面很舒適。磨光的樓梯和長板凳上無絲毫污垢，宛如明鏡般映現出女傭的裸足。明亮的屋內似乎才剛鋪上榻榻米，散發清新的甜香；壁龕的柱子是黑木所製，上面有花葉雕刻，美侖美奐。至於掛軸，畫的是布袋福神於紫煙迷濛的神祕夕暮中，搭小舟順江而下的牧歌式風景。

這個村落明明離美術重鎮十分遙遠，卻無一樣物品不表現出日本人對造型的優異美感。有著花朵金漆彩繪而令人驚艷的點心盤，有著一隻金色小跳蝦的透明瓷杯，呈上捲蓮葉狀的青銅茶托，以及，有著祥龍騰雲圖案的鐵壺，把手有著佛教獅頭的黃銅火盆，全都看得我心花怒放，浮想連翩。事實上，在今天的日本，要是看到索然無趣、滿街都是的那種瓷器或金屬製品，把它想成之所以這麼醜陋準是受到外國影響就沒錯了。而此刻，身為西方人的我正在古老的日本村落。在這裡，我所見到的，盡是西方人前所未見的東西。

從心形窗戶可以眺望庭園。了不起的小庭園中有個小水池，上面架著玩具般的小橋，還有迷你盆栽，就跟茶杯、茶碗上描繪的風景一樣。當然，庭園裡還擺飾著造型優美的石頭、寺廟的石燈籠等，對面則有於溫暖夕暮中點亮的盆燈籠。盆燈籠是為了迎接心愛家人的亡靈回來而懸吊於各家門前的燈籠。這個古老村落仍使用舊曆，今晚，恰巧是舊曆的盂蘭盆節首日。

和之前順道經過的小鄉村一樣，這裡的村民對我同樣親切備至。這種親切與善意無法想像，亦無法形容，不但在其他國家遇不到，在日本國內也僅在偏鄉感受得到。那素樸的禮儀絕非刻意，溫和的善意也非做作，都是打心底自然流瀉出來的。

與他們相處的兩小時中，我覺得自己無以回應他們的盛情款待，於是腦中忽而掠過一個荒唐的希望，希望這些可愛的村民對我做出一些超乎我意料的缺德事、讓我吃驚的惡事，或是薄情寡義的事，因為他們做了以後，我才能無所感慨地離開。如果像現在這樣，我離開後肯定十分不捨……

老主人帶我去洗澡時，簡直把我當小孩子般地硬要替我擦背。女主人為我準備了飯和蛋、蔬菜和點心，而且對於我是否沒吃飽感到過意不去。明明我吃了兩人份的晚餐，她還是為她沒能好好款待我而道歉連連。

「今天是盂蘭盆會的十三日，所以不能請你吃魚。這個月的十三、十四、十五日，大家都不能吃魚。到了十六日早上，漁夫會出海捕魚，如果雙親健在，那天就能吃魚，可是，如果有一人不在了，十六日也不能吃魚。」

親切的老闆娘對我做以上說明時，我聽見門外遠處傳來陌生的聲音。我知道熱帶地區的舞蹈，因而立即明白那是規律的拍手聲。不過，這裡的拍手聲十分柔和，間隔較長；再間隔長一點，還有敲打寺廟大鼓的低沉「咚」聲響起。

「我們快去看！」阿明大聲說：

「這是盂蘭盆舞。傳統的盂蘭盆舞在都市已經看不到了，在這裡還看得到。這一帶還保留著古時候的風俗，但都市早就變了。」

就這樣，我隨眾人穿著浴衣急忙奔出。日式旅館的話，都會提供這種寬袖的夏季輕袍給男性客人。可即便如此，外面還是好悶熱，我開始有點流汗。這是個神聖的夜晚。天空澄淨無邊，比歐洲的夜空更遼闊。皎潔的明月，映出有著飛簷而令人悚然的切妻造屋頂陰影，以及著浴衣的日本人歡樂的剪影。旅店主人的孫子提著紅色燈籠一馬當先。「咔啦叩囉」的木屐聲在馬路上朗朗作響。跟我們一樣，好多人正前往觀賞盂蘭盆舞。

在大馬路上走了片刻，然後穿過位於兩間房子中間的窄巷，到達一塊月光傾注的開闊空地。這就是盂蘭盆舞的會場。不過，舞者正在休息。我環顧四周，總覺得這裡是古寺的境內。本堂還在，那低矮且有著長長尖端的剪影浮在星空中，但裡面黑漆漆的，無人居住。他們告訴我，那裡現在是一間學校了。僧侶已離開，吊鐘已拆走，佛菩薩的聖像也消失無蹤，僅一尊手部損壞的地藏菩薩像在月下闔眼微笑。

境內中央有個竹子編織而成的架子，上面放了一個太鼓，周圍排著從校舍拿出來的長椅，村民坐在上面休息。此外，彷彿正在等待一件嚴肅的事情般，眾人悄聲交談著。時而傳來小朋友的哭聲及少女的笑聲。廣場遠處，一片幽暗綠林所形成的矮籬對面，有許多柔和的白色燈光，照映出大批灰色物體的長影。那些光是專為死者懸掛的白色提燈，僅在墓地才看得到，灰色物體則是墓碑。

突然，一名少女從椅子上站起來，「咚」一聲敲打太鼓，表示盂蘭盆舞開始了。

## 五

月光照耀下，舞者們從曾經是寺廟的本堂陰影處列隊登場，然後整齊劃一地定住不動。她們全是年輕女孩或女人，穿著華麗的和服。個子最高的女生站在最前面，然後依身高漸次排下去，一名十歲或十二歲的少女殿後。那身輕如燕的體態，叫人想起某種古代水壺上描繪的夢幻身影。那讓雙膝緊緊靠攏的漂亮和服，若是沒有下垂的大袖子，以及將和服繫緊的寬腰帶，可能會讓人覺得是從希臘或伊特魯里亞的畫上模仿而來的傑作。太鼓又「咚」一聲，盂蘭盆舞就要開跳了。真是一場筆墨難以形容、完全超乎想像、如夢似幻的驚歎之舞。

舞者們一齊向前方滑出右腳，草鞋並未離開地面，同時雙手宛如浮在半空般地伸向右側，面帶微笑低首行禮。然後，以同樣的手部動作重複一次行禮，並將伸出的右腳拉到後面。接著，全員左腳在前，向左轉身半圈，重複剛剛的動作。大家又一齊向前滑出二步，同時溫柔地拍手一次，然後回到最初的動作，左右交互進行。

全員的腳步同時移動時，與之配合的纖纖小手也一起擺動，柔軟的身體也同時向前或向左右搖動。而不可思議的是，隊伍之首的那名舞者，於月光傾注的境內緩緩走出一個大圓圈時，靜靜欣賞的觀眾已經被圍起來了[4]。

就這樣，無數隻白色的手，彷彿編織咒文似地，掌心翻上又翻下地同時向圓圈的內外側交互擺盪如波浪。而那彷彿精靈翅膀的袖子略浮於半空中，倒影宛如羽翼般。腳步動作也是全體一致地重複再重複。觀望這些動作，猶如直盯著晶瑩剔透的水流般，不覺被催眠了。

這種吞了安眠藥般的魅惑感，在現場寂靜的襯托下更為強烈。無人開口。觀眾盡皆沉默。輕輕的拍手聲之間，僅有樹叢中的蟲鳴及草鞋滑動沙土的唰唰聲。這該怎麼形容呢？我問自己。可沒有答案。硬要說的話，或許可說是一名夢遊者邊走邊做著於空中飛翔的夢吧。

思考這些時，忽然一個念頭閃現——我是不是正在觀看一種太古時代的東西、一種這個國家有歷史紀錄之前的東西，搞不好是神治時代初期的東西。這個盂蘭盆舞，是不是那些於漫長歲月間忘卻意義的動作的一種象徵呢？

4　寫這篇文章後，我在日本各地看了好多盂蘭盆舞，每一個都不一樣。事實上，從我在出雲、隱岐、鳥取、伯耆、備後及其他地區的經驗來判斷，盂蘭盆舞應是地區特有舞蹈，沒有兩個以上地區的跳法一樣。不僅舞蹈動作、姿態依地區而千差萬別，即便歌詞相同，曲調也互有差異。有些節拍緩慢而嚴肅，有些節拍快速而歡樂，有些很難說明，就是有種奇妙的斷續性的節奏。但不論哪種盂蘭盆舞，動作及旋律均十分有趣，連看幾小時也不厭膩。這種原始的盂蘭盆舞中，的確有一種比專業舞蹈表演更吸引人的東西。佛教雖然一直利用盂蘭盆舞，並對其產生影響，但盂蘭盆舞擁有佛教所無法比擬的歷史，這也是無庸置疑的事實。

眼前的光景越來越不切實際了。那安靜的微笑、那斯文的行禮，彷彿是對著看不見的觀眾做的。我不禁開始胡思亂想，若此刻發出一個小聲音，這些會不會就此永遠消失呢？徒留無邊寂寥的灰色境內、荒涼寺廟，以及同舞者一樣恆常掛著神祕微笑的地藏菩薩像而已？

站在巡遊夜空的月亮下方、舞蹈圓圈正中央的我，有種站在魔法圓圈中的錯覺。真的，除了魔法還能是什麼？我被施了魔法。幽靈般的手勢、富韻律的腳步，尤其是綺麗衣袖的輕飛曼舞，完完全全魅惑了我。如幻影般無聲搖曳的衣袖，宛如熱帶地區的大型蝙蝠翩翩起舞。不，即便是做夢，我也不曾做過這樣的夢。

背後有維持昔日風貌的墓場，那裡的盆燈籠也似在對我招手。地點對了，時間也正是幽靈出現的時刻。或許是這個因素吧，一種被何物附身而說不出的毛骨悚然感悄悄襲來。

不對！那些彷彿文靜波浪的手部動作，才不像燈籠映照出來的幽靈之手那麼恐怖。此時，一陣如鳥囀般純淨的歌聲從少女們口中迸出。下一刻，立即有五十人的歌聲輕輕唱和。

都來了 都來了 舞蹈仙子都來了
美麗的浴衣 全都穿來了

之後，同樣又是蟲鳴聲、草鞋的唰唰聲，以及輕輕的拍手聲而已。彷彿於天空悠悠晃晃的舞蹈，以催眠的節奏靜靜進行下去。舞蹈中有著不可思議的優雅，正因為那份優雅非常純樸，讓人覺得這舞蹈如同四周的群山，自曠古以來便存在了。

幾世紀以來一直長眠於白色提燈下灰色墓碑底的人們，這些人們的祖先，以及祖先的祖先，乃至於千年來連埋葬地點都被遺忘的不知名古人們，肯定都見過這光景才對。不，年輕舞者們揚起的塵土，正是昔日此地住民的生命。他們在與今宵無異的明月下，「蓮步輕移、雲手搖曳」地舞著，美目盼兮地笑著，並同此刻一樣輕聲低吟吧。

突然，一個深沉的男聲劃破沉默。兩名大漢加入舞蹈圈圈，成為領唱者。山民的體格特別健美，兩名年輕人的肩膀高出其他舞者，幾乎裸露登場，僅腰間纏上衣帶，黝黑的手腳和胸部袒露在悶熱的空氣中，除此之外，就是戴上大草帽，穿上特別為慶典新做的白色足袋。在這裡，我尚未見過有人肌肉如此發達。還沒長鬍子的年輕人笑容依然稚氣、可愛、和善。這兩人是兄弟吧，因為他們的體格、動作、聲音都很相似。兩人齊聲同唱：

讓孩子在山間、田野誕生吧
孩子是寶　更勝金銀財寶

慈愛幼童亡靈的地藏菩薩，在靜謐中聆聽這歌聲，微笑。

這些人的心地全是那麼質樸自然，一如為人媳婦者信仰鬼子母神那般純真、惹人憐愛。片刻後，女生們以輕柔的嗓音回答：

不容我們與心愛男子結合的父母
不是真正的父母　是孩子的敵人

一首接著一首，舞蹈圈圈越來越大。不知不覺中，月亮已悠悠滑到青坡那邊了。

猛地，低沉的轟鳴響徹境內。某處寺廟鐘聲昭告已經夜晚十二點了。隨著這聲音，彷彿突然夢醒般，魔法解除了。歌聲停止、舞蹈圈圈潰散，傳來歡笑聲及聊天聲。呼喚少女名字的聲音——少女的名字和花的名字一樣，聽起來像溫柔的母音——及「莎喲哪啦」這個道別時的招呼聲此起彼落。舞者與觀眾紛紛「叩囉叩囉」地拖著木屐打道回府。

我也夾在大批人潮間，突然升起一股被人搖醒般的困惑，有點不開心。發出銀鈴笑聲的女孩們拖著嘈雜的木屐聲跑到我身邊，盯著我這張外國人臉猛瞧。明明稍早之前，古雅的光景、妖媚歡愉的幽靈幻影都還在的……，此時就這樣變成一般的村姑了，讓我有種說不出的憤怒。

## 六

隨著舞者的合唱而在我內心湧現的那份感動，究竟是什麼？——就寢時，我開始思考。可我想不起那絕妙的間隔以及斷續吟唱的曲調了。就和很難將鳥囀的旋律留在記憶中一樣。不過，那無以形容的魅力不曾從我心中消去。

若是西洋旋律，我應該能將這種感動表達出來才對，因為它們就像代代相傳下來的母語，是我們熟悉的情感。不過，這種由原始歌聲喚起而與西洋歌曲截然不同的情感，該如何說明才好呢？那音調，甚至無法轉換成我們所使用的樂譜吧。

人類的情感究竟為何物？我雖然沒有答案，但覺得那是比我的人生更古老的一種東西。情感，不限於某個時間或空間，而是在這宇宙太陽底下，與芸芸眾生的喜怒哀樂共振的一種東西吧。況且，那樣的歌，不是誰教出來的，而是與自然界最古老的歌曲調和出來的。那樣的歌，是曠野的歌謠與夏蟲的合唱——大地最美的鳴聲——於不知不覺間交融出來的。我想，那些歌曲的祕密應該就在那裡吧。

# 眾神之國的首都

## 一

松江的一天從一種大振動開始。我還在睡，這種振動就在我耳朵下方，宛如緩慢且沉重的心跳般進行著，聲音則像是拍打某種柔軟、粗鈍的東西。規律的節奏感也好、悶住的深邃感也好，與其說是聽來的聲音，不如說是透過枕頭感受到的振動比較合適。總之，那聲響的發出方式，簡直讓人覺得是在傾聽心臟的鼓動。那是搗米的重杵所發出的聲音。

杵是大木槌。長柄達四公尺半，水平安裝在杵軸上。一名打赤膊的搗米男子用力踩下長柄的一端，杵軸便高高抬起，男子放開腳，杵軸就以本身的重量落進臼中。杵以固定節奏打在臼上面的鈍音，是日本人生活中最最誘人傷感的聲音了吧。這種聲音說是這個國家的心跳聲也不為過。

然後，禪宗寺廟洞光寺的梵鐘聲「咚」地響徹全城。接著，一間地藏堂——在離我家不遠的材木町——響起通知早課的大鼓聲，頗為悲切。最後是一早的叫賣聲。「蘿蔔、蕪菁」，小販邊走邊叫賣蘿蔔和一些我不認識的蔬菜；「柴火、柴火」，女人帶著哀調叫賣點木炭用的細木條。

## 二

被這種昭告一天生活開始的聲音喚醒後，我會將紙拉窗打開，先眺望鮮綠庭園對面的清晨景緻。眼下是寬闊的大橋川，水面如鏡，晶瑩剔透。大橋川注入宍道湖，在我右手邊擴展至灰濛濛的山脈邊緣。河川對岸，尖聳的藍色屋頂人家全都門戶[1]緊閉，恰似蓋上蓋子的箱子。天亮了，但太陽尚未升起。

啊，多動人心弦的美景。那染上薄靄、至為淡雅的晨色，此刻正融入我眼前的朝霞中，形成一條蜿蜒至遠方湖邊的柔長雲帶，更活脫脫像是從日本的古畫卷中跑出來似的。若沒見過這實景，肯定以為那些畫卷中的風景是畫家虛構出來的。

山麓為雲霞所覆。那些雲帶宛如無邊無際的薄絲綢般，橫過高高低低的山峰。這種情景，日文會用「雲霞繚繞」（霞が棚引く）來形容。因為這個緣故，湖面顯得比實際大。不，與其說是現實的湖，無寧為與破曉天色融為一體的大海，如詩如幻。雲靄中，幾座山峰浮出如小島，稜線延長如堤道，消失於遙遠的彼方。那風景，是一方隨薄靄裊裊上升而千姿百態的混沌世界，美得筆墨難以形容。

不一會兒，太陽露出金邊。於是，淡紫、乳白等暖色調的細長光線射入水面，樹梢著火般染紅。河川對岸那些高高的木造建築正面，被彩霞映照成恬靜的金黃色。

我朝旭日方向眺望大橋川的最遠端，發現有著成排橋墩的木橋對面，一艘船尾高起的船隻正好揚起風帆。我至今從未見過如此幻麗的帆船，雲霞使它的身影更極致而形成這幅東洋風的夢幻海景。沐浴在陽光下而如一朵金色彩霞的半透明帆船，猶似浮蕩於微藍天光中。

## 三

不久，與我家庭院相連的河邊傳來拍手聲。「啪、啪、啪、啪」響了四聲，但被矮木叢遮住，我看不見是誰在拍手。這時候，一對男女從大橋川對岸的碼頭石階走下去，兩人腰間都掛著一條藍色手巾，然後，他們洗臉、洗手、漱口，這是神道在參拜前所例

1 這種厚實且未塗裝的木製拉門，通常作為擋雨窗或一般門窗使用。

行的淨化儀式。

接著，他們面向太陽，拍手四次後禮拜。從又長又高的白橋那邊，也傳來同樣的拍手聲。此外，如新月般反翹的輕巧船隻上，也有拍手聲如回音般響起。那艘造型特別的船上站著一名手腳裸露的漁夫，正面對金黃色的東方天空鞠躬致敬。

拍手聲越來越多，最後，聽起來就像是連續不斷的尖銳聲齊鳴。這是居民正在敬拜日神，也就是太陽女神「天照大神」。

「上天，日神，今天依然歡迎您的駕臨。感恩您以偉大的光芒，將世界照耀得更燦爛。」即便沒說出口，相信眾人也在內心如此祈禱著。

有人僅朝太陽方向拍手，但更多人還會朝西邊日本最古老的「杵築大社」方向拍手。邊唱誦八百萬神的聖名，邊向各個方向低首行禮的人也不少。此外，有人向日神禮拜後，又向能治人眼疾的藥師如來寺「一畑寺」禮拜。藥師如來是佛，因此不是用神道儀式的拍手，通常是以佛教儀式輕輕雙手合十禮敬。不過，在這個日本最古老的地區，人們既是佛教徒也同時崇拜神道，因此都是口中誦念「祛除災禍，淨化汚穢，六根清淨」，進行神道式的祈禱。

祈禱對象是佛教傳入之前即掌管此「豐葦原中國」的古代諸神，以及至今仍鎮座於「八雲立出雲國」的眾神祇。天地混沌諸神、太古海洋諸神、世界初始諸神——即「宇比地邇神」（最初的泥神）、「須比智邇神」（最初的沙神）等名字又長又怪的諸神一族——以及之後登場的力與美諸神、創造山和鳥的創世界諸神、繼承該血統而被稱為「太陽繼承者」的天皇家宗祖，以及無所不在的三千眾神、住在「高天原」的八百萬神等。

## 四

「ho-ke-kyo!」

我家的黃鶯終於醒了，開始作早課。想必讀者知道黃鶯是什麼樣的鳥。黃鶯是一種會宣揚佛法的聖鳥。自太古以來，人們即認為黃鶯會宣說佛教經典上的殊勝教義。

「ho-ke-kyo!」

這種叫聲寫成日文是「法華經」，正式名稱為「妙法蓮華經」，梵文為「薩達磨芬陀梨伽蘇多覽」（Sad-dharma Puṇḍárīka Sūtra），是日蓮宗的聖典。我家這位小小佛教徒以如此簡潔的方式表達牠的虔誠。牠在如歌的鳴囀中，一再一再重複誦念：

「ho-ke-kyo!」

雖是短短一句，卻唱誦得多麼歡喜。黃鶯慢慢延長這個神聖的音節，在媚艷的恍惚感中吟唱著。

自古即有這樣的傳說。「若有受持、讀誦、解說、書寫法華經者，眼睛將獲得八百種功德。能遍見下至阿鼻地獄、上至天邊的三界一切。耳朵也將獲得一千二百種功德，能遍聽神、妖鬼、惡魔、非人的聲音，亦即，三界一切的聲音全都聽得見。」

「ho-ke-kyo!」

只是這麼一句。然而經典如此記載：「於法華經，乃至一句，若能隨喜受持，將獲無量功德。縱有一功德能造福四十萬阿僧祇劫世界眾生，彼功德遠勝於此。」

「ho-ke-kyo!」

每次唱完，直到再次發出如讚歌般的鳴囀之前，總會停頓片刻表示敬意。第一次唱完，大約停頓五秒，然後彷彿領悟這神聖經句般，以悠緩的美聲再次莊重地唱出來。然後又是停頓，再以澎湃的熱情吟唱。

看到這隻黃鶯，你一定會大感吃驚，為何那樣細瘦的喉嚨，竟能發出如此強勁有力的高音，且讓它如漣漪般擴散開來。黃鶯在鳥類中屬於嬌小型，但即便站在隔著大河川的遙遠對岸，也能聽見牠的歌聲。連上學途中的小朋友每天都會在距離一百公尺外的橋上佇足，傾聽牠的啾鳴。這隻長得不好看外加顏色暗淡的愛鳥似乎喜歡幽暗。我把牠養在檜木大鳥籠中，鐵網小窗貼上紙張而陰暗，牠只要跑進去便幾乎不見蹤影。

黃鶯天性敏感，養起來很費事。飼料必須下工夫磨碎，確實秤好分量，每天固定時間餵食；必須付出最大的愛心與照顧才能不讓牠死掉。這種貴重的小鳥，真所謂「來自遠方彼國的高價逸品」。其實，我也買不起黃鶯。我家這隻愛鳥，是一名外國教師臥病在床，出雲知事的可愛女兒為了安慰這名教師而致贈的禮物。

## 五

當拍手聲停止，一天的工作就要開始了。橋上的木屐聲越來越吵。整條大橋川的木屐聲聽過一次便忘不了，彷彿一場大型舞蹈般，形成一段節奏極快且活力四射的樂章。大家都用腳尖走路。無數雙腳走在朝陽照耀下的橋面，那光景太震撼了。

如同希臘陶瓶上人物的腳足般，每一雙都是那麼小巧勻整，並且輕快移動著。人人都用腳尖踏步。穿木屐的話，不這樣也不行，因為腳跟不會放在木屐上，也不會著地。而且木屐的鞋跟呈楔型，穿上去感覺就要向前傾倒。不習慣的話，光是穿木屐站著都很辛苦。

即便如此，我發現日本小孩子都穿至少七公分高的木屐，依然全速奔跑。明明只用拇趾和食趾夾住木屐帶而已，別無其他輔助，可小孩子非但不會跌倒，木屐也不會掉。更令我好奇的是，應有十二公分高的漆木屐和高腳木屐，大人究竟是怎麼穿的？這種鞋子看起來像是上漆的木凳模型。可是大人穿上它，卻像什麼都沒穿似地闊步向前。

終於，開始看到趕著上學的小學生了。和服上有著可愛的斑點圖案，寬鬆的袖子配合他們的奔跑而搖擺如波浪，彷彿振翅飛舞的彩蝶。帆船撐起白色或黃色風帆。夜間停在碼頭附近休息的小汽船上的煙囪也開始冒煙了。

有一艘行駛於湖上的定期船停靠在對岸碼頭，蒸氣口一開，意外發出怒吼般的聲音，震耳欲聾。這種汽笛聲讓大家都笑了出來。其他小汽船的聲音飄散著淡淡哀愁，只有這艘來自競爭對手且最近才剛下水的新船不一樣。這艘船的汽笛聲大得驚人，且充滿敵意及野蠻的挑釁。松江人一聽到這個噪音，立刻為這艘船取了「狼丸」這個合宜的綽號。「丸」是汽船的通稱。

## 六

一個非常奇妙的小東西從河面上緩緩漂過來。我不相信你有辦法猜出那是什麼。

日本下層階級之間崇拜的可不只神或佛而已。對於邪神類，他們也會抓住特定機會加以取悅。這樣做，似乎能讓他們避免無法挽回的大災難，等一時的災難過去，他們便會上供祭拜以表謝意[2]（在西印度群島，颱風奪走二萬二千條性命，季節結束後依然舉示祭祀表達感謝。兩種風俗一樣，極不合理。）

就這樣，日本人也會對惡疫之神「疫病神」、風與感冒之神「風神」、天花之神「疱瘡神」等各種惡靈表達祈願。

天花痊癒後，人們會對天花之神獻供，如同被狐狸附身的人對「稻荷神」獻供以求狐狸退散一樣。首先，在一個用來覆蓋米俵的小稻草蓋上，放一兩個素燒的杯子；杯子裡盛滿稻荷神和疱瘡神最愛吃的紅豆飯；然後將上面夾著紙垂的小竹竿插在稻草蓋上或紅豆飯上；通常神事所使用的紙垂是白色的，但這時用的紙垂必須是紅色才行；這些供

2 「對於會降下災害的神，為了不惹祂生氣而受到懲罰，必須平息祂的怒火才行。」這是薩道義在《神道之復活》（The Revival of Pure Shintau）中介紹的偉大神道學者平田篤胤的話。

品之後會拿到遠離病人住家的地方吊樹頭或放水流。整個儀式稱為「送神」。

## 六七

鐵柱並立的白色長橋顯得現代化十足。這座橋去年春天才剛舉行盛大的開通典禮。開通時，要先請當地最有福氣的人通過，這是自古傳下來的習俗。在我居住的松江市，有兩位老人入選。這兩位老人都是結婚超過五十年，夫妻健在，而且有十二名以上的子女，子女也都健在。如此福壽雙全的老人，各自在妻子的陪同下，帶著成人的子女、孫子、曾孫等隨後，於煙火及禮砲的施放下及眾人的喝采聲中，浩浩蕩蕩走過大橋。

不過，那座被取代的舊橋，比這座新橋更如詩如畫。舊橋由無數橋墩支撐，於河面上畫出一道弧形，那風情宛如一隻無害的長足蜈蚣。她已在河面屹立三百年，留下稀奇的傳說。

慶長年間，擔任出雲大名的武將堀尾吉晴想在這條河的河口架一座橋，但工程遲無進展，原因好像出在缺少足以牢牢撐住橋墩的基座。為此，他下令在河中丟進數百萬顆石頭，卻依然沒用。白天好不容易工程有點進展，但過了一夜，丟入的石頭不是被水沖走就是被水吞沒。然而，大橋終究完成了。可才剛完成，橋墩立即開始下沉，隨後被洪水沖掉一半。就這樣一再破損、修復，破損、修復。

村民為鎮壓瘋狂的洪水惡靈，決定豎立人柱，亦即在水流最湍急的正中央橋墩處，埋進一個活生生的人。從此，三百年來，那座橋屹立不搖。

成為人柱的犧牲者，是一個住在雜賀町、名叫源助的男人。從前這裡有個風俗，第一個穿著無襠[3]褲過橋的人要被埋進橋底，而穿著無襠褲的源助正要過橋被抓到，下場就是淪為人柱了。後來，大家將居中那根橋墩取名為「源助

3 為了讓褲裙的打褶更直更漂亮而於後腰處縫上的一塊硬紙板或一塊布。

〈日本風景選集〉松江大橋／國立國會圖書館

柱」，如此叫了三百年。

據說，漆黑無月的夜裡，那根柱子附近會有火焰閃爍，而且是在半夜二點到三點這個幽靈出沒的時段。此外，外國和日本其他地區，火焰大多為藍色，但這裡呈紅色。

## 八

有人說，「源助」並非人名，而是當時的年號，因為用方言發音的關係而聽起來像人名。無論如何，居民深信人柱傳說，建造新橋時，數千名鄉下人都不敢進城來，因為有謠言傳出，架設新橋依然需要人柱，要從結傳統髮型「丁髷」的鄉下人中選出來。為此，數百名老人將長年的「丁髷」剪掉。然後，又說開通當天第一千名過橋的人會被警察祕密逮捕，作為源助的替死鬼。據說因此之故，每年參拜人潮洶湧的稻荷祭，今年格外冷清，營業額損失高達數千圓。

## 九

晨靄散去後，湖上一公里處，可清楚看見一座美麗的小島。小島不高，呈細長形，上面有棵大松樹，松樹下有一間神社。日本的松樹和西方的不同，滿是櫛瘤的巨木枝葉扶疏，扭曲的枝椏像老橡樹般形成一個大傘蓋。用望遠鏡可清楚窺見鳥居。鳥居前有兩尊石獅，一尊的頭不見了，肯定是被幾場暴風雨吹到洶湧的浪濤裡。島上祭祀美與雄辯女神弁天神，故稱弁天島。

不過，因為一則傳說的關係，通常大家稱這座島為「嫁島」。傳說中，某天晚上，這座島如夢般從湖底悄悄升起，上面有一具女屍。這名不幸的女子生前極為美麗，而且是個虔誠信徒。村民認為這是上天的啟示，決定在島上祭祀弁天神。祠堂建好後，就在四周圍起樹林，在前面豎立鳥居，在一塊巨大的奇石上挖洞，埋葬這具溺水女屍。

此刻，從天空至地平線蔚藍如洗，空氣中有著春神的愛撫。

那麼，何不到這座古色古香的城市去走走呢？

## 十

我看到每一家的拉門上、玄關上，都貼著一張寫上漢字的長方形白色符紙，屋簷上也都掛著垂下長穗的小注連繩。我立即對這種符紙充滿興趣，開始到處查看。不少符紙來自松江或近郊的寺廟。只要是佛教的符紙，憑符紙的模樣就能知道這家人隸屬哪個宗派。松江全區自古為神道占優勢，但也信仰佛教。

日蓮宗的符紙會有獨特的漢字表記，即便看不懂也能一眼看出是日蓮宗，不但筆畫又長又尖，而且左撇右捺得宛如軍隊小旗。那是著名的「南無妙法蓮華經」字樣。舊時因掃蕩西班牙傳教士而被耶穌會視為怨敵的加藤清正公，他的旗幟上也有這種字樣。只要是日蓮宗信徒，看到人家門上貼著這種符紙，都可以上前敲門請求施食。

可從符紙的數量來看，顯然神道占壓倒性多數。家家戶戶都貼著一張會令初見的人感興趣的符紙，因為除了直排的漢字外，下方還畫著左右對看的小白狐和小黑狐。通常狐狸嘴上是叼著象徵神道的鑰匙，但這裡是叼著稻穗。這種符紙出自松江城內城山的稻荷大明神，是避免火災的平安符。事實上，這是松江地區目前所知唯一用來防止木造房屋失火的平安符。當小火花遇上強風，即便大都市都能在一天內化為灰燼，但我沒聽過松江發生過大火災，連小火災都極為罕見。

這種避免火災的平安符似乎只在松江市看得到。至於稻荷大明神，則有以下的傳說：

德川家康的孫子直政成為松江領主而首次來到此地時，一名美少年跑到他面前說：「我來自令尊位於越後的宅邸，他派我來這裡保護您。但我尚無棲身之所，目前借住在普門院。如果您在城內為我興建住所，我會保護城內城外，乃至您在江戶的宅邸都免遭祝融肆虐。實不相瞞，我正是稻荷真左衛門。」

一說完，美少年倏忽消失無蹤。於是直政為少年興建神社。該神社至今仍在城內，四周圍繞著一千尊狐狸像。

## 十一

我走入一條羊腸小徑。這裡保留著相當的古風，小巧的二層樓建築彷彿從地面長出來般。但這裡卻叫做「新材木町」，或許一百五十年前，這些房屋的木材都是新的吧，可如今已有令畫家神魂顛倒的風情了。木材已成灰色，茅葺屋頂宛如褐色毛皮，上面長著溫軟綠草及青苔，形成斑點或田壟圖案，或是為屋頂飾上綠色鑲邊。

不過，與其細看已然腐朽的房子，不如綜觀整座城，那風景就會同裱框的畫作一樣美麗。高出屋頂的竹竿並立於馬路兩側，竹竿中間張著黑色大網，讓我想到架在半空中的巨大蜘蛛網，於是腦中突然浮現日本神話或昔日畫家畫在連環畫上的蜘蛛精。然而，那只是用絲線編織的漁網。因為這裡是一座漁村。

我繼續往大橋方向走去。

## 十二

多美麗的幻影！

大橋東邊地平線上，山巒疊翠如鋸齒狀起伏，我望見空中聳立一道神聖的幻影。由於山麓被遠處雲霧擋住看不見，彷彿僅那幻影飄浮於空中。下方為透明的灰，上方白茫茫，一座如夢似幻的萬年雪高嶺，那就是「大山」的雄姿。

冬天，大山會在一夜之間由山麓至山頂染成全白。詩人常以「倒吊空中的半開白扇」來形容靈峰富士山，此白雪金字塔也因與富士山神似而有「出雲富士」美稱。其實大山並不在出雲，而在伯耆，但伯耆並無如此絕佳的展望點。這種景緻位於魅力十足的出雲，堪稱出雲的代表性山景。不過，唯有空氣十分澄淨時才能拜見此尊容。與大山相關的美麗傳說不少，許多人相信神祕的山頂上住著天狗。

## 十三

走過大橋，小汽船停泊處有一間小小的地藏堂。這裡放著許多青銅製的錨，要是有人溺水且遺體未浮上來，人們就會用這些錨來疏浚河道；若因此找到遺體，就會製作新錨獻給地藏堂。

由此往南一公里，有一條天神町的大馬路，可以直達學問與書法之神「菅原道真」的神社。這一帶全是富裕的商人，馬路兩旁垂掛著藏青色暖簾，從湖上吹來的風，將表示屋號或商標的白色漢字吹成起伏的波浪。眺望這條大馬路，可見長排的電線桿延伸下去，消失於白色遠景中。

過了神社，城市又被河川一分為二。架在這條新土手川上面的是天神橋。橋的對面是另一個地區，幅員廣大，沿湖畔擴展至山麓。不過，夾在兩條河川中間的這一帶，是全城最富裕最有活力的鬧區，也因為有許多寺廟而最有意思，劇場、相撲賽場等娛樂場所，幾乎都在這個彷彿河川沙洲的地區。

與天神町平行的寺町，寺廟林立。大馬路東側一整排寺廟全是瓦片屋頂，圍牆嚴實，每隔一定間隔就可看見雄偉的大門。青灰色巨大屋頂高出牆緣，以天為底畫出優雅的弧度。在這座寺町，日蓮宗、真言宗、禪宗、天台宗，甚至是在出雲信徒極少的真宗，皆和平相鄰共處。而真宗之所以在出雲不普及，是因為他們嚴禁信徒信仰神道。

每間寺廟後面就是墳場。而且，東側有另一間寺廟，對面又有另一間寺廟般，佛教建築群就這樣與迷你庭園、庭園盆景般的小房子混在一起，又與老舊的境內及斷斷續續的小路交纏不清，宛如一大迷宮。

今天，我又如往常般進行一番寺廟巡禮，度過有意義的一天。我觀賞了坐在金蓮花座、背後有金色光芒的古老佛像，買了罕見的御守、查看了墓地上的雕像等。而且在墓地遇見我夢想中的觀音及地藏菩薩的微笑，十分值得。

廣闊的寺廟境內是一處觀察庶民生活的好地方，因為自古以來，歷經數個世紀，這裡依然是孩子的遊樂場，幾世代的小朋友在此度過快樂童年。帶小孩的人、揹著年幼弟妹的女孩們，只要天氣好，一早就會到境內，人數夠多，便開始玩起「鬼抓人」、「踩影子」、「捉迷藏」等有趣的遊戲了。

此外，若是白晝較長的夏季，每到傍晚，寺廟境內便成為相撲賽場，聚集許多相撲愛好者。境內有很多相撲賽場，年輕且體格強壯的工人、肌肉發達的職人們，下班後會來這裡較量。應有不少力士是從境內的相撲賽場出身的吧。成為當地最強的力士後，就要接受他地冠軍力士的挑戰，若能打敗對方，即夢想成為一名技藝與人氣兼備的選手。

盂蘭盆舞和公開演說也在寺廟境內舉行。廟會等特殊節日，境內還會出販玩具，儘管多半是具宗教性質的玩具。境內有年代久遠的老樹，池中有不怕人的悠游鯉魚，只要人影落在水面上，牠們便紛紛張嘴冒出水面索食。池塘裡聖潔的浮蓮朵朵。

以下介紹一篇與蓮花有關的日本學生的作文。

「蓮花出污泥而不染，最為純潔。因此，人們用蓮花來比喻不受誘惑而純粹的心靈。」

「寺廟的佛具上之所以有蓮花雕刻或繪畫，就是因此之故，可說有佛像的地方就有蓮花登場。在極樂淨土接受佛菩薩加持的人，不也都是坐在金色蓮花座上嗎？」

老街響起喇叭聲。一群身著法國步兵制服、手持步槍的少年，從最後面的寺廟轉角威風凜凜地走來。四排縱隊一絲不亂，纏上綁腿的步伐整齊得如出一人。少年兵團轉彎進入我的視線時，所有人的槍和刺刀都以同一角度接受太陽的照射。

這是師範學校學生每日進行的軍事操練。他們在校的上課內容有，利用顯微鏡進行細胞組織及發育過程神經組織的分離研究、光譜分析及色彩感覺的發展、在甘油中進行細菌培養等。儘管學習這些近代知識，但他們沒忘記謙虛及禮儀，也沒對接受封建教育的父母失去敬意。

## 十四

一群朝聖者迎面而來。他們身披黃色蓑衣，頭戴菇狀草笠。草笠用布向下綁成一個大圓圈，遮住了部分的臉。每個人都手持木杖，長袍下襬全都捲上來並用帶子牢牢綁住，以免妨礙走路。腳上則纏著很特別的白棉布綁腿。

幾世紀以來，這類旅人的打扮從未改變。因此，正好經過我眼前的這一行人——小孩抓緊父親的手，全家一起浪跡天涯——的這幅光景，也許能在有百年歷史的褪色日本連環畫中見到。

有時，朝聖者經過店家門前會停下來，開心地看著各種新奇物品。不過，他們沒錢買。

我自己已經很習慣在這個國家碰到驚奇的事、看到驚奇的畫面了，因此若一整天都沒碰到奇聞異事便會悵然若失。不過，這種什麼都沒發生的日子反倒稀奇。以我的經驗來說，通常是天氣惡劣到無法外出才會這樣。沒錢也能看得津津有味，可說是日本人自古以來的玩樂方式之一吧。

這個國家的人，不論處於什麼時代，都在製作、尋找有趣的事物。東看西看尋開心，是日本人自出生張開好奇雙眼開始，就一直追求的人生目的吧。人人臉上流露出一種強烈期待的表情，期待遇上新鮮事物。如果新鮮事物沒自己跑出來，他們便會主動外出尋找。

日本人都是驚人的勇腳馬，不知疲倦的旅人。與其說他們是為了神佛而進行朝聖之旅，不如說他們是為了追求前所未見的美好，為了自身快樂而旅行。寺廟宛如美術館，而全國各山各谷必有這樣的寺廟，不斷吸引人群前來。

連自己種的稻米一粒都沒吃過的貧窮農民，也會出門進行為期一個月的朝聖之旅。因此，在農事清閒期間，會有幾十萬貧窮農民外出朝聖。而之所以能夠這樣，是因為自古以來就有布施朝聖者的習慣。到處都有僅供朝聖者利用的「木賃宿」可休息。顧名思義，在「木賃宿」休息，只要付自炊用的柴火費即可。

不過，大多數朝聖者的朝聖之旅，均無法在一個月內完成，例如三十三處所的觀音禮拜，弘法大師的八十八處名剎巡禮等。完成這樣的巡禮需費時數年，但比起日蓮宗要求的千寺參拜，算是小巫見大巫了。

要完成千寺參拜，恐怕至少得花三十年吧。比方說年輕就開始朝山，直到垂垂老矣終於要迎接第一千座寺廟了。即便如此，松江這地方還是有幾名男女完成這項壯舉，他們周遊全日本，但似乎不僅乞求布施，也進行某種買賣。

進行這種朝聖之旅的人，都是肩負一個狀似佛龕的箱子，裡面放著衣服和食物；手上拿著小銅鑼，邊走邊敲，同時唱誦「南無妙法蓮華經」。而且，一定隨身攜帶由日本紙裝訂成的小冊子，每到一間寺廟，就請該寺法師蓋上朱印。完成朝聖巡禮後，小冊上便會蓋滿一千個朱印而成為傳家之寶。

## 十五

我也該出門進行朝聖之旅了，因為此城外圍，在湖水或山巒彼方，就有許多自太古以來的聖地。

首先是「杵築大社」。這是諸神「於深邃岩底豎立宮柱，於藐遠高空架設千木」（《古事記》）興建完成的聖地中之聖地，其宮司由天照大神的後代擔任。

再者是可賜予盲人視力的藥師如來的「一畑寺」，供奉藥師如來的佛堂聳立於高達六百四十級石階的高台上。供奉十一面觀音的「清水寺」，佛壇前的燭火則已延續千年不滅。

接下來是有聖蛇盤繞於供盤上的「佐太神社」。另有「大庭之里」，該處有間神社供奉諸神與人類始祖，即創造世界的「伊邪那岐命」與「伊邪那美命」。以及戀人為締結良緣前去參拜的「八重垣神社」。

其他如「加賀浦」、「加賀潛戶」等，都是我想造訪之地，尤其「加賀浦」。總之，加賀這地方我非去不可。

極少人走海路到加賀浦。據說要是吹起可吹動三根頭髮的微風，船夫就不能將船開往那邊。若無論如何都要前往加賀，只能等待風平浪靜的日子或是走陸路，但日本海沿岸絕少有風平浪靜時，加上陸路同樣險峻，因此非常麻煩。

即便如此，我仍要到加賀浦一探，因為那裡的海邊有個大洞窟，裡面有知名的地藏菩薩像。據說每晚都有幼童亡靈爬上高處的洞窟，在地藏菩薩前面堆疊小石頭，因此一到早上，便會發現柔軟的沙灘上留下幼童赤足行走的腳印。

此外，洞窟裡有一塊會流出白色乳汁的岩石。據說白色乳汁如同母乳，終日滴流不止，幼童亡靈會爬上來喝。來此朝聖者還會帶來幼童草鞋，放在洞窟前給他們穿，小腳才不會被崎嶇的岩石割傷。在這裡，走路必須小心翼翼，避免摧毀堆積成山的小石子，否則幼童們將號啕大哭。

## 六十六

松江市的地勢平坦如桌面，但四周被半月形的小山丘環繞。美麗的山丘頂上為常綠樹林所覆，神社佛閣零星散布。市內約有一萬戶人家，人口三萬五千人。主要幹道三十三條，另有許多小路縱橫交錯。無論從哪條馬路，只要走出去，就能眺望群山、湖泊，或是東邊廣袤稻田彼方一座高山的山頂。而且，無論距離多遠觀看，那座山的顏色都是綠、藍、灰地不斷變化。

利用人力車或是徒步或是搭船，都可以到達市內任何地方。市內不只被兩條河流切斷而已，還有很多錯綜複雜的水路，因此架起眾多彎曲如弓的小橋。建物的建築方式與其他日本古城並無二致（師範學校、中學校、縣廳、新郵局等西式建築除外）。寺廟、旅館、商店、一般住宅的建造方式與西日本其他城市相同。在今天數千名老松江人的記憶裡，這裡曾是封建時代的城下町，昔日嚴格的階級區別，仍可從各區域的特殊建築外觀清楚分辨。

從建物來看，市街劃分為三大塊。首先是商人和商店主地區，位於市中心，每家都是二層樓建築。其次是寺町地區，大致位在城市的東南方。最後是士族居住地區，一戶戶平房宅邸並列，每一家都有很多房間，外圍則有寬敞的庭園。在過去封建時代，一旦接獲命令，這些雅致的武家宅邸就會出現五千名「腰配雙刀」的武士帶領家臣為家鄉作戰，總人數應該不下一萬三千人。

當時，市內三分之一建物屬於武士宅邸，因為松江是日本最早的軍事核心要地。在城市的兩端，武家宅邸沿湖畔排成月牙形。不過，一如寺町地區以外也有幾間最重要的寺廟般，其他地區同樣有不少氣派的武家宅邸，尤為密集的地區是在城廓外圍一帶。

城堡至今仍在城山上，外觀如同幾世紀前建造時一樣，由厚重巨大的石牆底座向天空發展，全部呈鐵灰色，以令人毛骨悚然之姿聳立著。整體充滿異樣的嚴肅感，連細部都有精心的奇特構造，宛如一座龐然佛塔，二層、三層、四層……彷彿以自身重量逐漸將自己壓垮似地。

屋頂兩端一如武將的頭盔般，各有一隻青銅巨鯱朝天反弓身體。有著尖角的妻切造屋頂、飾以鬼瓦的屋簷、各層傾斜突出的屋頂上瓦片排列神祕。整座城堡簡直是一條由怪物組合而成的龍，而且是上下左右各角度都嵌進眼珠的龍。

從天守閣屋簷的黑色鬼瓦下面，往東方和南方望去，可將整座城市盡收眼底，體驗翱翔高空的老鷹視角。若從北邊角落望去，則可俯瞰約九十公尺下方的城內道路，行走其間的人們渺小如蠅。

## 十七

這個令人毛骨悚然的城堡有個傳說。

一如《斯卡達爾的基礎》（*The Foundation of Skadra*）這首塞爾維亞無比哀戚的民謠般，當初興建松江城時，依據一個原始野蠻的習俗，在城牆底下活埋了一名少女獻給被遺忘的諸神。如今沒人記得那名少女的姓名，只知道她長得很美，很喜歡跳舞。

松江城建造完成後，松江地區便通過一條法律，禁止女孩子跳舞。因為只要有任何一名女孩子跳舞，城山便會地震，那座大城堡也會從地基到屋頂開始晃動。

## 十八

如今，仍時不時在街上聽見這首十分滑稽的歌吧。這首歌叫做《松江的七大不思議》，從前人人都會唱。過去松江劃分為七個區域，據說每一區都有獨特的景物或人物；而今劃分為五個宗教區，各區皆有一間神社，居民被稱為「氏子」，神社則是該地守護神「氏神」的住所，氏子須護持氏神（每個鄉鎮最少有一尊氏神）。

在松江為數眾多的神社及寺廟中，恐怕每一間都有不可思議的傳說、三十三個鄉鎮都有獨特的鬼故事吧。以下讓我來介紹其中兩則極具代表性的日本民間傳說。

松江東北部普門院附近有一座「小豆磨橋」。從前從前，相傳每到夜裡便有一名女鬼在橋下洗豆子，因而得名。

日本有一種叫做「杜若」的鳶尾科紫色花朵，一首民謠以其為名《杜若之歌》。相傳絕對不能在小豆磨橋附近唱這首民謠。理由眾說紛紜，其中一種說法是，橋下的女鬼聽到這首歌會勃然大怒進而加害唱歌的人。

一回，一名天不怕地不怕的武士過橋時大聲唱起《杜若之歌》。但女鬼並未出現，他便大笑返家。

其後，他看見一名陌生的高䠷美女站在自家門前。美女行禮致意，拿出一個女性用的塗漆信匣。武士回禮後，美女說：「我只是個僕人而已，我家女主人吩咐我送這個過來。」說完即消失蹤影。

武士打開信匣一看，裡面裝著一顆血跡斑斑的幼兒頭顱。武士連忙衝進家裡，發現兒子的無頭屍首躺在客廳地板上。

中原町的大雄寺墓地有這樣的傳說。

中原町有一間小糖果店，販賣水飴。水飴是用麥芽製成的琥珀色液體，喝不到母奶的小嬰兒都是喝水飴代替。

每天一到深夜，便有一名穿著白衣的蒼白女子前來購買一厘[4]的水飴。由於女子太過削瘦且臉色不佳，引起糖果店老闆的注意，好幾次開口問她，但她始終默不作聲。一天晚上，老闆實在拗不過好奇心而跟蹤那名女子。女子走進墳墓裡。老闆嚇得拔腿就跑。

隔天晚上女子來到糖果店，但沒買任何東西，只是招手要老闆跟她一起走。於是老闆帶著友人跟在女子後面抵達墓地。之後，女子在墓前消失蹤影。

忽然，墳墓底下傳來小嬰兒的哭聲。老闆和友人趕緊挖開一看，裡面是每天深夜到糖果店去的那名女子的遺骸，旁邊有個還活著的小嬰兒。提燈映照出小嬰兒笑瞇瞇的臉龐。

小嬰兒身邊擺著一個裝水飴的小碗。可能是女子才剛斷氣就被埋葬，於是小嬰兒在墳墓裡誕生，化作女鬼的母親就這樣跑去買水飴來餵養嬰兒。

這則故事告訴我們，「母愛勝過死亡」。

## 十九

過了天神橋，再通過密密麻麻的小路，經過幾間無人居住的老舊武家宅邸，我的目標是西南邊郊外。那裡有一間面湖的小蕎麥麵店，我要在那裡欣賞夕陽。從蕎麥麵店眺望夕陽，是我在松江的一大樂趣。

我在日本見到的夕陽，有別於我在熱帶地區所見。日本的陽光如夢般平穩，裡面沒有刺眼的顏色。東方的大自然中，並無予人強烈感覺的色彩，無論眺望大海或仰望天

4　一錢的十分之一。為一圓形小銅板，中間有個四方形的洞。

空，看到的與其說是顏色，不如說是色彩的調和，彷彿是一種朦朦朧朧的淡彩罷了。看看日本布料上的染色便知道，這民族偏愛洗練的色調，找不到俗艷刺眼的顏色。我想這要歸功於日本的大自然風光呈現的盡是沉穩纖細的色彩之故。

遠處是峰巒起伏的藍色火山綿延，群山圍起一片大湖，雖不甚透明卻微微發亮。在我的右手邊，也就是湖的東邊，是此城最古老的地區，青灰色屋瓦如重重波浪。房子一直蓋到湖畔，而且蓋得極為密集，湖水會打進房子的地板下方。

用望遠鏡可以看見我家窗戶，以及前方家家戶戶的屋頂；屋頂上方是聳立於蒼翠中的城山，城山中央是屋頂前端飛翹的深灰色塔樓。太陽西沉，水面上、天空中，不斷產生非筆墨能形容的色彩變化，既微妙又叫人驚艷不已。

鋸齒狀的藏青色群山上，有一大片暗紫色的雲。紫色蒸氣騰空消逝如煙，化為淡淡的紅色和金色，轉眼卻又變成似有若無的綠色，然後融入天空的蔚藍中。

遠方的湖水最深處，染上溫柔得無以言喻的紫蘿蘭色，覆上林蔭的小島剪影彷彿從色澤甜美的大海中浮現般。不過，或許是水流的關係，淺灘處與深水處的模樣不同，近湖岸的水面全是青銅色，而且泛著一種帶古風的紅色金光，閃閃發亮。

這種色調每五分鐘變化一次，宛如光滑的絲綢般，忽綠忽紫、忽暗忽明，叫人眼花繚亂。

## 二十

每到夜晚經常出現這種情景，廟會的夜晚尤然，街角一處小攤販前聚集了好多人，大家靜靜地、充滿敬意地向前走去。有時我路過窺探一下，見那裡擺著幾個花瓶，上面頂多插著花草，或是剛剪下來的花枝。原來是小型花展。正確一點來說是展示插花名師之作供人免費參觀。

日本人不會像野蠻的西方人那樣把花朵亂摘下來，組成毫無意義的色塊。日本人之所以用這種方式插花，應是他們太愛大自然之故。他們十分明白，要襯托花的自然魅力，關鍵在於花朵的配置、插法、花與莖葉的關係，因此，他們選擇以花枝及花草的原型來表現花朵的自然美。

來自西方且初次見識日本插花方式的人，應該無法理解這種展現手法吧。和日本極其一般的插花工作者相比，西方人皆顯得野蠻。不過，只要持續留心日本人為何對如此樸素的花藝展示感興趣，就會慢慢發現這種插花方式的優點，並領悟到它的魅力了。西方人都有幾分優越感，但只要看到幾根枝椏便能展現花的自然之美，就會覺得西方的插花方式醜陋不堪而自慚形穢。

此外，插花作品的後方總會豎立白色或水色屏風。屏風有個特殊功能，是將植物的身影映現出來，在燈光或燈籠的照耀下，那風姿綽約超乎西方裝飾藝術師的想像。

## 二十一

一如「八雲立出雲國」這句日本古語般，此時正是雲霞繚繞的季節。隨著夕日西沉，如幻暮靄若隱若現地飄在湖面與陸地上，如幽靈般籠罩整個表面，再緩緩將遠景抹去。

回程，我將身體探出天神橋的欄杆，朝東方投以今日最後一瞥。群山已朦朧，眼前僅看得到水面黯淡，不久，水面與天空的界線也模糊了，終於消失在幽晦中，隱沒於亡靈之海中。

忽而，有個白色小物從我旁邊的女人手中翩然落水。女子不斷輕聲喃喃自語。那是在為死去的小孩祈福。女人丟進水中的小紙片上，似乎有小小的地藏菩薩像以及短短的經文。

如果小孩死掉，母親會買地藏菩薩的印章蓋在紙上，大約蓋一百張，有時還會加上「祈求某某證得菩提」這句話。此時寫上的絕非孩子的俗名，而是戒名。戒名是僧侶為死者取的名字，家裡的佛壇牌位上也會刻上戒名。然後在特定的日子（多半是埋葬後第四十九天），母親會到水邊將紙片一張一張放水流，同時持續誦念「南無地藏大菩薩」聖號。

我身旁這位虔誠祈禱的女人一定很窮，否則，她應該會利用這個黃昏時分，雇一艘小船到湖心去撒紙片才對（目前僅傍晚以後才能這麼做。理由我不很清楚，似乎是警察會取締這個美麗的儀式。就跟明令禁止在港內施放稻草製成的「精靈舟」一樣。）

話說回來，為什麼要將紙張放水流呢？天台宗一位了不起的老師父告訴我，原本這項儀式的目的在告慰溺斃的亡靈。但是今天，不論是否溺斃，這些善良的人都會如此為亡靈祈福，因為他們相信地上的水總會流到冥界去，流入地藏菩薩所在的賽之河原去。

## 二十二

回家後，我再次打開小紙格門，欣賞夜色。橋上有提燈輕輕通過，宛如拖著長尾巴的螢火蟲。黑色水面上無數燈影搖曳。河流對面的人家，屋內燈光將寬幅的紙格門染成柔黃色，門上有修長女子的身影款款擺動。由衷希望日本不要流行裝設玻璃窗，否則就見不到如此婀娜多姿的身影了。

我傾聽街上的聲音好一會兒。黑暗中，洞光寺溫柔的鐘聲轟轟作響。然後傳來微醺者的歌聲，還有朗朗的叫賣聲。

「烏——龍麵！蕎——麥麵！」

販賣熱呼呼蕎麥麵的攤商正在做最後一輪的叫賣。

「算命！算盼望之人、姻緣、失物、面相、風水、吉凶！」

這是算命仙邊走邊喊的聲音。

「麥芽——汁！」

專賣小朋友最喜歡的琥珀色麥芽汁，叫賣聲具抑揚頓挫。

「甜的！甜的！」

這是賣甜酒的叫喊聲。

「河內國、飄簞山、戀愛籤！」

這種聲響，賣的是占卜戀愛的紙籤，漂亮的色紙上有一幅朦朧小圖，只要將紙籤拿到火源或燈光旁，用隱形墨水寫上的文字便會顯現出來。那些文字都是寫給情侶看的，有時會寫出本人不想知道的事。拿到上籤，幸福的人會更確定自己很幸福，但若是運氣不好拿到下籤，搞不好就此萬念俱灰，善妒者甚至會燃起熊熊妒火。

黑夜中，一種類似住在沼澤的大青蛙的叫聲從四面八方響起，那是舞妓或藝妓敲打小太鼓的聲音。橋上來來往往的無數木屐聲如飛瀑傾瀉不斷。東邊天空一道新的光芒升起，是大得可怖的明月從山頂背後穿過白霧竄出。

就在此時，傳來眾人的拍手聲。是行人正在禮拜月神。他們站在橋上，歡迎月娘[5]的到來。

我也該睡了，希望能夢見在長滿青苔的老舊寺廟裡玩踩影子遊戲的小朋友們。

5 根據《古事記》，月神為男性。不過，這本古書只有讀書人才看得懂，一般人根本不知道。因此一般大眾都像希臘神話那樣視月亮為女性，稱之為「月神」或「月娘」。

# 杵築——日本最古老的神社

日本有神國之稱。在這樣的眾神之國中，被視為最神聖的地方，就是出雲國。創造此國的伊邪那岐命男神與伊邪那美命女神——同時也是諸神及人類的始祖——當初從藍天「高天原」降臨並短暫停留的地方，就是出雲。

伊邪那美命葬身之地也在出雲國境中，伊邪那岐命雖然追隨亡妻前往黃泉國，但終究沒能帶回祂。這趟黃泉之旅以及種種遭遇都寫在《古事記》中[1]。描寫冥界的古代神話非常多，但我從未聽過如此怪誕不經的，連亞述傳說中的「伊施他爾下陰間」都望塵莫及。

出雲乃眾神之國、民族之搖籃，至今仍祭祀伊邪那岐命與伊邪那美命。而出雲的「杵築」更被視為眾神之都，那裡就有一間信奉偉大神道的日本最古老神社。

自從閱讀《古事記》的出雲神話後，我早早便想去杵築大社一探。當我聽說西方人很少造訪當地，甚至無人上殿參拜過，我就非去不可了。想到曾有外國人連接近境內都不被允許，我算是幸運之至，因為我的摯友西田千太郎與杵築大社的宮司交情匪淺，他幫我寫了一封介紹信。

其實連很多日本人都不得進入正殿，因此我要是進不去也無妨，至少能拜見宮司千家尊紀先生吧。「千家」是太陽女神天照大神的後代，名家中的名家，血統極為高貴[2]。

## 一

秋高氣爽的九月某日，我在正午過後離開松江，前往杵築。我所搭乘的汽船，從引擎到後甲板的天幕，全都像小人國那般迷你。在船室，我只能跪著，在甲板的天幕下，我也難以挺胸站立。船隻雖玲瓏可愛如玩具，卻以驚人的速度平穩行駛。半裸的美少年忙著四處招待茶點，為吸煙者點火，這樣的貼心服務只要付約四分之三美分的小費即可。

我逃出狹窄的甲板，爬到可飽覽風光的船室上面。景緻好極了。遠山含笑，在如鏡

1 日本現存最古老的書籍，內容在講述神道。東京大學張伯倫教授的英譯本中有豐富的注釋。

2 我在杵築大社拿到的小冊子上有千家的族譜。根據這個族譜，千家尊紀先生是第八十一代的杵築大社宮司（過去稱「國造」），其血統歷經六十五代國造與十六代地祇，直追溯到天照大神及其弟須佐之男命。

湖面上落下若隱若現的藍色倒影。這種顏色，可說是遠景於日本空氣中才能彩繪出的神妙之色。湖邊，純潔如白瓷的地平線下方，隱約可見山峰及山岬的輪廓，但見不到細部，僅一枚透明的藍色剪影浮現而已。左邊也是，右邊亦然，蜿蜒起伏的山稜線為宍道湖鑲上綺麗花邊。

屹立在我西北方的是八雲山。我回頭看向背後的東南方，松江市街景已消失無蹤，但見遠方大山雄姿高聳入雲。那座如幻影般藍白交錯的龐大死火山，正高舉著覆上萬年雪的山峰。在它之上，顏色幽淡如夢的蒼穹呈弓狀鋪展開來。

青翠如幻的湖水、霧靄朦朧的群山、朗朗傾瀉的陽光。置身此氛圍中，確實感受得到某種神聖氣息。這就是神道的感覺嗎？或許是我太過嚮往《古事記》的傳說吧，連節奏規律的汽船引擎聲，聽來都像在唱誦諸神聖號了。

koto-shiro-nushi-no-kami（事代主神）

oho-kuni-nushi-no-kami（大國主神）

## 十二

隨著汽船駛近，右手邊的山峰顯得越來越高。當略高的山脈緩緩接近眼前時，枝葉扶疏的樹林清晰可辨。定睛一看，有座龐大的寺廟屋頂從蔥鬱的山頂冒出來，直衝向藍澄澄的秋空。那是一畑山的一畑寺，奉祀能拔除生死之病的大醫王藥師如來。不過，這裡的藥師如來以治癒盲人眼疾聞名。人們相信，只要來到這座大寺廟一心祈求，即便眼盲亦能重見光明。因此，全國各地成千上萬眼疾患者，不惜艱辛翻山越嶺而來，再登上險惡的六百四十級石階，終於抵達狂風呼嘯的山頂，進入寺廟境內。

從一畑寺眺望出去的美景，堪稱日本數一數二。參拜者先用寺廟中的靈泉之水清淨眼睛，再跪於佛殿前，唱誦藥師如來真言：「唵叩囉叩囉、鮮噠唎、嘛陀吉娑瓦卡。」這句真言的意思同許多佛教咒語一樣已被遺忘，它原本是梵文，譯成中文後傳入日本，恐怕只有精於佛道的僧侶才明白意義。不過，日本人對這句真言並不陌生，至今仍有很多人虔誠持誦著。

我從船室下來，坐在天幕下，和阿明一起抽煙。我問他：

「阿明，到底有多少尊佛？現在我們知道的佛陀數量有多少？」

「佛是無量的。」阿明回答：「其實應該說佛是獨一無二的，但佛會以各種形象顯現。人人心中都有未來佛。撇開是否開悟不談，眾生是平等的。不過，凡人不明白這個道理，於是變成偶像崇拜或拘泥形式了。」

「那麼，神道的神呢？」

「我對神道不了解，但根據《古事記》的說法，高天原上有八百萬尊神。目前，全國二千八百六十一間神社共祭祀三千一百三十二尊神。在日本，十月又叫做『神無月』，一到十月，這些神明會離開自己的神社，前往出雲的杵築大社，所以反而只有出雲稱十月為『神在月』，也有讀書人會用漢語的說法『神有祭』。」

阿明繼續說：

「人們相信那個時候會有一條巨蛇從海邊上岸，然後盤繞在供盤上。據說這條巨蛇是龍神派遣到伊邪那岐命和伊邪那美命神社去的差使，通知八百萬神即將駕臨。」

「八百萬尊這麼多，根本記不起來啊，總有些是人們絕少提起的吧？你能不能告訴我一些比較特別的神，比方說住在很奇怪的地方，或是附身在很奇怪的東西上。」

「那你就問錯人了，應該去問比較了解的人才對。不過，有些神是人們避之唯恐不及的，例如窮神、餓神、貪婪之神、會搗亂的障礙之神等。這些神祇的顏色都像烏雲般黑黑的，而且臉長得跟餓鬼一樣[3]。」阿明回答。

「阿明，障礙之神的話，我已經領教過好幾次了。你跟我說說其他的神好不好？」

「好是好，但我只知道窮神而已。」明開始敘說窮神的故事。「聽說神都是一對一對的，福神和窮神就是這樣。福神是白色的，窮神是黑色的。」

「那是因為」我打斷阿明的話：「窮神是福神的影子。我在世界各地旅行，一路看到只要有福神的地方就有窮神。」

阿明似乎不以為然，繼續說：

「一旦被窮神纏住，要擺脫掉可謂難上加難。從前，京都附近的近江有個叫『海津』的村子，那裡有個和尚長年被窮神糾纏得很痛苦，好幾次努力想擺脫掉都沒效。後來他騙大家說他要去京都。

「但其實他沒去京都，而是到越前的敦賀。到了敦賀的旅店後，有個瘦得像餓鬼、

3 餓鬼的梵文是「Pretas」，指在地獄被課以飢餓酷刑的亡靈。有些餓鬼的嘴巴「小如針尖」。

臉色蒼白的小孩走過來，對和尚說：『我等你很久了。』他居然就是窮神。

「還有另一則故事。有個和尚被窮神纏了六十年，用盡一切方法都甩不掉，最後決定逃到遙遠的地方去。下定決心那一晚，和尚做了一個怪夢。有個骨瘦如柴、打赤膊而且身上有點髒兮兮的小孩在編朝聖者或車伕穿的那種草鞋。因為編了好多雙，和尚覺得奇怪就問他：『你為什麼要編這麼多草鞋呢？』那孩子回答：『因為我要陪你去旅行啊，我是窮神。』」

「這麼說，都沒辦法趕走窮神囉？」我問，阿明如此回答：

「不，《地藏經古粹》這本書上寫到，一名住在尾張、名叫圓淨坊的老法師就用法術趕走了窮神。除夕那一天，圓淨坊和弟子及真言宗的法師們手持桃枝唸咒，然後做出用樹枝將人趕出去的動作，再把寺廟大門關上。接著又唸其他咒語。

「結果當天晚上，圓淨坊夢見在一間破廟裡，有個瘦骨嶙峋的出家人哭著說：『我都跟你這麼多年了，你為什麼把我趕走？』從此，圓淨坊一直到死都過著富裕的生活。」

## 三

左右群山交錯，近來遠去，如此反覆了大約一個半小時。蒼山近在眼前時是綠色，緩緩退到身後就朦朧成藍色。唯獨正前方的遠山文風不動，絲毫未變，始終如幻影般聳立著。

突然，小汽船改變方向，朝陸地筆直而去。由於陸地高出海面沒多少，感覺像猛然闖進視線。就這樣，汽船邊吐煙邊駛進田野中的小河川，到達河邊一個頗為奇特又有意思的村落，名叫莊原。從這裡到杵築要換搭人力車。

我不想深夜才抵達杵築，因此沒時間在莊原村閒逛。儘管如此，當人力車跑過寬廣的大馬路時，我所瞥見的風景美如圖畫，真想花一天時間慢慢走訪。人力車從小聚落穿過滿是稻田的遼闊平野，途經的道路，其實只是寬度勉強供兩部人力車擦身而過的堤道，兩側則為廣袤的原野，群山遮住了白色的地平線。在無邊無際的靜謐、天開地闊的悠閒，以及一整片從天而降的溫柔微光中，我們朝上直江而去，然後進入久木。

左手邊是如鋸齒狀的出西山，上面是碧綠的大黑山雄據著。每座山峰都有一個神的名字。右手邊更遠處，紫羅蘭色的北山面對落日伸展出龐大的山影，而且越向西方天空伸展，顏色就越淡，然後突然如幽靈消失般，消失在遙遠的天空盡頭。

就這樣，無論看什麼都美，不管過了多久，美麗毫不褪色。放眼所及，水田上零星散布著宛如白羽箭的平安符，而田梗一道接著一道，就像縫起一塊接著一塊的水田。蛙鳴呱呱不停，彷彿不斷冒出的水泡般。左側是層巒疊翠；右側是紫色連峰池邐到西邊，迷濛如重重幻影，最後融入空氣中。要說有什麼東西打破這風景的單調，就是時而穿過的秀緻村落，以及立在路旁令人玩味的石像和石碑了。那是地藏菩薩像與立在斐伊川畔的相撲力士之墓，大花崗岩石板上刻著「生之松菊介」。

不過，抵達神門郡，渡過一條寬闊的淺河後，風景便煥然一新。左邊連峰上浮著一道如馬鞍般的藍色剪影。從輪廓來看，從前應是一座大火山。這座山似乎有很多名字，遠古時代曾經喚作佐比賣山，並留下一則神話。

太古時代，出雲的神明環顧這塊土地後說：「八雲立出雲國做得太小了，我將其他土地接壤過來，讓它變得大一點。」然後遙望朝鮮，找到理想的土地，用一根粗繩將四座島嶼從那裡拉到出雲來。

第一個拉過來的島嶼是八百丹，就是目前杵築所在地；第二座島是狹田國，佐太神社就在這裡，每年，眾神聚集到杵築大社後，會在佐太神社進行第二次聚會；第三座島是闇見國，相當於今天的島根郡；第四座島是美保關，即發送白色稻田平安符的美保神社所在地。

為了將這些島嶼從遙遠的大海彼方拖過來，出雲的神明把粗大繩索綁在巨大的大山及佐比賣山上。據說這兩座山上至今仍殘留當時的繩索痕跡；而且一部分繩索已經變成「夜見濱半島」[4]或「薗之長濱」。

過了堀河，道路愈發狹隘，路況很糟，但已經接近北山。到了夕陽西下之際，終於能看見山上的樹林了。接下來是上坡路。暮色漸深，人力車緩緩上山，然後無數燦爛燈火映入眼簾。終於快到了，眾神之都——杵築。

## 四

通過長橋，穿過高拔的鳥居，上坡。杵築也跟江之島一樣，在入城處有座鳥居，但這裡的鳥居不是青銅製的。接著，我們跑過點上燈籠的店面、斜屋簷下成排明亮的紙格

4 現在已與本土連在一起了。出雲的海岸線及大型湖泊附近，確實出現連地質學者都吃驚的稀奇變化。至今每年仍可見到幾種變化，我就親眼目睹過極為奇妙的事蹟。

門，再穿過石獅鎮守的山門。前方，覆蓋瓦片的低矮土牆一路綿延。從牆上可窺見境內矮木，也看得見豎立著高大鳥居的神社。

不過，並無大社氣派。大社應該在城市後方，在蓊鬱的山麓下。但我們長途跋涉早已力竭，沒力氣趕去參觀，而且肚子也餓了，於是我讓人力車停在一家看起來寬敞舒適的旅店前。其實這是杵築最高級的旅館。我們在那裡抽煙，邊吃晚飯邊喝酒。盛酒的精緻酒杯，據說是某位美麗的藝妓相贈的。用完餐後已經很晚了，不適合去拜訪宮司，因此我請阿明幫我寫封信，告知對方我明天上午會去拜訪，並附上介紹信，送往宮司府上。

後來，十分親切的旅店主人提著燈籠過來，說要帶我們去大社。

夜已深，家家戶戶幾乎門窗緊閉，路上黑漆漆，既無月亮也無星星。這樣的夜晚，若沒有主人的燈籠根本無法行走。我們往大馬路直去，走過六條街後轉個彎，眼前出現氣派的青銅鳥居。這是進入參道的入口。

## 五

黑夜消去了色彩與距離感，讓開闊的場所與大型物體顯得更宏大。在提燈的幽微燭光中，通往大社的參道大得令人一震。想到明天就要在光天化日下正視它，我甚至感到可惜。通過參天林木，穿過數座鳥居，空曠的參道無盡地延伸下去。

掛在鳥居上的注連繩也粗大得足與它所象徵的「天手力男命」匹配。不，比起大鳥居和注連繩，讓這條暗影重重中的參道顯得如此莊嚴的，是蒼鬱的巨木吧。恐怕很多樹齡都已數千年。松樹樹幹上節瘤叢生，枝葉成蔭融入黑暗中。有些巨碩的樹幹還綁上稻草繩，是真正的神木。地面則是一片盤根錯結，在提燈照耀下，宛如一群蠕動的龍蛇。

參道的長度不下五百公尺，共通過兩座橋、兩片樹林，而兩側的廣大土地全歸神社所有。在過去，外國人是不能

杵築（出雲大社）的鳥居。／iStock

夠穿過鳥居的。不久，參道碰到了高牆。這裡有個穩重的正門，模樣類似寺廟的山門。就從這裡進入內苑。厚重的門扉還開著，許多人影進進出出。

漆黑的境內，黃光前前後後移動，彷彿大螢火蟲飛來飛去。這是參拜者的提燈。左右似乎都是用粗木材建造成的大型建築。嚮導帶我們通過廣大的境內，進入第二座神苑，站在雄偉的社殿前。

大門還開著。用提燈一照，看得見門楣上有名匠雕刻的祥龍圖案。往裡一探，最左邊有許多神道的祭祀用具，正中央是寬敞得超乎想像的榻榻米房間。從面積推測，這裡應該就是本殿，但同行的旅店主人說，這裡是信徒參拜的拜殿。白天可以從敞開的門扉觀望本殿，但可惜現在是夜晚，看不到，而且據說獲准上殿的人少之又少。

「一般人連圍牆裡都進不去。」阿明解釋：「所以大家都是在本殿前遠遠地參拜。聽！聽見了嗎？」

幽黑中，傳來類似打水、濺水的聲音。是一大群人的拍手聲。

「平常可不只這樣。」旅店主人說：「現在人很少。但明天有祭典，會很熱鬧喔。」

我們又從穿過鳥居、夾在參天林木間的參道走回去，路上，旅店主人為我說明龍蛇的故事，阿明為我翻譯。

「那條小蛇，我們出雲人稱為『龍蛇』，因為牠是龍王派來通知眾神駕臨的差使。『龍蛇』到來之前，大海會突然暗下來，然後掀起巨浪，轟隆隆地震天價響。因為牠是來自龍宮的使者，所以叫做『龍蛇』，但也有人叫牠『白蛇』[5]。」

「那條蛇是自己爬到神社來的嗎？」

「不是，是漁夫捉來的。當然，從龍宮派來的蛇，一年只會有一條，所以只會抓到一條。抓到後，無論把牠獻給杵築大社，或是眾神將二度聚集的佐太神社，都能獲贈一袋米作為獎賞。雖然這要花費相當的力氣和時間，但能夠活捉到龍蛇，往後的日子就會大富大貴[6]。」

---

5 白蛇又被視為象徵愛、美、口才、大海的女神「弁天」（弁財天）的使者。據說「白蛇有一張白眉老人的臉，頭戴皇冠」。弁天和白蛇都是古印度神話中的人物，與佛教一同傳到日本。在民間信仰和稱呼上，佛教的佛與神道的神經常被混淆不清，在出雲，這點尤為明顯。

寫完這篇文章後，就在幾小時前，我獲得一個機會，前去觀看一條剛捉到的龍蛇。全長約六十到九十公分，最粗的腰圍約二點五公分。背部為焦褐色，腹部為偏黃的白色，美麗的黃色斑點延伸到尾部。有趣的是，身體並非圓筒狀，而是接近四方型，就像精心編織的長鞭一樣有四個邊角。尾部平整如魚尾，呈三角形。根據松江師範學校渡邊老師的說法，這是「黑背海蛇」的一種。由於極為罕見，我想這些描述應會讓人感興趣吧。

「杵築大社祭祀的神明很多吧?」我問。

「沒錯,但杵築的主神是大國主神,一般稱為『大黑神』[7]。也祭祀祂的孩子惠比壽神。這兩尊神通常都畫在一起。大黑神坐在米袋上,一手將太陽托在胸前,另一手握著只要輕輕一揮就有金銀財寶跑出來的萬寶槌;惠比壽神是一手拿著釣桿,一手抱著鯛魚。兩人永遠笑瞇瞇,而且有著象徵富貴的大耳垂。」

## 六

因為出門遠行了一整天,我有點疲倦,早早上床,而且完全沒做夢,睡得跟一株植物沒兩樣。天一亮,一種規律又沉重的撞擊聲晃動我的木製枕頭,我終於醒了。是搗米聲。已經開始幹活了。旅店的可愛小姑娘將房門全都打開,迎接新鮮空氣和晨光進來。她將防雨門板收到走廊盡頭,拆下茶色蚊帳,拿著剛起好火的火缽過來讓我抽煙,然後小跑步出去拿我的早餐。

小姑娘回來時,告訴我一早宮司的差使已經來了。他是太陽女神天照大神的後裔千家尊紀先生派來的差使。那位差使是一位頗有威儀的年輕神官,穿著平常的便服,但下半身是一條下襬寬鬆的藍色絲稠褲裙,非常漂亮。他接受我的招待,喝了一杯茶,告訴

出雲大社內的大國主神。／iStock

出雲大社神樂廳前的巨大注連繩。／ iStock

我宮司已在社殿等我。

太好了，但我們無法立即出門。這位差使說，阿明的服裝不合適，因為在神明面前，阿明必須穿白足袋和褲裙。幸好後來跟旅店主人借到了褲裙。盡可能整理好服裝儀容後，我們在差使的帶領下前往社殿。

## 七

再次走上昨晚經過的青銅大鳥居，白日下，這條直通社殿的參道美麗絲毫未減，叫我又驚艷了一次。走在莊嚴的行道樹間，不由得讚歎：多壯觀啊。兩側遼闊的森林及土地超乎想像，令人印象深刻。大批信徒熙來攘往，但在這條參道的話，即便當地居民一同蜂擁過來，也不必你推我擠。

6 在杵築大社也好、佐太神社也好，有時可以買到龍蛇。在松江，將龍蛇奉祀在神壇上的人家並不少。我看過的龍蛇非常古老、又黑又硬。不知道他們怎麼處理的，反正保存得相當好，就放在一個大小剛好吻合白木小供盤的鐵籠中，要是活著的話，長度一定有七十公分。祭祀龍蛇的貧窮人家，每天都會為牠點上一盞小燈，並誦唸神道的祭詞。

7 張伯倫教授譯為「Deity Master-of-the-Great-Land」的大國主神，是日本最古老的神祇之一，但人們常將之與財神大黑神搞混。祂的兒子事代主神也一樣，人們常將之與勤勞者守護神惠比壽神搞混。有人認為，神道在參拜時的拍手儀式，乃源於事代主神曾以拍手作為暗示。不論大國主神或事代主神，在日本的美術品上皆有各式各樣的畫法，而杵築大社所販賣的這兩尊神像，非常美、非常有意思。

一位穿著法衣的神官在第一境內的鳥居前等我們。是一位老先生，笑容可掬。差使引我們到他那裡後，隨即消失於門後，換這位姓「佐佐」的老神官帶領我們。

境內已傳出海潮般沉重的聲響。越靠近，聲響聽得越明白，是眾人一致的拍手聲。走進正門，昨晚來過的大社殿，也就是拜殿，前方擠滿了幾千人，可是無人進入殿內。

大家站在有群龍雕刻的門扉前，將錢投入門檻前方的賽錢箱。多半是零錢，有些太窮的人會丟一把米進去[8]。然後，站在門檻前拍手、低頭，朝位於拜殿後面的本殿行恭敬的注目禮。每個人都只停留一下，拍手四次而已，但大批人潮源源不斷地交替，那拍手聲便如瀑布般迴響不止了。

我邊旁觀擁上的參拜人潮，邊往拜殿後面走去，走到通向本殿的「八足門」，在鑲上鐵邊的寬闊階梯上停住。據說，從無任何西方人踏上這個階梯一步。一群身著法衣的神官站在階梯下層等我們。他們全都一般高，穿著上面有金線龍紋的紫袍。形狀奇特的高帽、寬鬆的美麗裝束、服侍神明的威儀——乍見之下，有種莊嚴雕像的錯覺。不知為何，我突然想起幼時讓我看得目不轉睛的一幅法國版畫，內容是一群亞述的占星師。

我們走近時，神官除了眼睛外，一概不動。但當我接近台階，他們便全員一齊深深鞠躬，因為我是首位獲准進入這座神聖本殿，並拜見他們主人的外國人。他們的主人就是宮司，是日神的後裔，至今仍被許多虔誠的出雲信徒稱為「活神」。一鞠躬後，神官們又恢復如雕像般不動的英姿。

我脫鞋欲上台階時，最初前來迎接的那位高個子老神官，站在正門前向我招手，要我在上殿前先進行「淨化」這項古典的神事儀式。我伸出雙手，老神官用長柄竹勺為我淋上三次淨水，再遞給我一條深藍色手巾，手巾上有奇妙的白字。然後，我們一同走上階梯。而我這一身不成體統的外國人打扮活像野蠻人般，真是自慚形穢了。

走到階梯的最上層後停住，老神官詢問我的身分。杵築大社至今仍嚴守神治時代的階級制度，以不同形式與規矩迎接不同社會階級的訪客。我不知阿明如何恭維我，但最終我的身分是平民，而這也是事實。我對堪稱世界之最的這些繁文縟禮全然不知，平民身分能讓我免於尷尬。

8 有人曾捐過高額捐款給這間神社。拜殿外的木牌上記錄著捐贈者姓名及金額。最近有數人捐了一千日圓，捐五百圓的也不稀奇；身分地位高的官員很少有捐贈五十圓以下的。

## 六八

走完階梯後是一片寬敞的走廊，我們被帶往門面寬及整個走廊且天井非常高的房間。我跟在老神官後面，勉強看出共有三處凹進牆壁的神座。其中兩處神座掛著長度從天井到榻榻米地板的白色布幔，布幔上有長排的黑色圓圈，約直徑十公分左右，圓圈正中央有金色花紋。

不過，最裡面那第三個神座，前方的金絲錦緞布幔已經拉起來了，不用說，這裡祭祀的正是大社的主神大國主神。但只能見到極普通的神道飾物及神座外觀而已；不論何人，均無法見到其中的神體。神座前方有一張低矮長桌，上面擺著我沒見過的器物。長桌的一端朝向走廊，另一端朝向壁龕。靠近走廊那一端，有個蓄鬍且頗具威儀的人物，頭戴奇特的帽冠，一身白色裝束，坐在榻榻米上，應該是地位崇高的神官。

老神官示意我們坐在這位人物面前，向他行禮致意。這位正是杵築大社的宮司千家尊紀先生。即便是在自己家裡，要跟這位先生講話也必須下跪，因為他是日神的後裔，至今仍有眾多人視他為「活神」而敬拜。

我依循日本儀法，向千家先生行跪拜禮，他也向我回禮。這美好的禮儀將初次見面的緊張感一掃而空了。老神官坐在宮司左側的榻榻米上，而跟在我們後面過來的其他神官，則待在本殿入口處的走廊上。

## 九

千家尊紀先生是一位年輕精悍的人。頭戴奇特的高帽，蓄著蜷曲的鬍鬚，寬鬆的全白法衣如雕像般呈漣漪狀鋪展開來。他以神職人員應有的不動姿勢坐在我面前，那神態與古代日本畫上的貴族或英雄的莊嚴英姿一模一樣。這樣的威儀叫人無法不佩服。

同時，我腦中掠過許多念頭。想到在日本最古老的這片土地上千家一族所受到的崇敬、他手中掌握的龐大宗教權威、自太古以來繼承神明血統至今不曾中斷的高貴身分，我的感受與其說是尊敬，無寧更接近怖畏。那文風不動的姿態，根本就是神體吧。那些身為宮司祖先的神像，不都予人這種感覺嗎？可是，如此嚴肅的氣氛被低沉的嗓音沖散了。儘管嘴巴動著，那雙烏黑的瞳眸仍直直盯著我。阿明將宮司禮貌的寒暄翻譯給我聽，我也對能夠獲此無上光榮表達無盡的謝意。

阿明翻譯宮司的話：

「你是第一位獲准進入大社本殿的西方人。之前雖有西方人來過，但能夠進入境內的十分稀少，更何況是像你這樣獲准踏入本殿的人。過去也有外國人只是出於好奇來訪，但我們謝絕他們接近境內。不過，這次有西田先生來信轉達你的訪問目的，因此能夠這樣歡迎你的到來，我們備感榮幸。」

他再次向我致意，然後，透過阿明的翻譯，我們交談了片刻。

「這間杵築大社，好像比伊勢神宮還要古老對嗎？」我問。

「古老得多。」宮司表示：「古老到無法明確指出年代，因為這間大社是神治時代天照大神下令興建的。當時，本殿的高度接近一百公尺，非常壯觀。據說樑也好、柱也好，全都非常粗大，前所未見；骨架是用一千尋（約一點八公里）的楮樹繩索牢牢綁住的。

「垂仁天皇時代首次進行重建。依敕令而建的社殿，是用大鐵環牢牢綁住許多巨木組合起來的。因為御柱上有鐵環，所以稱為『鐵環造』。那間社殿也很壯觀，但高度僅有五十公尺左右，比起原始的社殿的確遜色一點。

「第三次重建是在齊明天皇時代。此時，建物的高度下降到二十五公尺。此後，社殿的建造就沒再改變過。直到今天，連細部都嚴格遵照當時的設計圖呈現。

「大社至今共重建二十八次，依慣例每隔六十一年重建一次。不過，在持續戰亂的時代，也曾有長達百年以上沒整修過。

「大永四年，尼子經久統治出雲時，將大社交由佛僧管理，結果破壞傳統，在四周蓋起許多佛塔。不過，毛利元就取代尼子一族後，大社就重歸清淨，之前廢棄的傳統祭典和儀式也都恢復了。」

「從前的大社比今天大更多，當時使用的木材是從出雲的山林砍伐下來的嗎？」我問。這次換帶領我們到神殿來的佐佐老神官回答。

「根據保留下來的記錄，天仁三年七月四日，有一百棵巨木被打到杵築海岸。永久三年就利用這批巨木進行社殿重建，也因此誕生『寄木造營』一詞。還有，同樣在天仁三年，有一棵長達四十五公尺的巨木漂到因幡的宮之下村一間名叫『宇部之社』的神社附近。村民原想砍斷那棵樹，但樹上纏著一條大蛇，嚇得沒人敢靠近。村民向宇部之社祈求保佑後，宇部神顯靈，告訴大家：

「『出雲大社重建時，各方諸神都送建造用的宮木過去，這次輪到我們了。快請他們利用這棵巨木重建。』說完，宇部神便消失無蹤。不論從這則傳說或是其他記錄，都可看出杵築大社的興建始終有諸神保佑及幫忙。」

「神在月期間八百萬神會聚一堂，是會聚在大社的哪裡呢？」

「在本殿圍牆外的東西兩側。」佐佐神官回答：「有兩棟名為『十九社』的長型建築，顧名思義，就是十九間旅社。不過，並非哪間特別供哪一尊神使用，我們相信眾神就在這十九社中。」

「這裡一年大約有多少訪客呢？」

「約二十五萬人。」宮司說：「數字會隨農作物的收穫量而上下起伏，豐收之年參拜人數就會增加。不過，幾乎不會少於二十萬人。」

## 十

我從宮司和佐佐神官長那裡獲得各種有趣的知識，包括大社境內各區域的名稱、神苑的森林、無數大小神社及所祭祀的神明，以及本殿柱子的名稱等。本殿共有九根柱子，中央那一根叫做「心御柱」。大社裡的物件，從鳥居到橋，全都有一個神聖的命名。

佐佐神官長提到，和一般的神社一樣，大社的座向也是朝東，但唯有大國主神的神座是朝西。大社內還有另兩間氏社也是朝東，分別祭祀出雲國造的神祖天穗日命及神祖的第十七代子孫。這位第十七代子孫是賢明皇子野見宿禰的父親。野見宿禰亦是一名相撲力士。垂仁天皇時代，一名叫做當麻蹴速的強者發下豪語，誇說世上無人能夠打敗他。於是，天皇命野見宿禰與當麻蹴速決一勝負。野見宿禰輕而就將當麻蹴速抛出去，令他當場斃命。這就是日本相撲之濫觴。至今，力士們仍祈禱野見宿禰能賜與他們力量與技巧。

還有許多祭祀其他神明的神社，但為了不讓對神道傳統及傳說不熟悉的讀者感到厭煩，我就不一一舉例了。不過，一般相信，在大國主神傳說中出現的神明，幾乎都與大國主神在一起，因此這裡也有祂們的神社或神座。例如，從插在天照大神長髮上的勾玉所生出來的美麗公主「多紀理比賣命」；黃泉國國王須佐之男命的女兒，因愛慕大國主神想成為祂的妻子而從黃泉國追過來的「須勢理比賣命」；水戶神之孫，為款待前來杵築的眾神而製作火燧與紅土大盤的「櫛八玉神」；以及這些大神的眾多親族等……

## 十一

佐佐神官長還告訴我這些事。

德川家康的孫子——統治出雲達二百五十年的松平家的初代藩主——直政侯來到出

雲後，參拜杵築大社時因想一睹神體而命人打開內殿的門。當然，這個要求太失敬了，兩名國造[9]聯合反對，但直政侯豈止不聽兩人的諫言，還大發雷霆，非要把門打開不可。

結果門一開，一個有九個孔的大鮑魚殼[10]擋在前面，而且大到完全擋住背後之物。當直政侯想看清楚而走近時，大鮑魚剎時變成一條全長十五公尺的大蛇，一身漆黑地盤据在敞開的門扉前，口中還發出熾烈的火焰聲，令人倒退三步。於是直政侯和在場隨從全部嚇得抱頭鼠竄，根本沒見到任何神體。從此，直政侯十分敬畏杵築的神威而虔誠膜拜。

## 十二

宮司要我看一看擺在我們之間的低矮長桌。覆上白色絹布的桌面排著很特別的寶物。幾百年前重建之際，打造地基時發現的金屬鏡、縞瑪瑙和碧玉做成的勾玉、翡翠製的中國長笛、幕府將軍和天皇貢獻的名刀數把、昔日名匠手工打造的頭盔、有鋒利雙叉箭頭的大箭一束等。

我看完那些寶物，大致問過每個的來由後，宮司起身說：「那麼，我們來升杵築的御神火，我想讓你見識古代的火燧臼和火燧杵。」

我們走下階梯，再次通過拜殿前，走進一棟位於境內旁、大小不亞於拜殿的建築。令我吃驚的是，莫非為了我這個西方人而準備的嗎？大客廳的裡邊居然有一張氣派的紅木桌，四周還擺上來賓用的紅木椅。我和阿明都被引導就坐，宮司和神官也坐下來了。然後，隨從在我面前放上一個長一公尺左右的青銅架子，上面放著一個用白布仔細包好的長方形物品。

宮司拿掉那塊白布，裡面是號稱東方最古老的火燧臼和火燧杵[11]。說是臼，卻是一塊又厚又硬的白木板，全長近八十公分，板子上面有一排洞，洞口開到板子側面的上半部；將杵插進洞裡，再以雙手鑽木取火。杵則是一根很輕的白木棒，長度約六十公分，和普通鉛筆差不多粗。

9 從很早開始，雖然就任國造職務的人只有一個，但理論上應有二人。原本系出同門，但後來分成千家與北島家，兩家從祖先開始便代代競爭這一職務。而政府經常偏袒千家，於是北島家就被派任為副國造。即便現在，也有一名北島家的人在千家尊紀先生底下擔任主管。

10 嚴格來說，國造並非宗教上的稱號，而是世俗的職務名稱。在杵築大社，國造就是代替天皇服侍神明的人，宗教上的名稱是「御杖代」，現任宮司就有這個稱號。

11 這種奇怪的貝殼上面有一排孔，但數量依貝殼大小而不同。伊勢神宮的火燧構造更為複雜，技術上比杵築大社的更進步。

就古老傳說而言，這是神明創造的東西，但就近代科學而言，這是原始人創造的。我正仔細端詳這個工具時，神官將一個很輕的大木箱放在桌上。長九十公分、寬五十公分、兩端高度約十公分的木箱，中間隆起如龜殼。這跟前面的火燧臼和火燧杵一樣，都是檜木製成，另有兩根細木棒放在旁邊。

起初我以為這是另一種火燧臼和火燧杵。其他人好像也不知道這是什麼。原來它叫做琴板，是最原始的樂器。那兩根小木棒是用來敲箱子的。在宮司的示意下，兩名神官將琴板放在地上，然後坐在兩側，開始用木棒輪流敲箱子的蓋子。慢慢敲打的同時，還發出單調又奇異的叫聲。一人唱「唵、唵」，另一人回應「嗡、嗡」。棒子每打一下，琴板便發出清楚但沉悶、空洞的聲音，然後神官隨之唱起「唵、唵」、「嗡、嗡」[12]。

## 十三

我還聽到這樣的事。

每年都有新的火燧臼和火燧杵送到大社來。它們不是杵築做的，而是出雲的熊野大社做的，且做法一直嚴守神治時代流傳下來的傳統。據說，事情的開端是出雲的第一代國造成為宮司後，天照大神的弟弟——即熊野大社所奉祀的神明「須佐之男命」——所贈予的禮物。從此以後，杵築大社的火燧臼和火燧杵都是出雲的熊野大社製造的。

直到近年為止，杵築宮司獲贈新火燧臼和火燧杵的儀式，都是在十一月「卯之日祭」當天於大庭的神魂神社舉行。明治維新以後，除了奉祀諸神與人類之母「伊邪那美命」的神魂神社外，其他地方都不舉行「卯之日祭」了。

一年一度的卯之日祭時，國造會帶著雙層麻糬到大庭去。而龜太夫會在大庭迎接。龜太夫是負責將火燧從熊野帶到大庭再交給宮司的人。依照慣例，龜太夫必須扮演小丑；很多神官不喜歡這項任務，只好另雇他人充當。龜太夫還有一項工作，就是對國造帶來的供品挑毛病，於是當地人就用「像龜太夫一樣」來比喻愛吹毛求疵的人。

龜太夫大刺刺地檢查麻糬，不斷抱怨。「今年的麻糬比去年小喔。」神官就會回答：「沒這回事，其實今年的大多了。」「顏色比去年的醜，而且粗製濫造。」諸如此類，神官必須對這些刁難一一辯解。

這項神事結束後，人們就會聚過來喊價購買神事時所使用的楊桐枝，因為人人相信

12 之後再訪杵築大社時，得知琴板不過是類似「調音器」的東西。第一次訪問時沒能聽見的神樂歌，就是利用這個琴板來定調的。因此，神道的古老歌謠神樂歌，一定先從敲打琴板定調開始。

那楊桐枝能帶來大吉大利。

## 十四

國造前往大庭那天，或是返回那天，天氣一定很糟。新曆十二月本來就是出雲氣候最不穩定的時期。不過，人們相信這是因為國造的神格與龍神極為相似而以暴風雨方式展現。且不論真假，當地至今仍稱這時節的暴風雨為「國造暴雨風」，出雲人還會對在暴風雨時抵達或出發的客人開玩笑說：「拜託，你怎麼跟國造一樣。」

## 十五

宮司揮手。突然，大客廳的最裡邊響起不可思議的樂音。是太鼓與竹笛。我回頭看，三名樂師坐在榻榻米上。旁邊有一名少女。宮司再次示意，少女起身。這名赤足、一身純白裝束的少女是侍奉神明的處女「巫女」。白衣的下襬隱約露出深紅色綢緞褲裙。她朝大客廳中央的小桌子前進。桌上放著懸掛小鈴鐺的樹枝。她雙手拿起樹枝，開始表演我從未見過的神之舞。

舉手投足，優雅如詩。這種舞，根本不是西方人的「dance」一詞所能詮釋，說它是邊畫圓邊輕快走路更合適。走路時，少女每隔一定距離便會揮動那個奇妙的道具，讓鈴鐺叮噹作響。她的表情如同面具般絲毫未變，宛如莊嚴聖潔的觀音。

她的白色小腳如同大理石精靈像那般光滑。純白衣裳配上白色肌膚及無表情的臉蛋，與其說她是一名日本少女，不如說她是一尊高貴的活雕像。舞蹈時，彷彿來自異世界的竹笛時而啜泣時而哀號，太鼓則是發出咒語般的低吟。

這就是「巫女舞」。

## 十六

之後，我們一一參觀了大社附屬的寶庫、文庫、會所等建築。會所是一棟二層樓大建築，我在那裡看見了土佐光起的「三十六歌仙」畫。雖是千年以前的畫作，保存狀態相當好。我也見到了大社每月發行的雜誌，非常珍貴，裡面刊載神道界的消息以及關於古代經典的問答等等。

大致參觀過大社的許多文物後，宮司帶我們去他的私宅，就在社殿附近。在那裡，我又見到了許多寶物，如源賴朝、豐臣秀吉、德川家康的書簡，昔日天皇和幕府將軍的手書等，上百珍貴古文書都保存於一個杉木箱中。萬一發生火災，先將這個木箱搬到安全之處，應是工作人員的第一要務吧。

宮司換上普通和服，但完全不亞於剛剛那身寬鬆的純白法衣，依然頗具威嚴。儘管如此，那般親切、周到、寬大的款待，我想無人能出其右了。跟主人一樣換上和服的年輕神官，不凡的神態也令人佩服。五官端正、深邃、高雅，感覺跟一般的日本人不太一樣，與其說是神官，更像是武士，例如，有一名年輕人就蓄著日本人少見的濃密鬍鬚。臨別時，暖心的宮司送我一個專門送給參拜者的平安符，上面畫著兩尊杵築的主神像，非常漂亮；還有幾張介紹大社及寶物由來的說明書。

## 十七

與盛情的宮司及其一行人道別後，我在佐佐神官及另一位神主的帶領下，前往「稻佐之濱」這個位於此城後方的小海灣。佐佐神官是位優秀的詩人，對神道歷史及古籍也有很深的造詣。漫步海濱時，我聽他說了許多有趣的傳說。

這處海濱如今已是高人氣的海水浴場，有幾家舒適的小旅館與別緻的茶屋。稻佐之名，出自大國主神被「正勝吾勝勝速日天忍穗耳命」神要求讓出出雲國的神話故事。換句話說，「稻佐」兩字，當時的意思是問大國主神「同意否？」[13]。以下引用《古事記》第一卷第三十二章的記載。

這兩尊神（「鳥船神」與「建御雷之男神」）降臨於出雲國的伊那佐海濱時，拔長劍逆刺於波浪中，再盤坐於劍前，問大國主神：

「我等奉天照大神及高木神的命令，前來徵詢你的意願。大神有令：『你所統治的葦原中國，已經是我御子的國土了。』所以，你有什麼意見？」

大國主神這樣回答：

「我無法回覆，請你去問我兒子『八重事代主神』的意見。」

……於是，建御雷之男神面對大國主神，再問：

「你兒子事代主神說他知道了，那你還有什麼意見？」

大國主神說：「我還有一個兒子叫『建御名方神』。」……後來，建御名方神用手指舉起一顆千人才搬得動的大岩石過來，說：「我們來比力氣。」……

13 根據本居宣長的注釋，更簡潔的說法是「否諾」*。雖然張伯倫教授認為這是一種牽強附會的說法，但這是神道界普遍相信的通說，因此在此介紹。

*「稻佐」發音為「inasa」，「否諾」發音為「inase」，是從「inasa」轉變過來的，意思為「同意否？」

海濱附近有一間小神社叫「因佐神社」，就是奉祀比力氣獲勝的建御雷之男神。此外，建御名方神用指尖舉起的巨大岩石就擱在海邊，露出水面，大家叫它「千引之石」。

我們邀請兩位神官到一家面海的雅致旅館共進晚餐。當然，我又聽了許多關於杵築和國造的故事。

## 十八

從前，國造的宗教權威遍及此眾神之國，名義上實際上，都是出雲的精神統治者，但目前他的管轄權只在杵築這地方而已，正式名稱也不叫國造，而叫宮司14。不過，對許多住在遠方鄉下的純樸信徒而言，他的地位依然是神，或者接近神，因此依然沿用「國造」這個自神治時代流傳至今的稱呼。過去人們究竟如何崇拜國造，不是長年住在出雲的人應該無法想像。以日本以外的地方來說，除了西藏的達賴喇嘛，恐怕無人如此集民眾的崇拜與信仰於一身。

在日本國內受到如此崇敬的人，僅有擔任「人與太陽之媒介」的日神御子「天皇」而已。不過，這種崇敬之情，與其說是針對天皇個人，無寧是對這個身分懷抱一種信仰所致。因為，過去「天皇」被視為不現身的「現世之神」，無人能夠親眼見到他，甚至有民間信仰流傳，要是見到天皇尊容就會一命嗚呼[15]。見不到加上神祕感，增添了「天皇」的神話性。

然而，國造不一樣，在出雲，幾萬人見過他，他也經常在人群中走動，但仍受到足與天皇匹敵的崇敬。國造的實權之前幾乎從未行使過，但其實不輸出雲的大名，他的權力大到能夠去思考最好與幕府將軍建立友好關係才是上策。

當今這位宮司的祖先中就有這樣的人，當太閤秀吉向他要求兵力時，他居然大膽說他不接受平民出身者的命令而斷然拒絕。因為這件事，千家的領地遭沒收了一大部分，可即便如此，國造的威力直到明治維新都未減損。

諸如此類的故事不知凡幾，這裡就介紹兩則來說明昔日國造如何受到崇拜。

14 「國造」這個稱號至今仍存在，但只是個頭銜而已，並無伴隨而來的公務。事實上，千家尊紀先生的父親，住在東京的千家男爵就繼承了這個稱號。而「御杖代」這個實際的宗教職務則由現任宮司擔任。

15 一八九〇年左右，我從在日本國內到處旅行的友人那裡聽說，他到某處旅行，發現那裡還有很多老人相信，要是見到天皇的尊容就會成佛（亦即死亡）。

曾有一名相信自己是獲得杵築大黑神的保佑而發財的人，提出送國造一套正式服裝當謝禮的請求。國造鄭重謝絕了，但這位虔誠的有錢人不死心，逕自到裁縫店去訂製。待服裝做好後，這人看到店主出示的帳單，嚇得心臟快停了。怎麼會這麼貴？店主回答：

「做完國造先生的服裝後，我就不能再做其他人的服裝了，為了日後生計，我必須要求這樣的金額。」

另一則故事則要追溯到一百七十年前。

松平家第五代藩主宣維的時代，有名松江藩士名叫杉原喜戶次，以軍師身分派駐在杵築。他很喜歡國造，經常找他下圍棋。有天晚上，兩人又在下棋時，杉原突然全身癱瘓，不能動也不能講話。

旁人手忙腳亂了好一陣，國造說：

「我知道原因了，因為杉原抽煙。我雖然不喜歡煙味，可也不願說出來掃他的興。但神明知道我不好受，於是懲罰他。我這就讓他好起來吧。」

於是國造唸了一些咒語，杉原立即恢復正常。

## 十九

我們再次出發，在雲霧及傳說聖地的靜寂中旅行。滿穗的稻田上散布白羽箭般的平安符，四周環繞冠上諸神名字的青翠連峰，我們行進其間，一條路一條路地走下去。杵築大社已完全消失於後，可我依然如在夢中，那廣大的參道、懸掛粗大注連繩的鳥居、威風凜凜的宮司尊顏、佐佐神官慈祥的微笑、巫女舞的夢幻舞姿，一一浮上眼前，而且耳畔仍迴盪著飛瀑般的拍手聲。

還有，外國人從未能見過的日本最古老本殿內部、對人類學者及進化論者的研究大有助益的日本最古老神社內部、耐人尋味的原始宗教神聖器物及神事等，一想到我是唯一獲准拜見的人，內心便激動難自抑。

話說回來，得以參觀杵築，其意義不僅是到了不起的神社一訪而已。參觀杵築這件事，是去親眼看看至今仍存在的神道重鎮，是去實際感受到十九世紀的今天依然活躍的古代信仰。想到神道那不可計量的悠久歷史，儘管《古事紀》等書是以相當久遠的古文寫成，也像是一本刊載最近發生的事的紀錄集[16]。佛教這個外來宗教，在幾世紀的歲月中不斷改變風貌，或者說不斷衰退，我想終有一天會走上從日本消失的命運吧。

然而神道未曾改變，勢力也未曾削減，在日本這個神道發源地，它不但占優勢，還會越來越有威嚴及影響力吧[17]。佛教有龐大的教理與深遠的哲學，還有浩瀚如海的文學。神道沒有哲學，也沒有道德律及抽象理論；但正因為它無實體，因此能夠抵抗西方宗教的入侵，而這是其他東方信仰做不到的。

神道很快接受了西方科學，但對西方宗教而言，它卻是撼動不了據點。異邦人再怎麼努力，最終只能對如磁力般不可思議、如空氣般不可捉摸的神道歎為觀止而已。事實上，連最優秀的學者都無法清楚解釋神道為何物。

有人認為神道純粹是祖先崇拜，也有人認為是再結合了自然崇拜。也有無知的傳道士認為神道根本不算宗教，是最糟糕的邪教。神道之所以難以釋明，是因為西方的東洋研究者僅從文獻尋找它的根據，換句話說，太過依賴記錄神道歷史的書物、《古事記》及《日本紀》、「祭文」或偉大國學者本居宣長及平田篤胤的注釋本等。然而，神道的真髓不在書物中，也不在儀式及戒律中，而是在日本國人的心中，是永劫不滅、亘古不變的最高信仰表徵。

在荒誕的迷信、樸素的神話、奇怪的咒術的深層根底中，有一種堪稱民族魂的強大精神正生生不息，日本人的本能、活力與直觀都與之共存。因此，要了解神道，就要研究潛藏於日本人心中的日本魂。日本人的美學意識、藝術才華、剛勇的熱度、忠誠的厚度、信仰的情感等，全都凝聚在日本魂中代代相傳，最後化為無意識的本能了。

從喜歡謳歌自然與人生這一點來看，日本魂竟不可思議地酷似古希臘人精神。這點，我想大家都會認同吧。真希望我對日本魂能有多一些理解，同時，相信總有一天，我能跟大家談談這個舊稱「神之道」的古代信仰，以及它至今生生不息的偉大力量。

16 《古事記》於西元七一二年編撰而成，不消說，裡面的傳說和記錄早就以口述文學的形式存在了。

17 在日本某些地區，曾經出現過佛教凌駕於神道之上的世紀。但在出雲，神道早將佛教吸收過來了。目前，受到國家支持的神道已在祭典上盡量去除佛教色彩。

# 幼童亡靈的洞窟——加賀潛戶

## 一

有一種說法，只要吹起「可吹動三根頭髮」的風，開往加賀的船就不出港。

在這個氣候稱不上穩定的山陰西海岸，完全風平浪靜的時間絕少出現。日本海上幾乎恆常吹著來自韓國、中國、北方西伯利亞的西風或西北風。因此我能夠訪問加賀的日子必須等上數月之久。

操捷徑的話，得先從松江搭人力車或徒步到御津浦，約十一公里左右，但這條路號稱出雲最難走的路，搭人力車得花二個半小時。離開松江後，就是一片平坦如湖面的開闊平野。蒼鬱丘陵環繞著遍地水田。僅勉強可供一部人力車通過的窄徑穿過悠閒綠野，越過山丘，再下到小山圍繞的廣大青田去。

第二條山路更為陡峭，而且通過第三個稻田平原後，不得不穿越更為濃綠的山峰。

這次高度夠了，足以稱為山峰了。當然，必須徒步登山。對車伕而言，光是拉車到山頂就已累壞，還得通過這條宛如河床般石塊崎嶇的道路而不讓車子受損，只能是奇蹟了。這趟路爬得我死去活來，但山頂風光將疲累全拋到九霄雲外了。

下山後，第四個，也是最後一個遼闊平坦的水田景緻鋪展於前。夾在山脈間的平疇綠野也好，由群山分隔國土的獨特地形也好，在這個隨處令人驚歎的國家日本，這些風景依然叫人眼睛一亮。第四個山谷對面，是一座更為蔥鬱且低矮的山丘。來到山丘底下，旅人只能再次放棄人力車，徒步上山了。

越過這座山就是大海。只是，讓旅人想哭的難關正要開始。我們悠哉地走在竹林與小松樹形成的綠蔭間，經過幾間小祠及圍籬高高圍起的美麗宅邸。大約爬了四百公尺後，道路突然變成石階。說是石階，感覺這裡像鑿岩而開、那裡像補接上去般潰不成樣。石階不但邊緣磨損，還以驚人的陡度延伸到御津浦村。當地人穿著不會滑的草鞋，或許能輕易上山下山，但我這雙西方人的鞋，每爬一階就差點滑下來。好不容易下山時，即便有車伕的親切照料，我仍然累到茫然，渾然不知已經到達，大半天仍不能理解已經置身御津浦這個事實。

## 二

御津浦是一個位於小海灣深處、背山且四周為懸崖峭壁的村落。懸崖下有個咫尺海濱，拜此之賜才有這個村落的存在。事實上，這一帶的海岸線幾乎沒有可稱為海邊的地方。民家密密匝匝地擠在絕壁與大海之間，且大部分像是用船隻殘骸搭起來的。窄仄的馬路，或者說小巷弄，堆滿了船隻的骨架與船材，放眼望去，隨處是比房子高出許多的竹竿上掛著巨大的褐色漁網正在曬乾。海灣處遍布船隻，因此不爬到船上，似乎不可能看見水際線。村裡一間旅店也沒有，車伕去洽詢開往加賀浦的船時，我決定接受一名漁夫的好意到他家去。

不到十分鐘，他家四周便人山人海。有半裸大人，也有全裸小孩。為了一睹外國人長什麼樣的人潮塞住了門口，爬上了窗戶，讓家裡暗成黑壓壓一片。老主人嚴厲斥責也沒用，人潮越來越多。最後把紙格門全都關緊了，仍不斷有湊熱鬧的人從下方縫隙窺探進來。較高的地方有個洞，我自己也從中窺探。聚集在那裡的人其實不討人喜歡，他們邋遢遲鈍、醜陋不堪，但很乖巧，全都安安靜靜的；其中有一兩個看來挺可愛，但那是因為周遭眾人全部姿容醜惡的原故吧。

終於，車伕安排好搭船事宜了。我們——不僅車伕，還有那一大批群眾，一起趕往海邊。船隻早已準備妥當，於是順利上船。划手共兩人，僅腰部纏著兜襠布的老公公在船尾，頭戴香菇形狀的大草帽、身著和服的老婆婆在船首，各就各位。由於老公公和老婆婆都操著槳，難以判斷誰的力氣大、誰的技術佳。我等乘客以日本式坐姿坐在船中央的草席上。旁邊火盆上烈火熊熊，似在邀請我們抽煙。

## 三

藍天萬里無雲。儘管海面勉強泛起皺紋，但很明顯地，超過「吹動三根頭髮」等級的風正從東方徐徐拂來。即便如此，兩位老船伕似乎不以為意。我開始懷疑那句有名的禁忌不過是傳說而已。

水清澈得太舒服了，駛出海灣前，我根本無法抑制想泡在水裡跟在船後游泳的衝動。當我從海面爬上船後，剛好繞過右邊山岬，小船開始晃動。微風如斯，依然刮起長浪。沿著伸向西側的陸地出海時，前所未見的嚴酷景象於焉展開，船滑行似地在黑墨般的深海上前進。

沒有海灘，直接從海上竄出的鐵黑色懸崖高聳入雲，從上到下無半點綠意。這座壯絕的斷崖面上，隨處可見妖怪般的突岩、龜裂、缺口、因地震而崩塌的痕跡等。可見有好幾立方公里的長岩消散在空中或沉入大海了吧。從那巨大的龜裂處可窺出地層條紋。而那怪奇的崖壁缺口前，有一塊巨石從深不可測的海底冒上來，形狀如惡夢般駭人。

明明今天的風如屏聲歛息般安靜，白浪卻不斷打上懸崖，於凹凸不平的岩肌上摔出泡沫。船離岸太遠了，聽不到轟響，可親眼目睹海浪撞擊所發出的凶光時，我不禁同意「三根頭髮」的說法了。在這個鬼氣逼人的海岸邊，如果掀起大浪，再怎樣的游泳健將、再怎樣的堅固船隻，恐怕一時半刻都撐不了吧。沒地方踩穩、沒地方扶持，有的只是朝鋼鐵般的斷崖不斷洶湧的怒濤而已。

今天分明無風，大浪卻推著我們的船而激起水花。長達兩小時，盡是這種呈鋸齒狀刻紋、宛如愁眉深鎖的絕壁矗立眼前。拼命划槳前進，依然甩不掉如黑色獠牙般的岩石群的重重包圍。遠方，不絕的白沫在八風不動的斷崖腳下放出閃光。不過，耳邊只聽得見經過船邊的海濤聲及搖櫓的單調聲。

終於見到海灣了。美麗的大海灣。溫柔的綠丘呈弦月狀包住大海，可以望見上面藍色的遠山山頂。海灣最深處有一個玩具般的小村落，前面有幾艘船隻停靠著。那就是加賀浦。

但我們沒前往加賀浦，因為潛戶不在那裡。我們的船橫切過廣大的海灣口，沿著可怕的斷崖前進約一公里，朝屹立如赤裸閻王的岩岬邁進。經過岩岬那險惡的腳邊，再滑過它的旁邊，瞧，一個美麗的洞窟入口呈拱形敞開著。

洞窟入口又寬又高又亮，下面不是岩床，而是大海。船鑽進去時，可清楚見到約六公尺底下的岩石。水質清澈如空氣。這處洞窟的歷史雖然比人類還要早數十萬年，卻叫做「新潛戶」。

## 四

無法想像洞窟美麗如斯。真想說大海也是偉大的建築師，不但打磨出這個巨大作品，還在上面製造田壟、羅紋圖案。入口處的拱形天井應有六公尺高、四點五公尺寬。從天井到牆壁，是幾億幾兆個波浪不斷沖刷才能變得如此光滑。再往裡面駛去，洞內的天井更高，水道也更寬。然後，我們意外接受了一場從頭上沖下來的水之洗禮。這道瀑布叫做「新潛戶的御手水鉢」或「御手洗」[1]。很多人相信，心術不正之徒進入這個洞窟時，會被從天井自動崩落的大石頭砸傷。而我，平安通過這道關卡了！

行進中，待在船首的老婆婆突然從船底拿出一塊石頭，開始用力敲船首。空虛的聲音在洞中如雷鳴般回響。下一刻，來到一處光束齊射的地方，那光束從與洞窟成直角的一個洞口，朝左側拔高綺麗的天井射進來，難怪這座長長的洞窟會這麼亮。整片水面全是光，但之前沒看到那個洞口，還以為光是從海面下發出來的呢。

這處大洞窟的對面，綿延數公里的湛藍海面彼方，有個蜿蜒於岩石間的綠色海灘。然後，我們朝向剛剛進來那處洞口的正前方、通往潛戶的第三入口駛去，進入神佛的居住地。這處石洞被視為神道與佛教雙方的聖地，自然洞內高度及寬度都是最大的，據說天井高出水面十二公尺，兩側岩壁之間寬達九公尺。右側上方接近天井處有塊突出的白岩，岩上洞口滴滴答答流出與岩石同色的白水。

新潛戶。／PIXTA

這就是傳說中的「地藏之泉」，死去的幼童亡靈所飲用的乳泉。白水有時湍急，有時緩慢，不分晝夜從未間斷。據說，苦於沒有奶水的母親只要來這裡參拜，就能如願而奶水充足；奶水太多的母親也會來到這裡，請求地藏菩薩將多餘奶水分給死去的幼童，之後奶水便會減少。

至少，出雲百姓是這麼說的。

海浪撞擊洞窟外側岩石的回音、潮水拍打岩壁的漣漪聲、從岩石湧出的流水如大雨滂沱般落下的嘩啦嘩啦聲、大小波浪前撲後繼而濺起的水花聲，或是從哪個看不見的地方傳出的怪聲音……。因為這些聲音，我們甚至聽不見彼此的交談。整 個洞內人聲鼎沸，活像是這裡的「居民」正在高聲喧嘩似地。

看向船的下方，彷彿透過玻璃窗眺望般，可以見到深處裸露的岩礁。若是在這個洞窟內游泳，置身如此清涼的岩蔭海流中，肯定暢快無比。腦中掠過此念，正想跳進海中

1 參拜神社前，用來洗手、漱口以淨化身心的水缽，設置於各神社前。前往「新潛戶」參拜的人，於進入聖神的洞窟前，必須以文中這道從岩石湧出的流水來淨化身心。據說，連此洞窟中的神明出海回來時也不例外。

那一瞬，旁人的驚聲尖叫制止了我。

「會死掉！」

「半年前跳下去的那些人，到現在一個都沒上來！」

「這裡是聖海，是神明之海！」

然後，似要驅除我的邪念般，老婆婆再次用小石頭驚慌地敲船首。不過，她好像知道光用死亡或失蹤並不能完全抑制我的衝動，於是在我耳邊唸咒般地說：

「鯊魚！」

聽到這句，果然，我想在這個聲音錯綜複雜的新潛戶游泳的念頭全沒了。曾在熱帶地方生活過的我，只能乖乖聽話。

就這樣，我們立刻往舊潛戶駛去。

## 五

「神明之海」有多可怕，提到「鯊魚」就懂了。話說回來，為何要一直敲船首，敲得那麼久、那麼大聲而讓人心裡發毛呢？那塊石頭顯然是為了敲打而放在船上的。老婆婆那拚命敲打的模樣太過誇張，打個比方，就像是夜晚獨自走在無人且怪影幢幢的路上，你會拼命從腦門擠出拔尖的聲音胡亂喊叫來壯膽般。就這麼叫人發毛。老婆婆起初說她沒為什麼，單純為了發出怪聲音而已。可我一再追問，才知道其實隱藏著更不祥的理由。當地的船伕，不論男女，只要駛船通過危險處或是被「魔」附身之地，一定會做同樣的事。那，「魔」又是什麼呢？

是惡魔！

## 六

我們從神明的洞窟返回走了四百公尺，朝向位於無垠黑色斷崖中一道垂直的大皺褶直線前進。就在那道皺褶的缺口前，一塊黑色巨岩巍然而立，打上來的海浪在四周激起白色泡沫。我們繞到巨岩後面，靜謐的大海及岩影鋪展於前。那是斷崖上奇形怪狀的缺口所形成的陰影。突然，意料外的一角出現另一洞窟的大開口。下一瞬間，船碰到石頭，發出小小的撞擊聲，宛如寺廟的太鼓聲般持續迴盪於這個地獄也似的洞窟。

一眼，我就知道這是哪裡了。幽暗深處，蒼白的地藏菩薩在微笑。前方和四周，全是灰色不成形的東西，宛如荒廢已久的墳場，叫人怵目驚心。層層紋路的岩床從海面朝裡面的黑洞漸次升高，前端消失於黑洞中，且斜面上覆滿成千上萬個粉碎般的墓石。然而，習慣這裡的昏暗後，我便明白那不是墳墓。那是經年累月孜孜矻矻堆疊起來的小型石塔或鵝卵石塔。

「死去的小孩子堆的。」車伕悄聲說，臉上浮現寄予同情的微笑。

終於要下船了。我聽他們的話換上草鞋，因為這裡的岩石很滑。其他人則是打赤腳。但是究竟該怎麼走呢？我真納悶。遍地石塔林立，根本無立足之地。

「還有路。」老婆婆領軍前進。

跟著老婆婆擠進右側一處洞壁與大岩石之間，然後發現石塔中有條非常非常窄的小通道。雖然有路，但他們提醒我小心前進，不要驚動幼童亡靈。要是有個石塔崩塌了，幼童亡靈會哭泣。我就這樣一路戰戰兢兢地緩步前進，終於到達沒有石塔的地方。那一帶的岩床上覆蓋一層薄薄的砂礫，是從天井掉落的岩屑。砂礫上可以看出幼童赤足輕輕踩下的足印，長八到十公分。這就是幼童亡靈的足印。

老婆婆說，早點到的話，可以看到更多。幼童亡靈的足印是在夜間留下的，夜間從天井滴下的水和露珠讓泥土濕潤，但太陽出來後天氣變熱，砂土和岩石乾掉後，足印就會不見了。

我只看到三個足印，但全都清清楚楚，真不可思議。一個朝向洞壁，其餘兩個朝向大海。此外，岩棚和突出的岩石上，有洞的地方就有幼童穿的可愛草鞋。據說是參拜者供養的，以免幼童的腳被石頭割傷。但是，幼童的足印都是赤腳留下的。

接著，我們躡手躡腳走進裡面的洞窟。入口處花崗岩上有一座地藏菩薩坐像，一手拿著可實現任何願望的神祕寶珠，一手拿著錫杖；前方（神道信仰居然屈尊俯就了）立著一座小鳥居及一對紙垂。這尊特別疼愛幼童亡靈的地藏菩薩顯得仁者無敵。在祂腳下，神佛兩教互表敬意地攜手同心。

說是腳下，其實這尊地藏菩薩只有一隻腳。祂坐鎮的石蓮座已經破損，原本右腳應該在二片蓮花瓣上面才對，如今已從腳踝處斷掉，同蓮花瓣一起消失。想必是海浪作祟。據說有一次狂風大作，海浪像怪獸般撲向岩洞，將石塔打成碎礫，並將地藏菩薩像摔到岩石上，但是，暴風雨停歇當晚，石塔就復原了。

「亡靈很擔心，會一把鼻涕一把眼淚地重新堆起來。」

意思是，這些幼童亡靈會強忍悲傷，將散亂的石頭重新堆成祈禱塔。

裡面的黑色洞口四周，有著形狀如同打著大哈欠般的白骨色岩石。從這個不祥的入口處起，岩床開始斜入黑暗中。待習慣黑暗後，便看出裡面有一片更大的石塔群，且前方角落有三尊微笑的地藏菩薩，菩薩前面也有鳥居。

正想繼續前進時，我不小心弄倒一個石塔，接著又弄倒一個，同時間，車伕弄倒第三個。為了賠償，我們必須堆起六個塔，也就是弄倒數量的兩倍。就在我們七手八腳忙堆石塔的時候，老婆婆告訴我們曾有兩名漁夫在此過夜的事。據那兩名漁夫的說法，儘管什麼都沒看到，但就是覺得有東西聚過來，而且有說話聲，像小孩子在嘰嘰喳喳講話一樣。

## 七

他們說，幼童亡靈只會在夜間才來地藏菩薩腳邊堆石塔，而且每天晚上都會更換石頭。我問，既然沒人看見，為何不在白天堆石頭？得到的回答是，白天可能會被「太陽」看到。死人都特別怕見到太陽。

「幼童亡靈為什麼會從海上過來？」這個問題，我沒得到任何滿意的答案。不過，這些人奇特的想像力中——其他國家也不乏這種情形——肯定認為水的世界與死人的世界之間有某種神祕且可怕的連結。這種原始的想法至今仍存在吧。

證據是，在盂蘭盆後七月十六日這一天，亡靈會搭稻草小舟回陰間去，這也是渡海過去的概念。亡船放水流、在湖中或河中施放燈籠為亡靈照路、失去愛子的母親出於思念而將印有地藏菩薩像的一百張小紙片放入流水中，這些深信不疑的行為背後，就是基於所有流水終將匯入大海這個含糊的概念，而大海的盡頭就是冥界。

晦暗的岩洞、黑暗中堆積起來的無數灰石、小亡靈的赤腳印、笑得有點可怕的地藏菩薩，以及斷斷續續的波浪聲隨著進入岩洞深處後越來越嘶啞，最後變成彷彿賽之河原的亡靈在低語般……。這天遇到的種種，那光景那聲響，會在何時何地的某個夜晚，於我腦海中紛紛甦醒吧。

不久，我們離開湛藍的海灣，滑行似地朝礁岩遍布的加賀浦駛去。

## 八

和御津浦一樣，漁船全都船首面海地聚集在一起，擋住了水際線，而且後面還有好幾排。我用力撥開海邊的船隻硬穿過去，終於來到一條彷彿沉睡的、小巧有趣的街道。

剛下船時，我以為大家都在睡午覺，要說醒著的，就只有一隻坐在船尾的貓而已。那隻貓尾巴很長，根據日本的迷信，或許是一隻妖怪或是傳說中的怪貓。

要在這個村子找到一間旅店還真累人。沒有招牌，每間房子看起來都像是漁夫或農民的家。但依然值得一逛。這一帶的外牆全部塗上黃色灰泥，這種暖色調，在藍天的映襯下，讓宛如庭園盆景的小村格外怡人。

終於找到旅店了，但我等了好久才進去，為什麼呢？因為儘管門窗大開，但這戶人家不知在午睡或出去了，什麼都沒準備好。照這樣看來，加賀浦應該沒小偷才對。旅店位於一座小山丘上，從大街（其餘都是羊腸小徑）走去，要爬二座石階。馬路對面就是禪寺與神社並鄰。

終於，一名腰部以上赤裸、連胸部都坦露如美人魚般的小姑娘以驚人速度從馬路上跑到旅店來。雖然匆忙，與我們擦身而過時，她依然笑盈盈地深深行禮。這名嬌小的姑娘是旅店女傭，名叫嘉代。嘉代大致是「幸福歲月」（Years of Bilss）的意思。

沒多久，小姑娘穿著美麗的和服，再次出現於門檻處，端莊嫻淑地說聲「請上來」，引我們入內。當然，我們開心地走進去。客廳寬敞舒適，壁龕牆上掛著杵築大社的掛軸，房間一隅設置了莊嚴的禪宗佛壇（佛壇的形狀、牌位、佛具等依宗派而異）。

此時，我發現我的房間突然變暗了。一看，門啦窗啦凡是有開口的地方，全塞滿了來看我的人，每個人都安安靜靜笑著。原來加賀浦有這麼多人啊，一時之間，我真懷疑自己看走眼了。

在日本，為了通風，溽暑時節會門戶大開。有窗戶功能的紙格門、用於隔間的拉門等，全會拆下來，於是從天花板至地板，除了梁柱以外，別無他物。換句話說，房子裡全無隔牆，一覽無遺。

旅店老闆對那群人皺起眉頭，把正面大門關上。然而，看熱鬧的人默默笑著繞到後面去，於是後門也關起來了。他們又擠在旅店左右，最後，兩側門窗也都關上而屋內襖熱難耐。此時，被拒絕於外的人們開始抱怨了，儘管口氣溫和。

老闆看不下去，跑到群眾前面開始訓話（這些人即便如此生氣也不會大聲咆哮）。我就用誇張的方式將老闆的訓話內容介紹一下。

「你們，太不像話了，有什麼好看的！」

「又不是演戲！」

「又不是變魔術！」
「又不是相撲！」
「有什麼好看的？」
「他們是重要的貴賓。」
「馬上要吃飯了，偷看人家吃飯不好。等客人要回去時，你們再看好了。」
即便如此，外面傳出溫和的笑聲，央求讓他們看一看。老闆始終不肯讓步，眾人便機靈地轉而拜託旅店的女人。村人自有他們的一套說辭：
「老闆娘！」
「嘉代！」
「開門啦，我們想看啦！」
「看又不會少塊肉！」
「就是說啊，擋什麼擋啊！」
「快，快點打開！」
至於我，被這些天真無邪的老實人盯著看，我並不會生氣，也不會感到困擾，反倒很想抗議怎麼可以把我密不透風地關起來。只是老闆大為光火，我便不好干涉。人群完全沒散去的跡象，他們全在等我出去，而且人數越來越多。後面高窗的紙格門上有幾個洞，我看到小小人影正在往上爬，不一會兒，眼睛就湊到洞口上了。

我一靠近窗戶，那些偷窺者便輕輕跳下來，笑著溜走，可馬上又跑回來，真是太可愛了。男孩女孩幾乎都熱得半裸，如花蕾般純真美麗。更令人吃驚的是，他們多半長相討喜，沒有討人厭的。話說回來，男人和老太婆都去哪了？其實，待這裡的並非加賀浦居民，而是賽之河原的小孩。男孩子看起來都像是小地藏菩薩。

用餐時，我好玩地將梨子和蘿蔔切片從紙格門的洞鑽出去。起初外面那些人似乎很猶豫，不敢拿，只是呵呵笑。但不久後就有手的影子小心翼翼伸過來，然後梨子不見了，第二片梨子同樣瞬間消失。

不是粗暴地搶奪，而是悄悄拿走，輕巧如幽靈。但接下來就不客氣了，儘管一名老太婆喊出「巫師」來恐嚇，依然無效。等到晚餐結束，紙格門拆下時，我和他們已經變成好朋友了。他們再次從四面八方靜靜觀看我。

御津浦和加賀浦兩村的距離不過搭船二小時左右，但年輕人的模樣大不同，這點是我在其他地方從未見過的。日本偏鄉也像西印度群島那樣，每個村落的村民都有該村獨特的長相與體型嗎？山這邊的人長得很漂亮，但對面那邊的人就讓人不敢恭維。不過，像加賀浦這樣都是俊男美女的村落，我在日本倒是首見。

「等客人要回去時，你們再看好了。」我們前往海灣時，從未現身的老人們也夾雜在跟隨而來的加賀浦人中，直到我們上船的地方。一路只聞木屐聲。「看又不會少塊肉！」一年輕人為一睹新奇之物而爬上停在海邊的其他船隻，站在船首和船緣。眾人笑瞇瞇，但並未交談，悄然無聲。該怎麼說，那感覺像在睡覺一樣，像置身安適優雅卻奇異的夢境般。

船駛出波光瀲灩的蔚藍海面時，我回頭一看，村人仍從排成半圓形的船隻上目送我們。小朋友那黝黑乾瘦的腳在船首上晃啊晃，天鵝絨般的頭頂在陽光下一動不動。男孩子臉上泛著地藏菩薩的微笑。黑溜溜的眼瞳直盯著「看又不會少塊肉」的東西。

這幅景像迅速後退，變成一幅畫時，我滿腦子想，要是能將這幅畫買回去，掛在我家壁龕以便時時欣賞該多好。但下個瞬間，船繞過一大塊岩石，加賀浦就從我視線徹底消失了。就這樣，一切遠去。

的確，永遠盤據心中揮之不去的印象，都是瞬間發生的。比起幾小時，人們更記得幾分鐘內發生，甚至更記得幾秒鐘內發生的事。有誰記得一整天內發生的所有事情呢？而在人生中留下記憶的幸福時光，就是這些瞬間的集結。有什麼比微笑更短暫？然而，消失的微笑卻會長駐腦海，對該微笑的懷念卻會深植人心。

你我都會眷戀某人的微笑，但眷戀全村人的微笑，即一個抽象概念，這種心情顯然十分罕見，且這種經驗，應該只在日本這個將國民微笑刻在永恆石佛中的國家才會發生吧。如今，我已擁有這種珍貴經驗了。此時此刻，我對加賀浦村人的微笑甚是眷戀。

同時，我想起一則冷徹的佛教故事。有一回佛陀微笑，剎時一道奇光照亮了三千大千世界，但佛陀開示：「此非實相，無恆常之理。」結果光芒便消失了。

## 於美保關

關是好地方
朝日落下
大山的微風
徐徐吹拂

美保關之歌

### 一

美保關的神討厭雞蛋。也討厭母雞和小雞，所有生物中最討厭的是公雞。所以在美保關不只沒有公雞沒有母雞，也沒有小雞跟雞蛋。在這裡，即使用二十倍的錢，也買不到蛋。

不只是蛋，就連小雞的一根羽毛，也不允許用小船、平底船、蒸汽船運送到美保關。甚至聽說過，如果早餐吃了蛋，最好等到隔天再去美保關。因為美保關的神是行船者的守護神，也是掌管暴風雨的神。當帶有雞蛋氣息的船進到這個區域，就會有「天災降臨！」。

很久以前，每天往返松江和美保關的小型蒸汽船，開出外海時剛好遇到暴風雨襲擊。船員們認為一定是有人把事代主神不喜歡的東西偷偷帶進船裡，調查全部旅客後，還是找不出原因。

後來船長發現有位即使面對死亡也充滿日本男子漢氣概，從容地抽著煙管的乘客。男人手上小小的黃銅吸嘴上居然刻著雄雞報時的模樣。所以立刻把那煙管丟入海中。那浪濤洶湧的大海便漸漸地趨於平靜。小小蒸汽船也平安進入神的港灣，得以在美保神社的大鳥居前下錨。

## 二

關於美保關的尊神為什麼如此厭惡公雞，必須將神域裡的雞全都趕走，留下眾多傳說。傳說的重點大概是這樣的。

翻開《古事記》，就可以看到記載著杵築的尊神，大國主命的兒子——事代主神——時常前往美保關，以「追鳥、捕魚」為樂。也因為其他的理由，事代主神常常晚上不在家。但天亮前必須回到家。那時公雞是事代主神忠實的僕人，牠的任務就是當主人返家時間到，就要雄赳赳地鳴叫報時。

不過，某天早上，公雞卻懈怠自己的任務。事代主神急忙乘船回家，但划槳卻被沖走，只好用雙手取代划槳划水，導致雙手都被邪惡的魚群咬傷。

對著名為中海的海口，有個名叫安來的美麗小鎮。是去美保關必經之地，那裡也虔誠信奉事代主神。不過，安來卻有很多公雞、母雞、小雞。安來的雞蛋，無論尺寸或是品質也都出類拔萃。相對於美保關人們的作法，安來的人們認為重視雞蛋才是對事代主神最好的供奉方式。因為吃雞肉、喝生雞蛋，就是替事代主神報仇。

## 三

天氣好的日子，從松江搭蒸汽船去美保關，是一段很舒適的旅程。出了美麗的中海，也就是潟湖，到外海後，這小型定期船就會一路沿著左邊延伸的出雲海岸航行。這海岸旁盡是險峻峭壁。斷崖、山丘從海到頂端，幾乎都覆蓋一層綠。許多都是細心耕作成層的田，就像層層階梯堆積而成的綠色金字塔。

斷崖下是不平整的礁石。海岸一帶的岩石所具有的奇妙紋路及皺褶，可以看到古代火山活動的軌跡。遠處的右邊，綿長無盡地勢較低的伯耆海岸如同海市蜃樓般顯得朦朧。對面則可看到山嵐繚繞的森林與群山。越過那些景象後，則是巍然屹立，覆蓋著白雪的聖山——大山——雄偉地展現在眼前。

我們搭乘的船，在伯耆與出雲之間前行了一個小時左右。眺望左邊，高低起伏的綠色海岸隱約可以看見夾在兩個山丘間的小村落。右邊如幻影的海岸線，則是一成不變地無盡延伸。突然船響起了汽笛聲後，立刻將船首轉向險峻的海岬方向。接著朝著港灣，沿著有很多起伏不平的岩石的海岬滑行。

終於，我們進入一直被遮住，可愛到讓人懷疑非人間之物的小型海灣。那裡是貝殼形狀的海灣，佈滿通透海水，半月形的灣岸。海灣周圍盡是岩石山以及蔥鬱樹林。充滿古樸風情的美保關城鎮，就像圍著海灣邊緣展開。

美保關並沒有沙岸。只有岩石建造的半圓形碼頭。碼頭邊民家林立，再上去的樹林可以看到一、二座神社屋簷的邊角。這周圍的神聖山坡都覆蓋著美麗的綠。

家家戶戶後門都有石階，可以往下走到水邊。每戶人家的後面的木門旁也都綁著小船。我們的蒸汽船在美保神社前下錨。美保神社的石板參道，直到水邊都是緩緩的下坡路。石階下也綁著好幾艘小船。

抬頭望向寬廣的參道，大鳥居以及巨大石燈籠便映入眼簾。一對雕刻精細的高麗犬坐於高高的底座上，從四尺半左右的高處望著底下來往的行人。再過去一點可以看到美保神社的外牆以及入口。再往前走則是宏偉的拜殿屋頂，以及更高的正殿上方呈現交叉，尖尖的千木建築，以森林深沉的綠為背景，更顯突出。

海灣裡有許多如畫般的帆船停靠著。也停著兩艘從大阪過來最新型的遠洋船。也有用石材建造的小型防坡堤。防波堤突出處則立著石燈籠。防波堤有小小的太鼓橋連接小島，小島上有供奉水神——辯天女神——的寺廟。

此行究竟能否拿到蛋呢？

## 一四

對著島屋旅館可愛的女侍，我若無其事地——不過內心感到愧疚——問了禁忌問題。

「嗯，有蛋嗎？」

女孩臉上掛著如觀音般的笑容回答。

「有的，有些許鴨蛋。」

真是令人喜悅的客氣回應。居然用日文的敬語回答我「有鴨蛋」！

但是，這裡沒有鴨。這個城鎮被深海包圍，無法飼育鴨子。鴨蛋是從境港訂購的。

## 五

從二樓的房間可以看到整片海，這小而美的旅館，鄰近新月形美保關港的外圍。美保關神社則是在另一邊城鎮的外圍，參拜時不是從城鎮的一端走到另一端，就是搭船橫渡港口。不過，這城鎮值得仔細品味。

由於這城鎮臨海靠山，像樣的路只有一條。道路狹小，從臨海的住家二樓彷彿能跨到靠山住家的二樓。正因為道路狹小，竹簾、打磨過的外廊、隨風搖曳的布簾，美得像幅畫。主要通路有幾條向下通往水邊的小路，外圍則是以石階鋪成直到盡頭。細長的船，船首朝著碼頭方向，有點勉強地往陸地進逼停靠。

我難以抵抗想躍入海中的衝動。參拜美保神社前，從旅館後頭往深三公尺半左右，清澈通透的大海跳去，橫渡了碼頭，此舉讓我神清氣爽。

前往參拜美保神社的路上，有很多店家將竹子編成的籠子、器具排列整齊地兜售，讓我看得目不轉睛。美麗的竹工藝是美保關的名產。造訪此地的人必定會把小小的竹子工藝品當成伴手禮買回去。

美保神社從建築物的角度來看，在出雲的神社中稱不上特別。正殿內部的裝飾也沒必要特別詳述。但是穿過花崗岩的鳥居，經過大型高麗犬與石燈籠間，鋪著石頭直至正殿的參道，氣宇不凡。神社境內沒有什麼值得看的。雖然有個重達好幾頓，相當氣派的青銅製大天水缽[1]，應該花了好幾千圓鑄造吧！這是來自信徒的獻納品。

如果是普通的獻納品，拜殿右方的社務所裡也收藏了各種東西。像是一系列描繪遭遇暴風雨的船，因為事代主神的神力加持而平安返港的畫卷。這不太一樣的彩色畫卷，是漁民們獻納的。

美保神社的護符跟其他出雲的著名神社相比，雖然沒什麼特別，但仍不影響參拜者的購買意願。御札只是在細長白紙上寫著神名以及短短的祈願詞，以二、三厘的便宜價錢販售著。這個御札可以綁在竹棒上，插在附近的田裡。

美保神社販售的商品中最奇特的是，裝有米粒的小紙袋。如果一邊祈願一邊種下米粒，這米粒就會長出內心想要的東西。想要的東西，凡是竹子、棉花、豆子、蓮花、西瓜，什麼都無妨。不過聽說將種米粒時，得有堅定信念，才會長出想要的作物。

## 六

比起美保神社的御札，我更感興趣的是，建造在這神社後頭美麗山坡上的

1 譯註：置於神社境內，具防火用途的水鉢。

美保神社。／PIXTA

禪寺——寶壽寺，裡頭的垂飾形菩薩瓔珞飾品。禪寺三十三尊觀音像——那些觀音像象徵著日本少女的溫柔與玉潔，是滿懷慈悲的女神——並排的佛壇前，奇特且散發光芒的彩色物品從雕刻的天花板懸吊而下。還有用好幾百根毛線、色彩繽紛的棉布、絹絲做成的藥玉[2]，底下也吊著絹絲、棉的布料。獻納品中也有做成麻雀形狀或是動物形狀的錢包、用竹子編成的精細工藝、很多針線縫製的物品等等。這些都是國小女學生們對大慈大悲觀世音獻納的東西。

年幼的女孩們一旦到了可以學習縫紉、編織、刺繡等等的年紀時，就會將自己人生第一個作品拿到這個寶壽寺，獻給「聖容柔美」、「保佑信眾」慈悲為懷的觀音。就連就學前的年幼孩子，都會用如小花朵般柔軟的手拿著剪刀做出可愛的紙藝品拿到這間禪寺。

## 七

美保關的白天如同沉睡般寂靜。偶爾才傳來孩子們的笑聲。有時也可以聽到划船的人吟唱著船歌。這裡的船，形狀與熱帶地方的海洋以外所看到的大相逕庭。是一種稱為平底船，看起來沉穩的船，會有十人左右負責搖櫓。搖櫓者會裸著上身搖櫓，櫓板左右附有手把。

船員每搖一陣子，就會反覆唱著從未聽過的不可思議旋律。聽著那寂寞悲傷的船歌，讓我想起在西印度群島聽到，西班牙裔的克里奧人所唱的古老民謠。

A—RA—HO—NO—SAN—NO—SA，

I—YA—HO—EN—YA！

GI—！

GI—！

船歌從拉長、拉高音展開，隨著音節漸漸變低沉，最後變成幾乎聽不到的微弱聲音，然後消失。接著再加上「GI—、GI—」的搖櫓聲。

2 譯註：包裹著藥草香料的球形掛飾。

入夜後，美保關搖身一變，成了西日本最吵雜、最熱鬧的港口城鎮。如新月般兩端向上反翹的城鎮，宴會用的燭台一個接著一個，從一端排到另一端，也倒映在水面上。整個城鎮響起飲酒作樂的歡聲。無論走到哪裡，那些藝妓們的鼓聲、帶著悲傷旋律的歌聲、刷彈三味線的樂聲、跳舞時用手拍打出來的節奏、熱中划拳的人們發出的大笑都在空氣中迴盪著。每一種都是漁民們調劑身心的聲響。

其實世界各地漁民們的氣質都大同小異。聽說停靠在美保關的船隻，一個晚上在飲酒和藝伎身上就會砸三百圓到五百圓。海上男兒們或許都對討厭雞蛋的事代主神祈求航海平安、祈禱在無波無浪的大海一切順利，如期抵達美保關吧！不過，一旦船隻安全抵達港口，漁民們對神社獻納的香油錢其實很少。付給藝伎或是旅館老闆的錢，反而很多。對這樣的事情，事代主神想必忍耐許久了吧。唯獨無法容忍雞蛋的事情。

話說回來，日本船員們跟外國船員相比，真的穩重多了。修養心性，也熟知禮儀作法。曾經看到日本船員們裸著上身坐在酒席間。雖然天氣酷暑難耐，他們還是熟練地用著筷子，宛如上流階級的人，熱絡地為對方斟酒。對待藝妓的態度也客氣有禮。從街道看著他們聚餐，真的是一種享受。如果跟一般百姓相比，船員們的笑聲、行為舉止或許稍嫌吵雜、粗曠，但絕非無禮，更不是粗鄙。

酒過三巡後，餐會的歡鬧聲也沉穩不少，酒精喚來陣陣睡意。於是客人一個接著一個，心情愉悅地離開座位。這些船員在夜晚的情緒，是無可比擬的歡樂且踏實。話雖如此，日本還是認為船員是特別粗暴的一群人。如果在這個國家看到外國船員那些粗暴的模樣，不知道日本人會作何感想？

來到出雲已經一年二個月，還沒聽過發出怒吼，情緒激昂的聲音，也沒看過吵架。沒有看過男人打人、女人受欺負、孩子被打。來到日本之後，真的沒有在開港地以外的地方看到真正的暴力事件。在開港地，因為貧窮階級的日本人接觸到外國人，所以讓日本人失去原有的禮儀、道德，甚至也慢慢喪失過著簡樸且幸福生活，日本人獨有的生活能力。

# 杵築雜記

## 一

一八九一年七月二十日　於杵築

阿明已經不在我身邊。他去了京都，神聖的佛教之都，說是去當佛教雜誌的編輯。——他說自己完全不懂神道，留在出雲也派不上什麼用場，跟我辭別了好幾次，現在他真的走了，我竟感覺自己像個迷路的孩子。

來杵築原本是打算暑假的頭幾天待在這裡，這個小地方，有許多我熟悉的學生和老師，現在看起來，好像也不必擔心找不到人陪。杵築這個地方不僅是山陰地方數一數二的神聖之地，也有最熱鬧的海水浴場。這裡的稻佐海灘是日本的名勝之一，海岸的旅館房間寬敞，通風良好，環境非常舒適。更衣所還備有冷熱淡水，方便泳客洗去海水的鹽分，貼心的設想真是沒話說。在晴朗的日子裡眺望無邊的大海，堪稱絕景。登上小山鳥瞰城鎮，海灣的右邊是松木茂密的杵築岬延伸入海，左邊是連綿的矮山，與背後青空下、雲霧裡高聳而巨大的鋸形藍色山影——三瓶山重疊著，在沙灘遠方畫出地平線。日本海與遙遠的天際就在我們眼前連成一片。晴朗的夜晚，海上出現火的地平線，那是漁船點著漁火，成群在距離沙灘三、四哩的海域下錨。由於陣仗相當龐大，從我們的肉眼看來，蜿蜒的火光宛如巨蛇一般。

城裡舉辦天神祭的晚上，神社的宮司[1]邀請我和一位朋友去參觀府裡的豐年舞。這項表演是出雲的名勝之一，並且必須由宮司主辦，能夠親身經歷是很難得的機會。

## 二

體格壯碩的宮司，比杵築的任何人都喜歡海，但他絕不可能去海邊的旅館，當然也不會踏進任何公共的更衣所。稻佐的小部落上有一處山崖，崖邊有一個宮司專用的更衣所。走松木林下的小徑就可以去到那裡。更衣所前面立有鳥居，上面掛著注連繩。海水浴開放期間，宮司每天都會來這個小屋，一名小廝隨侍在側。小廝負責幫宮司準備泳衣，還要鋪好草蓆，等宮司上岸休息。宮司下水時，一定要穿著衣服。除了小廝以外，

1　譯註：神社的負責人。

再沒有人能接近這個獨占海灣美景的小屋。成為宮司，除了平時受到百姓的尊敬，連這種休閒小憩的地方，也是神聖不可侵犯。鄉下地方的人，見到宮司仍是畢恭畢敬，不敢造次。以前的人若是被地方官瞪一眼，肯定嚇得一動也不敢動，雖然現在的年輕人已經不信那一套，不過遇到宮司通過神社境內時，百姓們還是會彷彿看見活菩薩現身，紛紛讓出通道並跪下敬拜。

## 三

七月二十三日　於杵築

每當想起初到杵築的那天，那個面無表情、腳步輕盈無聲、宛如幽靈行走一般、身著美麗白衣的巫女，一定會劃過我的記憶。

巫女這個名稱的意義是「神的寵愛者（"the Pet" or "the Darling of Gods"）」。

親切的宮司拗不過我的請求，給了我一張巫女的相片。或者說，他其實是特地送給我的。照片上的巫女身穿緋袴[2]和垂到腳邊的雪白打掛[3]，揮舞著神樂鈴的舞姿。

學問淵博的佐佐神官向我解釋這個「神的寵愛者」和在神前獻舞的「巫女神樂」由來。

有別於伊勢大廟等日本的大神社，杵築的巫女職至今仍是世襲。以前，將女兒獻給大社當巫女的人家，在杵築就有三十戶，如今僅剩下兩戶，巫女人數也不會超過六人。這張照片上的巫女是其中輩分最大的。在伊勢那些大神社，只要是神官的女兒，都可以成為巫女，但是當她們到了適婚年齡，就不能再以巫女的身分侍奉神社。所以除了杵築以外，其他地方的神社，巫女都只限十歲到十二歲的少女。而杵築的大社，巫女都是十六歲到十九歲的姑娘，比較受歡迎的巫女，嫁人以後也還可以繼續侍奉神明。神前之舞其實不會太難，而即將到神社侍奉的女孩，通常都是傳承自母親或姊姊。巫女平常住在家裡，只有祭典的時候，必須到神社履行職務。既沒有嚴格的規定或拘束，也不必立下特別的誓約，也不會因為不是處女，就受到懲罰。但無論如何，巫女的地位崇高，也重視名譽，更是一家收入的來源之一，為職務所受的拘束並不亞於西洋古代的女祭司所必須立下的誓約。

2 譯註：紅色的褶裙。

3 譯註：和服中穿在最上層的長外衣。

如希臘德爾菲的巫女，古代日本的巫女也兼司占卜。當自己侍奉的神附身時，巫女就要為神代言，透露未來的秘密。時至今日，已經沒有任何神社的巫女會以預言者、神諭、占卜者的身分自居了。不過，聲稱能與死者溝通，占卜未來的靈媒，仍在坊間活動，她們自稱是巫女，暗地裡從事這種行業。

日本國內各大神社的巫女神樂之舞都各有其特色。其中又數最古老的杵築大社之舞最為簡樸、原始。原本巫女獻舞的目的就是為諸神提供娛樂，宗教上的保守主義自信仰形成的初期開始，就一直承襲著傳統，沒有改變。這種舞蹈的起源是古事記中記載的天鈿女命之舞——隱居在石屋的天照大神被這位女神歡愉的歌舞所吸引出來，大地才重見光明——這段神話。相傳天鈿女命表演歌舞前，以草將許多小鈴綁在竹枝上做成樂器，現在巫女獻舞時手持由許多小鈴鐺製成的銅鈴，即是承襲這個傳說。

## 四

大社後面的書庫後方，有一個比書庫更古老的建築物，叫做巫女屋敷。以前的戒律比現在嚴格，所有巫女都必須住在這個房子裡，白天可以隨意外出，但入夜後，就必須遵守門禁。這是因為巫女既受神明寵愛，就不能忘記身分，以免受凡人誘惑。這樣的擔憂也不是沒有道理，本來成為巫女的條件就是容貌必須美麗，身體也要純潔無瑕。事實上，據說過去就曾經發生一名在大社侍奉的絕美巫女，抵擋不住誘惑的例子。──現在日本國內各大書店都還能買到描寫這個巫女故事的廉價小說。

巫女的名字叫阿國，她是杵築中村門五郎家的女兒。這家的子孫現在仍住在杵築。話說阿國在大社當巫女侍奉神明時，愛上了一個名叫名古屋山三的浪人。山三長得相貌堂堂，但身上除了一把刀，再無其他，是個落魄武士。阿國為了山三拋下一切，兩人私奔到京都，是距今三百年前的故事了。

去京都的途中，他們遇到一個浪人。我不太記得這個浪人叫什麼名字，總之，他出現在這個故事裡也只是很短暫的時間，沒多久就死了，被永遠遺忘在黑暗中的人物。故事只交代了浪人拜託兩人讓他跟著一起旅行，後來因為對阿國暗生情愫被發現，兩個男人為愛決鬥的結果，山三殺死了這個情敵。

浪人死了之後，兩人再無顧忌，繼續踏上前往京都的旅程。我們無從得知美麗的阿國這時是否已經為自己的選擇感到後悔，但端看她後半生的作為，對於因思慕自己而斷送生命的男人，她應該是百般糾結，久久不能忘懷。

不久後，阿國來到京都，故事有了奇妙的發展。情人山三這時已經山窮水盡，阿國為了愛，只好到四條河原去表演巫女神樂，貼補家用。四條河原是鴨川河床的一部份，可怕的斬首示眾刑場也是在這個地方。阿國當時應該被當成是外來的流浪者，絕世的美貌吸引了許多觀眾，在街頭表演竟大獲好評。多虧了阿國，山三的錢包越來越飽滿。阿國在四條河原表演的舞蹈，就是現在杵築的巫女穿著緋紅褶裙和白色打掛，踩著滑行似的優雅舞步。

後來兩人又去到東京——當時的江戶——變成了演員。在今天，日本人都相信阿國就是日本近世歌舞伎——最早的通俗劇的創始者。在阿國之前，日本的戲劇原本都是僧侶所編撰的宗教劇。而山三在情人阿國的指導下，也成為大受歡迎的演員。後來，兩人門下還出了好幾個有名的弟子，其中一個名叫猿若的弟子，日後在江戶開設劇場．猿若座，就在今日的猿若町。不過，阿國之後——至少到近世為止，女人都不能參與日本戲劇的演出。劇中女性的角色，與古希臘一樣，一律由男演員或年輕弟子扮演，他們將女人的扮相和動作都揣摩得維妙維肖，眼力再好的觀眾也難分雌雄。

名古屋山三比阿國早幾年過世，之後阿國又回到故鄉杵築，剪去秀髮，出家為尼。

她多少讀過書，有點學問，尤其擅長連歌，後來便以傳授連歌，直至終老。她用年輕時靠著表演積攢的些許資金，在這個奇特的小鎮上，蓋了一間小小的佛寺，取名連歌寺。因為她在這裡教授連歌，故以此命名。阿國之所以會蓋這個連歌寺，或許是為了懷念當年因阿國的美貌而遭殺身之禍的浪人，——那個男人的微笑，始終在阿國的心裡興起些許山三無從得知的情感，現在至少能為他祈福迴向，聊表安慰。由於阿國是歌舞伎等日本戲曲藝能的創始人，日後長達幾世紀，她的後代子孫都享有梨園的特權，並占有一席之地。一直到明治維新，中村門五郎的子孫都有權參與杵築座的盈餘分配，座元[4]的職位也是代代相傳。然而，這家人現在卻非常潦倒。

我曾經去找過連歌寺，但寺廟已經不復存在。聽說曾經有四、五年座落在杵築最大的觀音寺石階下，但現在那裡已經什麼都沒有了。只有一尊破損的石地藏，偶爾還有人前去參拜。過去連歌寺的境內，現在變成了菜園，寺院的遺址有幾棟利用老建材改建成的小房子。寺裡的掛軸和佛像都遷移到附近的佛寺，地方上的人告訴我可以到那裡去

4 譯註：歌舞伎劇場、演出權的所有人。

看看。

## 五

在離連歌寺遺址不遠的觀音寺，寬廣的墓地裡有一顆很特別的松樹。這棵樹的樹幹並沒有直接連到地面，而是有四隻很粗的根，像長了四隻腳那樣撐在地面。外型特殊的樹，人們通常就會認為有神住在裡面，觀音寺墓地裡的這棵松樹，就是這種信仰一個很好的例子。樹的周圍搭著架子，前方有一個小祠，還有幾個小型的鳥居。白天來這裡，經常可以看到一些窮人來這裡參拜。祠前常有杵築人習慣供奉的海草，還有一些稻草紮的小馬。供奉稻草小馬好像是因為這個祠供奉著道路之神庚申。人們希望自己的馬能健健康康，無災無病，就來向道路之神祈求，並供奉稻草小馬。問題是，庚申之神並不是掌管獸醫的神明，看來，可能是這棵樹奇特的形狀，讓人產生這種想法的吧。

七月十四日　於杵築

## 六

大社第一境內的正門左邊有一棟小小的木造建築，顏色泛白，看來年代久遠，外觀就像平常的神社。緊閉的格子窗上，結滿寫著各種誓言或祈願的白紙。從格子窗看進去，微暗的空間裡沒有御幣或御鏡。原來這是個馬廄，中間有一匹雄偉的馬，臉朝著這邊直挺挺地站著。馬身後的牆壁上掛著好幾個稻草編成的馬蹄草鞋。馬一動也不動，也理當不會動，因為它是一匹銅馬。

我找到學識淵博的佐佐神官，向他詢問這匹馬的由來，他跟我說了一個很奇妙的故事。——

農曆七月十一日有一個叫做「Minige[5]（撤退）」的特別祭典。這天杵築的大神要出巡邊境，然後沿著海岸，進入國造[6]的宅邸。當天國造一家必須外出迴避。近年來，國造已經不再循全家外出的慣例，改以另闢一室迴避，將家中一切讓給神明隨意使用。國造這種迴避的行動就稱為「Minige（撤退）」。

大國主神在城裡邊境時，神社最高階的神官要主持祭祀。以前稱祭祀的神官為「別火」，意思是「特別」或是「清淨的火」。如此稱呼主持祭祀的神官是因為在祭典的前

5 譯註：漢字寫作「身逃」。
6 譯註：日本古代的地方官職，大化改新之後已廢除，惟部分地方仍保留，專職祭祀。

一週他就必須先淨身，飲食也只能吃淨火烹煮的飯菜。「別火」一職是代代世襲，昔日甚至就以此名為姓。但時至今日，主持這個祭典的神官，已經不稱「別火」了。

話說回來，儀式期間，「別火」若在街上遇到人就會大喊「狗崽！退下！」，命令對方讓路迴避。相傳被神官如此斥退的人就會變成狗，無一倖免，現在的人也仍然相信。所以以前到了「Minige」的日子，一定的時間以後，所有人都不敢上街。到現在，這個祭典舉行的期間，仍鮮少有人外出[7]。

神明遶境過後，接著是「別火」在凌晨兩點到三點間，趁著天還沒亮，在海邊舉行神祕的儀式。（據說現在這個儀式仍依照歷年的時刻舉行）這時除了「別火」以外，任何人都不能靠近。至今人們仍相信不幸看見這個儀式的人，不是當場死亡，就是變成畜生。

由於這個儀式的禁忌如此嚴厲，過去「別火」都安排非得等到自己死後，繼承自己職務的人才能得知儀式的細節。

「別火」死後，遺骸要安置在社殿內部房間的草蓆上，緊閉門窗，只留下他的兒子和遺骸獨處。到了夜晚某個時刻，死去的神官遺骸將會還魂起身，在兒子耳邊傳授這駭人的祕法。說完他便再度躺下死去。

看到這裡，大家心裡可能有個疑問，這個故事與那匹銅馬有什麼關係？

那就是——

「Minige」祭典時，杵築的大神要騎著這匹銅馬出巡邊境。

## 七

不過，出雲人相信半夜會跑到街上走動的雕像，可不只銅馬而已。人們認為與這同等詭異的其他工藝品，至少還有二十種。蜷曲在大社拜殿入口上方的巨龍雕像，據說入夜後也會在屋樑上爬來爬去，直到後來請木工師傅用鑿子切斷龍的聲門，那條龍才停止在夜裡徘徊。現在去大社還能看到龍的喉部仍留有鑿子切過的痕跡。松江的春日神社有一對等身大的雌雄銅鹿，仔細觀察會發現鹿頭是看似另外鑄造，再接到身體上的樣子。一個當地人信誓旦旦地對我說這對鹿原本是頭連著身體鑄造而成，但由於夜晚常常跑出

7 我在杵築住的海濱小旅館「因幡屋」，就曾經看見親切的老闆娘憂心忡忡地拜託客人不要在「Minige」期間外出。

去，造成百姓困擾，才會將牠們的頭切斷。這些神秘又詭異的夥伴當中，若真的在半夜遇到，最令人毛骨悚然的，要屬松平家歷代祖先墳場所在地，松江月照寺裡的大龜。這隻大龜是一尊巨大的石像，有十七呎長，距離地面有六呎高，頭抬得老高。現在缺損的背上，立著一塊高九呎的四方石碑，上面刻的文字有一半已經快看不清楚了。試著學出雲人想像這隻墓地的妖怪在半夜靜悄悄地爬出來，跑到附近的蓮花池游泳會是什麼樣子。傳說為了整治這隻經常跑出來搗蛋的大龜，只好將他的脖子敲破，但實際看到本尊後才發現，那其實根本就是地震造成的缺損。

## 八

大社每年都有祭祀學問之神的天神祭。即便其他地方已經遺忘這個美麗而古老的儀式，杵築的天神祭仍依然承襲傳統。神社的外苑並列著許多臨時的小攤，其中有一攤掛著上百幅書法。這是杵築的小學生們將自己的作品拿出來展示，字句全都是漢字（不是平假名也不是片假名），大多是節錄或引用孔孟的名言。

像我這種外國人，都覺得書法的字體真的很美——想到這些是出自稚嫩的小學生之手，我甚至認為根本是奇蹟。日文的 Ka-ku[8]這個字有寫也有畫的意思，看到這些作品，我不得不感佩書法正是藝術的最高境界。我曾經有機會去觀摩英國學童體驗日本習字的課程，這些學童接受了一位日本書法大師的指導。他們和年齡相仿、也是初次拿毛筆的日本學童坐在同樣的座位上。但英國的學童卻怎麼也不能像日本兒童一樣。他們承襲自祖先血液的基因，無論老師怎麼努力，也無法領悟如何拿著毛筆畫出好看的線條或筆觸。反觀日本的學童，坐在那裡寫字的好像不是一個日本小孩，而是他死去的祖先握著他的手在指導運筆一樣。

然而，我眼中的美麗筆跡在同行的日本人看來，距離得到讚賞似乎還差得很遠。這個人也是很資深的書法老師，他說：「大部分都完全不行啊」。他這樣完全否定的批評令我很訝異，他指著一張寫著細字的作品說：「只有那張還勉強過得去」。

我也不客氣說出我的看法：「哦，我覺得那一幅看起來不用太費力啊，字那麼小」

「不，字的大小和寫得好不好沒有關係」這位老師打斷我的話，「問題是字形。」

「您這麼說，我就不懂了。您剛剛說完全不行的字，在我看來非常美啊。」

8 譯註：漢字寫做「書く」或「描く」。

「您當然是不會懂的呀」他語帶批評的口吻說：「要看得懂，得花上好幾年研究呢。只不過……」

「只不過？」

「是啊，您就算懂了，也只是皮毛而已啊。」

從此以後，我都不敢再對書法說三道四了。

## 九

寬廣的大社境內，今天湧進了大批人潮，連走路都得像蟲爬行一般緩慢前進。杵築和鄰近地區的人全都不約而同地來參加祭典。人群擠進狹窄的堤道，往池中島上的小神社前進。我也是第一次來這個神社，這裡就是天神宮（大社腹地實在太廣，只參拜一回根本看不完）。我彷彿聽見瀑布的聲音，原來是神社前面參拜人群的拍手聲。幾萬個人全部往神社準備的賽錢箱裡丟一厘硬幣和一把白米。幸好這裡的人群就像所有的日本人集團一樣，會互相留意禮讓，總會有適當的空隙，想彎哪裡就彎哪裡，想看的什麼也都看得到。我往天神的賽錢箱裡投完賽錢，便轉往外苑去看那些有趣的玩具小攤了。

日本每個神社的祭典，都有很多玩具攤，通常都是在神社境內。——這個令人喜愛的買賣會到神社境內臨時設攤。說到祭典，最開心的就是小孩了。媽媽們都會趁著祭典買點玩具給孩子，再窮也會留點錢給孩子買玩具。神社境內賣的玩具價錢頂多是二厘到三、四錢，超過五錢的玩具，很少會出現在這種祭典小攤。雖然說便宜沒好貨，大多是很快就會壞掉的玩具，但當中還是有一些漂亮又富有啟發性的。比起那些巴黎的玩具公司絞盡腦汁、精心製作的昂貴玩具，只要是喜歡日本、了解日本的人就知道這些廉價玩具更令人玩味。這些玩具的大部分英國小孩肯定也不明所以。總之，我就挑兩、三家看看吧。

有一個小木槌，握柄前端有個洞，洞裡嵌著一顆小珠子。原來是小嬰兒吸吮的玩具。槌頭的兩端畫著巴紋。巴紋是中國的符號，像是很大的逗點，兩個巴紋組合成一個完整的圓，就是羅威爾[9]先生那本「東方之魂[10]」美麗的封面上那個圖案。但我想這個玩具對各位讀者來說，除了木槌，應該沒有其他想像了吧。不過，對日本的孩子，這個玩具有很多意義。這是杵築的大神・大國主神——俗稱「大黑神」的福神手裡拿的小槌，

9 譯註：帕希瓦爾・羅威爾（Percival Lowell，一八五五至一九一六），美國天文學家、作家、數學家。
10 譯註：*The Soul of Far East*（Lowell，一八八八）

「大黑神」揮一下這把小槌，就能賜予財富給信眾。

這裡有個西方從來沒看過的小太鼓，或是兩邊畫著三巴紋的大太鼓，我相信讀者們都不會覺得有什麼宗教上的意義。但是，這兩種都是日本神社或佛寺裡太鼓的模型。還有這個怪怪的小台座是袖珍三寶，獻給神明的供品都要放在這個台座上。而這個形狀奇特的帽子，其實是神主頭冠的模型。原來這是個四吋高的玩具神社。還有一個木柄的小錫鈴，讀者們應該覺得和我們西方的錫製搖鈴很像吧。這是巫女在神前獻舞時使用的搖鈴。還有這個兩腮圓鼓鼓的笑臉面具，額頭上有兩個圓點，俗稱「多福」，據說這就是將天照大神從石屋中引出來的天鈿女命。這裡還有個穿戴莊嚴的小神主。拉一下兩腳中間的細線，神主就會啪啪擊掌，像是在神前參拜那樣。

還有好多玩具，全部都是歐洲人不明所以的奇妙東西，但對日本的孩子來說，每個都富有宗教意義。在遙遠的東方，這些民間信仰沒有太嚴格的戒律或太嚇人的奇蹟。神明就是國民祖先的靈，佛和菩薩原本也都是人。剛好，外國傳教士想以宗教來教化日本人似乎也不太成功。日本的神佛總是笑嘻嘻的，雖然也有像「不動明王」那樣可怕的臉，但有一半只是因為太過嚴肅的關係。真正會讓人懼怕的，就只有死神和閻魔而已。在日本大眾的心裡，宗教不會讓孩子害怕或恐懼，神和聖者也可以是玩具，在這種地方供人把玩。——保佑學業進步的天神、笑嘻嘻的天鈿命女、像個天真小學生的福助、同乘一條船的七福神、頭長得太長，理髮師得爬上梯子才剪到頭頂的長壽之神福祿壽、肚子鼓得像氣球的布袋、帶著小鯛魚保佑市場和漁夫的惠比須、面壁沉思九年，坐壞雙腳的釋迦弟子達摩，等等等。

其他還有許多與宗教意義無關，但外國人還是莫名其妙的玩具。例如，用兩隻前足拍打肚子的狸貓。日本人相信狸貓這種動物真的會將自己的肚子當成太鼓來敲，更相信民間迷信所說狸貓有各種法力。這個玩具是根據民間故事，一個獵人因為救了狸貓，狸貓為了報恩，變出山珍海味宴請獵人，還表演歌舞。這邊還有一個坐在杵上的兔子。杵水平地安裝在軸木上，線一拉，杵就會上下擺動，就像是兔子在搗什麼那樣。如果有機會來日本，待上一個禮拜，你就知道這是在搗米。搗米通常是壯漢踩著杵柄，利用撞擊讓糙米脫殼，那兔子是怎麼回事呢？這隻兔子叫做「搗米的兔子」，是「月亮上的玉兔」。晴朗的夜晚，你如果抬頭賞月，就可以看見這隻兔子正在搗米的樣子。

接著看看廉價的工藝品有哪些東西。

竹蜻蜓。兩隻木片組合成T字形的玩具，下方大約是火柴棒的粗細，長度是火柴棒的兩倍，細細的圓柱形棒子。上方則是扁平狀，畫有一些線條。如果不仔細看，可能不會發現扁平的木片兩端各削出一個特定的角度。玩法是將下方的棒子夾在兩手掌心，快速地互搓使木棒轉動，然後手瞬間放開，這個奇妙的玩具就會在空中迴轉上升，轉得好，它會像蜻蜓在空中飛舞一般——至少看起來，可以飛得很遠。這時，木片上顏料所畫的線條就發揮作用，換句話說，當它飛起來的時候，這些線條就像是蜻蜓的顏色，而且玩具旋轉的聲音也像是蜻蜓振翅的聲音。這個玩具的工學原理與迴力鏢11很像，技術好的人，在寬廣的房間裡玩，最後還會飛回來。不過，這裡賣的竹蜻蜓可不一定每隻都品質良好。買到好的，算你幸運。售價是十分之一錢。

再來是一個像是竹弓的玩具，弦是用鐵絲做的。鐵絲像開瓶器那樣捻成螺旋狀，上面有鐵環吊著一對小鳥。把小鳥放到弦的上方，然後將弓垂直立起來，兩隻小鳥就會因自己重量的作用，面對面從螺旋的鐵絲上旋轉著降下來。鐵環順著螺旋摩擦，發出嘰嘰的聲音，就像是小鳥的叫聲。一隻小鳥頭朝上、另一隻尾巴朝上飛舞，當小鳥降到最底部時，再把弓倒過來，小鳥便會再度旋轉飛舞起來。這個要兩錢。——因為鐵絲比較貴。

猴子。一隻小棉猴，綠色的頭、紅色身體，抱著一隻竹棒。猴子下方有一個竹製的簧片，彈一下簧片，猴子就會跑到竹棒的頂端。這一隻是八分之一錢。

猴子。是另一種猴子，比前面那種動作少一點，所以只要一錢。拉一下猴子尾巴，它就會兩手交替爬上繩子。

鳥籠。上了金漆的小鳥籠裡有一隻小鳥和一朵梅花。手指按壓鳥籠底部的邊緣，小風笛會發出模仿鳥啼的聲音。價格是一錢。

雜耍人。將兩支竹棒交叉組成像是張開的剪刀，在中間穿一條線，線接上手腳下垂的木偶雙手上，壓一下竹棒的下端，雜耍人的雙腳就會甩到線上，然後彎下腰，最後再翻個跟斗，一隻要六分之一錢。

鋸木匠。穿著丁字褲的日本職人站在板子上，兩手握著長鋸。拉一下腳下的線，鋸

11 譯註：澳洲原住民的木製投擲器。可用於戰鬥，熟練者將之投擲於空中，會飛出去繞一大圓弧，再回到投擲者後方。

木匠就會開始鋸木板。請注意，我們西洋的木匠鋸木頭是向外推，而日本的鋸木匠則是往內拉。價錢是十分之一錢。

智慧板。十二片扁平的四方形白色木板，以繩子串成環狀的鍊子。將最旁邊的木板保持垂直，對向鍊子的直角，其他串聯在一起的木板就會推倒骨牌那樣接連倒下，非常有趣。即便是大人，也可以玩上半個小時。這種機械式的調節簡直像魔術。這個要一錢。

狐·狸。一個滑稽的紙面具，眼睛是閉著的。面具內側有一小張厚紙，拉一下，眼睛就會張開，還吐出嚇人的長舌頭。價格是六厘。

阿叮。一隻小白狗脖子上綁著布環，張開嘴像是在叫。從佛教的訓示看來，這個玩具有點不太道德，因為打一下狗的頭，就會唉唉地發出痛苦的聲音。價錢還有點貴，要一錢五厘。

不倒翁。不會輸的力士。這個比前面的阿叮還貴。因為是陶製，顏色又很漂亮，貴一點也是合理。像是力士半蹲的姿勢，不管往哪裡推，它就是會自己又站起來。一個要兩錢。

敬拜天皇的小孩。拿著手風琴，唱著日本國歌的日本小學生。屁股有一個小風箱，壓一下，小學生的雙手就像是彈奏手風琴一般動起來，發出尖銳的聲音。這個要一錢五厘。

磁鐵。這和前一個一樣，是很新穎的玩具。小木箱裡有磁鐵和小小的陀螺。陀螺是一個紅色鈕扣狀的木頭，中間一支釘子當迴轉軸。轉動陀螺，把磁鐵拿到迴轉軸的釘子上方，陀螺就會被磁鐵吸起來，在空中繼續迴轉。這個賣一錢。

仔細研究這些玩具，至少得花上一個星期吧。一個做工精緻、毫無瑕疵的紡車，才賣五分之一錢。還有放進水裡就會游泳的土製小烏龜，兩隻賣一厘。裝在盒子裡的玩具武士，還穿著盔甲，只賣九厘。風車，附在木笛上的風車，風車就在出氣口，吹笛子，風車就會轉。這個要三厘。再來是扇子，四折的小扇子收在套子裡，打開就是一朵美麗的花。只賣一厘。

這些玩具中，我覺得最美的是一種稱為「雛人形（O-Hina-San）」或是「小美人」的小人偶。這種人偶沒有做身體，是在紙做的和服裡面以木棒支撐，頭部製作得相當精緻。瓜子臉，水汪汪的細長眼睛，羞澀地低著頭——髮型也不馬虎，有結成環狀的、螺旋的、橢圓形的、盤捲的、波浪的，等等，真的是非常精美。這些玩具就是仿造日本少女或新娘實際的髮型，也算是一種服裝模型。無論如何，這個玩具最大的魅力在於「小美人」臉部的表情，有欲言又止的害羞，也有淡淡哀愁的拘謹，完全就是典型日本少女的美。而且人偶的臉是用皺紋紙做成，然後用很專業的手法輕輕地刷上兩層、三層顏色。世上有成千上萬個「雛人形」，但絕對沒有兩個一模一樣的。你們如果來日本住一段時間，認識了日本人的類型，再看這些人偶，總會想起曾經在哪裡見過這張美麗的臉吧。這是小女孩的玩具，一個五厘。

## 二十

我來說一個關於日本人偶的故事，你們一定都沒有聽過。——除了剛剛說的小「雛人形」，還有仿製兩、三歲小孩的等身大美麗人偶。日本的人偶不比西洋人偶精緻，價格相對便宜，製作也不是特別精細，但是，看到日本的女孩子抱著這種玩具嬰兒，卻有說不出的趣味。這種人偶都穿著和服，樣子栩栩如生。微微下垂的小眼睛、光禿禿的頭、笑嘻嘻的，看起來是那麼真實。如果稍微站遠一點，眼力再好的人，應該都看不出來。通商港一帶可以買到許多反映日本生活的照片，當中一定有母親背著小嬰兒的景象，這些照片上的嬰兒都是使用這種人偶來拍，連相機都沒有辦法拍出那是假的。就算是近在眼前，看日本的母親抱著這種人偶，拉拉小手、動動小腳、轉轉頭，你也不敢跟人打賭那其實是假人吧。即便你甚至已經拿到手上再三端詳，再跟這人偶獨處一室，還是會讓你感覺不太對勁。如此以假亂真的手法，堪稱精湛。

其實，有人相信這些人偶可能真的有生命。

這樣的信仰在昔日比今天更普遍。其中還有被尊為神的人偶，擁有祂的人更是世人羨慕的對象。主人將這種人偶當成兒子、女兒，定時準備餐食，有專用的寢具棉被，還有非常多漂亮的衣服。而且他們都有名字，例如女的人偶叫「阿德（O-Taku-San）」，男人偶就叫「德太郎（Tokutarou-San）」。人們相信，如果冷落人偶，它們會哭泣或生氣。如果虐待人偶，那個家就一定會遭遇不幸。不僅如此，那種人偶甚至擁有神明一般的神通。

松江曾經有一名武士，俸祿大約千石，家裡有一個「德太郎」。「德太郎」在這個地方孃美婦女祈求懷胎的鬼子母神，由於非常靈驗，是這一帶很受歡迎的人偶。例如苦無子女的夫婦來借這個人偶，暫時放在自己家裡——換句話說，在這段期間要供奉這個人偶，給祂穿新衣服，好好打扮，慎重道謝之後，才能還給原來的主人。聽說曾經借用的夫婦，每一對都如願成為父母。「因為千石的人偶是有靈魂的啊！」告訴我這個故事的人這麼說。甚至有傳說後來那家發生火災，只有「德太郎」一人安然無事。

有關這些人偶的傳說，我覺得有可能是——新的人偶就是很普通的人偶。而一個家裡長期愛護的人偶，受到家人的喜愛，代代相傳，陪著這個家的孩子一起遊玩長大，漸漸地就有了靈魂——大概是這樣的思維。我問一個很可愛的日本少女：「人偶為什麼會有生命呢？」她回答我：「為什麼？只要疼愛它，它就會有生命啊。」

這孩子所透露的心聲，不正是勒南[12]對進化中的神靈所主張的思想嗎？

## 十一

話說回來，一個人偶無論怎麼愛護它，總還是會漸漸老舊、斑駁或破損，過個一百年，也可能就壞掉了。如果最後這個人偶無法修復，它的殘骸也仍受到尊重。人偶的殘骸絕不會被隨意丟棄，不會像神壇上的名牌或注連繩不用時要焚毀或放入流水，也不會埋進土裡。那麼到底要怎麼處理呢？你們絕對想像不到。

要把它獻給荒神。荒神一半屬佛教，一半屬神道，有點不知是何方神聖的神。古代佛教裡的荒神是有很多手的佛，而在出雲一帶，神道裡的荒神，就不是太好看的樣子。大部分佛寺或神社的境內都有朴樹。朴樹和荒神有點淵源，百姓們都相信荒神就住在朴樹裡。因此百姓們總是對著朴樹祭拜荒神。人們經常在朴樹前蓋小祠，還會立鳥居。在荒神的祠上，或是朴樹的根部，或是朴樹的樹洞——如果有洞的話，都可以看到供奉著令人不捨的人偶殘骸。但如果人偶的主人還活著，即便人偶已經死了，也很少會獻給荒神。如果你看到有人偶遭受風吹雨淋，那個人偶一定是某個貧窮的女人過世所留下來的遺物。——也就是說，這個人偶是過世的人在少女時期，或者是她的母親或祖母的少女時期，曾經珍愛過的遺物。

## 十二

今晚要去參觀豐年舞，舞蹈是晚上八點開始。今天正好沒有月亮，理應是一片漆黑的夜晚。但宮司宅邸的庭院卻是燈火通明，因為那裡掛著上百個點亮的提燈。我和朋友被安排坐在可以眺望全景的亭子裡，宮司還幫我們準備了簡單的晚餐。

12 譯註：Joseph Earnest Renan（一八二三至一八九二），法國哲學家，作家。研究中東古代語言文明。

亭子前已經聚集了上千人,——杵築的年輕人、鄰近地區來的年輕農民、女孩子們,好幾百個年輕女孩聚集在一起。這麼擁擠的人群,應該不好跳舞吧。在提燈的映照下,比圖畫還美的這片情景,宛如盛裝的嘉年華會。百姓們當然是古裝打扮,有穿蓑衣的,也有將藍色手巾綁在額頭的,還有戴著斗笠的,不過大家都清一色穿著衣襬捲高的藍色和服。一些年輕人精心打扮,其中也有人變裝。有一大群女裝打扮的,也有穿著像是巡察的白色制服,有穿著披風的,還有像墨西哥人那樣圍著大披肩的。年輕工匠們直接穿著工作服,把袖子和褲管捲得老高。女孩們也是盛裝打扮,大紅色、深灰色、褐色、紫色,多采多姿的衣裝再結上華麗的腰帶。其中最有品味是家境較好的千金小姐們,低調的黑白穿搭,顯得氣質出眾。這些都是為了參加今晚的舞蹈特別準備的服裝,平時可不會拿出來穿。也有看似羞澀的少女頭戴寬邊草帽,柔軟的兩側帽緣拉到下巴打結,連臉頰都遮起來了。關於小孩子們美麗的和服,我竟無法著墨,因為就像沒有畫具無法描繪飛蛾或蝴蝶的千姿百態那樣,筆墨難以形容。

人群的正中央有一個倒放的大米臼,一名穿著草鞋的農民輕盈地跳上米臼,站著不動,撐著一把紙傘。這當然不是因為下雨,這名男子是今夜舞蹈的領唱者,他是出雲一帶有名的歌手。承襲古禮，豐年舞的領唱者必須撐著傘唱歌。

這時，來到涼亭就定位的宮司做出指示，領唱者便唱起豐年感謝的歌，在嘈雜的人群中，他的歌聲就像是銀色短號一般，格外響亮。令人驚嘆的歌聲和歌曲，難以形容的顫音，美麗的嗓音完美地詮釋了樂曲。領唱者站在米臼上，撐著傘慢慢地繞圈，從右到左，不停地繞圈，每唱完兩節，就會停一段時間。當歌聲停止，人群就會大聲地吶喊「Ya-ha-to-nai! Ya-ha-to-nai!」，在此同時，人群以驚人的速度散開，舞者們隨即圍成兩層圓，大圓在外，小圓在內，人群則讓出跳舞的空間，互相催促退到後面。號稱五百人的舞者所圍成的兩層大圓從右至左繞起圈圈，輕盈地踩著舞步，像夢境一般，高舉的手、動作敏捷的腳，全都配合著歌曲的節奏，一圈一圈繞著。舞蹈是以領唱者為軸心的一個大車輪，領唱者在米臼上緩慢且持續地繞圈，撐著傘，唱著感謝豐收的歌。

一是——獻給出雲大社的神明

二是——獻給新潟的色神

三是——獻給讚岐的金比羅

四是——獻給信濃善光寺
五是——獻給一畑藥師佛
六是——獻給六角堂地藏
七是——獻給七浦惠比須
八是——獻給八幡的八幡神
九是——獻給高野眾佛寺
十是——獻給聚落的氏神

不久後，舞者們也齊聲合唱。

Ya-ha-to-nai!
Ya-ha-to-nai!

不停地繞著圈圈、歡樂的豐年舞，與我去年在下市看的那場像幽靈跳舞一般盂蘭盆舞真是大異其趣。但是這個豐年舞說明起來，卻更加困難。每個舞者各自左右交互畫著半圓，同時膝蓋的彎曲又要保持一定的角度，而雙手像是托起重物一般高舉，男子要急速地跳動，而女子像波浪推進，非常奇妙的動作，實在是難以說明，就像我們無法描寫流動的水一般。總之，動作非常複雜，但卻又整齊劃一，好像五百人的手腳全靠一條神經系統在控制，配合著歌曲的節奏，分毫不差。

日本民謠的旋律或日本舞蹈的動作要怎麼記得住。日本歌謠和舞踊在音樂或動作上的節奏美感，就像英文和中文的差異，與西洋人的感覺完全不同。我們對於這種異國的節奏，沒有代代相傳的共同感覺，也沒有遺傳到一點就通的內涵。異國這種全體配合音樂節奏的民族性，我們也沒有。但是，長期住在東洋，用心研究、熟悉習慣了以後，竟深深著迷這種一直繞圈圈的民族舞蹈和民謠特殊的曲調。

我知道舞蹈是從八點開始，領唱者唱了許久也不顯疲態，但終於換第二個人上場。不過大圓圈仍保持完整，繞行也仍繼續著。夜越深，圓圈圍得越大。第二位領唱者又交棒給第三位。而我只想一直看下去。

「你猜現在幾點？」朋友看著手錶問我，

「差不多十一點吧。」我回答。

「十一點！答錯了！現在已經凌晨，再八分鐘就三點了。宮司得一直待到天亮，幾乎不能休息呢。」

# 於日御碕

## 一

一八九一年八月十日　杵築

日本友人們力勸我去拜訪日御碕。聽說還沒有外國人前往日御碕。那裡有著名的日御碕神社，連棟建築裡供奉著天照大神跟建速須佐之男命這兩尊姊弟神。日御碕離杵築八公里左右，是出雲沿岸的小村落。雖然也可以繞著山路而行，但路途崎嶇險峻，不僅危險也很辛苦。

如果是好天氣，搭船也算舒適。於是我與友人便搭上小而齊全的小船前往日御碕。漁船由兩位年輕漁夫巧妙地搖著櫓前行。

我們的船從稻佐的海濱出發，沿著海岸向右繞。海岸沒有沙灘，直接是險峻的岩山。望向海面，通透的海水隨著水深，像滴了墨水般，逐漸變成黑色。有時可以看到高低起伏的藍色岩塊從水深一百五十公尺左右的深海露出水面，沐浴著陽光。

我們搭乘的船，沿著岸壁前行。岸壁的高度從九百公尺到一千八百公尺不等，高低起伏。從海面拔地而起的岸壁底層呈現暗沉的鐵灰色。側面與頂端則可看到挺過海風的小松樹以及色調暗沉的雜草。

海岸一帶都是險峻的峽谷，到處都是奇妙的裂痕與孔隙，呈現出不同面貌。那巨大岩塊突出於海上，如黑色廢墟般的岩石紋路，可以窺見來自深海各種的威嚇姿態。有時我們的船才通過兩旁的岩石間，轉眼又航行在礁岩間如迷宮的迂迴路線。

這小小船隻迅速且巧妙的左右操控，就像船隻本身早已通曉海路，憑藉自己的智慧航行。我們再次通過表面崎嶇不平，盡是奇妙岩石的小島旁。海面下的岩石側邊長著濃密的海草。漁夫們稱這個多角形的岩塊為「龜甲石」。

有這麼一個傳說。以前大國主命為了測試自己的力量而來到這個海岸，他拿起玄武岩塊朝著海對面的三瓶山擲去。所以在三瓶山的山腳下，現在還看得到大國主命丟擲的巨岩。

船持續航行，沿岸岩石裸露程度也愈甚，開始出現凹凸不平、令人畏懼的地貌。沉在海底的礁岩以及突出於海平面的岩石也愈來愈多，增加航海的危險。地層的裂縫從五十四公尺左右的海底延伸至海面上的岩塊。

我們的船突然往黑色的岸壁突進，像箭一般滑進巨大岩石的孔隙中。岩石的孔隙是地震產生的褶皺，兩側就像大峽谷般高聳陡峭。

你看！前方有陽光灑落。這邊就像小海峽，是入港的捷徑。我們花了十分鐘左右跨越那個海峽，再度航行在寬廣的海面。接著，日御碕就出現在我們的眼前。民家沿著海灣沿岸，呈現半圓形比鄰而居。聚落中央則有鳥居。

日御碕燈台。／PIXTA

就我所知，這座港是最不一樣的港。請試著想像，挖取巨大岸壁後敲打成水平狀，陸地留下一個很大的鏟子狀的凹洞。那凹洞的正中央殘留岸壁部分原貌。這是一座奇特四角形的岩石塔，頂端長著樹木。

離海岸九百公尺左右的海上，隆起一座高三百公尺的島。這座礁島被稱為「文島」或是「經島」。聽說我們接下來要參拜供奉天照大神的神社，以前就是建在這座小島上。一定也是跟建造日御碕港一樣，具有怪力的人從沿岸如鋼鐵般堅硬的岩石中挖取大塊岩石做成這座文島。

我們停靠在日御碕港右端。這裡也沒有沙岸。海水連接到海岸邊緣處都是深深的黑，表示海岸坡度極陡。我們登上那陡峭的斜坡，從未見過的景象映入眼簾。就像國外晒東西，在好幾百根竹竿上，垂掛著無數淡黃色的物品。

第一眼我對眼前的東西毫無頭緒。往前靠近，仔細端詳後，總算解開謎團。原來晒的東西是數不盡的烏賊。想不到這片海居然可以捕獲數量如此繁多的烏賊。而且烏賊的大小幾乎一致。一萬隻烏賊中，或許沒有超過一．三公分差距的烏賊吧。

## 六二

宛如日御碕海門的大鳥居是白色花崗岩所建，真的很有純樸之美。我們穿過大鳥居，往村子最主要的道路走去。道路沒有很寬，往前走，又變成一般的路寬，接著連接到綠意盎然的山坡，盡頭就在山坡的林蔭處。

大路的右邊是建有小型遮雨罩，灰色沉穩的兩層木造房——小型店家以及兩層建築的漁夫們的住所——比鄰而居。家家戶戶前都可以看到剛捕獲的烏賊，大量地掛在無數竹竿上。路的對面是像大名所在的城牆，聳立著很高的擋土牆，還有許多出入口的高大木造胸牆。

後面被山坡上美麗的群樹覆蓋。這裡就是日御碕神社。不過參拜者要走到境內的正門，就必須沿著這通道往右上方走好一段距離。正門位於神社內較偏遠的地方，得爬上用花崗岩鋪成的石階。

日御碕神社的境內，寬廣的令人咋舌。即使沒有杵築大社那麼寬闊，但深度卻相差無幾。兩端是石板隔出的迴廊。寬寬的石板步道從境內入口的門連接到盡頭處的拜殿和社務所。

拜殿和社務所是很沉穩的建築，屋簷上方可以看到出色的千木構成具有神社特色的懸山頂建築。背海而建的這座神社，是供奉太陽神——天照大神的日沉宮。

登上境內右邊的寬廣石階，還有個寬敞的庭院，那裡也有很宏偉的拜殿跟宮殿。拜殿跟宮殿比下方的社殿還小。我想這兩棟木造建築應該是比較新的建築。上方的宮殿是供奉天照大神的弟神——須佐之男命的神宮。

## 三

參拜日御碕神社最感到驚訝的是，如此寬闊也需要維護費的神社，居然建

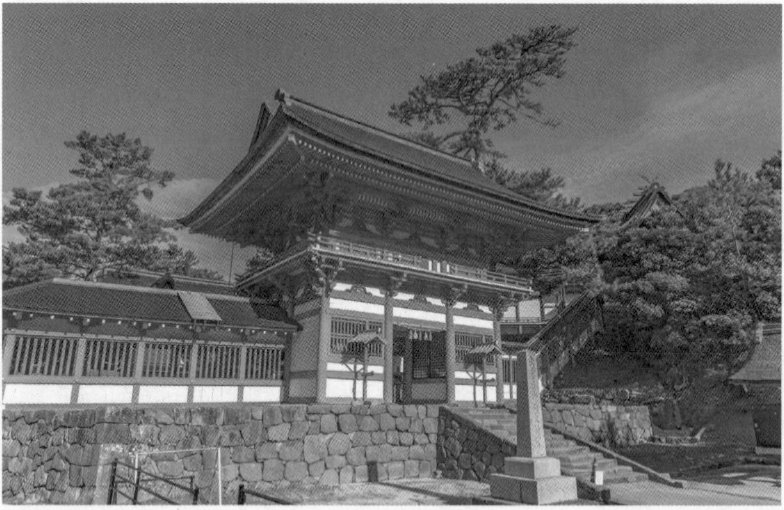

日御碕神社。／PIXTA

在日本離聚落最遠，荒涼海岸的貧窮村落中。來自農民參拜的香油錢就連一位神主[1]的薪資也負擔不起。此外，日御碕跟杵築不同，因為無論天氣再好，參拜者也不會很多。

一同旅行的友人雖然贊同我的意見，但他也提到這神社其實有三大財源。財源之一就是政府的援助。另一個則是由虔誠的優秀商人每年的巨額捐獻。第三則是神社所有土地的增值收入，據說金額不少。

最近這座神社一定也花了很多錢。因為兩個宮殿，日沉宮和神宮中，比較小的神宮看起來就像剛重新整修過。新添購的建材還露出生澀顯白的木紋，就連神宮木匠們所留下，還飄著香氣的木屑都還沒完全清理完。

在社務所看到日御碕神社的宮司。正值壯年的宮司，氣宇不凡的五官就像只會出現在日本貴族階級中。下顎蓄著垂下的黑鬍，身穿神官的裝扮，卻有退役軍人的氣息。我們獲得宮司正式參拜的許可後，宮司喚來一位神官為我們介紹神社。

1　譯註：負責祭祀的神職人員。

原本期待也可以在這裡看到杵築大社莊嚴樸素的建築。但是供奉天照大神的日沉宮的輝煌程度，卻讓我懷疑這裡真的是神道的神社嗎？其實這裡並沒有純粹的神道。這裡的社殿屬於著名的兩部神道的時代。那些都是古老信仰受到佛教影響、同化，納入外來宗教盛大儀式、華麗裝飾藝術時期的建築。

雖然在東京拜訪過無數大寺院，卻沒看過能與日御碕神社相同並論的神社內部。社殿中高雅房間的美宛如珠寶盒般；展現藝術極致的建築，塗著朱色和金色的漆；祭壇的雕刻與用色讓參拜者目不轉睛；天花板上是如夢境般的雲層與成群的龍。這些裝飾者們絕妙的工藝展現——他們都是早在五百年前就不在世上的職人們——與外觀的裝飾吻合，並且巧妙地調和了色彩，一點都沒有俗艷或是過度裝飾的誇張感，一切顯得豐富卻又沉穩。

來到日御碕之後，還有一個驚喜等著我們。就是親切招待我們的宮司，不僅讓我們住在他傳承自先祖的住所外，甚至還提供餐點。因為在日御碕，除了朝聖者簡約的投宿地外，沒有一間像樣的落腳處，所以宮司提供住所的熱誠款待，真的讓我們喜出望外。

日御碕古老的宮司住所裡，還有一座美麗的庭園，近似日御碕神社境內的大小。就像公卿、武士們充滿古風的住所，是平房建築，地板高起，就像山上小屋般。不過每間房間的天花板都很高，且寬敞，相當氣派，甚至還有寬敞程度超乎想像的大房間。

我們接受了至高無上的款待，享用了上等日本酒以及極為美味的食物。端上桌的料理中也包含珍饈，讓我難以忘記。起初以為是波菜，其實是經過細膩料理的海草。如同青苔般纖細，是稀有的海草——水雲。

告別了款待我們的宮司，我們緩緩登上村落外圍的山坡上。也在此揮別掛在竹竿上晒乾的無數烏賊。不過我們走的路上居然還看到鋪成一整面的蓆子，上面晒著蓼藍。村落的分佈止於山頂。山頂上立著花崗岩的鳥居。如此大且重的石頭，究竟是誰、用怎樣的方式運到山頂上呢？要解開這個謎團，就像要追究巨石陣是誰、用怎樣的方式做的一樣棘手。

道路從有鳥居的位置往海岬對面，名為宇龍的小港灣下。日御碕如同其名，位於突出於日本海的群山，陽光灑落在大海岬的位置。

## 四

日御碕神社宮司家族是出雲貴族中最古老的一支。現在這裡的女士們還是保有「公主」這樣復古的尊稱。就像杵築的宮司被稱為「國造」，日御碕神社宮司的稱號是「檢校[2]」。所以日御碕神社一族和杵築宮司一族，有著很近的姻親關係。

日御碕檢校悠長的歷史中，有一段哀戚又恐怖，不為人知的故事。這個故事也為處於封建時代，這個地方的社會狀況帶來不可思議的曙光。

距今七代前，舉行出雲的大名——松平侯，初次正式出訪日御碕神社的重要儀式時，戰戰兢兢地讓儀式順利完成。那時的餐會，一定是在允許我們今日參拜的那間寬敞大房間裡舉行。

依照慣例，由宮司年輕的夫人服侍大名用餐，料理服務和斟酒。夫人長相絕美，但美貌也帶給她不幸。大名對宮司夫人傾心不已，並仗勢欺人，強逼她捨棄丈夫做自己的側室。

年輕貌美的夫人雖然惶恐不已，但還是展現出武士之女的樣子，斬釘截鐵地回答「我是丈夫、孩子深愛著的妻子與母親。如果非要我離開丈夫與孩子，我一定會自我了斷」。

出雲的松平侯勃然大怒，也不再多費唇舌，悻悻然地離去，留下滿是哀怨與恐懼不安的宮司一家。因為松平侯是出了名的無法忍受有人阻擋自己的慾望與恨意的人。

宮司一家所擔心的事情終於來了。大名回到宅邸後，立刻著手策劃除去檢校宮司一家。沒多久，檢校突然被迫與家人分離，被冠上莫須有的罪名，流放到隱岐島。

聽說檢校所搭乘的船和船上的人沉入大海中。也有一說是檢校雖然搭船抵達隱岐島，卻因為過度悲傷與酷寒難耐而去世。不管如何，出雲的古老紀錄上確實紀載著西元一六六一年，「檢校尊俊，亡於隱岐島」。

得知檢校去世，身為領主的松平侯欣喜若狂。他看上的人就是神谷家老[3]的女兒。被招喚的神谷立刻前往拜見，松平大名說「你女兒的夫婿已死。你女兒就帶來我這裡吧！」父親將額頭抵住疊蓆，壓低身子，低著頭，接下領主的命令後離開。

隔天，家老再次前往大名的應接室，如往常地壓低身子，稟告他順從主意，將女兒

2 譯註：監督寺院事務的職位。
3 譯註：大名家臣中最高的職位。

押過來了。

松平侯喜孜孜地命家老立刻帶女兒晉見。家老再次壓低身子退下後，立刻返回，在領主面前放了「首級桶」。首級桶上是剛斬下來，那位絕美女子的頭顱。也就是檢校年輕妻子的首級。

家老只說了一句「這就是在下之女」。年輕妻子毅然決然地選擇就死。也因為以死明志，洗刷了改嫁的汙名。

之後，大名松平侯在各地建寺，替因為自己而殞命的女子立塚，努力贖罪，就這樣過了七代。松平一族的血脈也止於這一代。已經沒有和他相同血脈的人可以繼承具有悠久歷史的松平家。隱身在荒煙蔓草間，化為杳無人煙的城跡，如今已經成了蜥蜴、蝙蝠的居所。

不過，原是家老的神谷家，現在還延續著。雖然不如以往富裕，但是在當地仍舊德高望重。日御碕神社的宮司代代都會迎娶這名望一族的女孩為妻。

# 殉情

## 一

兩人雙臂交纏，緊緊抱著彼此，躺臥在鐵軌上，等待急行列車來臨。（不過在出雲沒辦法這麼做，因為這裡還沒有鐵道）有時候他們會自己準備酒菜，留下寫給雙親和朋友的特別書信，他倆喝下的酒裡參著帶有苦味的東西，飲畢便能永遠地睡去。還可以選擇更古老、更保留名譽的方法，男人先一刀殺死他的情人，然後再割斷自己的咽喉。也有兩人相擁，用女子和服的長腰帶綁在一起，跳入深不見底的湖水或河川。當人們受盡悲傷的折磨時，就會尋求各種方法走上冥土。——叔本華為這種悲傷寫下了非常奇妙的理論。

而他們自己的理論更簡單。

沒有人比日本人更熱愛人生，也沒有人比日本人更不畏懼死亡。對未來，他們沒有任何恐懼。他們之所以捨不得離開現世，只是因為留戀這個世界的美麗與幸福。西方人心中那種長期壓抑未來的神祕，他們並不在乎。我所說的年輕情侶們有一種奇妙的信仰，幫他們抹去了那種神秘。他們帶著無比的信念迎向黑暗。短暫的生涯有著太多的不幸，讓他們再也無法活下去，這不是任何人或世間的責任，而是他們自己的。這是因果，也就是前世造成的錯誤。這一世無法成為夫妻，可能是因為他們在前世曾經背棄婚約，又或者曾經彼此傷害。這種想法一點也不奇怪，但他們相信一起赴死，能促成他們在未來的世界裡結為夫妻。自殺在佛教中是極深的罪孽，而這種藉著死才能結為夫妻的觀念，卻遠比釋迦的信仰更加古老。但近代的人們卻擅自借用佛教特有的喜樂和神奇的光彩，將殉情解釋成一起在蓮花上休息。佛教教人生命是無限輪迴，靈魂在幾億年間不斷轉世，得到無限的視覺和記憶，沒入涅槃的喜樂就像白雲在夏日的晴空中消散一般。但是這些煩惱的人們根本不嚮往涅槃，為愛結合才是他們最大的願望，妄想只要承受一次死亡的痛苦，就可以達成。他們的妄想——如每一封悲傷的遺書所寫——都不一樣。有些認為他們會進入阿彌陀極樂世界的光明，有些只幻想著來世，期待重返年輕，再與情人重逢。但其實大部分的念想卻是更淡然的——能夠在如夢幻一般的幸福中，迷濛且寧靜地如影隨形。

他們總是期盼能葬在一起，但這個願望卻往往遭到父母或監護人的拒絕。世俗多半認為這樣的拒絕很殘酷，因為人們相信應該要讓相愛的人死後葬在一起，否則難以心安。能完成他們心願的喪禮是淒美動人的。雙方各自列隊治喪，提燈的火光在寺院相遇。誦經儀式過後，主持的師父語帶同情地為他們開示過錯與罪孽，惋惜這對年輕的犧牲者曾經美好的生命，如春天盛開又散落的花朵一樣短暫，為他們因迷失而選擇的行動誦讀佛陀的訓誡。但有時他又預言這對情人將在未來獲得更高的幸福，並得以結合。他口若懸河地吐露出世俗的心情，聆聽者無不淚流滿面。爾後，雙方喪家的隊伍一同前往墓穴之地。兩副棺木緊鄰下葬直至穴底，「山者[1]」將分隔兩人的木板撤離，兩副棺木合而為一。兩位死者身上蓋滿砂土，墓石上銘刻著他們不幸的故事，或許再添加一小段詩歌，置於兩人遺骨安放的土堆之上。

## 二

日本人稱這些情侶的自殺叫心中或情死——意味著心之死、情之死、愛之死。女方

1 「山者」是專門以清洗屍體、挖掘墓穴為業的人，其部落位於洞光寺上方的山中。

大多是青樓女子，但偶爾也會有好人家出身的女孩。青樓女子都相信若有一人殉情，就必定會發生第二起的宿命。也因為這個信仰的關係，通常都會連續發生三起殉情。

在日本（除了那些歐洲人的罪惡和殘忍促成風俗敗壞的對外開放港口），因家境貧窮而自願忍辱賣身的女子，不會像西洋女子那般墮落。實際上，許多青樓女子在她們受盡折磨的日子裡，仍維持著高尚的氣質、優雅的威嚴及與生俱來的賢淑，令人不禁憐憫她們的遭遇。

就在幾天前，一起殉情案件驚動了這寧靜的城市。在一個叫灘町的地方，某個醫生家的僕人天亮後，發現主人的兒子和一名女子相擁死在房間裡。這個兒子已被廢嫡，而女方是青樓女子。昨晚他們辦完喪事，但沒有葬在一起。因為男方的父親仍深感悲痛並無法諒解。

女子名叫阿兼，溫柔美麗又善解人意。據說青樓老闆對她的禮遇，在這行算是相當罕見。她的父親死去後，家徒四壁，為了母親和年幼的妹妹而自願賣身，當時她才十七歲。委身青樓不到一年，便遇上這個青年。兩人馬上陷入熱戀，但這其實不是好事。因為他們不可能結為夫妻。雖然青年是醫生的兒子，但由於養弟人品較好，青年已是廢嫡的身分，不能繼承家業。這對不幸的情侶沉溺於享樂當中，花光所有積蓄，女方只好變賣自己的衣物，但最後仍走投無路，兩人趁夜深人靜，在醫生家會合，一起服下劇毒，從此長眠。

我看見女方的送葬隊伍，提燈的亮光——泛青的微光如鬼火一般——一點一點往寺町方向移動。女子們戴著白色頭巾、身穿白色和服、繫著白色腰帶，排成長長一列，靜靜地不發出一點聲音緩緩前進——像是一群幽靈。

宛如佛教的下界想像畫裡，在黑暗中前往冥途路上一群白色亡靈——無止盡的亡靈行列——漂浮著。

## 三

明天的山陰新聞應該會報導這件悲劇，我的朋友是這家報社的記者，他告訴我，許多同情他們的人都趕忙帶著鮮花和樒枝去點綴新墓。他從一個長信封拿出一張寫滿了美麗文字的薄紙，長長的一卷，在我面前攤開來——

「她留下這封遺書，老闆讓我們拿回來報導。這封信寫得非常好，女子寫信的用字遺詞與男人不同，有特別的詞句。例如，男人會依社會地位或場合，有不同的自稱詞。而女人則自稱為妾。還有，女人用詞都非常柔軟，那種柔媚的話語，應該很難翻譯成其他國家的語言。我只能大概說一下這封信的大意」

他小心翼翼地為我翻譯——

遺書

如您所知，自去年春天與田代大人相遇相知，因前世的因緣果報，無法結為夫妻，不得已於今日踏上冥土。

承蒙老闆不計妾身懵懂，百般疼愛，對家母與舍妹也多所關照，您的大恩大德，妾身尚且未回報萬分之一，受您責怪忘恩負義也是理所當然。

妾身深知此舉荒謬絕倫，無以名狀，然情非得已，還望您寬恕。妾身在冥土也絕不敢忘卻您山海般的慈悲，定於草葉之蔭向您致上感謝之禮。懇請您原諒。

縱有千言萬語，竟也言不由衷，只好就此停筆。字跡潦草，還望您海涵。謹此。

兼

大人

朋友將脆弱的白紙收進信封，沉默片刻後，忍不住語帶批評地說：「這就是殉情的遺書，讓您見笑了。眼看就要日落，我想去看看她的墳，您是否願意一同前往？」

我們渡過長長的白色大橋，經過陰森的寺町，往妙興寺的舊墳場走去。

突然聽到遠處傳來——清亮優美的男聲——在星空下吟唱。像鳥啼一般，有著奇妙的魅力和節奏——那種表現庶民情感的日本歌謠，應該是模仿鳥的啼叫聲吧。愉快的職人在回家路上哼著歌。冷冽的霜夜裡，歌聲在我們的耳邊迴盪，無奈我一句也聽不懂。

「那是什麼？」我問朋友。

他回答：

「是戀歌——

往我手指的地方，向著那戶人家，

那裡就靠近老爺的身邊。」

# 八重垣神社

## 壹一

戀愛中的年輕男女會相偕前往出雲之國，位於意宇佐草村的八重垣神社參拜。佐草的八重垣神社裡供奉著建速須佐之男命和他的妻子——稻田比賣、兒子——佐草命。這三尊是象徵緣分與愛的神祇。即使是單身，也會賜予伴侶和子嗣。

這三尊能讓年輕男女擁有打從出生就注定的夫妻之緣。或許也有人覺得，如果這麼久之前就已經決定彼此是否有緣分，還特地前往八重垣神社許願只是多此一舉。

但是有哪個國家庶民的信仰和心之所向一致呢？神學者、神職人員們會編纂傳教內容、教理，並廣泛宣揚。但是善良的人們還是會堅持塑造出自己想望的神的樣子。像這樣由衷塑造出來的神，其實才是值得受人崇敬的神。

勇猛果敢的神——須佐之男命——的來由也可以從《古事記》中窺探一二。祂被定調成與命中注定的婚姻相關，其實與祂不符。因為須佐之男命對那美麗的稻田比賣是一見鍾情。這件事情《古事記》上是這麼記載的。

故所避追而、降出雲國之肥上河上名鳥髮地。此時、箸從其河流下。於是須佐之男命、以為人有其河上而、尋覓上往者、老夫與老女二人在而、童女置中而泣。爾問賜之汝等者誰。故其老夫答言、僕者國神、大山上津見神之子焉。僕名謂足上名椎、妻名謂手上名椎、女名謂櫛名田比賣。亦問汝哭由者何、答白言、我之女者自本在八稚女。是高志之八俣遠呂智、〔此三字以音。〕每年來喫。今其可來時故泣。爾問其形如何、答白、彼目如赤加賀智而、身一有八頭八尾。亦其身生蘿及檜榲、其長度谿八谷峽八尾而、見其腹者、悉常血爛也。〔此謂赤加賀知者、今酸醬者也。〕爾速須佐之男命、詔其老夫、是汝之女者、奉於吾哉。答白、亦不覺御名。爾詔吾者天照大御神之伊呂勢者也。〔自伊以下三字以音。〕故今、自天降坐也。爾足名椎手名椎神、白然坐者恐。立奉。

爾速須佐之男命、乃於湯津爪櫛取成其童女而、刺御美豆良、告其足名椎手名椎神、汝等、釀八鹽折之酒、且作迴垣、於其垣作八門、每門結八佐受岐、〔此三字以音。〕

每其佐受岐置酒船而、每船盛其八鹽折酒而待。故、隨告而、如此設備待之時、其八俣遠呂智、信如言來。乃每船垂入己頭飲其酒、於是飲醉留伏寢。爾速須佐之男命、拔其所御佩之十拳劔、切散其蛇者、肥河變血而流。故、切其中尾時御刀之刄毀。爾思怪、以御刀之前刺割而見者、在都牟刈之大刀。故、取此大刀、思異物而、白上於天照大御神也。是者草那藝之大刀也。〔那藝二字以音。〕

故是以其速須佐之男命、宮可造作之地求出雲國。爾到坐須賀〔此二字以音下效此〕地而詔之、吾來此地、我御心須賀須賀斯而、其地作宮坐。故、其地者於今云須賀也。大神、作須賀宮之時、自其地雲立騰。爾作御歌。其歌曰、

夜久毛多都　伊豆毛夜幣賀岐　都麻碁微爾　夜幣賀岐都久流　曾能夜幣賀岐袁

於是喚其足名椎神、告言者任我宮之首、且負名號稻田宮主須賀之八耳神。

被仙界放逐的須佐之男命降臨在出雲國肥河上游的鳥髮之地。因為看到有筷子順流而下，須佐之男命心想上游應該有居民，便前往一探究竟，發現有一老翁以及老婦，

中間還有位少女在哭泣。於是開口問「你們是誰」。老翁答「我是國津神，為大山津見神之子，名字叫足名錐，妻子名叫手名錐，女兒叫櫛名田比賣」。須佐之男命又問「你們為何哭泣」，老翁答「原本我有八位女兒，但是高志八俣的大蛇每年都會來吃我的女兒。現在，又到了那條大蛇現身之際，所以不禁悲傷哭泣」。須佐之男命再問「此蛇外觀如何」。老翁答「眼似紅色酸漿，有八頭八尾，身上長滿藤蔓、檜木和杉樹，長度甚至橫跨八谷八峰，腹部總是潰爛倘血」。須佐之男命聽完後說「可否將你女兒許配給我」。老翁答「在下惶恐，還不知您的大名」。須佐之男命答「我乃天照大御神之弟，因為發生些事情，甫從天上降世」。聽聞後，足名椎與手名椎說「吾等惶恐，原來祢是如此了不起的神，吾等樂意將女兒獻上」。須佐之男命旋即將少女變成梳子，插在自己頭上，並告訴足名椎與手名椎「你們快去反覆釀造大量烈酒，並築牆圍起，在牆上鑿出八個入口，每個入口上架設架子，架上放置酒桶，桶內斟滿熟成的烈酒靜候大蛇現身」。當一切依照指示備妥後，八俣大蛇果然出現。大蛇將一個個的頭伸進桶內喝酒，喝到癱軟無力，無法動彈後便沉沉地睡著了。須佐之男命立刻拔出配戴在腰上的十拳劍，將那大蛇大卸八塊，染紅了肥河。當祂要斬斷中間位置的尾巴時，寶劍的刀刃居然受損。祂覺得很不可思議，便用寶劍的尖端刺穿察看，果然發現都牟刈大刀。祂拿起大刀覺得非尋常之物，便將此劍獻給天照大御神，這也被稱為「草薙大刀」。

須佐之男命想在出雲國建造宮殿，來到某地後說道「來到此地，讓我感到心曠神怡」，於是便在此地建造宮殿、居住。而這個地方現在便稱為須賀1。當須佐之男命建造須賀宮時，此地的雲不斷騰升，便做這樣的和歌。

（雲層翻湧，八雲騰升）於出雲之國　築起八重垣　為使吾妻安居此　築起八重垣

那層層八重垣啊

以城牆包圍著的宮殿完成後，祂告訴足名椎神「我任命你掌管吾宮」。並賜予稻田宮主須賀之八耳神之名。

八重垣神社的名稱由來就是取自於須佐之男命和歌裡出現的「八重垣」。「八重垣」就是築起層層圍牆之意。《古事記》等古典的解說者們也認為「出雲」的地名——「出

雲」就是雲層騰升之國的意思——也是出自須佐之男命的和歌。

## 二

八重垣神社所在，名為佐草的村子位於松江往南四公里左右的位置。但是前往那裡的路途險峻，車子必須行走在彎曲難行的狹窄通道。三條道路中最長最險峻的道路，其實也是最具魅力的道路。在竹林、原始林中一路向上或向下前行，再穿過稻田、麥田、蒼鬱森林、蘿蔔田，雖然周圍景緻特殊，卻也美不勝收。

沿路有很多令人想造訪、充滿歷史的神社。其中也包含供奉神功皇后的心腹，受人景仰的大臣——武內宿禰——的武內神社。武內神社現在已成了祈求健康與長壽的神社了。此外，也有稱得上是出雲五大神社之一的大草宮（六所神社）、供奉諸神的創造者——伊邪那岐命——的真名井神社。在這個真名井神社中也能看到描繪日本的創造者，伊邪那岐命與伊邪那美命這兩尊神的珍貴畫像。

在大庭宮裡供奉著伊邪那美命，也被稱為神魂（KAMOSU）神社。「KAMOSU」就

1 編註：須賀與心曠神怡的日文諧音。

是「神之魂」的意思。神魂神社每年都會舉行莊嚴的儀式，從杵築的國造接下神火。這間神社中有各種稀奇的物品，其中包含據說從神話時代就保存至今，長達二．五公分的大米粒。傳聞在神話時代，稻作就像現在的樹木，長得很高，能結出符合眾神的大顆米粒。

聽居民說，出雲的初代國造從天降臨之際，是乘著鐵製大釜而來。之後就出現巨大的石燈。由於是巨大岩石一片一片堆積而成，那層層岩石如何保持平衡，則是無解的謎。這間神社中也有一敲就會發出鐘聲般，名為「大庭音石」的石頭。傳說音石不能搬離太遠。曾經有位名叫松平的大名，命人將其中一塊音石搬到松江城，但是那石頭在搬運途中卻變得愈來愈沉，縱使有千人搬運，也無法渡過大橋川上的橋。所以只好將音石放在橋的一端。聽說這塊音石現在仍舊埋在土裡。

大庭一帶，有很多名為鶺鴒[2]的鳥。這種鳥對伊邪那岐命與伊邪那美命這對夫妻神來說是神聖的鳥。據傳這兩尊夫妻神就是從鶺鴒悟出男女之愛的道理。因此無論再怎麼惡劣的人也不會傷害或是嚇鶺鴒。所以鶺鴒也不會懼怕大庭村民以及守護稻田的稻草人。

稻草人的神祇為少彥名神。

在造訪八重垣神社後面的神聖森林前，有一個非得先看的東西，就是八重垣的山茶樹。此樹長於神主宅邸附近農田中的小丘上，以矮牆圍起。樹的周圍有柵欄，前面立有獻納的石燈籠。這株山茶樹算是老樹了，樹的前端裂成兩半，根部也分成兩端。雖然是裂成兩半的樹，但是樹幹中間還是合為一體。這種獨特外形的樹，以及普遍認為山茶樹具有的長壽特質，所以山茶樹也象徵夫妻永恆的愛，也相信傾聽戀人們願望的結緣之神依附在樹中，是一棵神聖的樹，長久受人崇敬。

不過自古以來山茶樹都與不祥的迷信有關。若依照某村民的話，八重垣的山茶樹應該是例外中的例外。因為此株山茶樹並沒有令人毛骨悚然的傳說。山茶樹被視為魔樹，據說每到晚上就會到處走動。聽說松江某位侍[3]的住家庭院裡的山茶樹，一到夜晚就時常在庭院走動，所以決定砍倒此樹。想不到山茶樹居然扭動掙扎，並且發出低吼聲。斧

2 譯註：有相思鳥之稱。

3 譯註：與武士一樣具有武藝，但有固定侍奉的人。

頭每砍一次，山茶樹就會吐血一次。

## 三

神主居住的寬敞宅邸中，販售著八重垣神社相當珍貴稀少的護符和護身符，以及畫著飄著八重雲，被牆圍住的須佐之男命和稻田比賣的畫。畫的上方也印著八重垣神社的名稱由來——「八重雲騰升　出雲八重垣」的和歌。護身符種類繁多，裡面特別感興趣的是，貼著寫上「出雲八重垣神社緣結御雛」貼紙的護身符。正面是寫著漢字以及印有神社章，折成細長狀的紙護身符，只有相戀的年輕男女會買。人們相信只要買了這個護身符，一定能和意中人結為連理。

那個護身符裡面放著身穿古代服飾的小型夫妻人偶。妻子人偶從長袖伸出手抱著丈夫人偶的胸膛。當求得此護身符的男女願望實現，與喜歡的人結成連理後，就必須將此護身符歸還神社。

如同先前提到的，此護身符只是擔任締結緣分的任務，不負責夫妻後續的相處。想追求永恆之愛的人，就必須添購另一個寫著「連理玉椿愛興御祈禱御守」的護符。這個護身符能永保愛情的溫度。護身符裡只放著一片分成兩個主幹，但同為一體的山茶樹葉子。

接下來我們就要步行前往被稱為後院的八重垣神社後神聖且神祕的森林。

## 四

八重垣神社的亙古森林，樹林鬱鬱蒼蒼。從陽光灑落的地方走進林蔭間，所有東西都顯得幽暗。樹林中混著竹、山茶樹、紅淡比，也有巨大的杉樹、松樹等等。其中，紅淡比在神道中被視為聖木。讓森林顯得幽暗，主要是因為粗壯的竹子成群而生。每個地方的神社森林，都可以看到竹子在樹林間茂密的生長著，就像鳥羽的竹葉，填滿了因為重量而向下彎曲的樹梢縫隙，完全遮蔽陽光。即使沒有其他樹種的竹林，也只能看到如黃昏般的光線。

當眼睛習慣蒼鬱森林的微亮光線後，映入眼簾的是一條宛如天鵝絨般柔軟、被碧綠的青苔覆蓋的小徑。以前的參拜者在進入這神聖森林前，都必須脫鞋，光著腳進去。對疲憊不堪的朝聖者而言，這天然的絨毯想必是最佳慰藉。

長著青苔的小徑，往森林中間的小池而下。這池塘在出雲地方相當著名。池塘裡有很多蠑螈棲息，腹部紅色，長度約十三公分。這附近樹蔭顯得最深沉的竹枝上，刻了女性的名字。人們相信棲息在八重垣神社聖池裡的蠑螈肉是有效的愛情藥。據說以前會將蠑螈肉烘乾後磨成粉，當作愛情藥使用。現在仍流傳著與此習俗相關的日本歌謠。

問蠑螈　沒有其他的愛情藥嗎
彎著手指　唯有錢[4]

池水相當清透，也能看到好幾隻蠑螈。戀人們會用紙做成小船，上面擺上一厘錢，讓船浮於池面，然後靜靜地看著船的流動。當紙開始濕，水滲進船中，一厘錢的重量就會讓船立刻沉進池底。因為池水透明，還是能清楚地看到一厘錢。如果蠑螈接近，碰到一厘錢，表示戀人們獲得神的青睞，必能獲得幸福。反之，如果蠑螈不靠近，就是凶兆。

定睛一看，有艘快沉入水中的孤單小船。那小船往人無法觸及的地方流去。那一帶，群樹的樹幹宛如厚實的牆壁，茂密地長至水邊。船就這麼卡在樹木低垂的枝枒間。流放此船的戀人，想必是抱著沉重的悲痛離開。

沿著池畔的小徑，種了很多山茶樹，人們會在分歧的兩根枝枒上綁上白色紙條。以這兩根枝枒占卜二人吉凶，上面的愛滿溢。心有所屬的戀人必須拉彎兩根枝枒，以單手將紙條繫緊。順利完成，就表示愛情運勢順遂。紙條上沒有寫任何字。

竹林裡有許許多多的刻字，即使蚊蚋擾人，靜觀數小時都不厭倦。多數來說，女生的名字會用暱稱表示，不過男生的名字則會用真名寫下。感到意外的是，男女的名字，絕對不會刻在一起。若以書寫方式作為證據判斷，日本戀人們——至少是出雲地方的戀人們——似乎比外國的戀人們更具神祕主義風格。

居然還有戀人以英文許願！以為日本的神祇們懂英文嗎？害羞的學生把心中的秘密用我的母語——英文——刻在竹子上。寫的人，應該作夢也沒想到有外國人看到吧！「I wish You, Haru!」（祈求和 Haru 能有緣份！）。這句話並不是只刻一次，而是刻了四、五次。但每句都少了介系詞的 for。

居然會在古老的出雲森林中，用英文向日本最古老的眾神們祈求緣份！雖然出於害

4 編註：傳說蠑螈可以做成愛情藥，但說到更有效的愛情藥，錢比蠑螈更有用。

羞，墜入情網的年輕人似乎認定眾神們會寬容以待。看來，須佐之男命是忍受力極強的神，又或是，須佐之男命所配戴的十拳劍早已生銹不堪了吧！

# 狐

## 一

在日本鄉村旅遊，幽暗路旁、保有原貌的樹林、山上、村莊外圍等等的地方，隨處都能看到小小的神社，前面或是兩端會立著石頭做成的狐狸坐像。狐狸像大多成對，並且相互對望。也可能有十或是二十，甚至數百尊，但是會小很多。

如果前往比較大的都市，大神社的境內等地，隨處都排著數不盡的大量石狐像。從只有幾公分高，像玩具般的大小，到光是底座就比人高的，神社周圍都盤據著大量狐狸。

最具代表的非稻荷莫屬，是供奉穀物之神的神社。如果造訪日本多次的旅人，回想至今去過的地方，記憶深處應該就會浮現沒有鼻子，呈現灰綠色的一對石狐像吧！自己的旅日記憶中，那樣的石像就像畫作般，常常鮮明地在腦海中浮現。

可以在東京市區或是近郊看到——有時也能在墓地看到——像獵犬般優美的姿態，

被理想化後的狐狸像。通常是以水晶等透明材質製成，特徵是綠色或是灰色的細長眼睛，散發著宛如從神話中走出來的氛圍。

不過一到鄉下，做工就粗糙多了。出雲的石像等等，顯得尤其拙稚。當然這個眾神之國的石像中也有很多讓人驚嘆的種類，像是有滑稽外貌的、具古趣的、奇特外形的或是像怪物外形等等琳瑯滿目，總之製作的東西很分歧。

但也有它有趣的一面。東海道一帶的石工作品，混著俐落的優美以及奧妙，沿襲著常見的形式，相對而言，出雲略顯生澀的石狐，稱不上優美，甚至可以說拙劣，但也表示創作者嘗試用各種手法展現獨特想法。呈現出善變的、面無表情、不隨波逐流或是難討好、滑稽或是諷刺等各種性格。

伏見稻荷大社的石狐像。／iStock

了然於心後，也可以發現有目不轉睛地、閉眼小睡、眼睛呈現細長狀、閉一隻眼、像是嘲笑般，表情也豐富多樣。也有揚起不懷好意的笑匍匐等待、張嘴或是閉著嘴豎耳傾聽等等，各自都展現出不同魅力。甚至有少了鼻子，一副瞧不起人的表情。

此外，出雲這個守舊之國的狐狸，也有東京那種都市的狐狸所看不到的，一種不修邊幅的美。這個石狐狸們坐在底座上，聽著一波波時代的浪潮聲，對著人類露出一抹不討喜的竊笑。

隨著歲月更迭，狐狸身上也披著一層美麗的、淡淡的、各種色調的斑紋。背上則有碧綠色如天鵝絨般，象徵歲月痕跡的青苔。手腕、尾巴的前端則是覆蓋著像生了銹，呈現金銀色的絲狀黴斑。

不知道為什麼，千尊狐狸中居然有九百尊左右都少了鼻子。或許這些出雲的無鼻狐狸們能從松江主要幹道的一端鋪到另一端。某位友人覺得我的疑問，雖然簡單，但也讓人思考到這個問題。犯人就是「小孩」。

## 十二

以狐仙聞名的「稻荷」就是「穀物之神」。不過「稻荷」的原意是「食物之靈」，也就是古事記中的宇賀御魂命。

這尊神被稱為「御食津神（MIKETSUNOKAMI）」[1]，也就是「三狐神」，是後期才出現與狐仙信仰相關的名稱。將狐狸視為「超自然存在」的看法，在十世紀或是十一世紀之前，似乎還沒傳到日本。說到有狐狸像的神社，其實比較大的神社境內都可以看到。不過，在日本最古老的神社——杵築——的寬廣境內裡卻看不到。因為將稻荷描繪成跨坐在白狐上，蓄著白鬍的男性，是豐國[2]等近世的作品。

稻荷不只是穀物之神，也是各種信仰的對象。如同古希臘的荷米斯或是宙斯、雅典娜、波塞頓等眾神，以學者的知識來說即使只是一個神，但在一般人的想像中，卻各自不同。稻荷也具有多重神格。

像是松江有「神谷的稻荷神」。這尊神在出雲之國相當普遍，是治療嚴重咳嗽、感冒的神祇。神社位於田町，被稱為「感冒之神」，或是尊稱為「神谷的稻荷神」等等，受人景仰。參拜此稻荷而治好咳嗽或感冒的人，都會奉上豆腐做為謝禮。

在大庭這個地方也有著名的稻荷。這裡的神社牆壁上釘著塞進很多土製小狐狸的大箱子。參拜者可以把這小狐狸放進一個袖子裡帶回家。然後祈願直到實現為止。當願望實現，就要將狐狸歸還神社，放進箱子裡，並且奉上些許供品。

稻荷雖然被視為治病之神而受人景仰，但也常常被視為帶來財富的神祇（或許因為日本以前會將表示稻米生產量的「石高」視為富裕的表徵吧）。也有用嘴銜著鑰匙的狐狸像。因為稻荷是招財的神，所以也成了遊女們供奉的神。

像是橫濱遊廓附近的稻荷神社，就很值得探訪。這座神社和辯才天女神位於同一境內，以稻荷神社來說，算是比較大型。穿過整排鳥居，愈接近神社，鳥居的高度就愈低，間隔也愈窄。

每個鳥居前都有左右一對，不甚討喜的狐狸像盤坐著。眼前那對狐狸像如同獵犬般大，但是第二對小很多。接著的狐狸像也配合鳥居，尺寸愈來愈小。在社殿的木頭階梯下方，還有一對頸部周圍用紅布圍著，暗灰色，相當優雅的石狐狸。

階梯上，每一層的兩端都有白木的狐狸像，往上走，狐狸也漸小。在入口門檻上也有不到十公分，非常小的兩隻狐狸，坐在天空藍的底座上。

1　譯註：MI 有三的意思；KETSU 為狐狸之意；KAMI 則是神。

2　應該是指「豐臣政權時期」，約從一八八五年開始。

這些狐狸的尾巴前端，全都塗著金色。往社殿裡窺視，左側有長長的矮桌，上面放著比入口處狐狸像更小，數千尊有著白色尾巴的狐狸像。不過，沒看到稻荷神像。其實，截至目前為止無論到哪間稻荷神社，都沒看過稻荷神像。祭壇上，只看到神社都有的神道擺飾。在前面，剛好與入口相反方向，立著如燭台的東西。兩面貼上玻璃，底板則打上釘子方便插上蠟燭。

待了一陣子，或許就能看到上了胭脂，身穿一般女子或已婚婦女不會穿的美麗且具古風衣裳的女人們來到階梯下方，在入口處的賽錢箱投入零錢，喊著「要點蠟燭」吧！

接著，一位老人就會立刻從裡頭的房間捧著點著的蠟燭走進社殿，將蠟燭插在燭台的釘子上，然後離開。為了招來幸運，總會伴隨像這樣默默進行的獻蠟燭的儀式。包含遊女在內，這間稻荷神社的信徒眾多。

狐狸頸部圍著的紅布，也是信徒獻納的。

## 三

出雲的石狐狸數量似乎比其他地方更多。對多數農民而言，狐狸不只是穀物之神，也是其他信仰的對象。其實下層階級的百姓中，普遍存在與單純的神道迥異，有點奇特的「狐仙信仰」，因此對大元神，也就是農耕之神的信仰逐漸薄弱，幾乎不復存。對神的使者——狐狸——的信仰，反而取代對神的信仰。

原本狐狸是因為稻荷神才變得神聖。剛好與烏龜之於金刀比羅宮[3]、鹿之於春日大明神、鼠之於大黑天神、鯛魚之於惠比壽、白蛇之於辯才天女神、蜈蚣之於戰神，毘沙門天的關係一樣。但是，幾百年下來，狐狸卻奪下稻荷神的寶座。所以狐狸石像現在不再只是稻荷信仰的裝飾。

稻荷神社的社殿後面的牆上，大多是離地面數十公分的位置，可以看到直徑約二公分[4]橢圓或是圓形的洞。多是拉門式，可以自由開關。這個圓孔是狐穴，如果拉開往裡面瞧，可以看到供奉著豆腐等等狐狸喜歡的食物。也會在洞穴下方或附近木製向外突出的檯子上、洞穴旁撒米粒。

或許也能看到農民在洞穴前拍手，一邊念著禱詞，一邊吞一、二顆米粒。他們相信那個米粒可以治病、保健康。這個洞穴是為了肉眼看不到的虛幻狐狸做的，農民們都尊

3 譯註：位於香川縣的神社。

4 譯註：原文為「直徑二公分」，但狐穴尺寸應遠大於此。此外，若為直徑二公分的洞，應該用不著拉門。此處疑為筆誤。

稱狐狸為「狐仙」，虔誠地供奉著。據說狐狸本尊是全身雪白。

也有人認為會魅惑人類的狐狸有好幾種，也有人認為只有稻荷狐（狐仙）跟野狐（狐狸）兩種。還有人認為有上等狐跟下等狐之分，上等狐又分成白狐、黑狐、善狐、靈狐四種，每種都具有法力。不過也有人認為狐狸只有分成野狐、人狐、稻荷狐三種。

也有很多人把野狐跟人狐混為一談，也有人把稻荷狐跟人狐視為同物。要釐清這樣的混亂或許不容易！尤其是農民。此外，這樣的狐狸信仰也依區域各自不同。出雲是迷信氛圍濃厚的地方，在這樣具獨特風格的地方只待一年兩個月的我，只能概略歸納成以下內容。

無論什麼種類的狐狸都具有法力。有善良的狐狸，也有邪惡的狐狸。稻荷狐是善良的狐狸，邪惡的狐狸懼怕稻荷狐。最邪惡的狐狸稱為人狐，具有魔鬼般的性格。大小如同鼬鼠般，樣子也像鼬鼠，只有尾巴跟其他狐狸一樣。除了看上的目標外，鮮少露出真面目。喜愛住在民家、被飼養，會讓細心照料牠的人家變得富裕。不會讓飼養牠的人家田裡缺水、飯鍋缺米。不過，若是惹牠生氣，就會讓飼養家庭遭受不幸、作物乾枯而死。

野狐也在惡狐之列。有時也會纏著人不放。擅長妖術，喜好施展妖術蒙騙人類。能變身成各種型態，也能隱身。不過狗能識破，所以相當懼怕狗。另外，無論變身什麼，狐狸的影子都會顯現在水中。當農民殺了狐狸，那狐狸一族以及狐狸的亡靈也會施展妖術。若把狐狸肉吃下肚，狐狸就無法再施展妖術。

野狐也會入侵民宅。人類飼養的狐狸，幾乎都是比較小型，屬於人狐的種類。但是也可能出現野狐和人狐同在一個屋簷下生活的情況。據說野狐若修練百年，全身就會變得雪白，升格成稻荷狐。

在這樣的信仰中也看到若干奇妙的矛盾，在此就不多討論。雖然想好好整理狐狸相關的迷信，但是存在於信仰者之間的混亂，以及讓此信仰成立的要素繁多，讓此事窒礙難行。

原本狐狸信仰來自中國，但傳入日本後，就巧妙地混入神道信仰，接著也因為佛教念咒等等的觀念而變質，信仰的廣度也增加了。但是對一般民眾而言，或許是單純懼怕狐狸，所以才有祭拜儀式吧！畢竟農民們現在還是對畏懼的事物懷有敬畏之心。

六四 先不提以往學者們撰寫的書目，以前的普通百姓對各類狐狸的觀念、對稻荷狐和狐狸附身的看法等等，都讓人強烈懷疑應該比現在更明顯。豐臣時代似乎就把稻荷狐和妖狐視為同物，像是秀吉寫給狐神的信，現在仍保存於奈良的東大寺。

您手下對本人差使的夫人施展妖術，茲事體大，還望明鑑。懇請詳細調查此事，查明來由後，還請賜告。

若此狐無特殊理由即施展妖法，應即刻逮捕，予以懲處。若閣下對此事的處分猶豫不決，就由日本國內處置，將此狐打死。

若想詳細究明，可詢問吉田神社。

三月十七日

太閤華押[5]

稻荷大明神殿

不過，武士階層的人之前便信仰稻荷，所以即使鄉下地方，稻荷信仰確實和狐狸信仰有所區隔。對出雲的武士而言，因為理由明確，所以稻荷神的聲望始終不墜。在松江，即使是現在，多數士族宅邸的庭院裡，都設有稻荷大明神的小神社，前面則有小型的狐狸石像。

下層階級的人們，像是侍的家，到處都飼養狐狸。不過，人們對狐狸並不畏懼，認為是「善狐」，其實在封建時代，人狐迷信對松江的武家來說，似乎沒有造成影響。迷信之所以變調，是因為廢止武士身分，直接更名成紳士階級的士族後，開始和狐狸信仰根深蒂固的商人階級，也就是和町人身分的人有了連結。

農民們認為出雲的大名——松平公，是最虔誠的狐狸信徒。也真的相信歷代大名中，也有大名將狐狸當成使者派去江戶（傳說狐狸從橫濱到倫敦只要數小時）。在松江也傳出在江戶附近以陷阱捕到的狐狸，脖子上綁著的信，就是出雲大名早上所寫的內容。松江的城內有座名為「城山的稻荷神」，是很大的稻荷神社，那裡有數千隻石狐，

5 譯註：「太閤」指的是豐臣秀吉；「華押」代表某人的符號。

當地人認為那並不是松平公信仰稻荷神，而是信仰狐狸的明確證據。

不過，以這個多變生物的動物學領域來看，一種生物要出現另一新種生物，要明確區分種類不同也難如登天。畢竟農民曖昧模糊的觀念中，狐狸魂魄的「氣」與「食物之神的靈」（御食津神），都與稻荷的名稱混在一起，難以區分。

古代神道的神話中，對「食物之神的靈」有明白解釋，卻完全沒有提到狐狸。而出雲的農民們就像歐洲信奉天主教各國的農民一樣，自己會創作神話。如果問他們，是把稻荷視為惡神信仰，還是善神供奉，農民們一定會回，因為稻荷是善神，所以稻荷狐也是善良的。

那些農民也會認為，狐狸有白狐跟黑狐，一個是應該崇敬的狐狸；另一種則是可以殺死的狐狸。聽說白狐是善良的狐狸，會發出「齁　齁」的鳴叫聲；黑狐則是壞狐狸，會發出「咕哇伊　咕哇伊」的叫聲。不過，若是被狐狸附身的農民，就會模仿神的口吻說「在下稻荷。是玉櫛的稻荷」。

## 十五

妖狐具有三種邪惡習性，所以在出雲地方特別讓人感到畏懼。

第一種是以報仇或是單純的惡作劇為目的，以妖術矇騙人類。第二種是當某家族的僕人，一直待在那個家，讓附近的人都懼怕這個家族。第三種最惡劣，會進入人體，誘發邪惡思想，使人發瘋似的翻滾。也就是「狐狸附身」的現象。

狐妖蒙蔽人類最擅長的做法就是化身成美麗女子。相較而言，狐狸鮮少會化身成年輕男子，除非是要矇騙女性。關於狐女惡行惡狀的傳言很多，書上也有記載。不過，人世間也會用「狐狸」指責將男人當作俘虜，奪取全部財產的危險女人。

也有不少人認為狐狸絕不會化身成人。只是施展像改變磁場般的法術、散發如妖氣般的氛圍，讓人誤以為化身成人。

當狐狸化身美女，也不一定是做壞事。關於這部分，也有幾個傳說。傳說中狐狸變身成美女，與某位男子結合而懷了孩子，這些都是狐狸出自對人類的感謝、報恩之情。不過，一家的幸福也隨著發現孩子有吃生肉的怪癖而幻滅。

如果只是要達到邪惡的目的，不一定得化身成女人。畢竟也有不受女性魅力操弄的男人。不過狐狸確實能變身成任何外形。和預言者普羅透斯一樣，能輕而易舉地變身。不只如此，狐狸還會變出人類想看的、想聽的、想想像的任何東西。能跨越時間與空間。像是讓人類回想起過往、看見未來。即使現在已受到西方思想影響，那種魅力還是難以抵擋。

才幾年前的事情，曾經發生有魔幻列車行駛在東海道線，讓鐵路公司的技師們都震驚不已的案例。不過，跟妖怪一樣，狐狸還是比較喜歡在遠離人煙的地方走動。到了夜晚，則會像燈籠發出的光，也就是「狐火」。為了避免被妖術控制，不妨記住雙手相連，擺出如鑽石般形狀的手印，再從形狀的孔洞往狐火吹氣、念經，就可以除去狐火。不過，狐狸施展妖術化身成人不會只在夜晚。白天也可能引誘人類到可能使自己喪命的地方，讓人類產生幻覺。像是讓人類誤以為發生地震，使人類驚慌失措。因為歷經過那些事情，讓固執守舊的農民們不管看到多麼不可思議的事情，都不會再立刻相信。

像是一八八八年發生嚴重的磐梯山爆發。這巨大的火山炸得粉碎，使四十三平方公里大的土地都付之一炬、森林毀滅、改變河川流向、甚至村落連同村民都被掩埋。但是目擊這一切的年邁農民的話卻讓人聽得入迷。

這位農民一臉氣定神閒，就像看戲一樣，從附近的山頂觀望。農民看到的是，黑色柱狀的灰以及蒸氣噴到六公里之高，然後如傘狀般慢慢擴張，遮蔽了陽光。後來農民發現開始下起奇妙的雨，雨的溫度甚至比泡澡的水還高。

所有東西都染成黑色。接著，腳下的山就像往山谷的方向沉沒般，也聽到宛如天崩地裂的雷聲。但是農民就一直不動，直到一切停止。因為他認為眼前所見、所聽到的，全是狐狸妖術產生的幻覺，於是下定決心不為所動。

# 日本的庭園

## 一

我那間位於大橋川畔的二層樓房屋如鳥籠般小巧可愛，但隨著越來越接近溽暑時節，我知道要住得舒適，這房子顯然太小了。房間天花板的高度連汽船客室都比不上，而且小到普通蚊帳都沒法掛。無法眺望美麗的湖泊令人無比遺憾，但已經不能不搬家了。

我搬到此城北部、開始崩壞的城堡後面一條安靜的街道上。新家是所謂的「家中屋敷」，是過去高階武士居住的宅邸。這裡，與護城河外側街道——其實只是一條小路——隔著覆蓋瓦片的高牆。前方有個如寺廟山門般的出入口，要到這個出入口，得先爬一段寬闊的矮石階。大門右側有個如木牢般架著粗木條的監視窗；封建時代，武裝家臣會隱身在窗戶後面監視往來行人。木條之間的間隔非常窄，就算有人躲在後面，從馬路那邊根本看不見。

進門後，通到主屋的走道兩側也被牆壁圍住，因此訪客若無相當的特權，只能看見白色紙格門始終拉上的玄關口而已。任何地方的武士宅邸都是平房，這裡也是，但有十四個房間，每間的天花板都很高，而且寬敞優美。只是，這裡沒有秀麗的湖水，也沒有動人的景色。從我家正面圍牆上可以眺望部分城山——它本身有一半被松林擋住了——但也只是一部分而已。宅邸後面約一公里處是參天森林，不僅看不見地平線，簡直林蔭蔽天了。

即便如此，算是為了彌補這個與世隔絕的缺憾嗎？這裡的庭園意外美麗。庭園共環繞宅邸的三個邊，從寬敞的簷廊眺望，可以一次欣賞到兩處庭園美景。用竹子與藺草編成中間有個大開口的籬笆，就是三座庭園的分界線；不過，它並不具備柵欄功能，充其量只是裝飾，只是標示庭園從這裡開始到那裡結束的一個分界線罷了。

## 二

我想介紹一下日本庭園的常識。

學過日式插花——雖說如此，要獲得足以實踐的知識，必須具備直觀美感，且經過數年鑽研，因此頂多是依樣畫葫蘆的程度——對它有所了解後，就會覺得西洋插花多麼粗俗了。這並非我的一時觀點，而是在日本內地長年生活後所深切體會到的確信。

連我這樣的人，都能領悟到單單插上一枝花所展現的莫名美感。當然，這必須是懂得日式插花的人才辦得到，因為它可不光是將一枝花丟進花瓶這麼簡單而已，從修剪花枝、決定形態，到美美地插出來，搞不好得花上整整一小時。

因此，我現在認為，西方人所謂的「花束」，是一種將花朵活活殺死的卑劣行為，是對色彩感覺的褻瀆，是極其可恨的野蠻行徑。而且，當我知道日本的

赫恩住過的「家中屋敷」。／iStock

古老庭園是怎麼一回事後，每當想起英國的豪奢花園，便忍不住質疑為何要花大錢來刻意破壞自然，打造出不協調的東西後又想留下什麼呢？多無知，只是炫富罷了。

日本的庭園原本並非花園，目的也不是為了栽種植物。十之八九，你不會在日本的庭園中看見花壇，有些庭園甚至沒有綠枝。當然，這是例外，有些庭園了無綠意，全部由岩石、小石和細沙組成[1]。換句話說，基本上日本的庭園是山水庭園。雖說如此，卻未必需要一定的面積；有占地一英畝（約四千平方公尺、一千二百坪）的，也有好幾英畝的恢廓庭園，就算僅一坪的彈丸之地也無妨。

舉極端的例子來說，日本的庭園再小都可以，有些小到專為裝飾壁龕而設計。這種迷你庭園布置在水果盤大小的容器裡，稱為「小庭」或「床庭」，可在建於密密麻麻的建築群中而無多餘土地可做外庭的房子裡見到（這裡稱「外庭」，是因為在日本，房子

---

1　喬賽亞・康德（Josiah Conder）先生曾舉出某住持家的庭園就是如此。相傳曾有一顆石頭讚歎佛陀的教誨而行禮致意。這家庭園便是根據這則傳說打造出來的。
此外，我曾在鳥取縣的東鄉池見過幾乎全部由沙石組成的空廓庭園。園藝家想表達的是越過砂丘逐漸接近大海的意象。那幻影真太絕妙了。

要是夠大，一樓與二樓之間會有「內庭」）。床庭大致是布置在形狀特別的鉢物或是淺鑿的木盒裡，用英語很難形容，反正就是別有情趣的容器中；裡面有小山，山上有迷你小屋，小河從得用放大鏡才看得清楚的小水池流出，河上架著極小的拱橋；還用低矮的植物代替樹木，用形狀有趣的小石代替岩石，有些甚至看得到小燈籠和可愛的鳥居。總之，就是將日本風景縮小後，再優美地、栩栩如生地重現。

還有一個不能忘記的重點，要理解日本庭園之美，就得理解石頭之美，至少得努力理解。這裡的石頭並非指人工切割出來的，而是大自然形塑出來的。每顆石頭皆有獨特的個性，若不能充分感受到它們之間色調、明暗的差異，應無法領悟到日本庭園之美的真髓吧。

而且，外國人的話，即便審美眼光不差，仍有必要學習、琢磨對石頭的感覺。日本人天生具有這種美感。對大自然的理解，至少以眼前所見形態來理解，這方面的能力，日本人遠遠優於我們西方人。西方人要真正了解石頭之美，只能長期精心鑽研日本人如何選石、用石了。

不過，如果住在日本內地，這種訓練可說隨處都有。走在大馬路上，無以避免地，你一定會碰到好些情景可培養你對石頭的審美觀。通往寺廟的參道、路旁、神社的樹林前、墓地、公園、遊樂場，你都會看見又大又形狀不一的平坦岩石，形狀是流水自然琢磨成的，人們從河床挖出來，再於上面雕刻文字，通常就這樣，不會再有更多的加工。這些岩石多用於奉納碑、紀念碑或墓石，比用來雕刻神像和佛像的普通切割石柱或墓碑要昂貴得多。

此外，在神社或大宅邸前，也可說一定看得見將石頭挖出圓形凹槽的手水鉢，這種手水鉢是被激流沖刷成圓狀的大花崗石或堅硬的岩石做成的。這類應用石頭的例子，在窮鄉僻壤都屬稀鬆平常。如果具備這種天生的藝術感，遲早會知道天然的永遠比機械加工的美麗多了。

如果你是遍遊日本各地的旅行者，你會更習慣岩肌上鐫刻的文字，最後，即便到了沒有或不可能有石碑文字的地方，也會錯以為漢字已在自然法則下刻於岩石上，而不知不覺開始到處搜尋經文或其他鐫刻文字的蹤跡了。到這個程度，你就會覺得每一塊石頭都是獨一無二，都有各自的表情，也就能同日本人一樣感受到石頭的各種情緒與氛圍。

事實上，如同多火山的國家一樣，日本的石頭常可見到富暗示意味的形態，於是，這些石頭造型從遠古時代起，比用「岩石、樹木、青水沫皆能言語」描述出雲國邪神的古書年代更早，就強烈刺激著日本民族的想像力了。

在認為大自然的造型中皆蘊藏著某種暗示的國家，或許都會這樣吧，日本至今仍流傳許多關於石頭的奇怪信仰與迷信，幾乎各地都有聖石、怪石、靈驗之石等傳說，例如鎌倉八幡宮的姬石、那須的殺生石、江之島的福石等，而且參拜者絡繹不絕。此外，還有所謂石頭也有感情的傳說，例如有顆石頭在恭聽大燈國師宣說佛陀教義後，便低首行禮；《古事記》中也有記載，應仁天皇喝醉後，「碰到一顆大石頭擋在大坂路中間，就用力打他，結果那顆石頭逃之夭夭。[2]」

美麗就有價值，因造型美麗而被相中的大岩石可能價值高達數百美金。此外，大岩石是日本庭園的主幹。正因為每顆皆有獨特表情，因此人們會對放在庭園或宅邸四周的岩石加以命名，以顯示其目的或裝飾功能。很遺憾，關於這類日本庭園的民俗，我能談的不多，若你想多了解石頭及其名稱，乃至日本庭園的哲學，請參考喬賽亞·康德先生對日本造園技術的獨特評論[3]及日本花道的相關書籍。而愛德華·莫爾斯（Edward

Sylvester Morse）的《日本家庭及其周邊環境》（*Japanese Homes and Their Surroundings*）中關於庭園那一章非常短，卻十分有意思[4]，值得一讀。

## 三

日本庭園不會創造出不可能出現的或是完美無缺的理想風景。作為一種藝術，庭園追求的是將現實風景的魅力如實呈現出來，將風景本身所傳達的意象忠實地傳達出來。因此，日本的庭園既是庭園，也是一幅畫、一首詩，或許詩的要素更甚於畫。原因是，自然風景會千變萬化，並帶給我們歡喜、嚴肅、可怕、溫柔，或是強力感、放鬆感，園藝家要忠實反映出大自然的這種影響力，就不能只呈現美的印象，還要刺激人心產生某種情感。

---

2 張伯倫教授翻譯的《古事記》第二五四頁。

3 寫完本文後，康德先生出版了附美麗插圖的《日本之山水庭園術》（*Landscape Gardening in Japan*，一八九三年於東京出版），內有東京等地知名庭園的照片。

4 賴恩（Rein）博士對於日本庭園的考察，不論從正確度或對主題的理解度而言，都不推薦參考。他只在日本待兩年時間，而且大半投入漆工藝、絹、紙的製造及其他實務性研究，當然，這些方面的著作，他獲得不錯的評價，但那些關於日本風俗習慣、美術、宗教、文學的文章，很遺憾，我必須說他知之甚少。

昔日偉大的園藝家，亦即將造園技術帶到日本，並發展至近乎祕術領域的高僧們，將造園理論再進化，於庭園構圖中加入道德教訓，透過庭園來表現貞節、信心、虔敬、知足、平靜、恩愛等抽象概念。因此，庭園的設計會依主人而不同，例如他是詩人、武士，或是哲學家、僧侶，而有不同的展現。日本的古庭園（今日，因受到西方通俗品味的影響，該技術已然荒廢）是大自然風情與東方人文思想二者渾然一體的結合。

我不知道我家那片大庭園意圖反映出何種情感。能告訴我的人已經不在世。創造此庭園的人，早在幾代前就消失於永遠的轉世輪迴中。可是，作為一首大自然的詩，這座庭園當之無愧，無需贅言。

位於宅邸前方的大庭園面朝南，然後向西延伸到北邊，用一道奇怪的圍欄與北邊庭園作區隔。庭園中有一顆滿布青苔的大岩石，還有數個盛滿水的奇特石盤，也有經歲月洗禮而變成綠色的石燈籠、在天守閣看得到的石鯱。石鯱是想像出來的海豚，頭部著地，尾巴翹向天空[5]。還有老樹茂盛的小山；開花的灌木在彷彿河堤的碧草長坡上落下陰影；綠意盎然的假山恰似一座小島。

這些鮮綠小丘從模仿川流的絹絲般淡黃色沙地中隆起。可不能踏在沙地上，沙地太美了怎能踏上去？只要上面多一粒塵埃，所呈現的意象就要被糟蹋了。因此，為保持形態完美，園藝師必須經驗豐富且技巧純熟才行。我家的園藝師是個令人愉快的老人，雖是不容踩踏的沙地，但他將若干未經修飾的石板以稍不規則的間隔擺上去，彷彿為渡河而擺上的踏石般，可藉此走到任何地方。整體呈現出河水靜靜流過慵懶之處的河畔意象，有點悲涼。

沒有什麼會打破這種幻想，因為這處庭園完全與世隔絕。高牆及柵欄擋住街道及近鄰，矮樹籬及樹木朝外越長越高越濃密，甚至遮蔽了隔壁「家中屋敷」的屋頂。陽光射入，於沙地上搖曳的葉影十分柔美。薰風吹送淡淡花香，蜜蜂拍翅嗡嗡作響。

## 四

佛教將天地萬物區分為草木、土石等無欲望的「無情眾生」，以及人、動物等有欲望的「有情眾生」。就我所知的庭園哲學記述中，並無採用這種區分法的，但反正它很

---

5 鯱似乎都是以這種姿勢呈現，因此日本有「鯱立」一詞，意思為「倒立」。

方便，且我家小庭園所呈現的民風習俗也與這個「有情」、「無情」相關。依照大自然的順序，就先來看看「無情」吧。那麼，我從玄關前第一座庭園大門旁邊那株灌木開始說起。

當你走進舊武家宅邸，幾乎都會看到玄關旁有一株葉片大且獨特的矮樹。在出雲，這種樹叫做「手柏」，日文發音是「tegashiwa」，我家也有。我不知道這種樹的學名，也不是很肯定這個日本名稱的來源，不過，日本有個單字讀成「tegashi」，是手銬的意思，而手柏的葉形的確有點像人的手。

話說昔日藩主依慣例上江戶參勤交代時，身為家臣的武士必須陪同而離家。行前的餞別宴上，家人會將煎好的鯛魚[6]放在手柏葉上，呈給武士；宴後，這片手柏葉就會當成平安符吊在門上，祈求武士平安歸來。

與手柏相關的有趣迷信似乎不只來自葉形，葉子晃動的模樣也是起因。隨風飄動的手柏葉看起來像是在向人招手，當然，不是西洋式的招呼法，而是日本人在叫朋友時，手心向下而上下擺動的模樣。

幾乎可在所有日本庭園見到的另一種灌木是南天竹[7]。人們對這種植物有個令人莞爾的迷信，據說要是做了不好的夢[8]，例如不吉利的徵兆，只要一早將那個夢悄悄告訴南天竹就沒事了，因為這樣做，惡夢便不會成真。這種優美的樹木有兩種，一種結紅果，一種結白果，我家兩種都有。前者很常見，就種在簷廊旁（可能是為了方便做夢的人），後者非常罕見，種在庭園中間的小花壇，與小香櫞樹種在一起。

高雅的香櫞樹，果實相當漂亮，且因形狀特殊而被稱為「佛手柑」[9]。它附近有一株月桂樹，葉片泛光如青銅、形狀如矛。這種樹在日本稱「讓葉」[10]，與手柏一樣都是武士故居常見的植物。讓葉樹在長出新葉之前，舊葉一片都不會凋落，因而被視為吉利

---

6 日本稱為「鯛」（學名「*Serranus marginalis*」）的這種鱸魚，很容易在出雲海岸捕撈到，不僅因味道極美而受到喜愛，亦作為幸運的象徵，是婚宴及各種喜宴上正式的謝禮，於是在日本有「魚王」之稱。

7 學名「*Nandina domestica*」。

8 在出雲，被視為最吉利的夢，就是夢見靈峰富士山，其次是夢見老鷹，再其次是夢見茄子。夢見太陽或月亮也很吉利，但夢見星星更好。年輕妻子夢見吞下星星的話，表示會生出漂亮的小孩，被視為最幸運的夢。夢見牛或馬都是吉兆，表示要出門旅行。夢見雨或火沒有不好。和西方一樣，日本人也有「逆夢」一說，表示與現實相反的夢。因此，若是夢見家中失火、出殯、死人、和死人的靈魂說話，反而被認為是好夢。有時，對女人而言是好夢，對男人而言卻是惡夢，例如流鼻血的夢。夢見大筆金錢是有錢的前兆。夢見鯉魚和淡水魚為大凶，但在其他地方，鯉魚被視為幸運的象徵，這點倒是很特別。

9 學名「*Citrus sarkodactilis*」。

10 「讓葉」這種植物，根據赫本（Hepburn）的字典，學名為「*Daphniphyllum Macropodum*」

的象徵，象徵在兒子長大成人、繼承家業之前，父親絕不會早逝。也因為這個緣故，一到過年，出雲的家家戶戶會將讓葉的葉子和蕨類的葉子一起綁在注連繩上，再懸掛於屋簷前。

## 五

大樹也跟小灌木一樣，有著饒富趣味的詩意與傳說，而且同岩石一樣，每棵大樹依它在庭園中所占位置及目的，各有一個特殊的名字。若說岩石是庭園構圖的主幹，那麼松樹就是植栽的主幹。我家庭園有五棵松樹，都沒被硬拗成奇形怪狀。在長年規律的照料及高明的剪裁下，它們姿態優美如畫。

園藝師的目標，是讓松樹的虬枝密葉以自然形態盡情伸展，而這種濃密的針葉，正是日本鑲嵌工藝及金漆彩畫始終創作不膩的主題。在日本這個象徵主義國家，松樹當然也有特殊意義。因終年常綠的關係，松樹被視為不屈不撓及老當益壯的象徵。此外，人們也相信如針的葉子具有驅邪之力。

還有兩棵櫻花樹[11]，是張伯倫教授評為「美得歐洲任何花卉均無法比擬」的日本櫻花。櫻花有很多種，深受日本人喜愛。我家的是白中透紅般秀雅的粉紅色櫻花。每逢春天盛開時，那情景彷彿從高空降下的雲朵在夕陽的微染中飄浮於枝頭。這段描寫並不誇張，也不是我的原創。自古以來，日本人在眺望這個大自然所創造的櫻花美景時，就是用這種方式形容的。

沒見過櫻花盛開的人，肯定無法想像這種洋溢歡欣的光景。盛開的櫻花樹上，在花朵全部開完之前，綠葉不會長出來，因此樹上一片葉子也沒有，唯有花團錦簇，大小枝椏全被爛漫霞紅給覆住了。連櫻花樹下也遍地粉紅飛雪般，花瓣積厚，看不見泥土了。

不過，這些櫻花樹是栽培種。有些山櫻會在開花前長出綠葉[12]。偉大的神道作家兼詩人本居宣長就曾寫詩歌詠山櫻的瑰麗與象徵性：

---

11 學名「Cerasus pseudo-cerasus（Lindley）」。

12 關於這種山櫻花，有幾個有趣的辭彙可看出日本人很喜歡玩諧音梗。要領會這種幽默，必須先知道日語的名詞並無單複數之別。「は」（ha）這個音有「葉」和「齒」的意思，「はな」（hana）有「花」和「鼻」的意思。山櫻花的「花」比「葉」更早長出來。因此，人們把「齒」長得比「鼻」突出的人叫成「山櫻」。日本人，特別是下層階級的人，暴牙者並不少見。

人問敷島大和心
朝日燦爛山櫻花[13]

栽培種也好、野生種也好，日本櫻花當然也有某種象徵。昔日武家宅邸的櫻花，並非只因美麗而受到重視，人們藉櫻花的一塵不染來象徵高雅禮儀，以及真武士該具備的纖細情感與廉潔。日本古諺曰：「花屬櫻花，人屬武士。」

在我家庭園西邊一隅落下陰影，並將光滑的烏枝突出到簷廊上面的，是漂亮的日本梅樹，而且是一株高齡老樹。我想其他人家也一樣，種梅花肯定是為了欣賞。早春綻放的梅花[14]，撩撥人心的程度毫不遜於晚一個月的櫻花。當她們盛開時，人們會特地放假出門賞花。

櫻花與梅花最有名，但受到此般鍾愛的可不只她們而已。紫藤、朝顏、牡丹隨季節怒放時，城裡的人都會跑到郊外或鄉下去賞花。出雲的牡丹最是精彩，最佳賞花名所是中海這個大潟湖中的大根島，從松江搭船約一小時。每到五月，全島被牡丹染成一片緋紅，學校甚至會放假一天讓小朋友去欣賞個夠。

梅與櫻的美麗不分軒輊，但日本人對於女性的美貌會用櫻花比喻，卻不會用梅花；對於女性的貞淑與優雅，會用梅花比喻而不會用櫻花。有西方作家說，日本人不會用花草樹木來形容女性，這是天大的錯誤。用纖細的楊柳[15]比喻女性的嫻靜，用櫻花比喻青春少女的魅力，用梅花比喻女性心思的可愛，不一而足。不，日本詩人自古就將女性比喻成各種美好的事物。以下介紹一首將女性的姿態動作比喻成花朵的詩歌。

立如芍藥[16]，坐如牡丹

行如姬百合[17]

即便是身分卑賤的鄉下女子，很多人也都有個在樹名、花名前面冠上敬語「お」的

13 意思為「若要問我何為大和之心，且看那朝日下燦爛盛開的山櫻花。」

14 梅花主要有紅梅、淡紅梅、白梅三種。

15 人們經常用「柳腰」來形容女性嫋嫋娉娉的體態。

16 學名「*Peonia albiflora*」，用以形容典雅之美。沒在日本親眼見過牡丹，恐怕難以理解牡丹的譬喻。

17 也有人說成罌粟百合。姬百合是百合花的一種，學名為「Lilium callosum」。

名字[18]，例如「お松」、「お竹」、「お梅」、「お花」、「お稻」等，更別提藝妓或妓女的花名了。而女子取某種特定的樹名，除了人們認為那些樹木本身非常美麗，我想更重要的原因，是因為自古以來那些樹木被視為長壽、幸福、好運的象徵。無論如何，古諺、詩歌，乃至今日常用的措辭，都在在證明，日本人將女性比喻成花草樹木的這種美感，完全不輸西方人。

## 六

樹木——至少是日本的樹木——中有靈魂這個觀念，只要是見過梅花或櫻花開得如火如荼的人，就不會認為這是離奇的幻想了。在出雲，在任何地區，這都是極其普通的信仰；雖然並非源自佛教哲學，但某個意義上，比起「樹木是為人類而生」這個西方古來的正統思想，我認為它更接近宇宙真理。

此外，西印度群島有些信仰，對於防止珍貴的森林遭受破壞產生相當大的效力，無獨有偶，日本也流傳著幾則關於某些特定樹木的奇妙迷信。日本同其他熱帶地方一樣，存在一些幽靈樹，例如榎（學名「Celtis Willdenowiana」）和垂柳就是，因此絕少出現在日本庭園中。人們相信這兩種樹會變出奇怪的力量。出雲有句俗話「榎が化ける」。查日語字典，「化ける」的解釋是「喬裝」、「易容」、「改變」。不過，榎的信仰非常獨特，將「化ける」做這些解釋並不能完全讓人理解。

因為不僅榎木本身會變形、移動，還會有個自稱樹妖的怪物從榎木跑出來，變身成各種模樣四處遊走[19]，而最常變的就是美女了。樹妖絕少開口，也不會走遠，要是有人靠近，它便立刻躲進樹幹或樹葉中。據說砍伐老柳樹或幼榎木時，會有鮮血從切口流出來。不過，不論哪一種，還在樹苗階段是不具備靈異性質的，但會隨著樹齡增長而變成具危險性的幽靈樹。

有個傳說很是哀傷，讓人想起古希臘的木神德律阿得斯。那是一株長在京都武家宅邸的柳樹的故事。由於大家都說那棵柳樹不吉利，租那棟宅邸的人便想砍掉它。此時，

18 今天，日本上流階級的女孩子，名字已經不太加上「お」了，也不會用太艷麗的名字。即便貧窮，只要是正經人家，都不喜歡像是藝妓的名字。但這裡引用的名字都很正經，很普遍。

19 薩道義先生在平田篤胤的著作中找到幾個與此相似的信仰。神道教義很有意思，主張「神會將自己的一部分分離出來，讓它負責其他工作，而這個分離出來的部分叫做『分魂』。」根據平田的說法，出雲最偉大的神「大國主神」有三個分魂，分別是負責懲罰的荒魂、負責寬恕的和魂，與負責祝福的幸魂。就有神道故事提到，荒魂遇見和魂時，完全不知道彼此是來自同一尊神。

有個武士說了下面這段話，讓租宅邸的人打消主意。

「要是你想砍掉它，何不賣給我算了。我想把它移到我的園子裡種。那棵樹有靈魂，砍掉它太殘忍了。」

就這樣，柳樹換了新主人，在新家的庭園裡成長茁壯。樹靈為感謝這名武士的購買及栽培之恩，變成一名美麗女子後嫁給他。夫妻恩愛並育有一個可愛的男孩子。

幾年後，該土地的藩主下令要砍掉那棵柳樹。女子哭得肝腸寸斷，並向丈夫坦誠真相。

「所以，我非死不可了，但我們的孩子會活下去吧，請你好好愛護這個可愛的孩子，這樣我就死而無憾了。」

武士大為吃驚，想方設法阻止妻子去死，但都不能如願，妻子訣別後，就消失在樹木裡面了。不消說，武士費盡唇舌力勸大名不要砍掉柳樹，但大名為了修復「三十三間堂」[20]這座大佛寺，無論如何都必須用到那棵柳樹。

然而，柳樹雖被砍倒，卻突然變得很沉重，三百名大漢都不能挪動它一下。這時候，武士的兒子折下一根柳枝拿在手上，對著柳樹說：「跟我來。」柳樹便跟在小男孩的後面，一直滑動寺廟裡。

榎木雖被說成幽靈樹，但有時也受到最高的宗教崇拜，因為據說人們常以舊玩偶祭拜的「荒神」，祂的神靈就寄宿在古老的榎木中。這種榎木前方常設有小祠供人們祭拜。

## 七

我最喜歡位於北邊的第二座庭園。並非因為這裡草木芊芊。這裡鋪著藍色鵝卵石，中間有個迷你小水池，水池外圍有珍稀植物，中間有小島。小島上有幾個小山，上面有宛如小人國世界的桃樹、松樹和杜鵑花，還有一株長度不過三十公分，樹齡卻高達百年的老樹。即便如此，若依園藝師的設計巧思去看它，一點都不會覺得它有那麼小，真不可思議。

從面對庭園的客房一隅眺望，依角度的不同，會覺得距離近在咫尺，彷彿那是真有島嶼浮在其間的湖畔風光。我從客廳遠觀園藝師——已於月照寺的杉樹下長眠百年——

20 可說是京都最令人印象深刻的寺院。該寺奉祀千手觀音，裡面有高達三萬三千三百三十三尊觀音像。

的這處精心傑作，直到看見島上一座真正的石燈籠，才會發現眼前的湖畔風光只是幻想。相對於這幅風景，石燈籠大得太不合適了，應該不是造園之初擺進來的吧。

小池邊緣到處擺滿了幾乎與水面等高的扁平大石頭，可在上面或站或蹲，觀察棲息池中的生物，照顧水草。睡蓮（學名「Nuphar Japonica」）朵朵，翠綠的水盤狀蓮葉浮在水面猶如浮在油上。最多的是淡紅色及純白色的荷花。水邊則是紫色菖蒲燦爛。其他還有觀賞植物、蕨類、青苔琳瑯滿目。

但再怎麼說，這都是一座荷花池，荷花是最大嬌點。從葉子初放到最後花朵凋零，荷花的生長過程太精彩了，能夠親見真是喜悅無比。尤其下雨時分更值得觀察。酒盃狀的大葉子高出水面，風雨飄搖中，不一會兒便積了水；可累積至一定水位後，她便彎下腰來，發出一聲巨響將水清空後，俐落地挺直腰桿。荷葉上雨珠點點，是日本雕金師最喜歡取材的圖案。雨珠從油光綠葉上滑落，此般姿態及色澤，唯有金屬藝品才能逼真重現。

## 六八

第三座庭園最大，從第二座庭園的圍籬起，一直延長到橫跨宅邸北邊及東北邊的蒽翠小丘。往昔這一帶是整片竹林，如今則是野花野草叢生的荒地。東北邊有一口絕佳的噴水井，透過製作精巧的竹筒水管，將如冰冷水引至家裡。

西北邊的盡頭，有一座非常小的石造稻荷神社，神社前豎立兩尊大小相宜的小狐狸石像。神社和石像都破損了，濃苔密布。不過，靠宅邸東邊處有一小塊耕地，全部栽種菊花，四周立起細竹當支柱，上面架起如紙格門般的斜屋頂，用以遮蔽強風烈日。對於菊花這個日本園藝的了不起成就，已有許多書籍介紹了，我無需錦上添花，不過，我想介紹一則關於菊花的故事。

在日本，有個地方認為種菊花不吉利。原因我後來才知道。這地方是播磨國姬路的一個小鎮。姬路有一座擁有三十個塔樓的大城堡，過去是一位奉祿達十五萬六千石的大名住在那裡。

那位藩主有個重臣，重臣家裡有一名出身好人家的女僕，女僕的名字與這裡的主角花卉同名，叫做「阿菊」。她負責保管許多金銀財寶，包括十個價值不菲的黃金盤。

有一天，黃金盤掉了一個，遍尋不著。被追究責任的阿菊不知如何證明自己的清白，最後投井自盡。但是，從那天起，阿菊的亡靈每天都回來，邊哭邊慢慢數盤子。

一個、二個、三個

四個、五個、六個

七個、八個、九個……

數到這裡，便絕望大叫，「哇！」地痛哭流涕。然後再次「一個、二個、三個、四個、五個、六個、七個、八個、九個……」地哀聲數著。

後來，阿菊的亡靈跑到一種奇怪的小蟲身上。那種蟲子的頭有點像是披頭散髮的女鬼，後來就被叫做「阿菊蟲」，據說只在姬路才看得到。這則故事被寫成戲曲《播州皿屋敷》而一舉成名，至今仍在各地的大眾劇場上演。

這齣戲曲的舞台在「播州」，日語讀成「banshu」，但有人認為「banshu」其實是東京（當時稱「江戶」）一個舊地名的諧音，因此真正的舞台應該在後者才對。不過，姬路人主張現在叫做「五軒屋敷」的地方，就是昔日阿菊工作的宅邸的所在。於是，如今在五軒屋敷一帶，由於與「阿菊」同名的關係，人們認為種菊花是不吉利的，證據就是，據說那一帶無人種菊花。

## 九

接著，我們來談談住在我家庭園的「有情眾生」。

首先，有四種青蛙，三種住在荷花池，一種住在樹上。住在樹上的青蛙非常小，全身鮮綠，叫聲高亢如蟬。外國也有類似的品種，但因為牠的叫聲被視為下雨前兆，因此稱為「雨蛙」。

住在荷花池的青蛙是「土蛙」、「縞蛙」和「殿樣蛙」。土蛙最大最醜，顏色很噁心，要是說出牠的正式名稱（「土蛙」不過是形容牠的體型大），也跟顏色同樣令人作噁。縞蛙沒那麼醜陋，但也令人不敢恭維。而既然取「殿樣」這個表示立下豐功偉業的大名尊稱，可見殿樣蛙有多厲害了，牠全身呈赤銅色，真的很美。

除了這四種，庭園裡還住著一種體型龐大、眼珠外凸的青蛙，這裡的人叫牠們「蟾蜍」。我想牠們是不是蛤蟆？蟾蜍通常是指牛蛙吧。這種青蛙幾乎每天都跑進家裡找食物，就算有陌生客人，牠們還是臉皮很厚，完全不感到害怕。在我家，這種蟾蜍被視為會帶來幸運的訪客，他們相信，蟾蜍只要吸一口氣，家裡的蚊子就會被牠吸光光了。園藝師和其他人都很善待蟾蜍，原因是，相傳從前有一隻蟾蜍變身的妖怪，牠吸了一口氣後，豈止昆蟲，連人都被牠吸進去了。

水池中還住著許多小魚，也有腹部紅通通的蠑螈，以及一大堆叫做「豉豆蟲」的水生甲蟲。這種蟲子會不停地在水面上快速轉圈圈，因此很容易與其他形狀的昆蟲區別出來，人們還用牠來比喻過度亢奮而跑來跑去的人。此外，還有外殼上有著黃色條紋的蝸牛。日本小朋友之間流傳一首有魔力的歌曲，小朋友相信，只要唱這首歌就會長出蝸牛的角。

蝸牛[21]，蝸牛，伸出你的角來

現在刮風又下雨，快快伸出你的角來

貧窮階級的小孩都是在寺廟裡玩，但階級高一點的，就會在自家庭園玩，因此，他們認識植物生態及昆蟲世界的地方，就是自家庭園。而且，許多關於花鳥——經常出現在日本迷人的民間傳說中——的美麗傳說與歌謠，也都是在庭園教出來的。

兒童的家庭教育幾乎都由母親負責，他們從小就被教育要善待生物，而這樣的教育成果明顯反映在日後生活中。不可否認，日本兒童也與其他國家的兒童一樣，會出於原始本能而無意識地做出殘酷行徑，但在這方面，從很小的時候就能看出男女差別了。女孩子的溫柔很早便顯露出來，她們和昆蟲、小動物玩耍，不但不會加以傷害，玩耍後還會放牠們走。

但換成了男孩子，只要父母或大人看不到，他們就可能使壞。要是殘暴行徑被發現，他們會被教訓一頓，「好好反省，這種行為太可恥了！」而且會聽到佛教的警告：「做壞事的話，下輩子會得到報應。」

一隻烏龜住在水池的岩縫裡，應該是前主人放的吧，十分可愛，但有時會好幾星期

21 人們認為蝸牛喜歡下雨，於是把下雨天愛出門的人說成「像蝸牛一樣」。

不見蹤影。根據一則眾所周知的神話，烏龜是金比羅神[22]的神使。因此虔誠的漁夫發現烏龜，會在龜甲上寫上「金比羅神之神使」，然後請牠喝酒再放牠走。人們認為烏龜喜歡喝酒。

有人說，住在陸地的「陸龜」才是金比羅神的神使，「海龜」是海底龍宮的神使。據說海龜具有一吐氣便風起雲湧，創造出壯麗宮殿的能力；民間故事《浦島太郎》[23]中登場的就是這種。而不論哪種烏龜，據說都能長壽千年，因此日本的美術上經常用牠來象徵長壽。

不過，日本的畫家及彫金師所繪的烏龜，都有一條特別的尾巴。說是尾巴，但就像蓑衣的下襬一樣，有好多條小尾巴拖在後面，因此有了「蓑龜」這個名字。你到佛教寺院的聖池去，就有可能看見烏龜因為活太久了，以致龜殼逐漸纏上線條狀的水藻而拖著它們走路的模樣。所謂的蓑龜神話，搞不好就是從藝術家努力表現這樣的烏龜姿態而發展出來的。

## 十

一到夏天，青蛙數量暴增，傍晚時分便吵得沒法形容。可應該是天敵搞的鬼吧，夜間大合唱的規模一週小於一週。這裡有個蛇的大家族，有的長度超過一公尺，經常攻擊蛙群。被攻擊的青蛙會發出悲痛的哀鳴，我家的人要是聽到就會衝出去搶救。我的女傭會輕敲竹竿，彷佛在說：「放掉你口中的獵物！」因而獲救的青蛙不在少數。

這些蛇的泳姿太美了。牠們都在庭園裡隨意爬來爬去，只有夏天太熱時才會跑出去。但在我們家，沒人有打牠們或殺牠們的念頭。其實在出雲，人們傳言殺蛇是不吉利的。曾有一名農夫提醒我：「要是無緣無故殺死一條無害的蛇，往後打開米缸蓋子時，裡面就會冒出蛇頭來。」

蛇會吃青蛙，可也沒吃掉那麼多，厚臉皮的老鷹和烏鴉才是最不可原諒的外敵。此外，倉庫下面住著一匹非常可愛的黃鼠狼，即便房子主人就在眼前，牠仍會肆無忌憚地跑到池塘抓魚抓青蛙。另外還有一隻會擅自闖進我家的貓。這隻瘦巴巴的野貓是個江洋大盜，我好幾次試圖教化牠，但都沒輒。牠除了心地壞，還剛好有條長尾巴，因此有人懷疑牠是不是傳說中的怪貓。

22 原本是佛教的護法神，但最近人們認為祂就是神道的琴平神。

23 參考自張伯倫教授翻譯的《日本童話叢書》，書中有日本插畫家所繪的美麗插圖。

出雲是有天生尾巴很長的貓，但通常不會就這樣長大。由於人們認為貓的天性就是會變成怪貓，為了阻止這件事發生，會趁還是小貓的時候剪斷尾巴。當然，不管沒有沒尾巴，貓都有魔性，會讓屍體跳舞，而且最是忘恩負義。

日本有句俗諺：「養狗三天，三年不忘主人恩；養貓三年，三天就忘主人恩。」再說，貓愛搗蛋，不是抓破榻榻米，就是在紙格門上戳洞，在壁龕的柱子上磨趾甲。不僅如此，貓也是受詛咒的動物。據說佛陀涅槃時，只有貓和毒蛇沒流淚，因此這兩種動物不能前往極樂淨土。還有其他各式各樣的理由，讓出雲人不那麼愛貓，以致牠們多半被趕到野外，終其一生過著流浪貓的生活。

## 十一

這幾天，不下十一種的蝴蝶飛到荷花池來，而為數最多的是雪白的蝴蝶，我想這種白蝶特別容易受油菜花吸引吧。少女們看到白蝶就會唱：

蝴蝶蝴蝶，停在菜葉上吧
如果不喜歡菜葉，就停在我手上吧

不過，最耐人尋味的昆蟲肯定是蟬。就連熱帶地方一種叫聲極悅耳的蟬，也比不上在日本的樹上高歌的這些音樂家。夏日炎炎，各種不同叫聲的蟬不間斷地輪番上陣，因此百聽不厭。我想一共有七種吧，但我只熟悉其中的四種。

在我家樹上發出第一聲高鳴的是夏蟬。這種蟬的叫聲像日語的「ジ」（ji），起初有點氣音的感覺，但慢慢提高音量後，就像吹出蒸汽般變成漸強音，然後沙啞，最後消失無聲。夏蟬的「嘰嘰嘰——」叫聲大到刺破耳膜，如果有兩三隻跑到窗戶附近，我就會受不了而趕牠們走。

幸好夏蟬很快就被鳴鳴蟬取代。這種蟬是了不起的音樂家，名字即從叫聲「鳴鳴」而來。有人說牠們的叫聲「像和尚誦經」，因此第一次聽見的人，會一時難以相信這只是蟬聲吧。

到了初秋，鳴鳴蟬會被蜩這種綠色的蟬取代。蜩的叫聲「kana-kana-kana-kana-kana」，宛如快速搖鈴般清澈響亮。不過，最佳的訪客總是壓軸登場，日本人稱牠「tsukutsuku-boshi」[24]，也就是寒蟬。這種蟬可獨樹一格了，叫聲動人如鳥囀，名字也和

---

24　「boshi」是帽子，「tsuku」是穿著。不過，這個說法頗令人質疑。

鳴鳴蟬一樣，是從叫聲來的，但在出雲，人們這樣形容牠的歌聲：

tsuku-tsuku uisu[25]，

tsuku-tsuku uisu,

tsuku-tsuku uisu;

ui-osu,

ui-osu,

ui-osu,

ui-os-s-s-s-s-s-s-su.

然而，在庭園演奏美妙樂音的，可不只蟬而已。還有兩種昆蟲擔任蟬聲管弦樂隊的最佳伴奏。第一種是全身亮綠的蚱蜢，在日本，牠有個綽號叫「死者之馬」；這種蟲的頭的確類似馬頭，因此才想到這個名字吧。蚱蜢似乎很不怕人，我們可以輕易抓到牠，牠也常跑進人家裡，一副悠哉悠哉狀。牠的叫聲非常輕細，日本人用「jun-ta」來形容，因此也有人叫牠「jun-ta」。另一種昆蟲也是蚱蜢的一類，但體形較大，而且非常害羞，人們依牠的叫聲而稱牠為「gisu」[26]。

chon, gisu;
chon, gisu;
chon, gisu;
chon……（無限重複）

晴朗暑日，水池上會有數種蜻蜓翩翩飛舞，其中一種堪稱是我見過的蜻蜓中最漂亮的，身穿筆墨難以形容的金屬彩衣，身型如幽靈般纖纖婀娜。牠的名字叫「天子蜻蜓」。另外還有一種日本最大卻不常看見的蜻蜓，小朋友喜歡拿牠當玩具，總是到處搜尋。印象上這種蜻蜓的數量是雄勝於雌，只要抓住雌蜻蜓當誘餌，就能抓到雄蜻蜓，因

25 也有人唱成「chokko-chokko-uisu」。用英語來表現的話，最後的「u」不發音而變成「weece」，「ui-osu」則會發音成「we-oce」。

26 發音近似「geece」

此少年們都是先捕捉雌蜻蜓再說。如果運氣好捉到雌蜻蜓，會用細線將牠綁在樹枝上，然後哼起一首奇妙的短歌：

konna [27] dansho korai o
adzuma no meto ni makete
nigeru wa haji dewa naikai?

意思是：「高麗王，你還是個男子漢嗎？你打輸東方女王落荒而逃，不覺得羞恥嗎？」（這首富嘲諷意味的歌，講的是神功皇后征討朝鮮的事。）一唱，雄蜻蜓必會飛來，少年便手到擒來。在出雲，這首歌前半段的七個字是唱成「konna unjo Korai abura no mito」；而雄蜻蜓叫「unjo」、雌蜻蜓叫「mito」，就是從這兩個諧音而來。

## 十二

到了夏夜，各種不速之客紛紛到來。首先是兩種蚊子，牠們全力攻擊，相當惱人，而且很聰明，絕不靠近燈火。然而，許多無害的昆蟲貴客卻總是撲火自盡，其中犧牲數最多的就是如雷陣雨般蜂擁而來的「實盛」。這是出雲人的叫法，是一種為害稻作的害蟲。

「實盛」其實是一位知名的源氏武將，他與敵人對戰時，因所騎乘的馬失足跌落稻田，他就這樣遭敵人制伏而死，最後靈魂變成了吃稻米的蟲。因此，至今出雲農民都表示尊敬地稱這種蟲為「實盛」。

夏天晚上，農民會在水田旁燒火引蟲子過來，然後有人吹竹笛、有人敲銅鑼，眾人齊聲高唱：「實盛，過來喔，到這邊來喔！」由神主進行驅蟲法事，再將做成馬及騎士模樣的稻草人燒掉或丟進附近的河川、溝渠。農民相信，舉行這樣的儀式後，害蟲就不會再跑來稻田了。

這種小蟲，大小和顏色都和稻殼很像。或許因為牠們長翅膀的模樣幾分神似武士的頭盔，才發展出這樣的傳說吧[28]。

以燈火下的犧牲者數量來說，第二名是蛾。其中也有非常罕見、非常美麗的蛾，而

27 日文為「コンナ」，是「コレナル」的簡稱，意為「這樣的」。

最讓我驚奇的是一種叫做「瘧蛾」的大型蛾。據說人們相信這種蛾飛進家裡就會有人得瘧疾，因而這樣叫牠們。牠們的體重不亞於最大隻的蜂鳥，力量也不遜色。抓在手上時，牠若拼命掙扎，你會訝異於牠的蠻力。飛行時，還會發出風馳電掣般的聲音。我曾經測量過一隻，展翅後從左到右將近十三公分。但比起沉甸甸的身體，翅膀偏小。翅膀上有深淺不一的褐色及銀灰色斑點，非常漂亮。

不過，夜間到訪的來客中，也有不少會避開燈火，其中最特別的是螳螂，出雲人喚作「卡馬卡克」。全身綠油油的螳螂咬人很痛，小朋友害怕得不得了，身體也非常龐大，我就見過全長達十五公分的。

這種螳螂的眼睛，白天同身體一樣是綠色，但到了夜晚便黑得發亮。此外，牠們極為精明，攻擊力驚人，雖不敵強壯的青蛙，但我也看過兩三下就擊退青蛙的。那隻如怪物般的螳螂，最終下場是淪為池塘其他青蛙的盤中飧，然而這可是集眾蛙之力硬生生將牠拖進池中才分出勝負的。

其他訪客還有多彩的甲蟲，以及意思為「頭上蓋著碗」的「御器被」，也就是小蟑螂。相傳這種小蟑螂喜歡吃人的眼睛，也是專治眼疾的一畑藥師（一畑藥師如來）的敵人，因此人們認為殺蟑螂能夠累積功德。

而我隨時都歡迎的嬌客是螢火蟲。牠們靜靜飛進家中後，立刻找尋最暗的地方，那緩緩移動的光點彷彿隨風飄浮般。人們認為螢火蟲喜歡水，因此小朋友會唱一首可愛的歌：

螢火蟲快來喝水
那邊的水很苦喔
這邊的水很甜喔

有一隻可愛的灰蜥蜴，牠與其他在庭園出沒的蜥蜴不同，每到夜晚才現身，貼在天

28 有一種專吃小黃瓜的黃色小蟲叫「石灣」，牠們也有類似的傳說。「石灣」本來是醫生，有一次通姦被發現，不得不逃命；但逃命途中被小黃瓜的藤蔓絆倒，害他被捕而喪命。於是「石灣」的鬼魂就化作昆蟲，專門把小黃瓜啃光光。日本有關動植物的神話中，不少跟希臘神話的變身故事相似。不過，這種精彩的民間故事有些是近代才出現的，長門的平家蟹傳說便是一例。相傳一一八五年於壇浦（今之瀨戶內海）戰役落敗的平家武士，死後鬼魂變成了平家蟹。要是你看到平家蟹的殼，肯定會嚇一跳，的確就像人臉皺在一起，不，我覺得更像是封建時代武將出征時頭上戴的黑色鐵製頭盔。

花板上獵食。有時也會有異樣的大蜈蚣做同樣的事，但總無法受到蜥蜴的待遇，下場是被火嵌夾到外面的暗處丟掉。

絕少看到大蜘蛛。牠們似乎無害，被抓到會裝死，待無人注意時，就會以驚人的速度逃竄。這種大蜘蛛無毛，和袋蜘蛛（狼蛛）大不同，人們叫牠「深山蜘蛛」。這一帶還能看見另外四種蜘蛛，分別是「手長蜘蛛」、「平蜘蛛」、「地蜘蛛」、「戶立蜘蛛」。蜘蛛多半被視為不祥之物，尤其夜晚，要是看見蜘蛛非殺掉不可，因為入夜後現身的蜘蛛是妖怪變的。大白天，蜘蛛的體型很小，但等到大家都睡著，蜘蛛就會趁機展現原本的魔性，不斷變大再變大。

## 十三

我家庭園後面那座山上的參天森林，是鳥類的寶庫，有野鶯、貓頭鷹、山鴿，還有滿坑滿谷的烏鴉。有一種小鳥會在夜晚發出長長的、低沉的「吼——吼——」聲，農民聽到這種叫聲就知道該播種了，於是叫牠們「播種鳥」。這種嬌小的褐色小鳥是相當膽小，就我所知，只在夜間行動。

雖然機會微乎其微，我還是聽過從那片森林傳來哀淒的鳥鳴聲「ho、to、to、gi、

su」。因為聲音如此，那種鳥就被叫成「hototogisu」，即杜鵑。

這種鳥有個可怕的傳說，相傳牠們不是這世間的生物，而是夜晚從陰間跑出來的。陰間有個地方叫「死出之山」，沒有太陽，所有鬼魂都得經過那裡前去接受懲罰，而杜鵑鳥就住在那裡。每年，牠們都會跑來人間一次，時間是陰曆五月結束時。農民聽到牠們的叫聲便會互相提醒：「該播種了，死出的田長來了。」

昔日稱一村之長為田長，但為何杜鵑被稱為「死出的田長」，我就不知道了，大概因為人們認為杜鵑是從「死出之山」——鬼魂前往閻羅地獄的中途休息站——某個村落過來的幽靈鳥吧。

對於杜鵑的叫聲，坊間有各種解釋。有人認為牠們不是在叫自己的名字，而是在問：「本尊[29]掛起來了嗎？」也有人根據中國的民間故事，主張那種叫聲的意思是：「不如歸去。」這也是有點道理的，聽說遠離故鄉的旅人在異地聽見杜鵑的叫聲，就會湧上強烈的鄉愁。

---

29 在這裡，本尊是指寺廟於佛陀誕辰舊曆四月八日這天才對外展示的神聖圖像。本尊另有寺廟主要佛像的意思。

杜鵑的叫聲只會在夜間聽到，而且幾乎都在滿月之夜，加上牠們總是在高空鳴叫，不叫人看見，因此詩人如此歌詠：

一聲哀鳴 是月亮在哭泣嗎？杜鵑

也有詩人吟道：

遙望杜鵑啼
但見曉月明

都市人可能終其一生皆未聽過杜鵑鳴啼，因為飼養在籠中的杜鵑會悶不吭聲就此死去。這種現象成為古來眾多詩情的泉源。不少詩人為一聞這種稀鳥的鳴聲，從傍晚到天明，漏夜苦等，結果只是徒勞。有詩人幸運得聞，因其鳴聲過於傷悲，遂形容成恰似人突然負傷死去的叫聲。

杜鵑泣血聲
唯有曉月聞

關於出雲的貓頭鷹，就以我日本學生的作文來介紹吧。

「貓頭鷹是一種眼睛在黑暗中也能看得清清楚楚的鳥，大家都討厭牠，小孩要是哭鬧，大人就會恐嚇說：『再哭，貓頭鷹把你抓走喔！』貓頭鷹的叫聲是『ho! ho! sorotto koka! sorotto koka!』意思是：『喂，該慢慢上路了吧？』

「有時，牠們也會叫成『noritsuke hose! ho! ho!』意思是：『該做明天洗衣服用的漿糊了。』因此，女人聽到這樣的叫聲，就知道隔天會是好天氣。

「還有，叫成『tototo』表示『那個人要死了』，『kotokokko』表示『那個小孩要死了』。就是因為這樣，貓頭鷹很討人厭。

「烏鴉也很討厭貓頭鷹，所以農夫會利用貓頭鷹來抓烏鴉。他們把貓頭鷹放在田裡，引誘烏鴉攻擊，讓烏鴉瞬間落網。人們也引以為戒，勸人：『心懷怨恨將招來殺身之禍。』」

在此城空中飛翔的老鷹，其實並不住在附近。牠們的鳥巢在遠方的翠綠山頂，但幾乎整天都在捕魚、到後院偷東西；那猛地衝進森林和庭園的氣勢相當驚人；從黎明到黃昏，都可聽見城市上空不間斷地傳來「pi-yoroyoro, pi-yoroyoro」的不祥叫聲。鳥類中就屬老鷹最囂張了，比同為小偷一族的烏鴉更厚顏無恥。例如，見牠從八公尺高的上空俯衝，下個瞬間，已奪走魚店桶子裡的鯛魚，或是小朋友手上的油豆腐；而對方都來不及彎腰撿石頭砸牠時，牠就衝向雲間了，因此人們會用「手中的油豆腐被老鷹搶去般」來形容吃驚的表情。

人們也常說不知道老鷹會偷什麼。曾有一次，附近的女傭頭上綁了一個將米粒染成紅色數珠後再串起來的髮飾，她朝河邊方向走去，結果一隻老鷹衝下來，叼走髮飾後吞進肚裡。農夫也會把夜間捕獲的大家鼠或小家鼠溺死後餵老鷹，很有意思。將死掉的老鼠放在顯眼處，老鷹立刻往下衝。但有時會被烏鴉捷足先登。烏鴉為了不讓獵物被老鷹奪走，不得不火速逃進森林裡。因此小孩子們這樣唱：

老鷹老鷹，你跳舞給我們看

明晚我就瞞著烏鴉給你老鼠吃

「跳舞」是形容老鷹展翅飛翔的英姿。也有人用舞妓張臂擺動絲袖的優雅來形容這種姿態。

我家後面森林有成群烏鴉的聚集處，但要說大本營，當屬從我家前面可以看得到的古城山的松林。每天傍晚，時間一到，烏鴉便一齊飛回鳥巢，這光景真是百看不厭。民眾同樣想像力十足，將歸巢的鴉群形容成家中失火而急奔回去的人。這一點，從小朋友唱的童謠就能理解：

慢吞吞的烏鴉，快飛啊
你家失火了
快快澆水滅火
要是沒水　我給
要是水太多　給你小孩

要是沒小孩　還我

日本有句諺語「烏鴉反哺報恩」，儒教早就看出烏鴉具有高尚的品德。「反哺」意味「報答父母的養育之恩」。據說小烏鴉長大後會餵養老去的父母以報答恩情。用來比喻孝順的還有鴿子。話說「鴿有三枝之禮」，停在樹上的時候，小鴿子會停在父母下方，低於父母三根樹枝。

每天從後面森林傳來的山鴿聲，比我聽過的任何聲音都更甜中帶愁。出雲的農夫模仿山鴿的聲音給我聽，之後我再聽山鴿鳴叫，的確就像他們說的這樣：

tete poppo,
kaka poppo,
tete poppo,
kaka poppo,
tete……（嘎然而止）

「tete」指父親，「kaka」指母親，這是幼兒用語，「poppo」也一樣，意指要父母擁抱[30]。

山鶯也經常用牠們的歌聲讓夏季更甜美。有時牠們會來到我家附近，似乎是被我養在籠中的黃鶯吸引過來的。黃鶯在這裡很常見，在附近的樹林或是神社的樹林都看得到。因此，夏季來出雲旅行，可說一定會聽見幽暗處傳來黃鶯啁啾。不過，黃鶯也是百百種，有的一圓、二圓就買得到，而經過調教能在籠中發出婉囀歌聲的黃鶯，甚至價值不下百圓。

我在一個小村落的寺廟裡，聽見一則關於黃鶯的有趣信仰。日本的棺木與西方的截然不同，那是一個非常小的方型箱子，死者是以坐姿入斂。該如何將大人的大體裝進那樣小的空間裡，我這個外國人始終搞不懂。死後大體僵化，要將之放入這樣的棺木中，連專業的入斂師都辦不到。不過，據說日蓮宗的虔誠信徒死後大體不會僵硬，而黃鶯的

30 日本的童言童語中也有發音為「papa」、「mamma」這樣的用語，但和英語的用法完全不同。「mamma」通常會在前面加上表示尊敬的「お」，讀成「o」，當小朋友說「o-mamma」時，意思是「飯」，「papa」的意思是「香煙」。

屍體同樣不會僵硬，這是因為黃鶯也是日蓮宗信徒，一生都在唱頌禮讚《妙法蓮華經》的歌曲。

## 十四

我對自己的住處似乎過於喜愛。每天從學校下班回來，第一件事就是脫掉制服，換上穿來舒適的和服，蹲在面對庭園的簷廊陰涼處，這種簡單的快樂，撫慰我結束五堂課的一日辛勞。牆帽破損且長出青苔的土牆，也為我擋去城市的喧囂。耳畔僅有鳥啼、高亢的蟬鳴，或是間隔良久才出現一次的青蛙跳水聲。

不，那圍牆可不只擋在街道和我之間而已。牆外是電信、報紙、汽船等瞬息萬變的日本在喧嘩，然而牆內，是賦予萬物安定的寧靜大自然及十六世紀的夢想在呼吸，空氣中飄散著古雅風韻，感覺得到周邊有什麼看不見但怡人的東西。說不定，這棟宅邸建好時就住在這裡的女士們——如同舊時連環畫中的女士——的亡靈，正靜靜佇立一旁呢。

夏日驕陽照在形狀奇妙的灰石上，又從長年受她疼愛的樹木的婆娑枝葉間篩下閃爍光影。連這樣的陽光中，都有被亡靈愛撫的溫柔。這座庭園早已是過去的庭園，未來，也只能在夢中看見吧，它是任何天才皆無法重現且令人難忘的藝術結晶。

庭園中的所有生物全不害怕房子裡的人。就算我想去碰在荷葉上休息的小青蛙，牠也不感恐懼；蜥蜴就在我觸手可及的地方做日光浴；水蛇大剌剌地穿過我的影子；群蟬正在我頭頂的梅樹上震天價響地大合唱；螳螂威風八面地站在我的膝蓋上；燕子和麻雀不僅在我家屋簷築巢，甚至大搖大擺地闖進家中，我家浴室天花板上還有個燕窩呢。

黃鼠狼仍肆無忌憚地在我面前抓魚；山鶯停在窗前的杉木上展現野性歌喉，與我的籠中愛鳥一較高下。不容忘卻的，還有山鴿那帶著哀愁的鳴聲，總是從綠色松林傳出，穿過日暮時分的金色空氣，溫柔地進入我的耳膜。

tete poppo,
kaka poppo,
tete poppo,
kaka poppo,
tete……

西方的鴿子不會這樣叫。初次聽見日本山鴿的叫聲而不心生全新感動，這種人沒資格住在這個幸福國度吧。

然而，這個「家中屋敷」、這個庭園，總有一天會全部消失吧。一如比我家更大更精彩的庭園已經變成稻田或竹林了。那條懸宕多年的鐵路若於十年內展開鋪設，古韻猶存的出雲將大大擴張成一個平凡都市。這麼一來，我家這樣的土地肯定會變成工廠之類的用地。

不僅出雲，我覺得整個日本都將走上失去昔日安適與風韻的運命。尤其日本人認為世事無常，改變與被改變的一切，都將持續變化到無以變化為止。想到這裡，不甘心也沒用吧，畢竟，創造此庭園之美、而今已然消失的藝術，就是信奉「草木岩石盡將涅槃」的宗教所孕育出來的。

# 家庭的祭壇

## 一

在日本，祭祀死者依宗教分為兩種形式。一是神道，一是佛教。神道是日本的原始信仰，一般稱為祖先崇拜，但說祖先崇拜之於神道，其實是很狹義的思維。神道這個宗教，除了原本被相信是日本民族祖宗的古代諸神，還包含後世尊為神祇的君主、英雄、諸侯或是有名人，都是崇拜的對象。舉例來說，近世如出雲的大名就被尊為神，島根的百姓至今仍會到松平家[1]的神社參拜祈禱。不僅如此，神道也像希臘或羅馬的信仰，有地、水、風、火四大神，還有掌管國民日常生活大小事的神。由此可知，祖先崇拜只是神道中比較顯著的一個面相，而神道對死者的信仰也不能以此一語道盡。——出雲比日本其他地方保留了更多這種信仰的原始性格。

1　譯註：一六三八年，結城秀康（德川家康次子）的三子，松平直政由信濃松本藩轉封於此，出雲國成為越前松平家之領地，直至明治維新時廢藩置縣（一八七一年）為止。

我雖不是東洋學者，但還是想談談出雲的這個古老信仰——比佛教更深入國民生活，卻又不為西洋諸國所熟知的神道信仰。姑且不提博學多聞如張伯倫或薩道義[2]等人所寫的特殊著作——對西洋的讀者來說，除非是特別專門的學者，不曾在日本生活的人可能無法體會——到目前為止，還沒有一本英文書探討過神道，即便是一點概念。神道承襲自古代的常規或儀式，以及其他許多相關的有趣文化，雖然可以從上述兩位語文學者的著作中領略一二，但正如薩道義氏自己也承認，要明確回答「神道的本質到底是什麼？」這個問題，是非常困難的。神道一般分為六派，而這六派當中甚至有幾派從來沒有外國學者研究過。或許是沒有時間，也沒有參考文獻，或是沒有機會。到底該如何定義這六派在神道中的共通要素？說到底，從諸多脈絡探究今日神道的各種外在形式是如何發展至今，還有研究各種要素——例如原始的多神教、崇拜萬物的拜物教、來歷可疑的傳說、中國或朝鮮傳來的佛教．道教．儒教等交融出的哲學思想，若要一一確定這些要素的根源，必須借助歷史學家、語言學家以及人類學家，實為極複雜的研究。所謂「復興純正神道」——這是指抽離神道受外來因素影響的特性，尤其是源自佛教的標誌或符號，恢復神道原本的、自古以來的單純形式。政府也積極推動這個信仰的復古運動，但就其公開宣示的目的看來，結果只是造成貴重藝術品的毀壞，而關於神道起源之謎，卻依舊複雜難解。神道經過長達十五世紀的變遷，早已徹底改變，豈是如今一紙法令就能改造得了。相同的道理，神道與國民倫理的關係，光是靠歷史學家或語言學家的分析探究，恐怕也會以同樣的失敗收場。這恰好與試圖從生命賦予活力的肉體各種要素去探索生命的終極祕密是相同的。只是，這樣的努力是日本人對思想與情感的知識——不是特定階級的思想·情感，而是對一般國民的思想·情感有深刻的認識與緊密的聯繫，才能夠充分理解昔日或今日的神道。我認為這樣的研究必須由歐洲的學者與日本的學者共同努力，才可能達成。

總而言之，在這個國家住上幾年，融入國民的生活，觀察這個信仰簡單直接的詩意、家庭對孩子的教養、人們在祖先牌位前表現的孝心敬拜，多少就能理解神道到底是什麼意義。但是，這必須是與這個國家的人民過同樣的生活，依循這個國家的風俗習慣才能成立的假設。有這樣經驗的人，至少有權陳述他個人所理解的神道觀。

2　譯註：Sir Ernest Mason Satow（一八四三至一九二九），英國外交官，漢學、和學學者。曾任英國駐日大使館通譯（一八六二至一八八三、一八九五至一九〇〇），及英國駐大清國公使（一九〇〇至一九〇六）。

## 六二

明治時期有遠見的為政者們為發揚神道，決定廢止佛教為國教，自以為是地認為這是給予一個與國家政策完全契合的信仰新的力量。不僅如此，在他們的理念中，一個外來宗教即便在藝術上有著無可計量的影響，卻並未紮根於日本知性的土壤。相較之下，對這個更具生命力的信仰，自己正在賦予它新的力量。佛教一千三百年前自中國傳來，已逐漸式微，而神道毫無疑問地比佛教更早在數千年前就存在於這個國家，雖然經過無數次的變遷，其勢力卻絲毫沒有消失，反而得到更多力量。日本民族偏好中庸，神道對於任何形式的外來思想，只要有助於自身的物質表現，能夠發揚宗教倫理，都樂意攝取吸收。就像過去接納婆羅門教的古老諸神一般，佛教試圖吸收神道的諸神，神道表面上屈服，實則借助對方的力量。神道如此驚人的生命力從尚未有任何記錄的太初開始，經過長年的發展歷程，早就形成一種心靈的宗教。雖然表面上看不出來，但本質上一點也沒有改變。無論神道的儀式或習俗起源為何，神道的倫理精神與這個民族最深刻、美好的情感融為一體。因此，尤其在出雲一帶，原本想建立的佛教神道，結果卻變成了神道佛教。

隱藏在今日神道的生命力中——對外國傳教士宣揚改信基督教始終排斥，除了慣例、敬拜、儀式以外，還有更深的內涵。即便這些敬拜、儀式、慣例等日漸衰退，相信神道也不會失去實力，可以永續生存下去。教育對國民知識的增進與近代科學的影響或許會使人們改變、甚至放棄對古老神道的大部分觀念，但神道的倫理必定能永續存在。這是因為神道有更高深意義的特性——義勇、禮節、名分，以及最重要的忠誠。簡言之，神道的精神就是孝道的精神，對責任的熱誠，為主張主義，能無論何時何地挺身而出的精神。而此精神又同時兼具日本孩童的乖巧以及日本女性的溫順，就像保守主義。在因為短時間吸收了太多外國的資訊，致使國民傾向打破一切舊傳統的社會氣氛中，神道再度扮演著調節和緩的角色。換句話說，即便是宗教，它是歷代祖先遺傳下來的道德衝動所演變而來，其意義在於，唯有神道才是日本民族情感生活的總和，也就是日本的靈魂。

孩子從誕生那一刻開始，就已經是神道。家庭的教導、學校的訓示都只是讓孩子表現他早就與生俱來的內涵。他們沒有撒下新的種子，而是鼓勵承襲祖先的道德觀念。日本的小孩三歲就會拿毛筆寫字，而我們西洋人怎麼也學不會，日本人從小就承襲祖先傳下來的道德觀，也和我們西洋人完全不同。你可以試著對一班日本學生——十四到十六歲的年輕學生，問他們最大的願望是什麼。如果發問者是他們信任的對象，我相信十個學生中會有九個人回答「我願為天皇陛下而死」。而且，他們的這種心願，就像自古以來前仆後繼的殉教者，全都是發自內心。在東京那些大都市，這種忠誠是否已經被新的不可知主義或學生間盛行的十九世紀思想所削弱，我無法得知，但在出雲一帶，對那些少年來說，這樣的觀念就和喜悅的情感一樣，是自然流露的，沒有道理可循。這一點，與我們西洋人發自於成熟知識與堅定信念的忠誠大異其趣。日本的青年從不自問「為什麼」。自我犧牲的美麗，這就是他傾盡所有的唯一動機。這種像是陶醉一般的忠誠觀念，形成國民生活的一部份。就在他們的血液裡——一如螞蟻天生願為自己小小王國而死的衝動，與蜜蜂無意識地為女王蜂奉獻一切的忠誠。這就是神道。

只要是為忠義、為上司、為名譽隨時都可以慷慨赴義的決心，在現代這樣的時代看起來，日本民族的這種特性與其他民族相較之下尤其顯著，但這個特性其實是這個民族獨立之時就已經形成。早在武家制度確立之許久以前——轟轟烈烈地自殘並非武士獨有，婦女與孩童為主君犧牲被視為神聖義務的時代比嚴刑厲法制定的時代更久遠，即使這樣的犧牲並沒有什麼幫助。古事記[3]中有許多實例，我且節錄令人動容的一段——

目弱王[4]年僅七歲時，殺死了殺父仇人，逃到都夫良意富美[5]家中。大長古王子[6]帶兵討伐，射出的箭多如芒草。都夫良意富美遂棄械投降，跪拜八次言道：「如您所望，我將獻上我的女兒訶良比 成為您的侍女，再獻上五座穀倉。無論我的家臣再怎麼拼命奮戰，也無法戰勝您。但為了前來投靠我的王子，即使戰死，我也絕不能丟下他。」意富美說完，又拿起武器，回頭繼續奮戰。不久後，終於精疲力盡，武器也已耗盡，意富美對王子說：「我已經受傷，箭也都射完了，看來是無法再戰，該怎麼辦？」王子說：「眼看是沒希望了，你就殺了我吧」，都夫良意富美便舉起自己的劍刺死王子，隨後刎

3 譯註：本最早的歷史書卷，有「上卷」「中卷」「下卷」三個部分，據原譯註，本篇故事出自「下卷」『安康天皇』段落。作者引用張伯倫教授之英譯「Kojiki」。

4 譯註：仁德天皇之皇子．大草香皇子之子，亦寫作眉輪王。大草香皇子因拒絕安康天皇安排其同母妹．幡梭皇女嫁給天皇之弟．大泊瀨皇子（亦寫作大長谷命，後繼位為雄略天皇）為妃，而遭處死。後來安康天皇遭皇后中蒂姬（原大草香皇子之妻）之子．目弱王殺死。

5 譯註：日本古代豪族．葛城氏之長。

6 譯註：《古事記》中為大長谷若建命／大長谷王，《日本書記》中為大泊瀨幼武，安康天皇之弟，後繼位為雄略天皇。

頸自盡。

從日本近代史中，包含現今仍在世者所保有的記憶，都能輕易舉出許多有力的實例。死亡被視為一種高尚的義務行為，不僅止為他人而死的例子，有時因事態的發展，單純為自己的信念而死，這樣的義務並不亞於其他，人們認為那是一種良心的表現。當一個人相信自己的意見才是最重要，其他的手段絕不能成事，為了吸引世人關注他的信念，也為了證明他能夠打動世人，他將自己的信念寫在遺書上，然後自刎。去年在東京就發生這樣的事，一名叫大原武義的青年中尉，因憂心俄羅斯在北太平洋擴增勢力可能危害日本的獨立，為喚醒國人的關注，他留下一封遺書，詳細交代了理由，便在西德寺的墓地切腹自殺。而更令人感動的犧牲是發生在同年的五月，一名年輕女子·畠山勇子為了她純潔又忠誠的念頭而犧牲。勇子在俄羅斯皇太子暗殺事件之後，從東京遠赴京都府廳門前自殺。理由是日本國因此事件蒙羞，不忍國民的父親·天皇陛下聖心憂慮，自願以死贖罪，僅此而已。

## 三

如此看來，單就外在形式解析現代神道的確是相當困難，但利用交織在神道周邊錯綜複雜的外來信仰，辨識神道最初期的性格，就容易多了。在一些原始的儀式中，例如古老的祈禱、祝詞、神的象徵物、或是神社的起源、貧窮信眾的天真思考等，神道是一切崇拜形式中最古老的，——如赫伯特．史賓賽[7]所說「一切宗教的根本」——就是對死者的奉獻。神道的權威學者或神學者從過去就經常做如此解釋。神道的神就是靈魂，死去的都將成為神。為神道做最佳註釋的平田（篤胤）[8]在其著作《靈之御柱》中如此闡述：「如世人活在現世一般，人死後仍存在於幽冥，靈魂終將變成神靈，也有貴賤、善惡、剛柔之分，當中有卓越者，能預知未來，為人開示，與神代之神無異，（中略）有如大國主神之隱坐者，亦有流連人世，與君親妻子為伴者」。而且，死者的靈還有更多神通，因為死者的靈會支配人的生命和行為。平田說：「人的一切舉止皆是神的作為」。另有一位成就與平田齊名的純神道教義解釋者，本居（宣長）[9]則做如下論述：

7 譯註：Herbert Spencer（一八二〇至一九〇三）英國哲學家，社會達爾文主義之父。
8 譯註：（一七七六至一八四三）日本江戶時代學者，為日本國學四大師之一，致力於日本宗教及思想研究與創作。
9 譯註：（一七三〇至一八〇一）日本江戶時代的思想家。為日本國學集大成者。

「飢則食，渴則飲，這是神靈本就授予人的能力，禮義道德也是神靈本就植入人心」，這種「凡事靠直覺」的教義，不需要十誡約束，也沒有道德戒律，唯一不可缺的是人的良心。雖然人的一切舉止都是「神的作為」，但人自己有分辨正確與不正確的能力，也能區分善神的感化力與惡神的感化力。本居主張即便有道德的指導者，也沒有一個能勝過人自身的心之所向，「明白無可行之道，才真正明白神之道。」平田也寫道：「欲修得美德，必先體會幽冥的威嚴，明白不可為惡的道理，向統領幽冥之神立誓，磨練真心，便能不違其道」這種精神上的自我修養，該如何修行才能盡善盡美？關於這一點，這位偉大的註釋家簡短而直接地說：「且說珍視理解祖先訓示者，對天地諸神絕無粗鄙之心，對在世父母也絕不失禮。時時牢記對神明父母盡心盡孝者，為本立道固之人。此人必侍君盡忠，交友有信，對妻子有慈愛。無庸議論，敬重祖先為人道之本。」

這些古代信仰與十九世紀的思想究竟有多大差別？事實竟是沒有距離太遠，這令我們不禁莞爾。原始時代的人類信仰與影響最深遠的心理學者，在同一個真理的門口相遇，或許會出奇地和諧一致。一個稚齡孩童的思考，也可能說出與史賓賽或叔本華相同的結論。我們的祖先不就是我們的神？我們的行為不就是存在於我們心靈裡的某個亡者所為？我們的衝動、我們的性向、我們的能力、我們的弱點、勇氣、怯懦——這一切的一切，我們從生命中傳承不可思議的神秘遺產，不就是那些早已不在人世、不計其數的亡故者所累積下來的？即使是現在，我們不是還認為那個互稱「自己」或「他們」的「自我」是一個複雜奇怪的混合體？就因為我們都是獨立的個人。所謂自負或屈辱，除了我們的亡故者創造了神靈世界的自負和屈辱，我們現世的自負和屈辱又在哪裡？至於我們的良心，除了從無以計數的經驗中傳承各種善與惡的總和，還有什麼其他？我們既然主張人有神性，尊重現代堅強的精神信念，就不能同時又草草捨棄所有亡者都會成神的神道思想。

## 四

一如所有的祖先崇拜，根據赫伯特．史賓賽完善地歸納的宗教進化法則，毫無疑問地，神道的祖先崇拜也是發展自埋葬的儀式，而我們有理由相信神道的一般崇拜初期形式又是從更古老的家庭敬拜儀式演化而來，與古藍吉[10]在其名著《古代城邦》[11]中對希

10 譯註：Numa Denis Fustel de Coulange（一八三〇至一八八九）法國歷史學家。

11 譯註：La Cite Antique（一八六四）法國史學家古藍吉的著作，探討古希臘和古羅馬最古老的制度起源。

臘人和羅馬人宗教的公共制度源自爐邊宗教的論證非常類似。實際上，今日我們看到神道的宮，以及「氏神」這個字，都是意味著「家庭的神」，「家的神」的日語發音為「Uchi-no-Kami」，漸漸轉音變成「Ujigami」，也就是「氏神」。而神道的註釋者們的確嘗試過各種方法來解釋「氏神」這個字，就如薩道義氏引用平田的論述，「氏神」這個名稱應該要與國民共通的大祖受到同等尊崇的地位，接受一個區域的庶民感謝。這個名稱在平田的時代或是更古老的時代正是如此使用，從「氏神」這個字的語源來看，似乎是來自家庭崇拜，也被認為是近代研究宗教制度進化的學術根據。

神道家庭中的祭拜，剛好與希臘人和拉丁人的家庭祭祀發展成一般宗教而得以延續一樣，這個國家中各地對於無數氏神的崇拜，與各郡或各縣有名的大社、伊勢和杵築大社的敬神活動並行，且延續至今不曾中斷。無法割捨的家庭祭拜竟然是源自外國，而且許多還是近代才形成的現象，這都是事實，但簡樸的儀式及無意識地誦讚的詩歌等，卻都保留了古老的韻味。這對研究日本人生活的人來說，家庭內雙重形式的崇拜與古代西洋的家庭崇拜一樣提供了神道最有趣、最深奧的一面。

## 五

在出雲，幾乎家家戶戶都有神壇。通常，神壇上面會擺放小宮，裡面有幾塊寫著神名的名牌（其中至少會有一塊是附近的氏神[12]），還有寫著保佑咒語的平安符。平安符上寫著守護信仰者的神名，許多都會寫上與神明的約定。神壇上若沒有擺放小宮，就只有白色木牌或是平安符，最靈驗的會放在中央，其他的則依序排列。神壇上很少會擺放神像。原始神道和猶太教、回教一樣，堅決排斥神像。因此，神道的御神影[13]其實是比較近世才出現的東西——屬於兩部神道[14]時代，起源是來自佛教。如果有神像放在神壇上，那應該是近年在杵築一帶才有的——先前在杵築大社的篇章曾經介紹過的一對小神像．大國主神和世代主神。還有與「古事記」中敘述的故事相關的神道掛軸，這也是到了近世才有的東西，比神像普遍一些。這類掛軸通常是掛在擺設神壇房間的壁龕牆上，不過在稍有文化水準的家庭就比較少見。一般來說，神壇上除了有名牌的小宮以外不

12 譯註：居住在同一聚落、地區的居民共同祭祀的神
13 譯註：畫有神像的平安符
14 譯註：以佛教真言宗（密教）的立場解釋神道。

會再擺放其他東西，可能會裝飾御鏡或御幣，但也是很少見。這裡的御幣不是指掛在神壇上，或是吊在裝有小宮的盒子外緣注連繩下的御幣。注連繩和紙做的御幣原本就是神道的象徵物，相較之下，名牌和平安符才是近世的東西。在出雲，不僅家庭中的神壇會掛注連繩，幾乎家家戶戶的門口都會掛。注連繩一般是用

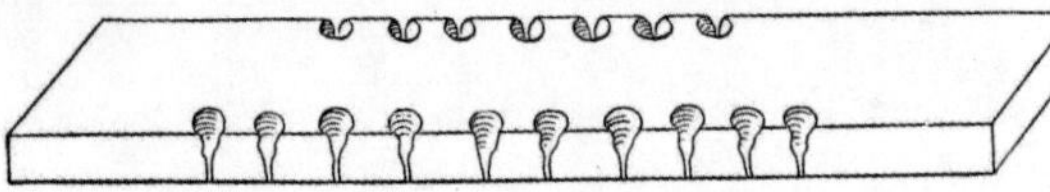

1

2

3

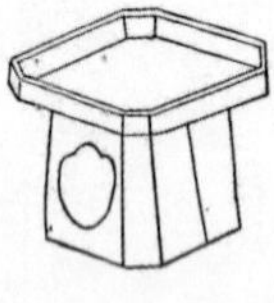

4

神道的神具

1. 杵築大社的火鑽 15（Hikiri）。
2. O-Mikidokkuri（御神酒德利）—獻酒祭神的器皿。
3. Kuchi-sashi — O-Mikidokkuri 的瓶塞。（也有更具象徵性的形狀，這應該是最常見、最古老的形狀。）
4. Sambo（三寶）放供品的器皿。用於家中敬拜，也用於一種家庭儀式。

稻草編織，不過像杵築大社的宮司府邸，高階的神官職宅邸前掛的注連繩無論在形狀或是重量上都非一般。來到出雲的人覺得最稀奇、印象最深的，一定是去到哪裡都會看到這種稻草繩索做成的象徵物。連田梗都會拉起注連繩。不過，百姓們會在節慶時隆重地掛起這個神聖象徵物，例如新年、神武天皇即位紀念日以及天長節[16]，城裡會掛上和船隻纜繩一樣又粗又大的注連繩，一連好幾哩，看起來非常熱鬧。

## 六

松江的特色是有許多販賣宮的店。販賣宮的店並不是只在出雲這種老街才有的特殊買賣，但是比起其他地方大都市裡的宮屋[17]，這裡的店家有趣得多。在這裡，小至價格不到一錢，小孩的玩具小宮，大到價值十圓以上，有錢人家神壇上的宮，大大小小有上百種。有些大戶人家裡除了神壇上的宮，還有使用高貴木材，塗上生漆，做得金光閃閃的，價格從三百圓到千五百圓不等的宮，非常氣派。這種不是一般擺放在家裡的宮，而

15 譯註：鑽木取火的道具。
16 譯註：天皇的生日，在二次世界大戰結束前稱為天長節。
17 譯註：〇屋是日文對商店的稱呼，例如花屋（花店），茶屋（茶店）等。

是節慶時放在神轎裡，專門為有錢商人做的宮。神道的祭典時，商人都會抬出神轎來裝飾。一年兩次，神轎被抬出來遶境，抬轎人嘿咻嘿咻地吶喊，繞著大街小巷。每個神社管區都有祭典時隨著木遣歌[18]和太鼓聲遶境的大神轎。普通人家的宮大多很便宜，兩圓就算是高級貨了。一般人家裡的小宮，頂多五十錢吧。家中擺放的宮，製作太精細、價格太昂貴的，其實都違反純粹的神道精神。真正的宮必須是沒有木節的原色檜木製成，不能上釘，完全以接榫方式組合。我在宮屋看到的商品，大概都是那種五、六處用糨糊黏著，不過功夫好的師傅，這樣也就可以了。純正的神道不准把宮裝飾得金光閃閃，有錢人家裡那種華麗的小宮，當作美術品欣賞是無妨，但一般平民家中那種價值十錢到十三錢的原木宮其實才符合這個宗教原始的簡樸精神。

## 七

擺放宮和名牌的神壇通常是放在距離地板六、七呎，原則上，不能是手隨便就摸得到的高度。天花板比較高的人家，甚至會把神壇吊得很高，必須墊個箱子或凳子才能把供品放上去。神壇不是家中裝飾的一部份，房間角落的牆壁上是最常見的位置，在半透明的紙門可以左右滑動的鴨居，也就是有滑溝的橫樑釘上承受神壇的托架，再把神壇放上去。極少數會漆上顏色，正常的神壇都是原木色，大小是根據宮的尺寸和名牌與平安符的數量。旅店或是零售商家會供奉各種神明，特別是保佑生意興隆和招財的神，每尊都有一個小宮，神壇要做得很長才擺得下。貧窮人家幾乎都把神壇吊在面向馬路的房間。松江的商人會把神壇放在店裡，如此一來，這家店供奉什麼神明，經過的人或是來光顧的客人可以一目瞭然。擺放神壇有一定的規矩，方位多是向南或朝東。對此，有一種解釋是神道受中國哲學影響，根據中國的哲學，南與東是陽，西與北是陰。但是，一般人認為死去的人下葬時枕頭要朝北，所以神壇不能朝北放。——任何有關死亡的事，都是不潔的。至於向西，倒是沒有聽過有什麼特別的規矩。出雲地方大多將神壇朝南或東擺放。家中只有一個房間的貧窮人家沒得選擇，但會避免掛在起居空間或廚房，而中產家庭則會遵守方位的規矩。士族的宅邸通常會有一個專門放神壇的小房間。對神壇一定要態度尊敬，睡覺或休息時腳不能向著神壇。還有，宗教上認為不淨的期間——例如有碰觸到屍體、參加佛教儀式的喪禮、近親中有人以佛教喪禮治喪期間等，都不能到

---

18 譯註：原是伐木工人用繩索搬運木材時，配合出力的節奏所唱的歌。

神壇前敬拜，也不能接近神壇。家人中有葬在佛寺的，必須用白紙覆蓋神壇五十天，門口貼的木牌也要蓋上白紙。服喪中，連家裡的火都是不淨的，喪事結束後，火盆和廚房的灰全部都要清乾淨，用打火石重新起火。總之，不是只有喪禮不淨而已。神道是講求清淨潔白的宗教，生活的大小事都有規矩。過去還曾經有一段時期，婦女不能到宮前敬拜，連供品和神壇上的器皿都不能觸摸，也不能點御神燈。

## 八

宮或是神壇上無論供奉神道信仰中哪一種御神體[19]，前面都會放一對形狀奇異、裝有神酒的酒杯，一對插著紅淡比樹枝（榊）

1

2

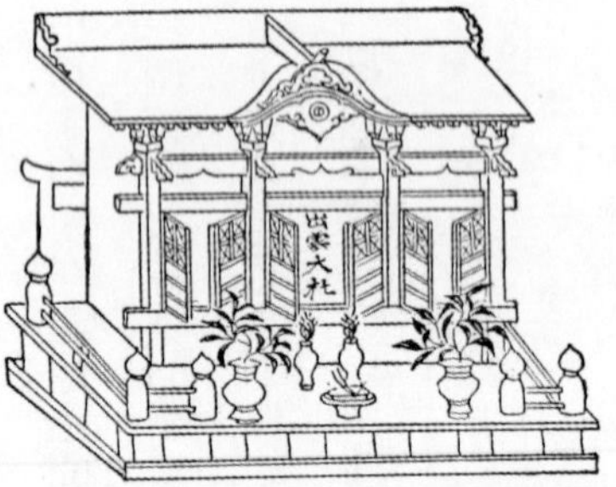
3

1. Suzu（鈴）神道的巫女在神前獻舞所使用的道具。

2. Miya（宮）最平價的家用神社。

3. Miya（宮）富裕人家的家用神社。

或是供花的花瓶，還有像是一個小盤形狀的器皿，正中央有一根燈芯浮在油裡，那是長明燈。嚴格說來，這些器物除了花瓶以外，全部都必須依照「古事記」開頭所記述，使用不曾上釉、素燒的紅色土器。至今在出雲一帶，神道的祭典上人們要飲神酒時，仍然拿著淺圓盤形狀的紅色土器酒杯。但近年來流行起氣派的神壇，連插花的器皿，都用黃銅或青銅。不過現在在貧窮人家——特別是偏僻的鄉下，還是普遍使用古式的器具。那些人家的長明燈就是簡單的紅色土器，而花瓶多是取竹節當底、約五吋高的竹筒來用。

黃銅的長明燈當然是比只賣一厘的土器要精緻多了，最便宜的也要約二十五錢。黃銅長明燈的構造分成兩個部分，下面像是一個極淺但口寬的葡萄酒杯，略粗的台座上有托盤，內外都有鑲邊。托盤上面還有一個剛好可以嵌住，也是寬口淺底的黃銅小盤，盤裡裝著燈油，這個盤子剛好在托盤的內緣，看起來就像是嵌住一樣。這種長明燈裡一定會有一個扁平的銅環，上面有一個垂直的握柄，這是用來調整浮在燈油裡的燈芯，使它保持在固定的位至，垂直的握柄剛好是手指不會碰到燈油的長度。

19 譯註：神道中神所寄宿的物體，為人們所崇拜的對象。

神壇上一定會有，但又是最奇妙的東西，那就是御神酒德利的瓶塞，——稱做 Kuchisashi ——，黃銅材質，搭配原木片，獨特的彎曲形狀。這其實不能算是瓶塞，因為它並沒有完全封住瓶口。只像是插著一片葉子，浮在酒瓶口緣而已。Kuchisashi 的由來並不清楚，有各種圖形，其中以黃銅製的最好，整體看起來，感覺起源應是佛教，這個形狀可能是佛教的象徵，彷彿燃燒的火焰（以圖形來看，感覺屬於火焰類別），靈感來自象徵清淨的神奇寶珠，表示供神的神酒與侍奉者心靈的純淨。

長明燈對貧窮人家來說，即使是極少量，每夜點油燈也是一筆開銷，所以不是每戶人家都會每晚點燈。通常每月初一、十五日、二十八日一定會點燈。這些都是神道敬神的日子，必須獻上供品。信眾們都要在這天祭拜氏神。家家戶戶都用御神酒德利裝神酒、神壇的花瓶裡插上紅淡比樹枝、松樹枝或是鮮花。新年元旦這天，神壇上一定要裝飾紅淡比、蕨葉、松樹枝、注連繩。還有大鏡餅也要放到神壇上敬神。

## 九

神壇上敬拜的只是神道的古老神明。一家的祖先，也就是這個家的亡者，則是在另外的房間祭祀（神道稱為 Mitamaya 御靈屋）——從佛教者，就是在佛間[20]或是佛壇前祭拜。

佛教的家庭祭祀與神道的家庭祭祀同時存在於出雲的大部分家庭。亡者要供奉在御靈屋或是佛壇，是根據這個家代代相傳的宗教信仰。在出雲，——尤其是杵築，有些人家中的部分成員不信仰佛教的任何形式。而在真宗或日蓮宗的家庭，只有極少數不遵循神道。無論如何，神道家也好，佛教徒也好，家庭中對亡者的祭拜，時至今日也仍一直保持著。佛教徒家中的亡者（佛）牌位並沒有安放在特定的房間或宮，通常會與佛的雕像或畫像一起放在家中的佛壇。至少以佛教儀式弔唁亡者時，一定會如此安排。佛壇或佛間的形式、佛像和牌位、畫像的特徵，以及在佛前持誦的祈禱，有十五個宗派且各不相同，所以光是佛間的問題，若要一五一十地徹底交代清楚，可能要寫成一部巨作。我在這裡只能告訴大家佛壇的大小、價格、氣派程度，可謂包羅萬象，其他真是無法多所著墨。真宗的佛壇，我覺得比較沒那麼有趣，但一般人認為從設計和成品來看，算是最漂亮。極貧人家的佛壇頂多四、五錢，而富裕的信眾可能可以花上幾千圓，甚至不計成

20 譯註：安放佛像和牌位的房間。

本到京都去選購。

佛壇的形式、安放在裡面的物品，雖各有不同的特徵，但祖先牌位的形式，一般就是本書插圖中所介紹的那幾種。當然，有比這些更精緻、價格更高、形狀更稀有的，也有最便宜、最簡樸、完全沒有裝飾的。插圖裡介紹的是從出雲到山陰一帶，非常普遍的形式，有各種尺寸，男性的牌位比女性大，還有女性牌位所沒有的頂部裝飾。小孩的牌位一般都非常小。成人男性的牌位高度平均在一呎前後，厚度則約一吋。雲朵形狀的頂部裝飾上通常鑲有寶珠或玉石，台座則是一朵從雲中綻放的蓮花，大部分都是整體上漆，或是貼上金箔，上面的牌位則是黑色底漆加上金字寫的法號——例如「閒夢自証居士」這類頌揚故人品德的名號。買不起這種氣派牌位的貧窮人家，就供奉原木牌位，法號也只用墨水寫上而已。不過，最常見的應該是在狹長的白紙上寫法號，然後用糨糊貼到原木的牌位上，而亡者的俗名大多寫在牌位的背面。這樣的牌位一代一代傳下來數量會越來越多，有些人家就保存著數量驚人的牌位。

過去那些感動人心的美好習俗，近年來逐漸式微，但在出雲一帶仍保留著這些習俗。或許日本全國也還保留著，但就我所知的範圍，也僅限於有文化教養的階級。若丈夫亡故，妻子今後也不再改嫁時，會訂製兩個牌位。一個牌位是丈夫的法號以金字寫上，另一個牌位則寫上未亡人的法號。未亡人的法號第一個字以紅字書寫，其餘則是金字。這兩個牌位會安放在家中的佛壇。同時還會訂製比這兩個稍大的牌位，也是一對，寫上相同的法號，安放於檀那寺[21]。若是這種情形，未亡人的牌位前不會獻茶。牌位上的第一個字用紅字是對故人的靈立誓自己此生將謹守貞節。不僅如此，未亡人有生之年，在親友間也不再使用俗名，今後只以法號的一部分稱呼。——例如「俊德院樣」，這是簡稱該未亡人死後的法號「俊德院情譽貞操大姉」。換句話說，被別人以法號稱呼是為丈夫在天之靈的名譽，表示自己已是失去丈夫的妻子，今後將堅守貞操。相同的誓約，也適用於失去愛妻的男性。但男性並不會像女性那樣以法號稱呼。

佛教徒的家庭，每天早晨的宗教儀式就是在祖先牌位前以當天第一次燒開的熱水敬茶，這就是所謂的「O-Hotoke-San-ni-o-cha-to-ageru（為祖先敬茶）」。每天還要拜飯，佛壇的花瓶要換鮮花，牌位前要燒香，雖然神道是不允許焚香。入夜後要點蠟燭和長明

21　譯註：一般信徒皈依的佛寺，可將祖先牌位供奉於此。

燈·佛教的長明燈和神道的長明燈形式有點不同，稱為「輪燈」。輪燈在祖先忌日當天要點一整天。每個月祖先的命日[22]要在牌位前供奉精進料理——只用蔬菜烹煮的佛教菜餚。一如神道的家庭祭拜在正月初三有特別的儀式，佛教的祖先崇拜是在每年七月的十三日到十六日的盂蘭盆節或稱中元節。這是佛教對亡魂的祭典，這段期間，可以將佛間好好裝飾一番，供奉特別的食物和鮮花，迎接幽靈來家裡作客。

神道也和佛教一樣有祖先牌位。神道的牌位無論在形狀或材料上，都力求簡樸，通常就只是一塊原色的木片。平均高度大約八吋，這種牌位要與拜神的宮分別

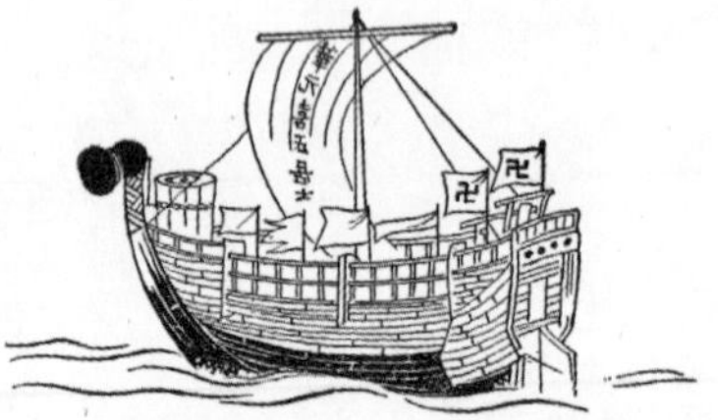

圖左：集一家牌位於內部的禪宗佛壇

圖右：死者乘坐的小草船，稱為精靈船（Shoryobune）（出雲海岸一帶）

放在不同的房間，放在另外牌位用的宮裡，或是排在「御靈棚」上。祖先和這家的御靈棚或是宮與別的房間的神明一樣，都收在「御靈屋」或「祖靈舍」裡，安置在適當的高度。有時候也沒有牌位，也有人就將祖先的名字直接寫在宮的原木上。不過，神道沒有法號，只是在亡者的俗名之後加一個「靈」字。每個月的命日要供奉御神饌，有鮮魚、清酒及其他食物，持誦特別的祈禱。供奉祖先亡靈的長明燈

22 譯註：每月與忌日相同之日期，例如忌日為二月一日，則命日即為每月的一日。

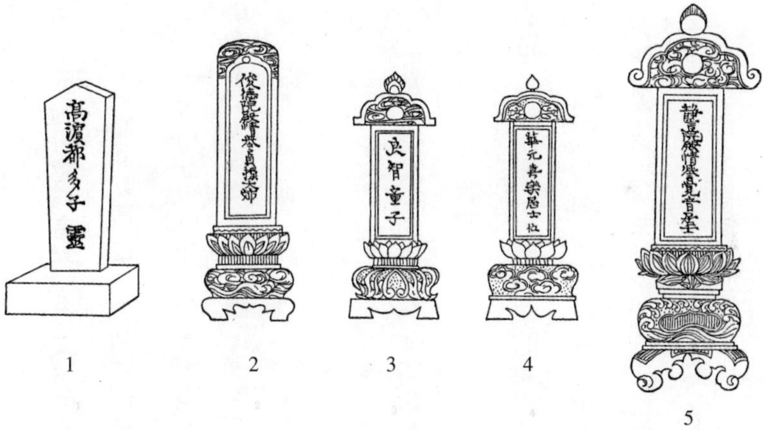


1. 神道的牌位（出雲）　2. 武士之妻的牌位　3. 小孩的牌位
4. 男子牌位的一般形式　5. 武士的精緻牌位

和鮮花較神明的供品等級稍低，但儀式與敬神無異。

神道也好，佛教也好，各自在祖先牌位前持誦的祈禱都有其宗教獨特的形式。神道家會擊掌三次或四次，最初要誦唸「Harai-Tamae（驅除妖魔）」。佛教徒則依各自的宗派持誦「南無妙法蓮華經」、「南無阿彌陀佛」，或是其他佛經，讚頌佛陀。在口中默念感謝，然後才開始為祖先祈禱。神道或佛教都鮮少高聲朗誦祈禱，通常都是低聲默禱，或在心中持誦。

## 十

出雲的家庭入夜後，都會由可靠的僕人、侍女或家族中的成員為神明和祖先點長明燈。以神道的正統規矩來說，長明燈必須使用純植物性的油——燈油一般都使用菜種油。近年來，較貧困階級的家庭多改用小型的煤油燈，嚴格遵守傳統的人認為這是旁門左道，甚至連使用火柴點御神燈都視為異端。他們認為製造火柴的材料並不潔淨。御神燈一定要用最清淨的火——包容於萬物中的神聖自然之火。至今仍嚴守正統儀式的神道家庭，衣帽間裡一定備有點御神燈時使用的火打箱。火打箱裡有打火石和打火鐵，還有乾燥苔草製成的火種、以及富含松脂的松木片。將一點火種放在打火石上，打火鐵敲

四、五下，待火花點燃火種後，再吹氣助長火勢。火焰燃起後，以松木片引火點亮敬神和祖先的長明燈。如果宮或神壇上供奉好幾尊神或有好幾塊木牌，也可以個別點燈。另外有佛間的家庭，也會順便點那邊的蠟燭和長明燈。

一般以為用打火石或打火金點御神燈的方式已經過時，但在出雲地方——尤其是偏僻的鄉間，至今仍普遍使用。即便安全火柴已經取代舊式點火器具，深入國民的日常生活，但人們對正統宗教的意識，還是自然地表現在點火用具的選擇上。外國進口的火柴不能用。本地的火柴製造業者利用宣傳，灌輸人民外國火柴使用了取自「動物死骸」的燐，如此不淨的火用來點御神燈，是褻瀆神明的行為。走訪日本其他地方，會看到當地火柴製造商的火柴盒上印有像是「西京御本山御用」的標語。不過，這樣的宣傳卻無法打動出雲地方根深蒂固的神道觀念，強調適合真宗寺院使用的火柴反而使神道信徒產生偏見。所以說，安全火柴在來到這個諸神的國家前，必須要對這種心理事先想好對策。最近出雲的火柴盒上就印著這樣的標語：「純正　神佛長明燈適用」。

日本這個國家，任何東西都無法避免的危險，就是火災。如果一間房子發生火災，第一優先搶救的東西，就是這個家的神明和祖先牌位。這是自古以來的規矩。人們相信，只要保全這兩樣東西，其他的貴重物品也必能安然，失去這兩樣東西，則萬事休矣。

## 十一

出雲一帶所說的「祖靈舍」「御靈屋」，本來也是指安放神道牌位（一般以櫻花木製作）的小宮，或是指家中某個安放牌位和供品的地方。神道的供品必須放在原木的案台上。案台是一種狹長桌子，與佛寺或佛教喪禮時擺放供品的桌子一樣高度。

在家中進行神道祭拜儀式時，一般都不會高聲對祖先持誦祈禱。敬拜者一開始先念誦神道最普遍的祈禱語句「驅除妖魔」後，在心中默禱——「遠都御祖乃御靈。代代能祖等。親族乃御靈。總氏此祭屋爾鎮祭留。御靈等能御前乎慎美敬比。今日乃此日。御祭善志久侍奉志米給閉登祈白須」（大意：遠方的祖先之靈，代代祖先暨親族之靈，我等今日在此靈前祭拜，祈求保佑闔家平安。）

佛教徒在家中祭拜祖先有新舊之分，多年前亡故的祖先靈魂與最近亡故的靈魂。後者稱為「新佛」。後人對「新佛」不會祈求恩惠，雖敬稱為佛，但剛離開人世的靈魂尚未到達成佛境界。人們認為剛踏上冥土的新佛還自身難保，遑論幫助後人。信仰虔誠的人以慈悲的心看待這樣的新佛，尤其當小孩死去時，因為小孩的靈魂還沒有能力保護自己。母親對自己孩子的靈魂祈禱時，口吻就像兒女還在世時的諄諄善誘。在出雲一帶，通常對新佛的祈願多是殷切的希望或勸告，例如：

「早日成佛」或「快快成佛」

「不要迷惘」

「不要留戀人世」

這樣的祈願絕不會大聲說出來，而真宗信徒對新佛念誦的祈禱，與西洋的祈禱觀念又更加一致：

「願阿彌陀接引西方」

中國和日本都將祖先崇拜的觀念結合到佛教，雖然大家都明白這個觀念其實不是來自佛教，也知道佛教是不認同自殺的宗教。但是在日本，對死者靈魂的擔憂卻常常是自殺的原因。這表示那些執著於原始儀式的人，一方面信奉佛教，另一方面又認同自殺。古時候武士的家臣相信自己能跟隨死去的主君或夫人，因而切腹自殺。「保元物語」中就有家臣在年輕的主人死後，說出這樣的話：

「死出之山，三途之川，誰能指引。主君驚恐憂慮時，必將呼喚我名。與其苟活，不如隨侍君側。」

佛教的家庭祭拜對死去已久的靈魂，也就是這個家原本的祖先，祈禱的內容與新佛有很大的不同，以下略舉二、三通常在心中默念的祈禱。

「家內安全」

「延命息災」

「生意興隆」（只有商人）

「子孫長久」

「怨敵退散」

「厄病消滅」

以上的祈願神道祭拜者也會使用。

「天下太平」

「武運長久」

「家畜滿足」

除了這些，既是在心中默禱，祈求也好、感謝也好，想說什麼就說什麼，通常都是以日常生活中說話的口吻說出來，或是在心中默禱。出雲的母親為因病去世的孩子向祖先祈禱：

「在您的庇蔭下，孩子的病已經痊癒，我衷心感謝」

「庇蔭」從影子延伸為保護的意思，這個祈願包含了英文無法傳達的心靈之美。

## 十二

在遠東的家庭信仰裡，亡者帶著家人的愛成為神，而這份對亡者崇拜的體貼，也讓自己預知在老年時得以慰藉惆悵。日本人絕不像我們西方人很快就遺忘亡者，這個國家的人民單純地相信亡者會永遠與愛他的人在一起。所以家裡有紀念亡者的地方，而那裡將永遠神聖。不久於人世的長輩知道在不久的將來，心愛的子孫們會在家中的佛壇前，為自己的靈魂祝禱。他們也知道這些虔誠的心靈會在悲傷時，對自己傾訴，愉悅時，向自己感謝。他們溫柔的手將會在自己的牌位前，獻上清淨的水果和鮮花，準備自己生前喜愛的珍饈，以神佛用小茶碗，為自己獻上一杯香氣宜人的好茶，一杯琥珀色澤的好酒。今天，這個國家正面臨著前所未見的各種變化，過去的習慣逐漸消失，昔日的信仰日漸衰退。今日的思想不會是明日時代的思想。——但幸運的是，在這典雅、質樸、美麗的出雲，老人們對時代的劇變一無所知。他們只夢想著自己會像祖先一樣，有一盞小小的明燈，接受子孫一代又一代的追思懷念，安詳地想像著那些尚未出世的孩子——在天上看著自己孩子的孩子，一代又一代的孩子們，站在永遠寫著自己名字、佈滿灰塵的小牌位前，以神道祭拜的方式拍拍小手、鞠躬敬拜的模樣。

# 女人的頭髮

## 一

小女兒的頭髮很長，看她們結髮是一件很有趣的事。三天要結髮一次，費用是四錢，大概要花上一個小時，不過整個流程其實是將近兩小時。結髮師會先派學徒過來幫客人清潔頭髮，洗頭、噴香水等，然後用至少五種形狀不同的梳子來梳頭。學徒會幫客人把頭髮梳理得乾乾淨淨，日本婦女的頭髮大概都可以保持三、四天不會弄髒，我們西方人根本無法想像。每天早上的灑掃，她們會先小心翼翼地用手帕或是藍色的毛巾，把頭髮包住。日本人睡覺用的是箱枕，那是一種形狀奇怪的枕頭，但其實不是把頭放在上面，而是用來支撐頸部。睡這種箱枕，就不用擔心壓壞髮型，可以安穩地睡覺。

待學徒完成自己的工作後，結髮師才會過來準備幫客人結髮。結髮除了會用到先前講的那幾種形狀不同的梳子之外，還有金線做成的美麗髮圈、顏色漂亮的紙環、色彩豔麗的皺綢髮帶、細鐵絲做成的髮夾，盤髮前還要依客人指定的髮型，用一種像是小籃子的東西包在頭髮裡面。總之會用到各種不同的道具。

結髮師還會帶剃刀。這是因為日本的女孩有剃汗毛的習慣，從臉頰到耳朵、額頭、下巴、鼻子。這些地方到底是要剃什麼？這幾個部位長著細毛，像是桃子表皮，是女人肌膚中宛如天鵝絨一般最美的地方。而日本人卻連這些汗毛都剃得乾乾淨淨。除此之外，剃刀還有另一個用途。日本女孩必須在頭頂的頭皮上剃出直徑約一公分的圓形，作為處女的象徵。將額頭上的頭髮往後梳，與髮髻紮在一起時，其中的一小部分就可以遮住這塊剃光的頭皮。剃刀還會用來剃光女嬰的頭髮，女孩到了四、五歲，會將頭頂剃出一個大圓形，周圍頭髮留長，樣子很像河童。中間剃光的部分會隨著年齡增長而漸漸縮小，過了幼童時期，就會縮小成先前描述的那樣，剩下一小部分而已。長大後出嫁就可以梳各種髮型，頭頂剃光的部分也會漸漸消失。

## 二

日本婦女那種純黑色的頭髮，至少在我們西洋人的觀念中，對理髮師的技術可能是很大的挑戰。但是，日本結髮師的巧手，竟能讓烏黑的頭髮表現出那樣美的意境。日本人的頭髮沒有上過髮捲，也沒有用過火鉗，但年輕女孩的髮絲盤捲起來，卻美得令人無法言喻！有盤成漩渦的、突出的、大捲的、小捲的、梳成薄薄一片的——從前額到髮髻再到後方的髮包，宛如中國書法名家那種一筆到底、毫無停頓的行雲流水。我看就算是巴黎的理髮師，也遠不及日本結髮師這樣的技術。日本人的發明天分來自這個民族久遠的神話時期，再加上人們對婦女結髮的美感及創意上的改良，一切巧思都獲得淋漓盡致的發揮。古往今來，恐怕沒有像日本這樣為結髮開發那麼多方法的國家了。幾百年來不斷的變化，某個時期發展出令人驚嘆的複雜圖形，另一個時期又流行起古代繪卷所描繪的那種如流水般的及膝長髮，不加任何裝飾，簡樸卻不失優雅的作風。無論如何，記錄在繪畫中的每一款日本髮型，都有其獨特的韻味。印度、中國、馬來、朝鮮等，這幾個東洋國家的審美觀念飄洋過海來到這個諸神的國家，經過消化，轉變成這個國家獨特且更上一層的優雅美感。佛教對日本的一切藝術與思想有著深遠的影響，我相信對結髮的流行也有相當的影響力。佛教中出現的女佛．女菩薩美不勝收的髮型就足以證明，例如觀世音和辯天，還有那些飛舞在大佛寺天井中的天女，都值得停下腳步細細欣賞。

## 三

近代日本的結髮樣式最引人入勝的，不外乎是婦女的髮型就像年輕女性的容貌那樣，具備了美麗與可愛，顯得清新脫俗，與女性的容顏相得益彰，產生一種精美光背的效果。仔細想想，在那烏黑亮麗的後光之下，讓人一時之間分不清是從哪裡開始，也不知道在何處結束，所有的秘密都藏在美麗的髮髻或辮子裡，只有結髮師才知道其中的奧妙。整頭的髮絲，只是用奇妙形狀的梳子，再插上金銀、珠貝，或是透明的玳瑁、蒔繪等製作精美的髮簪，卻能維持髮型絲毫不亂。

## 四

出雲的結髮師光是頭髮的結法，據我粗估不下十四款。換作東京或東日本那些大都會，這種技術肯定是更高超精妙。結髮師會在固定的日子、固定的時間去客人家，挨家挨戶地去服務。在松江一帶，七、八歲的小女孩，通常不是全部紮成一束，就是結成「煙草盒（O-tabako-bon）」。所謂「煙草盒」就是整體的頭髮剪到四吋左右的長度，前額的瀏海則剪更短一些，而頭頂部分的頭髮留長，紮成一束形狀很特別的髮髻，讓人不禁同意這個髮型的名稱。到了上小學的年紀，女孩們又改結另一種簡單可愛的髮型，或者依某些女子學校的規定「束髮（bundle-style）」。「束髮」是一種新型的仿西洋式髮型，並不是很好看。在日本的貧窮家庭，——大部分中產家庭也是——

女孩們的小學時代其實很短。通常在可以出嫁的前四、五年，就不再去上學了，日本的女孩都非常早婚。女孩長大才會結的髮髻，早一點的，十四、五歲時就結了。十二歲到十四歲結的髮髻叫「Omoyedzuki」，等大一點又換另一種美麗的「jorowage」。「jorowage」這種髮型還可以依步驟的增減，變化成各種髮型。再過個兩年，女孩的髮型又從「jorowage」變成「新蝴蝶（shinjocho）」或「島田結（shimada）」，「島田結」又稱「高島田（takawage）」。「新蝴蝶」算是很常見的髮型，也不分老少，但感覺不是很高尚。相較之下，「島田結」就很有氣質，不過越是上流家庭，髮髻就結得越小。一樣是「高島田」，藝妓或遊女就會結得又大又高，非常符合這個名稱。十八歲到二十歲之間的女孩會改結另一種「天神反（Tenjingaeshi）」的髮型，二十歲到二十四歲變成「三輪結（mitsuwage）」，是一種有三個髮髻的髮型。三輪結還有更複雜的變化型，是二十四歲到二十八歲左右的少婦髮型。女孩子一直到這個年紀，髮型會隨著年齡越變越複雜、精緻，但一旦過了二十八歲，就不能算青春了。之後的髮型就只剩下「mochiriwage」一種，又稱「bodai」，許多上了年紀的婦人都結這種簡單樸素的髮型。

不過，女孩出嫁時結的髮型又和先前的那些完全不一樣，是所有髮型中最美、最複雜，也是最花錢的一種，叫做「花嫁」，也就是新娘的髮型。這種髮型正如其名，相當的華麗，我們必須用鑑賞藝術品的眼光來欣賞。女孩出嫁後，就成為一家的媳婦，髮型變成「久米三（kumesa）」或「圓形結（maruwage）」，又稱「勝山結（katsuyama）」。「久米三」是庶民結的髮型，也不是很高尚。「圓形結」又叫「勝山結」，是比較高尚的髮型。昔日武家規定女眷在少女時期結「銀杏反（ichogaeshi）」，嫁出去的女孩則是「片外結（katahajishi）」。今日在松江一帶都還能見到「片外結」這種髮型。

## 五

來我們家的結髮師名叫阿琴，她的技術非常好，據說在出雲地區無人能出其右，年紀大概三十來歲，個子嬌小，還頗有姿色。阿琴的脖子上有三條線條柔美的筋，西洋的美術鑑定家稱之為「維納斯的頸環」。這個女性魅力特徵相當罕見，卻曾經讓她身陷危機，那是一段很離奇的遭遇。

話說阿琴剛入行時，有一個競爭對手。對方是一個技術很好，但骨子裡卻是個壞心的女人，名叫阿尋。年輕的阿琴生意越來越好，而阿尋的老客人卻一個一個跑掉。年紀較大的阿尋因此視阿琴為眼中釘，便故意造謠，毀謗阿琴。阿尋心術不正，利用古老的迷信編造謠言，拿阿琴脖子上的那三條筋做文章，到處跟人說阿琴是「伸縮頸」，這事在出雲一帶傳開後一發不可收拾。

什麼是伸縮頸？「頸」也有頭的意思，「伸縮」是指爬行、鬼鬼祟祟、徘徊，「伸縮頸」就是指日本傳說中的長頸妖怪，頭可以離開身體，在夜裡不聲不響地移動。

阿琴曾經有兩次婚姻，第二次結婚算是幸福美滿。第一任丈夫不僅讓阿琴吃盡苦頭，最後還拋棄阿琴，跟別的女人跑了，音訊全無。阿尋就抓著阿琴前夫行蹤不明的理由，編了一個可怕的故事，以為神不知鬼不覺。阿尋到處跟人這麼說——

阿琴的前夫之所以拋棄她，是因為有一天半夜醒來，看見阿琴的頭從枕頭上飛起來，身體卻還躺在床上，只有脖子像一條大白蛇那樣越伸越長。前夫看阿琴的頭隨著一直伸長的脖子越飄越遠，飄到另一個房間去，把油燈裡的油舔個精光，然後一轉眼又縮回到枕頭上。——「然後啊，她那個老公就從床上跳起來，嚇得頭也不回地逃出家門去了呀」阿尋這麼說。

謠言越來越誇張，不久後，街坊就開始流傳各式各樣有關阿琴的謠言。還有人說一個巡察某天晚上在一戶人家的庭院圍牆裡，看見樹木的垂枝上有一顆沒有身體的女人頭，正啄著樹上的果實。巡察知道那是長頸妖怪，馬上抽出佩劍，用刀背猛打，那顆頭隨即像蝙蝠一樣以飛快的速度縮回去，逃之夭夭，但巡察認出那張臉就是結髮師阿琴。隔天早上這件事傳出去後，阿尋更加油添醋：「真的真的，就是這麼回事。如果您不相信，把阿琴給叫來看看就知道了。你們看，她的臉都腫起來了呀」。偏偏這時候阿琴的臉果真是腫的，看來所言不虛。原來阿琴這幾天鬧牙疼，這下她跳到黃河也洗不清了。後來這件事還上了報，成為老百姓以訛傳訛的一個案例。阿尋又抓住機會，繼續發揮：「你們看，我可不是胡說的喔，報紙上都寫了呢！」

事情傳開後，阿琴家門前擠滿了人，全都是來看熱鬧的。阿琴的丈夫甚至得整天盯著她，以防她自殺。這件事讓阿琴心力交瘁，所幸幾年前她曾經在縣知事家裡擔任內聘的結髮師，住了一段日子，算是有人可以撐腰。縣知事聽聞這件惡意的毀謗行為，馬上寫了一篇彈劾文，還署名印刷發布。這位具有古代武士威嚴的知事，平日深受松江市民景仰，市民們看了知事的文書羞愧不已，都反過來指責造謠生事的真兇。阿琴這才因禍得福，集世間的同情於一身，生意反而比以前還要繁盛。

現在在出雲一帶——出雲以外的地方也是——日常生活當中還存留一些昔日荒誕的信仰。那其實都是一些街頭賣藝人的把戲——在美國叫做"Travelling side-show"。日本的賣藝人棚子裡都是些什麼玩意呢？沒有親眼看過的外國人，可能想像不出來。每到喜慶節日，這些賣藝人就會來到鄉下的神社或寺廟，用竹子和草蓆隨便搭一個小棚子，擺幾個說是讓人大開眼界，但其實是騙人的玩意，譁眾取寵一番之後，又神不知鬼不覺地揚長而去。我見過「鬼的骸骨」「怪物的爪」「像羊一樣大的老鼠」等等，這些都算是最普通的吧。「怪物的爪」其實是巨大鯊魚的牙齒，而「鬼的骸骨」除了頭蓋骨上長著不可思議的角以外，根本就是紅毛猩猩的骨頭，再仔細端詳「像羊一樣大的老鼠」，就發現其實是人工飼養的袋鼠。不過，至今仍令我百思不得其解的就是「長頸妖怪」。一個年輕女子能把脖子伸長到二尺，但她表演時的臉孔真是令人毛骨悚然。

## 六

關於女人的頭髮，自古以來都有一些奇怪的迷信。

美杜莎的神話中，有許多與日本民間傳說相呼應的內容，那些故事的主題都不外乎是到了夜晚頭髮會變成蛇的美女。後來，美女又變成龍的化身或是龍的女兒，這麼看來，以前的人相信命苦的年輕女子頭髮會變成蛇，像是長期受了委屈，累積在心裡的怨氣轉化而來。

過去在日本，許多有錢人家裡有元配和幾個小妾是很平常的事，她們同住在一個屋簷下，白天因為一家之主的威權，元配和小妾看似相處融洽、一片和樂，但到了晚上，彼此心中累積的怨念，就從頭髮來發洩。傳說中，元配和小妾的黑色長髮解開後，會發出嘶嘶的聲音互相叫陣，扭曲蠕動像是要將對方吞噬，連雙方的鏡子都會打起來。俗話說「鏡子是女人的靈魂」，就是這個道理。我想起一個有名的故事。一個叫加藤左衛門重氏的人，某天夜裡看見自己的元配和小妾頭髮變成毒蛇，雙方糾纏在一起，嘶嘶作響、咬來咬去。重氏暗忖自己造成妻妾憎恨彼此，深感罪孽，便決心剃度出家，遁入空門，到高野山以 萱之名潛心修佛。

## 六七

日本的婦女死去，頭髮會結成「束髮」，這是最簡略的「島田」髮型，不加任何裝飾。「束髮」顧名思義，就是將頭髮像稻草一樣紮成一束。婦女在服喪期間也都必須結這種髮型。

但是，我們看繪畫作品裡的女幽靈，每一個都是披頭散髮，把臉遮住一大半。日本人認為幽靈喜歡柳樹，我想一定是因為垂柳讓人感覺陰森和寂寥。據說幽靈總是披頭散髮地躲在垂柳下，整夜哭泣。

傳說日本最初描繪幽靈的畫家是圓山應舉。當時的將軍每天將應舉找來大奧[1]，希望他能「畫一幅幽靈圖」。應舉受命繪圖，卻不知該怎麼畫，才能符合將軍的期望。數日後，應舉聽聞一位姑母病重，前去探望，只見姑母已病入膏肓，臉色與死人無異。應舉坐在病榻邊仔細端詳，突然身體一震，靈感如泉湧般浮現。他趕緊拿起筆來，將姑母消瘦的臉龐與散亂的頭髮畫下來。應舉根據這匆促間畫下的素描，仔細描繪將軍所期望的幽靈，後來應舉因此成為天下知名的幽靈畫匠。

日本人畫幽靈，一定都是透明的身體和極不自然的身高，上半身有清楚的輪廓，下半身就逐漸消失。日本人認為「幽靈沒有腳」，畫中的幽靈果然個個都沒有腳，漂浮在半空中，才能看見一團像水蒸氣的模樣。畫家的想像大概是像隨風搖曳的蒸氣那樣，飄

1 譯註：將軍的後宮。

忽不定，時而伸長、時而縮短。草雙紙[2]中經常有女幽靈出現，但都是活生生女人的模樣，那種其實不是真的幽靈，大多是狐狸精，或者是其他精怪。這種精怪化身的人形都有其特殊的眼神，散發迥異於人類的妖豔。

日本的小孩和外國的小孩一樣，都喜歡恐怖的快感，這也衍生出許多有一點恐怖感覺的遊戲。「鬼抓人」也就是「幽靈遊戲」就屬於這類遊戲。通常是年紀較大的女孩或保母把頭髮披散，再學著繪本裡幽靈的模樣，發出嗚咽的聲音，營造恐怖的氣氛，作勢追逐年紀較小的孩子。

## 八

日本婦女的頭髮是她們身上最寶貴的裝飾，身體髮膚當中，女人最不能忍受的就是失去頭髮。以前的男人認為若妻子不忠，等於是遭受極大的汙辱，他們會將妻子的頭髮剪光，然後趕出家門，如此才能一解心頭之恨。而女人自願犧牲秀髮奉獻，若不是非常虔誠的信仰，就是刻骨銘心的愛情，出雲一帶經常可以看到婦女帶著一束或兩束頭髮到神社奉獻。

什麼樣的信仰能讓婦女做出那樣的犧牲，端看京都的本願寺那條女信徒奉獻頭髮與麻編成的大草繩就能略知一二。這麼露骨的表達方式雖然不太可取，但足見愛情的強韌凌駕於信仰。過去有一個習俗，妻子會剪下一撮自己的黑髮，放進死去的丈夫棺木。意思是與丈夫葬在一起。要剪多少頭髮並沒有一定的規矩，多半是不影響髮型的程度。但是，欲以此對死去的丈夫表示忠貞不移的妻子，會痛快地從髮根一刀剪斷。將自己親手剪下象徵青春美貌的亮麗黑髮，放到亡夫的膝上，從此不再蓄留長髮。

2 譯註：日本古典通俗小說的一種。

# 英語教師日記選粹

## 一

松江，一八九〇年（明治二十三年）九月二日[1]

依照簽訂的合約，我將在出雲松江尋常中學[2]與師範學校[3]擔任英語教師一年。尋常中學是棟巨大的洋式木造建築，兩層樓，塗著濃厚的灰青色油漆。學校能夠收容三百人左右的學生，位於廣闊方形土地的一隅，護城河流過兩側，另外兩邊則對著靜謐的道路。地點在舊城附近。

師範學校則是外觀更為富麗堂皇的建築，在方形土地的對角，非常亮眼，像雪般塗成白色。這個洋式建築的頂端還有小小的圓頂。師範學校僅約有一百五十名的學生，但學生均是寄宿生。

這兩棟校舍之間尚有各種與教育有關的設施，不過詳細狀況，等過陣子我還會了解更多吧。

今天是我赴校的第一天。西田千太郎[4]是日本人英語教師，他為我進行導覽，介紹了兩校的校長和所有的新同事們給我認識。他也告訴我課表與教科書該注意的地方，並為我的辦公桌備妥必要的物品。不過，在開始上課以前，我還必須拜訪知事籠手田安定先生，我的合約也是透過知事的事務官和籠手田先生簽訂的。於是西田帶我走訪了一趟縣政府，縣府位於道路的另一側，也是棟洋式建築。

走進其中，爬上寬闊的樓梯，我們進入一間寬敞的房間，鋪著西洋風的地毯，有突出牆面的外窗，屋內擺著有軟墊的椅子，小圓桌前只坐著一個人，周圍則有五六個人站

1 譯註：小泉八雲，也就是赫恩，從九月二日星期一這天前往學校，履行自己簽下的契約。明治時代仿效西方學制，學期於九月開始，與現在日本的學期從四月開始有所不同。

2 譯註：明治維新後的學制相當複雜，日本政府於明治十九年設立了尋常中學以及高等中學；尋常中學修業年限為五年，後來改稱中學，又稱舊制中學。在赫恩來到松江中學任教之前，畢業於松江中學的校友至少有兩位名人值得一提，一位是日本近代文學成立期最重要的作家之一、俄國文學介紹者二葉亭四迷，另一位則是史記研究者瀧川龜太郎。

3 譯註：全名為「島根縣尋常師範學校」，創立於明治八年三月，當時稱為「教員傳習校」，隔年設立中學科，這個獨立出來的中學科在明治十年十一月改為松江中學，十九年才改為尋常中學，所以這兩棟兩層樓建築位在同一區塊裡，北、西兩側為護城河。

4 譯註：西田千太郎（一八六二至一八六九）可以說是赫恩松江時代最重要的友人，對赫恩的生活多所照料，赫恩即使在離開松江之後也仍與西田保持連絡，詳細可以參考池橋達雄編《西田千太郎日記》一書。西田先是在中學擔任英語教師，後來升任代理校長。

著。大家身著正式和服的紋付羽織，穿著華麗的和服褲裙[5]，實在是威風堂堂，讓身穿普通西服的我有些汗顏。這些人是縣府的職員與教師，坐著的則是知事。知事站起身迎接我，像巨人般地握了我的手。看到了他的眼睛，我想，我至死都會愛著這個人[6]。彷彿少年般清秀而率真的臉，溫和的力道與瀟灑的仁慈於面容表露無遺，就像佛陀般穩重。和這人相比，其他的官員實在不足一提。事實上，我對籠手田知事的第一印象是，他根本是其他人種。我內心想著：日本古代的英雄們就有著此種氣度吧。這時知事示意要我坐下，以低沉而溫柔的聲音詢問西田。流暢而低沉的嗓音有著難以言述的魅力，與他臉孔給人的印象互相呼應，我感到非常高興。接著雜役端上了茶。

西田幫我翻譯：

「知事請教您是否清楚出雲此地的歷史。」

我回答：我讀過張伯倫教授所翻譯的《古事記》一書[7]，關於出雲這日本最為古老之地的歷史，多少有點知識。接下來是日文的對話。西田替我向知事解釋：「這位先生赴日是為了學習古代宗教和風俗，特別是對神道以及出雲的傳說」，於是知事對著我說：那你可以拜訪一下杵築的出雲大社、八重垣神社以及熊野神社，然後知事問道：

「為什麼參拜神社時需要合掌拍手，您知道這動作起源的傳說嗎？」

我回答不清楚。知事告訴我，這典故是出自於《古事記》的注釋書，「《古事記傳》第十四卷三十二頁裡頭記載，八重事代主命合掌拍手[8]」。

我向知事致謝，感謝他親切的解釋。片刻的靜默之後，我在內心再次和知事握手，然後告辭，與西田兩人回到學校。

---

5 譯註：即所謂的「袴」（Hakama）。紋付羽織搭配和服褲裙，是男性和服最正式的服裝。

6 譯註：講談社學術文庫版《明治日本的面容》一書中，平川祐弘教授在注釋中提到：「在淡淡描繪事實以後，突然出現 I feel I shall love that man to the day of my death 這種感情激烈的文字，讓人更加印象深刻」，「赫恩對籠手田的敬愛之情，在一八九四年二月二十五日寄給張伯倫的信中亦表露無遺」，具體解釋赫恩對這位地方長官的敬慕之意。此外，張伯倫指的是 Basil Hall Chamberlain（1850-1935），英國人，與赫恩同年出生，於一八七三年受聘來到日本，一八八六年於東京大學擔任教師講授語言學，研究愛奴以及琉球的語言，在十九世紀後半是相當具有代表性的日本研究者，赫恩來日抵達橫濱當天就寫信給張伯倫，請託他介紹工作。

7 譯註：張伯倫將日本史書《古事記》譯成英文，赫恩來日以前已閱畢英譯，對日本古代歷史以及傳說有基本的理解。

8 譯註：《古事記》神代第十二卷中記載「八重事代主神（中略）天逆手矣於青柴垣打成而，隱也」，逆手與一般合掌有異，乃指尖朝下，手腕朝上，文中提到的注釋書《古事記傳》則是江戶學者本居宣長的作品。《古事記》一書以漢文寫成，文章表現受到漢譯佛經的影響。這段是大國主神召回其子八重事代主神問話，八重事代主神答曰：「恐之。此國者，立奉天神之御子」，隨即施展法術「天逆手」，隱身於青色籬笆之中。依據學者倉野憲司的說法，事代主神的引退，象徵著出雲的宗教支配力量轉移給日本皇室。

## 六二

在中學教了三小時的課，我發現教日本的男學生比想像中更為愉快，不管是哪一班，西田都已事先幫我做好準備。即便我不懂日文，卻沒在教學上感到任何不自由。而且，儘管學生們未能通盤理解我的話，卻懂得我用粉筆寫在黑板上的所有東西。多數學生從小就跟著日本籍老師學習英語，他們的樸實與耐心著實令人吃驚。老師一步入教室，全班便起立對老師敬禮，接著老師回禮，這是他們自古以來的習慣。

西田非常親切，在各個方面盡他所能地給我支援，卻還老是跟我道歉，說：「我能做的只有這一丁點」。當然，這一丁點包含了不少麻煩事，比方說，光是記住學生的名字就要花多少時間啊——名單就在我眼前，我卻連發音也不會。為了體恤外籍教師，每班的教室門上都用英文寫著班級名稱，但是要我完全適應可能得花好幾個禮拜。目前西田總是帶我到教室去，此外，西田也帶我通過長廊到師範學校，介紹在師範學校負責照顧我的中山老師讓我認識。

師範學校的部分，合約內容為一週只有四次授課，但他們仍在教師辦公室為我準備了桌子，我得以馬上融入那裡的氣氛。在介紹學生以前，中山先帶我看了學校裡所有有趣的東西。他的介紹非常愉快，是種新穎的學校體驗。

他領著我走過長廊，然後走進漆得白亮的大教室裡。裡頭坐著許多身著深藍色制服的年輕人，他們全部坐在非常小的桌子前，桌子只有一隻腳，抓地的部分成三叉狀。講壇在教室的一角，擺著教師用的高桌和椅子。我一走到桌旁，便有人用英文喊著：

「Stand up!」

接著所有人就像是機關般一同站起身，然後同樣操著命令口吻的聲音再喊：

「Bow down!」

袖口繡有班長標誌的年輕學生，那是他的聲音。全體學生向我敬禮，我也點頭，接著一起就坐，才開始上課。

師範學校的教師每個人都在各自的班級接受這種軍隊式的禮儀，號令用的是日文，只有在我的課堂上，號令才會以英語進行。

一八九〇年九月二十二日

## 三

師範學校由島根縣管轄，學生必須依照考試的成績，以及保證品行端正的調查報告來獲得入學資格，學生的數量當然有所限制。年輕人的學費、寄宿費、書籍費、文具用品以及衣服都是免費的。學生們靠著公費負擔衣、食、住而接受教育，代價則是畢業後的五年間必須從事教職。不過入學並不保證畢業，每年會有三四次的考試，如果平均的成績不能達到一定的標準，就算品行再怎麼端正，又或是再怎麼好學向上，依然會遭到退學。事關國家教育，不能以同情來改變標準，教育所追求的人才，必須有天生的優秀能力以及證明自己能力的高度水準。

學校規則採軍隊方式，非常嚴謹。由於學校的管教非常徹底，兵役法規定，師範學校的畢業生至少能夠免除一年的兵役。師範學校的學生在畢業時，已算得上是一名士兵。學校還重視操行，所以也得打操行成績。你就算剛入學的時候十分懶散，也沒辦法每天悠哉下去。此外，學校也重視男性氣概，但那並非粗野，他們看重的是自立心與自我管理的氣度，學生說話的時候應當直視教師的臉，必須一言一語都用明白而清澈的嗓音。教室裡行為良好的部分也表現在教室的設備上，由於桌面過於狹小，所以不能拄著手肘，椅凳沒有地方可以靠背，所以學生在上課時只能挺直身子，沒有其他選擇。另外，學生也必須維持儀容的清爽與清潔，不管是在哪裡，遇到了老師就必須停下來，併著腳跟站好，跟老師敬禮。這些舉動鮮明地不斷上演，儘管我難以描繪。

課堂之上，學生的態度可以說是缺點太少。聽不到竊竊私語，沒有教師的許可，他們的眼睛也不會離開課本。叫到學生的名字，學生馬上起立，用充滿活力的嗓音回答，在眾人盡力抑制自己聲響的寧靜之中，耳朵總因為學生回答的聲音一時無法習慣而大吃一驚。

師範學校女子部約有五十名左右的年輕學生接受教師訓練，是另外一棟通風良好的巨大四方形兩層樓建築，與其他建築完全分開，位在道路無法看見的地方。女學生不只透過最新的方式學習西洋科學，也接受日本技藝的指導，像是刺繡、裝飾、日本畫、插花等等。這裡也教授西洋風的繪畫，當然這並不侷限此校，日本所有的學校都會教導美麗的西洋畫，而且教法與日本畫的手法相互結合，我想，這混合的結果一定能給予往後的藝術創作正面影響。日本學生的繪畫才能比起西洋人平均至少好上五成，日本人本質上擁有藝術靈魂，由於自小就學會書寫漢字這樣困難的技能，手或是眼睛都受到相當的栽培，這是在西方無法想像的[9]，相當令人訝異，在繪畫的老師傳授透視法以前，他們就已經達到這個境界了。

大型附屬小學則以師範學校為本校，與尋常中學走廊相通，是男女合校。師範學校最後一學年的男女學生會在附屬小學擔任實習老師，這樣一來，師範學校的學生們可以在畢業就職以前實際接受教職訓練。對抱持著理解與同情眼光的外國人來說，沒有比這種初等教育更饒富興味的教育現場了。我最先參觀的教室裡，有非常年幼的男孩和女孩——有幾個人正在稱讚孩子與他們所拿的人偶一樣非常可愛——屈著身子面朝攤開在桌上像炭般漆黑的紙，十分有氣勢地使用著毛筆，還有在西洋我們稱為 Indian-ink 的墨，彷彿是要把紙弄得更黑。他們其實是在一筆一畫練習書寫漢字與假名，必須要某一劃寫得夠漂亮了，才能練習下一筆，所以自然不能隨意寫個偏旁。在學好第一課之前，白紙就已經一面全黑，初學者用毛筆反覆不斷地練習，但還是用同一張紙，因為濕墨可以在乾墨上留下痕跡，才能輕易分出差別。

隔壁的教室也是低學年的班級，在學剪刀的用法——日本的剪刀一體成型，外觀呈U字形，比起西洋的剪刀算是相當不便。孩子們正在學習如何剪出特別的花樣或形狀，花朵的剪法是最基本的，有時候他們也會剪某些漢字。

還有一間教室，第三個小班正在學唱歌。老師在黑板上用粉筆畫著音符 doremi，以手風琴伴奏。孩子們學唱日本的國歌《君之代》，還有原曲為蘇格蘭民謠的兩首日本歌，其中一首是「Auld Lang Syne」[10]，讓位在遙遠東洋一隅的我也被喚起許多緬懷的回憶。

這間小學沒有制服，學生均著和服，男孩是深藍色的和服，女孩則是五彩繽紛，又像蝴蝶般華麗。女孩在和服之上還著褲裙[11]，這也是鮮明又溫暖的天空顏色。

每堂課之間有十分鐘的休息時間，可以玩耍。男孩子們玩踩影子[12]、矇眼捉迷藏，還有其他看來有趣的遊戲。笑著、跳著、叫著、跑著，也比賽相撲，但與西洋小孩不同的是，他們不會爭吵也不會打架[13]。女孩則自成一群，踢皮球，或是圍成一圈邊唱歌邊玩。圍成一圈大家小聲地合唱，這遊戲是多麼平和而溫柔，實在難以言述。

---

9 譯註：講談社版日譯本注釋中，平川教授提到：「赫恩的這個發現即便是在百年後的今天也依然適用，在海外勤務的日本人子弟會就讀美國的小學，而他們的繪畫才能總會受到讚賞。在〈東洋的第一天〉第二節也有提及這種才能與漢字或是假名的視覺性記憶關係，這一點值得參考」，他認為赫恩的觀點在今日依然有獨到之處。

10 譯註：蘇格蘭民謠「Auld Lang Syne（友誼萬歲）」，在日本被改編為「螢火蟲之光」，台灣則是以「驪歌」稱之。

11 傳說中天照大神綁起衣裳的下襬而發明了袴。

12 譯註：原文作「Demon-Shadows」，根據平川教授的調查，原文究竟指的是何種遊戲，並無法確定，有可能是所謂的「踩影子」，類似捉迷藏的遊戲。同樣是赫恩描繪出雲地方風俗人情的作品《眾神之國的首都》一書中也有類似的描述。

13 從我這樣一寫，又在日本各種學校教了兩年的書，至今仍未見過學生之間的騷動紛爭，我也沒有耳聞過自己的學生與人有過爭執。附帶一提，我大約教過八百多位年輕人。

一起玩吧一起玩吧
和樂融融地一起玩吧
嘩啦嘩啦地汲水
地藏菩薩的水
把水澆給松葉
接著從頭再來[14]

教育這些孩童的年輕男女老師也非常溫柔，他們很照顧學生。孩子在玩耍中如果弄髒、弄亂了衣服，他們會把孩子叫到旁邊，就像親哥哥一樣，拍掉灰塵，幫他們拉好衣服。師範學校的女學生們除了在小學教小孩子以準備未來的教職外，他們還會在附近的幼稚園接受教學的訓練。那是間歡樂而活潑的幼稚園，教室有著大太陽的燦爛光芒，笑聲不絕於耳，櫃子上還堆滿了教育用精巧設計的玩具，每天都能派上用場。

# 四

一八九〇年十月一日

不過，我還是不太能觀察師範學校的情況。因為，嚴格來說，我並不屬於那邊的教師體系。中學的工作才是我的本務，我大部分的時間也花在這邊。形式上我只是從中學被借調到師範學校而已，所以我跟師範學校的學生只有在教室才會見到面，他們不被允許在校外拜訪老師的私宅，所以無法像跟中學的學生那般親密。中學的學生不稱我「Sir」，而開始叫我「Teacher」，把我當成一種兄長般的存在（我反對他們喊我「Master」，在日本，教師無須擺著主人的架勢[15]）。在中學的教師辦公室裡，我的座位就在西田的旁邊，我很喜歡那破舊又寒冷的房間，雖說師範學校的教師辦公室寬闊明亮、感覺很好，但卻沒有一種回到家的氣氛。

14 這首歌大致的意思是：「來啊來玩吧，嘩啦嘩啦地趕快打著地藏菩薩的水，澆上松樹的葉子，然後又從頭再來一次」。大部分的日本遊戲與玩具相同，與佛教關係深厚，大多含有佛教的意義。

15 譯註：原文為 for in Japan the teacher has no need of being masterful，過去的日文譯本多譯為「無須擺著老師的架勢」（如第一書房版、恒文社版等等），此處參考講談社版平川教授的見解，teacher 直譯為教師，masterful 則譯為「主人的架勢」。

中學的教師辦公室牆上掛著寫滿日文的地圖，還有幾張以進化論為基礎，記載著動物學各種知識的表，還有嵌滿黑色小木牌的大框。由於木牌嵌得十分整齊，整體的表面就像黑板一樣平坦，這些木牌上用白色寫著教師的姓名、科目、時間。不過與其說是寫，不如說是用白色顏料去塗的。這些木排排得很整齊，上課時間有所變更的話，只要改變木牌位置就一目了然。不過，這些木牌全寫著漢字跟假名，我只能知道這設備的功用，其他的我一概不懂。然而，我還是學會了自己名字的漢字以及數字的簡單寫法。

每位教師的桌上都擺著燦爛的青色、白色的瀨戶陶瓷器，一只火盆，餘灰上燃著幾塊赤紅的炭。在課堂之間的短暫休息時間裡，每個老師都會拿著小小的煙管抽個煙，煙管通常是黃銅或是鐵製品，好像也有銀製的。這個火盆加上一杯茶，足以慰勞教學的辛勞。

除了西田以外，還有一兩位教師的英語非常流利，休息時間有時我們會閒聊，不過，閉口的時候居多。一堂一個小時的課後已經深感疲勞，比起開口說話，大家還是喜歡叼著煙管噴煙。這種時候教室唯一入耳的聲響是，掛鐘時刻流動的聲音、為了彈煙灰拿小小的煙管敲在火盆邊緣的清脆聲音。

## 五

一八九〇年十月十五日

今天我參觀了一年一度的島根縣校際運動會。像這樣的比賽會在松江城的二之丸[16]的廣場舉行。昨天，人們沿著圓形跑道打下木樁，裝設跨欄，還為了貴賓以及官員設置了上千個木製座椅。天黑之前，附有天蓋的知事專用席也搭建完成。場地彷若是為了大型馬戲團所準備的，羅列木板而成的座位層層相疊，知事專用席的周邊華麗地裝飾著花束與旗幟。大會從約莫四十公里近郊的村莊召集所有的小學生，因而人數相當驚人，據說約有六千名男女小學生為了參加各項比賽而入場，他們的師長以及父母親屬或坐於長椅，或立於門內，此景相當壯觀。此外，在可以眺望這個廣場的城牆上還聚集著更多的觀眾，或許整個市人口的三分之一都來到這裡了吧。

鳴槍是比賽開始與終止的信號。在運動場的四個地方同時有四種不同的比賽進行，

---

16　譯註：城最中心的部分是「本丸」，有天守閣，往外第二層的部分為「二之丸」，多有庭園、廣場。更外一層為「三之丸」。這個曾經舉辦運動會的廣場，與美麗的松江城一樣，今日仍能親身拜訪，廣場現今植有許多松樹，角落立著與赫恩有關的解說看板。

畢竟這裡的大小足可容納一個軍團。各項比賽的冠軍直接由知事頒獎。

項目之中亦有各校各班代表選手的賽跑。第一名是本校第五班的坂根，他與其他選手拉開將近四十公尺的距離，輕鬆地抵達終點。坂根是我們田徑部的冠軍，他不只在運動有突出的表現，也是個好青年。所以，當我看到坂根獲贈獎品，雙手捧著許多書籍時，我真的非常高興。他在劍道的項目也拿到第一，這個比賽是以破壞綁在選手左腕的素燒瓦皿來決定勝負。此外，他亦在中學高年級學生的跳躍項目（leaping）中得到獎賞。

當然，得獎的有數百人，頒發的獎品也有數百份。比賽項目裡還有一種用毛巾把一個人的左腳綁在另外一個人的右腳上，兩人一組競賽的兩人三腳。還有類似的有趣競賽，為了求勝，參賽者不單只有奔跑，還須匍匐、爬樹，不斷地又跑又跳。也有讓小女孩參加的賽跑——孩童們身著五顏六色和服加上水藍色的褲裙，像蝴蝶一樣美麗——參賽者必須邊跑邊從四散在草坪上的球中，挑出三種不同顏色各三顆，一共九顆球。此外，小女孩們還有旗幟賽跑、用羽子板[17]打毽子的比賽。

接下來是拔河。這競技相當壯觀，繩子一端有百名學生，另一端也有百名學生，每個人手抓繩索對拉。不過，當天最值得一提的是啞鈴體操。年輕男女六千人約排成五百長列，兩腕一齊舉起啞鈴，再一起放下。依循站在狹小的木製高檯上體操老師們的號令，六千人穿著草鞋的雙腳忽而前進，忽而後退。舉著啞鈴，六千人的聲音一齊報數。

「一二、三四、五六、七八」

大會的最後是所謂「奪城」的稀奇比賽。有兩只仿日本城櫓外形糊紙在竹架上的模型，大小約莫十五尺，擺在廣場的兩端。城的模型中有裝滿可燃性液體的容器，容器沒有加蓋，所以如果容器打翻，模型就會著火。少年們分成兩組，用木製的球攻擊對方的城，這球能夠輕易地貫穿紙糊的城牆，眨眼間，城的模型就陷入熊熊烈火之中。當然，陷入火海的一方就算是敗北了。

比賽從早上八點開始，下午五點結束。最後聽從指揮，約莫一萬人齊唱那首雄壯威武的國歌《君之代》，再三唱天皇皇后兩陛下萬歲，才告散會。

日本人與西洋人不同，加油的時候不會怒喊，也不會吼叫，而是發出詠嘆的「啊啊啊啊」、「啊啊啊啊」，就像是大合唱的起頭。

17　譯註：羽子板類似板球板的形狀，長方形帶柄，用來拍打「羽根」（毽子），是日本的一種傳統運動。

六

諸如植物學、地質學等學問，在這個遠古日本最邊陲之地，每一天正被眾人學習、傳授，目睹此景，很難不瞠目結舌。在這裡，人們用著最新式的顯微鏡來進行植物生理學或是蔬菜組織性質的調查，研究與化學的關連。而且，教師定時帶著班上的學生前往農村，從學生家鄉的植物裡找出學期之中曾經出現在課堂的，拿實物說明。負責指導農業知識的是赫赫有名的札幌農學校[18]學生，在學校單純為了教學而購入、經營的農場裡，他們讓學生親身體驗。地質學的課程則藉由探訪湖畔群山、沿海絕壁來加以補強知識，這樣一來，學生可以清楚記住地層的形狀，親眼目睹岩石的歷史，獲得實習經驗。依據赫胥黎[19]的完美教科書所訂下的教育方法，宍道湖盆地以及松江近郊的自然地理學研究相當盛行。博物學的教育亦使用最新、最好的方法，顯微鏡的存在當然也功不可沒。此種教育的成果，往往令人動容。某個學生不過是個十六歲的年輕人，他卻自發性地幫東京的大學教授蒐集了兩百種以上的海洋植物，並加以分類。還有一個十七歲的年輕人，手上沒半本參考書，卻幫我筆記了松江市周邊可見的蝴蝶，完成科學分類一覽表。我稍加確認後，內容幾乎無誤，也沒遺漏任何一種品種。

## 七

針對帝國所有的大型公立學校，天皇陛下透過文部大臣，於明治二十三年十月三十日[20]發表談話。於是各個學校的教師學生聚集起來，聆聽《教育敕語》的朗讀。

知事負責在各個學校朗讀天皇的聖諭。早上八點，我們中學校的成員全體在禮堂集合，等待知事的到來。

很快的，知事與縣府的官員們帶著市的首腦們來到現場，我們隨即起立向知事行禮，接著唱國歌。

接下來，知事登上講台，拿出敕語。敕語是用漢字片假名交雜文體[21]寫成的卷軸，

---

18 譯註：明治八年創立於札幌，明治九年正式改稱為「札幌農學校」，從創校初期即培養出許多優秀的農學家、植物學家，新渡戶稻造、內村鑑三、宮部金吾等人均是此校出身。

19 譯註：Thomas Henry Huxley（1825-1895），支持達爾文的進化論，著有《人類在自然界的位置》一書。根據平川教授的考證，此處「赫胥黎的教科書」（原文為 manual）所指為何雖然不明，但在赫胥黎的著作中，有著整理當時教學講義而編的《基本生理學講義》（Lessons in Elementary Physiology, 1866）。此外，赫恩基於反對基督教傳教士的守舊立場，大力支持赫胥黎的觀點。此外，《進化與倫理》一書，嚴復譯為《天演論》，這在中國更擴大了「適者生存」思想的影響力。

20 譯註：英文原文為十月十三日，參考平川教授的注釋，此處依實際日期訂正為三十日。

21 譯註：雖然原文為 a scroll of Chinese manuscript，但《教育敕語》並非純粹的漢文，此處依照實際狀況譯為「漢字片假名交雜文體」。

裝在絹袋之中，他緩緩地從絹袋抽出卷軸，恭敬地捧至自己的前額，打開卷軸，再一次捧至前額，嚴肅地靜待一段時間，然後操起他平常透徹而朗潤的嗓音，以朗讀般的傳統念法，一字一字像是有著音調，開始讀敕語[22]。

敕語

朕惟我皇祖皇宗，肇國宏遠，樹德深厚。我臣民，克忠克孝，億兆一心，世濟其美。此我國體之精華，而教育之淵源，亦實存乎此。爾臣民，孝於父母，友於兄弟，夫婦相和，朋友相信，恭儉持己，博愛及　，修學習業，以啟發智能，成就德器。進廣公益，開世務，常重國憲，遵國法，一旦緩急，則義勇奉公，以扶翼天壤無窮之皇運。如是者，不獨為朕忠良臣民，又足以顯彰爾祖先之遺風矣。

斯道也，實我皇祖皇宗之遺訓，而子孫臣民，所宜俱遵守焉。通之古今而不謬，施之中外而不悖。朕與爾臣民，俱拳拳服膺，庶幾咸一其德[23]。

讀畢，知事與校長簡潔說明陛下聖諭的意旨，並訓示全體師生，必須加以熟記，並實踐之[24]。

說明結束後今天就此解散，授課也休息一天。這是為了要讓學生們能夠把今天所聽到的內容留在腦海。

## 八

在近代日本的教育制度之中，教育現場的核心觀念是親切與溫和，教師正如教師teacher的字面意義，而非像是英語中帶有支配關係的主人master[25]。對學生來說，教師

22 譯註：敕語中譯乃依照當時文部省的漢語譯以及臺灣總督府的漢文翻譯。

23 英譯引用自東京的教育雜誌《*The Museum*》。原文相當讓人震撼，並非翻譯可以比擬，漢語中皇帝提及自己所使用的「朕」這個字，比起英文中君主的第一人稱We或是Our更讓人印象深刻。關於義務、美德、智慧等等的詞彙，這些是完全通曉日本人生活的人才能妥切給予評價的觀念，這些觀念與西洋人腦海中的有所齟齬，卻非欠缺美感或神聖的問題。

24 譯註：森亮教授在《小泉八雲的文學》（恒文社）一書中提到：「赫恩赴任第一年的十月三十日剛好頒布了教育敕語，這份文書一直到第二次世界大戰結束前，是日本所有學校畢業典禮等儀式中，校長必須捧讀的文章」，「在這裡，我們可以看到敕語頒布當時，文部省與內務省合作，慎重處理這份特別的詔書，讓赫恩得以外國人的身分目睹在中學禮堂進行的捧讀儀式，並直率地寫進文章」，這本專書並非單純的傳記研究，而把赫恩的作品視為文學文本，提出不同的詮釋。

25 譯註：請參考本章注15。

如同兄長一般，不能以自己的意志壓迫學生，少有斥責，亦少有批判，更不該體罰學生。日本的老師是不打學生的，萬一真的下手，那老師大概馬上會丟掉工作。教師不該在人前動怒，做出這種輕率舉動的話，定會成為學生言談間的笑柄，亦會讓同事皺眉。就實際狀況來說，日本的學校裡不存在著懲罰，有時候真幹了壞事的孩子不被允許在休息時間離開校舍，但老師卻連決定這種輕度懲罰的權力也沒有，這必須由教師訴請校長，再由校長下令。這不是為了剝奪孩子的玩樂來折磨他，而是為了將他的過錯宣示周知。學生若在同年級的眾人面前切身了解自己確實犯下過錯，通常不會再犯。在日本，功課不好的學生不會被要求完成更多的習題或是學習，也不會有讓學生抄寫四百行五百行的文章讓他眼睛疲憊不堪的殘酷處罰。而且，現在的情況是，連學生也不會允許這種處罰發生。無論日本何地，教育當局普遍的方針是反對體罰，不聽話的學生可以直接開除，但儘管如此，退學處分卻不多見。

從學校回家，穿越城的廣場抄近路時，常常見到迷人的光景。約三十人左右的男生班，全員和服草鞋（sandals），沒帶帽，他們跟著同樣身著和服的俊美老師學著邊唱歌邊列隊前進。孩子們列隊唱著，赤著小腳打拍子，老師是高亮嗓音的男高音，站在隊伍的前頭先唱歌曲的第一段，接下來孩子們跟著唱。然後老師再唱第二段，孩子們再重複。如果有誰搞錯了，那麼就從頭再來一次。

那是日本最高貴的英雄，忠臣楠木正成的歌[26]。

## 九

如同前述，如果教師過於嚴苛，學生也不會保持沉默，這在英美人聽來可能有些刺

26 譯註：此處「城的廣場」，應為松江城的二之丸廣場，歌曲則可參照本田秀夫〈八雲與《楠木正成》的歌曲〉，歌曲的開頭為「彼時建武正成／取出護身之符」，這種軍歌在明治十九、二十年時非常流行。本田氏的研究收錄於以赫恩為研究對象的期刊《赫恩》（***Herun***）第八號，創刊於一九六五年，已發行四十九號（二〇一二）。

27 譯註：關於此段，平川教授在講談社版日譯中有詳細的研究分析，譯者將部分引用於下：
「赫恩認為，比起托馬斯．休斯在《湯姆．布朗的求學生涯》裡描寫的英國公學，日本的中學更接近艾德蒙．德．亞米契斯在《愛的教育》裡描繪的學校，這個看法饒富興味。Thomas Hughes（一八二二至一八九六）曾就讀於湯瑪斯．阿諾德擔任校長的橄欖球學校，後來進入牛津。而《湯姆．布朗的求學生涯》（一八五七）可以說是確立了英國人腦海中公學形象的作品。**Edmondo De Amicis**（一八四六至一九〇八）是與赫恩同時代的義大利人，《愛的教育》（一八八六）出版後獲得世界性的迴響，赫恩曾在一八八九年九月的書信中以英譯本談論「感情教育」的價值，在寫給西田千太郎的信（一八九一年左右）也大為讚賞這本書，赫恩甚至在熊本的第五高中主張教科書該使用該書英譯，但卻被評為「過於幼稚」而不獲採用（一八九三年一月給西田的信）。《英語教師日記選粹》乃是外國人教師描繪明治日本建設新國家時期的中學生活的報導文學，《愛的教育》則是透過學生的角度來觀察義大利建設新國家時期的小學生活。（中略）我們可以推測，《愛的教育》提供了赫恩一個書寫的形式。」

耳，不過日本沒有像是湯姆・布朗那樣的學校，日本普通的公立學校比較像是德・亞米契斯在《愛的教育》中所描繪充滿魅力的義大利理想學校[27]。在西洋，追求的是規律，而日本的學生尋求的是自立，並且享受自立；西洋是教師放逐學生，日本則是學生屢屢放逐教師。公立學校是個充滿熱血與活力的小型共和國，在那裡，校長與教師是總統與閣僚的關係。校長與教師乃是由東京教育當局推薦，再由縣府任命，但實際上教師還得經過學生認可他的能力以及品格，才能夠保自己的地位。如果教師沒有相符的資質，可能發生革命運動，老師通常會被解雇。常常有人批評學生過於濫用這種權力，但這意見幾乎都是來自於在日本生活的西洋人，他們堅信英式的規律至上是最好的辦法（這讓我想起橫濱的某英語新聞鼓吹藤條的使用）。依我所見，比我更見多識廣的人或許會同意，若有學生起而反抗老師，對的一方通常是學生。就算面對自己討厭的老師，學生也不會侮辱他，也不會在教室興風作浪，而只是在教師被解雇以前持續地缺課。這樣的要求，個人情感因素可能是次等原因，就我所見，鮮少是主要原因。即便教師的態度或是給人感覺不佳，甚至學生覺得十分不快，只要老師算有能力，學生可以信任教師的公平性，他們仍會服從，尊敬老師。不過，學生能夠很快地察覺老師的偏袒不公，也能在一瞬間判斷老師的才學。另一方面，就算老師再怎麼和善，只要知識不足或是教學方法不佳，學生便不會輕易忍受。在附近的公立學校就發生了學生罷免化學教師的事情，他們申訴問題時率直地說：「老師對我們全員十分親切，也非常認真，所以我們喜歡老師。但是，老師的握有的知識與我們的求知慾無法相比，老師無法回答我們的問題，也沒辦法詳加說明實驗的內容。之前的老師都能夠辦到，所以希望能更換老師」。學校調查之下，年輕老師畢業於大學，推薦狀也沒問題，但卻如這些年輕人所言，對於自己負責的領域知識不足，也沒有教學的經驗。在日本，教師的成功不光是靠著學位而已，成功來自當事人的知識多寡，以及是否能把自己的知識單純明快並具說服力地傳達給他人。

## 十

一八九〇年十一月三日

今天是天皇陛下的生日，天長節。全日本放假，學校也沒有上課，但是師生全員仍在早上八點來到中學的大禮堂，祝賀陛下誕辰的紀念日。

禮堂的講台上擺著鋪有單調顏色絹布的桌子，桌子上並列放著框在金框裡天皇皇后兩人的玉照。講台後頭則擺著旗幟與花束裝飾。

隨即知事進場。他身著金色刺繡的正裝，仿若法國的將軍。跟在後頭的是松江市長、軍司令官、警察署長、縣府官員。他們安靜地在講台的左右兩側就座，接著學校的風琴突然開始緩慢而莊重地演奏美妙的國歌，與會者全體唱著這首古雅的歌曲，透過世世代代人們的崇敬之念而神聖化的《君之代》，歌詞如下：

皇祚連綿兮久長
萬世不變兮悠長
小石凝結成巖兮
更巖生綠苔之祥[28]

國歌的齊唱結束，知事以帶有威嚴的緩慢腳步，從講台的右手邊走到中央擺著兩陛下的玉照前，對著玉照深深一鞠躬，接著往前三步，停下再一鞠躬，然後又往前三步，恭敬地再一次鞠躬。身體仍面對著前方，往後退六步，鞠躬，然後回到自己的座位。

知事結束後，教師們六人為一組，魚貫進行同樣的儀式。等全部的人都在陛下的玉照前行禮後，知事便登上講台，對著學生講述他們對於天皇、國家、教師的義務，言簡意賅。再次齊唱國歌之後便散會，眾人各自享受這一天接下來的時間。

## 二十一

一八九一年（明治二十四年）三月一日

尋常中學的學生大半是通學生（用法文來說的話，就是externes）。早上到校，午餐則在家裡吃，下午一點又回學校上午後時間較短的課。居住在松江市的學生均與自己的家人生活，不過，來自外地卻在市內沒有親戚的學生也不少，學校為了這些學生提供寄宿的宿舍，宿舍特別配有舍監，舍監負責維持道德上的規律。如果家境寬裕，能夠有借住的地方或是在更好的環境外宿，當事人可以自由選擇。然而，大部分的學生都住學校提供的宿舍。

我懷疑，談及教育——還必須是非常進步且優秀的教育——的費用，有比日本更便宜的國家嗎？比起在西方必要的花費，出雲地方的學生只要一點小錢就能生活，要是把

28 譯註：此處譯文參照日本統治香港時期頒布之中文翻譯，並省略原文英譯之注釋。

這金額寫出來，西方的讀者一定會大吃一驚。換算成美金的話，一年只要二十美元，就足以負擔飲食還有住宿。學生繳交的費用，包含學費，每個月約是七美元，至於住宿以及一天充足三餐的餐費，每四個星期只需一元八十五錢——換算成美金的話，約是一點五美元。如果學生家境貧困，學校也不會強制學生穿著制服，不過，高年級的學生幾乎全體身著制服，因為包含帽子、皮鞋的一套制服，便宜的話只要三元五十錢左右。不穿皮鞋的學生可以穿木屐，不過在校內的時候，學校會要求把吵雜的木屐換成稻草編成的輕便草鞋。

## 十二

然而，在尋常中學所能獲得的知識教育，卻與便宜的生活費和學費可能帶來的想像相左，它並非廉價即可獲取的事物。大自然課以最重的學費負擔，嚴格執行學費的徵收——這種徵收事關人命。

要理解這件事，我們不能忘記，對明治時期出雲的學生來說，他們邊食用米飯和豆腐邊學習的近代科學知識，其實是由靠著食用肉類這種更耗資不斐的飲食方式強化的腦袋所發現、開發、統合出來的東西。為了要讓日本能夠完全同化從西方襲來的文明，日本的教育家必須得解決國民營養不足的殘酷問題。如同賀伯特・史賓塞[29]所言，人類的精力，並不問智力或體力，食物的營養才是掌握生殺大權的關鍵。歷史可證，營養充足的人種活力充沛，總以支配者的地位君臨四方。未來，支配世界的是恐怕是頭腦，頭腦是一種力量的形式，並須靠餵飽胃袋才能作用。震撼世界的思想絕對不是靠麵包與水就能組合出來，而是透過牛排、羊肉、火腿、蛋、豬肉、布丁所創造，又或是依賴牛飲葡萄酒、烈酒、濃咖啡所帶來的刺激而生。而且，成長中的孩童、年輕人比成人更需要營養的飲食，這點科學已經證明。此外，學生用腦所帶來的體力消耗，也必須補充強而有力的養分才行。

在學習上，日本的學生身心所消耗的精力是怎樣程度的東西呢？比起生涯同一時期的歐美學生來說，那種消耗無疑地巨大許多。首先，日本有漢字、平假名、片假名三種文字[30]——簡而言之，日本的國語文獻乃是用如此龐雜的字母所組成，儘管這並非正確

29　譯註：Herbert Spencer（1820-1903），社會達爾文主義之父，赫恩受其學說影響甚鉅。

30　譯註：此處原文為 his own triple system of ideographs，在過去的譯本中通常被詮釋為「漢字三體」：真、行、草三種。參照平川教授的見解，譯者認為漢字、平假名、片假名三種文字組成，才是較為合理的翻譯。

的說法——光是為了習得本國語言的必要知識，最少也要七年的光陰。當然，他們還必須學習自己國家的文學與文獻，加上書面語、口語兩種不同形式，並且自己國家的歷史與道德也不能忽略，這一切是理所當然。除了東洋的學問以外，日本學生的課目還包括了外國的歷史、地理、算數、天文、物理、幾何、博物、農業、化學、繪畫、數學等等，而且最糟糕的是，他們必須得學英語，不熟悉日語結構的人，是難以想像英語這種語言對日本人來說有多困難的。由於自己的母語與英語差異實在太大，就連日文中簡單的表現也無法照字面翻成英文，思考的方式也無法直接翻譯。但是，日本的學生們卻得靠著英國的任何一個少年可能都無法過活的貧困三餐，來學習這些困難的知識。寒冬時期的教室裡只有一個火盆，火盆中只擺了幾塊燒紅的炭在一層灰上，學生身著薄衣，他們就在幾乎沒有暖源的房間裡學習[31]。目睹此景，儘管還是有學生成功地爬過了國家為青年準備的教育階梯，但此般長期訓練的結果卻不比西方的學生，其實算是合情合理。教育的條件正在改善，但在這個當下，新的緊繃之中，年輕的肉體與頭腦時常在半途倒下，而且，那些倒下的人並非資質駑鈍之輩，他們往往是班上的前幾名。

## 十三

儘管如此，學校仍在預算的範圍內，盡力讓學生健康快樂地學習，提供運動以及娛樂的充足機會。課程非常嚴謹，但時間卻不長。一天五小時的課，有一個小時是軍事訓練，可以使用政府支給的真槍以及刺刀，所以年輕人覺得非常有趣。中學附近有宏偉的運動場，有吊環、雙槓、跳馬等設備，光學校就有兩位體操教師。亦有賽艇，天候良好的時候，學生們可以在美麗的湖面上划船。還有擊劍場地，知事本人會親自舉辦賽事。知事是體型偏胖的巨漢，在同年齡的日本人中算是名擊劍高手，他學的流派是古風的心形刀流，用兩手握刀。招式上並非不用刺喉，但主要是攻擊面具、護手以及身體。竹刀是長竹板與刀尖皮、握柄皮的組合，就像把古代羅馬執政官手握的束棒拉長一樣。互擊的動作相當激烈，為了保護頭部以及身體，必須戴著面具，在練習用的衣著上還得加上

31 不過，教室正開始逐步設置暖爐。公立的高中和師範學校的寄宿生的三餐則是在一般貧窮的家庭無法嚐到的豐富菜色，他們住的房間也相當溫暖。

譯註：赫恩無法適應嚴寒的天氣，特別是松江位於日本海側，當地的酷寒對他來說是異常難熬，他最後也因為天候理由決定到九州的熊本任教，結束了松江時代。

護手、護胸、腰垂等防具。這種擊劍亟需敏捷，比起西方簡潔有力的西洋劍來說，動作更為繁多。遠足是另外一個健康的運動辦法，徒步拜訪名勝，通常會安排在沒有課的日子。學生們分隊伍，離開城鎮。學生們喜歡的老師會陪伴在側，有的時候雜役也會跟來負責煮飯。他們有時候會走到距離一百五十公里或是兩百公里的地方才回來，旅途漫長的時候，要身體強健的人才被允許參加遠足。雖然學生是赤腳穿著草鞋步行，但草鞋相當合腳，所以一點也不會不舒服，不會起水泡，也不會長繭。晚上就在寺院投宿，用餐則是與野營的部隊一樣，在戶外進行炊事。

不適合這種嚴苛訓練的學生可以去學校的圖書室，藏書的量每年都在增加，也有學生編輯、發行的月刊雜誌，學生會的例會也會舉行各種有趣議題的討論。

## 十四

一八九一年四月四日

中學三、四、五年級的學生每個禮拜必須寫一次英文短篇作文，由我選定簡單的題目，原則上我出的題目均與日本相關。對日本學生來說，英文是多麼困難的語言，但某幾位學生以英文論述自己想法的能力卻很驚人。對我來說，他們的作文並非展現個人性格，而是體現國民性的情感，這點非常有趣，他們會有一種共通的集團情感。日本一般中學生的作文最讓人吃驚的是幾乎沒有各自個性的痕跡。二十個人的英文作文，就連筆跡也不可思議地相似，讓人錯覺這是否出自於同一家族的筆下。例外實在太少，導致我們無須懷疑這種規則。我在這裡介紹一篇班上名列前茅的學生寫得最好的一篇作文，極少部分的錯誤我已加以修正。

## THE MOON[32]

"The Moon appears melancholy to those who are sad, and joyous to those who are happy. The Moon makes memories of home come to those who travel, and creates homesickness. So when the Emperor Godaigo, having been banished to Oki by the traitor Hojo, beheld the moonlight upon the seashore, he cried out, *'The Moon is heartless!'*

"The sight of the Moon *makes an immeasurable feeling in our hearts* when we look up at it through the clear air of a beauteous night.

"Our hearts ought to be pure and calm like the light of the Moon.

"Poets often compare the Moon to the Japanese [metal] mirror（*kagami*）;and indeed its shape is the same when it is full.

"The refined man amuses himself with the Moon. He seeks same house looking out upon water, to watch the Moon, and to make verses about it.

"The best places from which to see the Moon are Tsukigashi, and the mountain Obasute.[33]

"The light of the Moon shines alike upon foul and pure, upon high and low. That beautiful Lamp is neither yours nor mine, but everybody's.

"When we look at the Moon we should remember that its waxing and its waning are the signs of the truth that the culmination of all things is likewise the beginning of their decline."

對完全不懂日本教育的人來說，或許會認為這篇作文展現了獨特的思考以及想像，但事實並非如此。同樣以「月」為主題，近三十篇的作文幾乎出現同樣思考、同樣比較辦法的內容。中學學生所寫的同一命題作文，不管你挑出幾篇，他們思考與感受的方式幾乎大同小異——儘管這些文章依然頗具魅力。一般來說，日本的學生不會在想像的層面表現出獨創性，你該想像些什麼，在幾世紀以前早已被固定。想像的一部分來自中國，一部分則是日本自己創造出來的。日本人從幼年時代就被訓練與昔日歌人、詩人、畫家用同樣的方式觀察自然，前人揮筆迅速，幾筆內就可以把寒冷清晨、炎熱白晝、秋日夕陽的色彩感觸留於一張畫紙上。日本的孩子在少年時代背誦的是，本國的古典文學

---

32 譯註：學生的英文作文與赫恩的論述緊密相關，所以在正文保留英文原文，翻譯則附於注釋之中。

月

月色，悲者傷之，悅者樂之。我獨自踏上旅途，目睹明月便想起故鄉京都。後醍醐天皇被逆臣北条氏流放到隱岐島之時，也曾在海邊仰望月光，低嘆：「月是如此薄情」。

美麗的夜，仰望清澈天空中的明月，心境難以言述。

我期盼，人心亦如月光，清澈而明亮。

詩人多拿鏡子比喻明月，的確，滿月之時就如同明鏡一般。

風流之士有賞月之樂。尋水畔之涼亭，賞月，可以詠歌

最適合賞月之地，乃是月瀨、姥捨山。

明月所照，無分貴賤，亦無上下之別。清亮的光芒並非君獨有之物，也非我能獨有，此乃普照萬人之光。

月有盈虧，如同萬物之理，盛極必衰，吾等切不可忘。

33 譯註：月瀨位於奈良，但並非如同文中所說以賞月聞名，而是沿著五月川地區有著一大片梅林。江戶後期的漢學者齋藤拙堂寫下《月瀨記勝》，使得月瀨的梅林名聲大噪。原文作 Tsukigashi，根據平川教授的推測，這部分可能是學生的出雲方言把 e 跟 i 搞混，而赫恩直接抄錄下來。

中美麗的思考與比較的形式，所以他們看到以藍天為背景的富士山時，每個人都會說那像是倒吊於天空的半開扇子。同樣地，盛開的櫻花的顏色渲染開來，就像是被櫻樹的枝枒勾住了夏天的雲彩一般優美；又或是散落在雪上的枯葉正像是白紙上的筆跡。這些比喻，不管是誰都會從口中輕易吐出。

初雪啊／貓的足跡／有若梅花

這是一則俳句，日本的孩子們對於雪上的貓的足跡，總會形容有如梅花。又或是木屐踏雪的痕跡，就像是「二」字一般（二之字／腳踏木屐乎），這種比較法則，是他們共通的思考方式，來自於古老的和歌或是詩句，你很難去超越這些東西。所以，日本學生在作文領域的藝術能力主要是正確地記憶過往的創意，然後巧妙地拼湊這些材料。

此外，這些學生還有一件事相當拿手，不管是生物還是無生物，他們被教育成幾乎所有的東西都能抽出說教的寓意。我在英文作文的課上嘗試出了幾十個題目——當然是日本在地的題目，只要題目與本國傳統相關，學生們一定會談及寓意。比方說，如果題目是「螢火蟲」，他們會很高興，然後馬上寫下「螢火蟲之光」——那個中國年輕人的故事，貧困到連燈油也買不起，只好收集螢火蟲，才得以在夜間苦讀，終成大學者。又題目如果是「蛙」的話，他們會不約而同地寫下小野道風的故事，據說道風看著青蛙不斷嘗試要跳躍到柳枝上，因而被青蛙的恆心感動，決心要成為留名於後世的學者。我揀選幾則學生在英文作文中提及教訓意義的作品，抄錄於下。我已訂正原文中一般文法的錯誤，不過特別古怪的英文表現則是不加更動。

## THE BOTAN [34]

"The *botan* [Japanese peony] is large and beautiful to see; but it has a disagreeable smell. This should make us remember that what is only outwardly beautiful in human society should

34 譯註：譯文如下：

牡丹

碩大牡丹，外觀美艷，卻有異味。我們身處社會，不能只注重外表。如果我們只會被外在吸引，可能會陷入恐懼以及不幸。最適合賞牡丹之地，就在中海的大根島，到了花開時節，全島會被花朵染得赤紅。

not attract us. *To be attracted by beauty only may lead us into fearful and fatal misfortune.* The best place to see the botan is the island of Daikonshima in the lake Nakaumi. There in the season of its flowering all the island is red with its blossoms."

## THE DRAGON[35]

"When the Dragon tries to ride the clouds and come into heaven there happens immediately a furious storm. When the Dragon dwells on the ground it is supposed to take the form of a stone or other object; but when it wants to rise it calls a cloud. Its body is composed of parts of many animals. It has the eyes of a tiger and the horns of a deer and the body of a crocodile and the claws of an eagle and two trunks like the trunk of an elephant. It has a moral. *We should try to like the dragon, and find out and adopt all the good qualities of others.*"

在這篇關於龍的散文最後，學生留給老師但書一則：「我不認為龍真實存在，但與龍有關的故事和繪畫卻是所在多有」。

## MOSQUITOES[36]

"On summer night we hear the sound of faint voices; and little things come and sting our bodies very violently. We call them *ka*, —in English 'mosquitoes.' I think the sting is useful for us, because if we begin to sleep, the *ka* shall come and sting us, uttering a small voice; —*then we shall be bringed back to study by the sting.*"

接下來的例子是十六歲少年筆下的作文，由於並非前述「牡丹」、「龍」、「蚊」等等他們熟悉的題目，反而可以明確地看出學生正在成形的思維。

---

35 譯註：譯文如下：

龍

當龍乘雲飛翔於天際，萬里瞬時飛沙走石。據說龍棲於地面時，會化為岩石或是其他東西，一旦飛起，便會召起雲霧。龍的身體由許多動物的部分組成，虎眼、鹿角、鱷身、鷹爪，還有像是象鼻般的鼻子兩只。我們該效法龍的特質，把他人的各項優點集於自己一身。

36 譯註：譯文如下：

蚊

夏夜，耳聞嗡嗡聲響，有小東西飛過來，然後狠狠叮了你一下。這就是蚊子，英文喚做 mosquitoes。這叮咬有點效用，當我們正被睡意襲擊時，發出嗡嗡聲的蚊子恰巧來咬一下，我們馬上就會從睡意回到課本上。

EUROPEAN AND JAPANESE CUSTOMS[37]

"Europeans wear very narrow clothes and they wear shoes always in the house. Japanese wear clothes which are very *lenient* and they do not *shoe* except when they walk *out-of-the-door*.

"When we think very strange is that in Europe every wife loves her husband more than her parents. In Nippon there is no wife who more loves not her parents than her husband.

"And Europeans walk out in the road with their wives, which we utterly refuse to, except on the festival of Hachiman.

"The Japanese woman is treated by man as a servant, while the European woman is respected as a master. I think there customs are both bad.

"We think it is very much trouble to treat European ladies; and we do not know why ladies are so much respected by Europeans."

在教室裡我們所進行的，以外國為主題的對話，與這篇作文一樣，相當發人省思，而且有趣。

「老師，我聽說，西方人他的父親與妻子一同落海，如果只有自己會游泳，他會先幫助妻子，這是真的嗎？」

我回答：「大致是這樣沒錯。」

「為什麼？」

「其中一個理由是，對西方人來說，男性的義務是救助弱者，特別是女性和小孩。」

「那麼西洋人把妻子看得比自己的父母還重要囉？」

「並不絕對是如此——不過一般的狀況大概是這樣吧。」

「老師，為什麼呢？這對我們來說，實在是違背了道德觀念。」

---

37 譯註：譯文如下：

西方與日本的習俗

西洋人身穿合身的服裝，在家也穿著靴子。日本人則是穿著寬鬆的和服，除非是在戶外走動，否則不會穿鞋。在西方，妻子愛丈夫比雙親還多，這點我們覺得非常奇怪。在日本，不會有為人妻者把丈夫看得比雙親重要。西方人外出的時候會與妻子一同步行，但我們日本人除了在八幡神祭典以外，絕對不會這樣做。日本男性把女性當作下人，西洋的女性卻可以受到主人般的尊敬，我覺得這兩種習俗都不好。如何對待西洋的女性是件難事，我們並不能理解為什麼西方人尊敬女性。

「老師，西洋的女性如何帶嬰兒出門呢？」
「用手抱著。」
「這樣不是會累嗎？用手抱著嬰兒可以走多遠？」
「強壯的話，抱著嬰兒要走幾里都沒問題。」
「不過女性抱著嬰兒的話，雙手不就不能做其他事了嗎？[38]」
「是啊，就沒辦法了。」
「這樣說來，我真覺得這抱的方法不怎麼好。」
諸如此類。

## 十五

一八九一年五月一日

午後，我最愛的學生們常常來拜訪我。首先，他們請人帶上名片，傳遞來訪的訊息，等到被告知「請進」以後，會在玄關脫下鞋子，然後走進我的小書房，在榻榻米上深深一禮。我也會一起坐在地板上。日本房子的地板，是像軟墊般的榻榻米，過不久雜役會幫我們拿座墊跟茶水點心過來。

像日本人那樣併膝正坐是需要訓練的，有些西洋人怎麼樣也無法適應這個習俗。要學會這個坐姿，必須得習慣穿著和服。不過，你一旦適應了這種坐姿就會發現，正坐其實是自然且單純的姿勢，進而不管是飲食、讀書、抽菸、談天時都會改用正坐坐姿。然而，拿筆寫字的時候卻不怎麼推薦正坐，因為西方寫字時是以手腕支撐，但是日本用毛筆寫字的時候並不靠手腕，而是使用手肘，所以還是以這個坐姿最為合適。適應了日本的習慣後又過了一年，說實話，對我來說，要坐椅子反而是一種困擾[39]。

言歸正傳。彼此行禮後坐上座墊，接著禮貌性的沉默會持續片刻，而我會先打破這個沉默。有些年輕人的英文口語非常好，我只需緩慢地一個詞一個詞發音，避免片語，使用簡單的表現，學生就能明白我的意思。如果必須用到學生不熟悉的詞語，那我會拿起優良的英日辭典[40]查查看，書上用假名和漢字記載了每個詞彙的日文意思。

38 譯註：日本女性必須從事家務或是參與農作，所以多把嬰兒背在背後。

39 譯註：根據桑原羊次郎《八雲在松江的私生活》一書描述，明治二十三年八月三十日赫恩抵達松江，在富田旅館落腳，身著白色浴衣，「像是日本人一般，確實地彎曲膝蓋坐著」。

40 譯註：根據現存於富山的赫恩文庫目錄，赫恩所擁用的英日．日英辭典是傳教士赫本（James Curtis Hepburn）編寫的《和英．英和語林集成》，其中一版由東京丸善於一八八六年刊行，據說出版前預約的數量就達到一萬八千本。但並無法斷定文中赫恩所指的優良辭典就是此書。

來拜訪我的年輕人通常會待很久，不過雖說是待得很久，但我很少感到無趣。他們的話語與思考都極為單純率直，也不是特地為了學什麼而來這。學生們有在校外還拜託老師指導乃是一種舞弊的自覺。他們主要是說些他們認為我會特別感興趣的事情，有的時候幾乎什麼都不說，像是沉浸在一種愉快的夢想之中。學生來我家，為的是彼此心意相通的靜謐喜悅，這並非知性上的相互理解，而是一種來自於純粹善意，知己之間的愉悅——就是為了這種與友人在一起，心神放鬆的單純喜悅。他們會瀏覽我的藏書和插畫，有時候也會帶書籍或是繪畫來給我欣賞，有饒富興味的珍品，也有代代相傳的家寶，令人惋惜的是，這些是我買不起的好東西。學生們喜歡盯著我家的庭園，他們也比我更熟悉造園，總愉快地談論各種造園的知識，有時候甚至有人帶花來。學生們絕對不會造成我的困擾，不會有失禮之舉，不會說三道四，也不會喋喋不休。對出雲一地的少年來說，他們極度精練的禮儀——這精練的程度是連法國人也難以想像——和他們的黑髮與皮膚的顏色一樣，都是與生俱來的特質。不光是有禮，他們還很親切。他們嘗試要取悅我，特別喜歡讓我吃一驚，所以拿著各種奇玩來到我家，或是找人帶來。

這樣一來，他們賦予了我觀賞珍奇或是美妙古董的特權，其中最讓我目不轉睛的是，一只阿彌陀如來的絕美畫軸。那是張略大的畫，學生向某個和尚借來的。佛陀以教諭眾生的姿態舉起單手站立，頭部的後方有圓輪的月為光背，月面有細薄的雲線纏繞，佛陀的雙足下有黑雲如清煙旋繞般滾滾升起。無論是顏色或是構圖，這幅畫毫無疑問是部傑作。不過這幅畫真正的美卻不在色彩，也不在構圖。靠近它仔細端詳你會發現，看來像影子的影子，看來像陰翳的陰翳，其實都是細小漢字寫成的經文。這些經文是兩部有名的佛典，《觀無量壽經》與《阿彌陀經》的全文，「文章不大於蚤之手足」。像是描繪佛陀長袍衣縫所有較粗的線條，都是由信奉真宗教義的畫家至心念佛的幾個漢字：「南無阿彌陀佛」所組成，他重複了數千次，以莫大的耐心。在遙遠的過往，某處暗寺的一隅，畫家寂靜而孜孜不倦地燃燒自己的信念。

又或某一天，我的某個學生說服了他的父親，拿著孔子的雕像來到我家。據說是中國明朝末期的作品。而且，這件貴重物品是第一次離開他家，本來想參拜的人必須親自到他家才行。那真是件美麗的青銅像，老者微笑，留著長髯，手指上指，嘴唇微開，就像正開口說話一般。雕像穿著中國的鞋子，寬鬆的長袍上有鳳凰的花紋。細微之處可見功夫之深，讓人不禁驚嘆中國工匠的巧手，每顆牙齒，每根毛髮，都花了十足心思。

另外一位學生領著我到他一位親戚家中，我才得以見到了一只木雕的貓，據說是赫赫有名的左甚五郎的作品。那貓成蹲坐姿勢，眼睨四方，有若血肉之軀。就像真有隻貓「弓起身子對著他吐了舌頭」。

## 十六

儘管如此，我竊以為，現在住在松江的老雕刻師中還有幾位可以雕出更令人驚嘆的貓。在那些老師傅之中，有一位叫做荒川重之輔的老翁，他在天保年間[41]曾經為出雲的諸侯製作數件珍寶，而我是透過學校友人的介紹才能認識他的。某天晚上，老翁光臨寒舍，袖裡揣著件奇妙的東西要給我看。那是個人偶，只是一顆小小的、雕刻並塗上色彩的頭，沒有身體。頸部黏著一件小衣，這衣服代表了它的身軀。然後荒川操控這個人偶，人偶頓時變成活物。頭的後部與老人的後腦相似，但臉孔卻是孩童的雀躍表情，幾乎沒有額頭，也沒有一絲正在思考事情的感覺。這顆頭不管朝向哪邊都非常滑稽，盯著就會不自主地發笑。此謂「氣樂坊」，用英文表現的話，大抵可以稱之 a jolly old boy 吧。氣樂坊天性樂觀，心無煩惱，幾乎沒有事情值得憂慮。然而這並非原品，只是有名作品的仿作。荒川從衣袖拿出另一個東西，是個卷軸，記載原作的由來。一位友人幫我翻譯內容，這則稗史照亮了過去日本人生性素樸的生活以及他們的思考方式。內容如下：

這只人偶是距今兩百六十年前，由居住於京都，聞名於世的能面作者所製。此物後來獻予後水尾天皇[42]。天皇每晚休息前會把人偶放在枕邊，珍愛萬分，他吟詠了以下這首和歌：

人生多苦惱／不如求安適／憂自多生憂／唯有無心過

天皇駕崩以後，這個人偶由近衛保管，所以現在仍由近衛家相傳。

距今約一百七十年前，死後諡號盛化門院的皇后[43]，曾經從近衛那裡借來人偶，命令製作一只相似的作品。皇后非常珍愛這只仿作，人偶幾乎不離身。

41 譯註：西元一八三〇至一八四四年。
42 譯註：後水尾天皇（一五九六至一六八〇），日本第一百〇八代天皇。
43 譯註：盛化門院（一七六〇至一七八三），江戶中期後桃園天皇的嬪妃，近衛內前之女。

皇后薨後，這只仿作流至宮女手上，此人姓名不詳。這位宮女後來有所機緣，削髮為尼，法號信行院。

有位名喚近藤充博院法橋的男性，他認識信行院，並從信行院那裡獲贈了這個人偶。

現在正在撰寫此物由來的我，有次臥病於床，算是心病，近藤充博院法橋先生來探病，他說：「我家中有可以治好你的東西」，然後回家拿了這個人偶過來，把它借給我。這是先生的好意，把人偶置於枕邊，一見則笑，我應該就會快樂起來。

後來我也與出家後的信行院有所往來，我拜訪過信行院，詢問他人偶的由來，然後記下口述內容，並附上和歌一首。

（日期距今約九十年前。無署名。）[44]

## 十七

你可以發現，在學生之間，對於民間信仰有種健康的懷疑主義正在流行。拿護身符當例子，對未受教育的人——特別是在農民階級——來說，傳統的迷信依然非常盛行，但是科學教育正急速地破壞這種信仰。佛教外在的形態——諸如佛像、遺物、日常修練等等——已經無法獲得學生的青睞，日本現下的學生與前來日本的西方人不同，他們對佛像既欠缺美術史的關注，也對宗教上的傳承漠不關心，更沒有所謂比較宗教的問題意識。日本人十個人之中，會有九個人對自己周遭的民間信仰表徵或是痕跡感到某種羞恥，不過，他們自己卻沒有發現，這些形象或是表徵的底層裡，依然有著他們深厚的宗教情感。新式教育不但沒有弱化佛教一元論的思考方式，反而強化了它，甚至是深化了它。政府的教育加之於低階佛教的破壞性影響，與加之於低階神道教的影響可以說是如出一轍，但是，全體學生，或者說幾乎所有的學生，他們都信奉神道教。不過，他們並非熱烈地崇拜特定的神祇，而是信守著高層次的神道所代表的觀念——忠義、孝悌、服從雙親、服從師長、服從長輩、尊敬祖先——這樣一來，神道其實是宗教以上的信仰。

我第一次站上杵築[45]的出雲大社神殿前的時候——這是西方人首次被允許昇殿——

44 譯註：根據講談社版平川教授的考證，荒川重之輔（龜齋），或作「重之助」，在當時的新聞也可找到此人的記錄。他是松江的雕刻師，赫恩在一八九〇年十月六日寄給張伯倫的信中提到在寺町龍昌寺境內看到的石地藏非常感動，所以認識了地藏的雕刻師荒川。故事中漢字人名乃踏襲大正十五年第一書房版田部龍次的翻譯。

45 譯註：明治四年以前，出雲大社被稱為「杵築」大社，地名的杵築位於現在的大社町。另外，曾有學者對赫恩當時以外國人的身分是否能昇殿表達質疑。

我滿懷敬畏地心想：「這個神社奉祀一整個民族的天父，這裡是集合對於所有國民過去的崇敬之念的形象中心」，然後我也向這些日本國民的祖先之靈獻上深深的敬意。

我是此般感受出雲大社的，那麼，透過近代教育來超脫民間信仰次元的明治時代聰敏學生，其實應該和我有相同的感受吧？而且神道正是——當事人是否有所意識，我們不得而知——家族道德的全部，亦是忠誠心的整體，這些觀念早已深深融入他們的血肉之中。所以，一旦到了關鍵時刻，己身的性命便得盡其義務，不存在著其他價值。不過，現在我覺得還毋須議論這個東洋國度裡的高遠倫理規範究竟是來自何方，我想我可以這樣說明：在西洋，音感超群的孩童只要他的手指到了可以靈活敲擊鍵盤的年紀，不管是多麼複雜的樂器，他們都能夠馬上熟練。如同以上所述，在出雲一地，與生俱來的宗教情感以及本能上的義務觀念究竟正確地代表著什麼？這只能透過西方孩童的比喻來理解吧。

在西洋，從近乎迷信的巨大宗教信仰突然獲得解放，懷疑主義往往變得具有攻擊性，抑或採取粗暴的形式，這是必然的反動。但是在日本的學生之間卻無法看到這種反動的痕跡。或許這種情感在日本其他地方是存在的，特別是在東京的大學生之間，據說，某位帝國大學的學生聽著宏大寺院的鐘聲後跟我的友人說：

「我們在這個十九世紀還得被迫聽這種聲音，不是很可恥嗎？」

然而，為了那些好奇的西方旅行家好，我有話得說清楚。對著受新式教育的日本紳士談論佛教，與在西方對著科學知識乃超越信仰或儀式的階級出身的人談論基督教一樣，都是一種卑劣的嗜好。當然，的確有日本人學者支援那些關心宗教或民間傳承的外國人學者研究，但是這些專家的付出，並不是為了滿足「環遊世界者」書寫的愚蠢好奇心。而且，有熱誠的外國人如果真的想要學習日本的民俗宗教觀念或是迷信，那些知識必須直接從民眾身上獲取，而不是透過已被教育的階級。

## 十八

我喜歡的學生每班都有兩三名，我很難決定我最喜歡的是誰，他們每個人都有自己的優點，不過接下來我要談的學生，他們的臉和名字，我想我會永遠留在我的記憶中。他們是石原喜久太郎、大谷正信、小豆澤八三郎、橫木富三郎、志田昌吉[46]。

46 譯註：原文除了大谷正信以外，只記載姓氏的羅馬拼音，此處由譯者補足名字的部分。

石原是個武士，他個性獨特，強而有力，在班上非常受到歡迎。比起其他人，他多少有點粗莽，特立獨行，但是正直且具男子氣概的特點讓人欣賞。石原總是直言不諱，而且口氣就如同他的思考，自然有時候會讓聽者有點困窘。比方說老師說明的方式如果有誤，他會毫不客氣地指出來，要求老師做出更明確的說明。他也不只一次批評過我，但沒有一次他是錯的。我們非常喜歡對方，石原常常送花來給我。

有天，他帶來了兩枝梅花，告訴我說：

「天長節儀式的時候，我看到老師在天皇陛下的玉照前行禮，老師與我們之前的英文老師很不一樣。」

「怎麼不一樣？」

「之前的老師說我們是野蠻人。」

「為什麼？」

「他說，除了神以外，並沒值得尊崇的東西——他指自己的神——只有卑賤而且無知之輩才會尊敬神以外的東西。」

「那位教師來自何方呢？」

「他是牧師，自稱英國臣民。」

「倘若是英國臣民，他就得尊敬英國女王陛下才是。要是他不脫下自己的帽子，可不能踏進英國領事事務室，裡頭掛有女王陛下的玉照。」

「我不清楚那位老師在自己的國家是做什麼的，但他是這樣跟我們說的。我們敬愛天皇陛下，我認為那是我們的義務，也是一種喜悅。能夠為天皇陛下獻身，是我們的福氣[47]。但是之前的老師卻說我們是野蠻人，又說我們是無知之徒。老師您怎麼想？」

「孩子，我告訴你，那位教師才是野蠻人。他是卑賤、無知，野蠻不知變通的基督教徒。你們尊敬自己國家的天皇陛下，遵守國法，天皇需要你們的時候，你們願意挺身而出，有為祖國奉獻赤誠之血的覺悟，我相信這是你們最重要的社會義務。我認為你們該敬崇你們的先祖神祇，信仰自己國家的宗教，這是你們的義務，就算你自己已經漸漸無法相信那些他人相信的東西。為了日本天皇，或是為了你的祖國，耳聞你剛剛所敘述的那些充

47 我曾讓不同班級的學生回答「你最大的願望是什麼」這個問題，有兩成的學生的答案寫著：願意「為天皇陛下」而死，連用字遣詞都幾近相同。其他的答案大部分雖然沒這麼明確，但也表明了類似的願望，像是仿效尼爾遜爭取榮耀，或是透過英雄行徑和犧牲精神讓日本成為世界列強。只要這種精神仍在日本青年的心中燃燒，必定無須擔憂日本的未來。

滿惡意而低俗的批評，不管那些話語是出自何人之口，你都有義務表達義憤之情[48]。」

大谷正信很少來拜訪我，不過，來的時候他總是一個人來。他是細瘦、有著女性面孔的美少年，待人客氣，舉止大方，相當有教養。他認真，所以很少面露笑顏，我未曾聽過這個少年的笑聲。大谷在班上是第一名，我看他不用特別努力也能夠繼續保持第一。他空閒時間大部分都花在植物學上——就是蒐集植物做分類。大谷也是音樂家，他們家族的男性都是如此。大谷能夠演奏許多我在西洋不曾見過也不曾聽過的樂器，其中有用大理石作的笛子、象牙笛子、美麗形狀與絕妙音色的竹笛，還包括能發出震耳欲聾聲響的中國樂器，笙。笙是一種口風琴，由長短不一的十七根竹管組成，竹管以銀具固定。大谷在一開始便為我說明了太鼓、小鼓兩種鼓，還有笛、橫笛[49]等管樂器、被喚作篳篥的一種直笛、鼓身部分像是細長纏線般的羯鼓等等，這些會在神社佛寺演奏的樂器其吹奏方式。在大型祭典的時候，正信一家人會在寺院演奏「皇麞」、「拔頭」等不可思議的曲目——對西方人的耳朵來說，乍聽之下一點也不有趣。不過，反覆聽個幾次以後，便能漸漸理解箇中奧妙，甚至是恍然大悟：原來日本傳統音樂裡有這種近乎妖媚的迷人魅力存在。大谷來我家，多是為了邀請我參加法會或是祭典，他非常清楚這是我的興趣所在[50]。

小豆澤八三郎則與大谷正信絲毫不像，兩人迥異的程度彷若人種不同。小豆澤身材魁偉，虎背熊腰，一張臉像是北美的印地安人[51]。他的家庭狀況並不豐裕，除了買書以外，他無法負擔任何金錢上的奢華。所以他一有閒暇，就是做工賺錢。小豆澤是完美的

---

48 譯註：石原喜久太郎（一八七二至一九四四）後來成為東大醫學院教授，並進入傳染病研究所服務，昭和四年以鼠咬熱小螺菌的研究獲日本學士院頒獎。

49 譯註：原文作「fuei」跟「teki」，「fuei」應該是「fue」在出雲方言中的念法，兩種拼音均指笛，但「teki」一般指中國的橫笛。

50 譯註：關於大谷正信，平川教授余講談社版注釋中有詳細的解說，譯者引用於下段。關於平川教授所提到的「三高」指的是第三高等中學校（學令改制後稱高等學校）的簡稱，是京都大學的前身；預科則類似現在大學的通識課程（教養學部），是進入大學正式教育的預備課程。此外，一高預科的畢業生多進入東京大學，戰後併入東京大學。二高則是東北大學。

「大谷正信在松江中學畢業後，先後進入三高預科、二高，於明治三十二年進入東大英文科。大學時代從再次擔任教師的赫恩獲得學費資助，幫赫恩收集了許多資料。大谷在二高時代受到同窗的高濱虛子、河東碧梧桐的感化開始創作俳句，自號繞石，俳人的身分也小有名氣。大學畢業後，歷任京北中學、東洋大、四高、廣島高中的教授。他敬慕夏目漱石，漱石一有著作發表，便會寄上詳細的感想。在逝世二十天前，漱石寫給大谷的書信中道：「我已經忘記你的存在，你卻不僅為我多慮，還時時給我魚啊鳥啊還有糕點等等，實在不敢當」，漱石的感謝之情溢於言表，我們亦可以了解大谷對老師的謙恭有禮。關於赫恩與大谷的師徒關係，自小泉一雄的回憶之後偶有兩人交惡的說法，所以我想在此明確點出大谷耿直並且有禮貌的一面。」

51 譯註：小豆澤後來改姓藤崎，又名藤崎八三郎，後來加入日本陸軍。他在〈追憶小泉八雲先生〉（《文藝研究》小泉八雲號，一九二八年，再錄於學術文庫《小泉八雲回想與研究》）提到：「（小泉）老師的親友，東大教授佛羅倫斯博士訪問松江之際，老師介紹我給博士認識說我是日本的少年哲學家，當時我可是滿懷愧疚，不禁臉紅」。

書蟲，天生的研究者。寺町以及附近巷弄的舊書店會把老舊的寫本、原稿、印刷品當作廢紙賤價出售，小豆澤則流連那些店家，收集不可思議的文獻和書籍。他貪婪地閱讀，整天都在跟人借書看，一旦在書中發現了重要的內容，就會把它抄寫下來，但歸還的時候，書籍一定還完好如新。不過，小豆澤耽讀最多的是各國的哲學以及哲學史，他讀了好幾本西洋哲學史概論之類的書籍，也閱讀了許多翻成日文的近代哲學，像是史賓塞的《第一原理》等等。我借路易斯（George Henry Lewes）和約翰·費斯克（John Fiske）的著作給他，一般而言，直接用英文學習哲學並非易事，但他卻能理解兩人著作的內容。

幸虧他身強力壯，不會被一點功課給擊垮，而且，他的神經跟鋼絲一樣強韌，又是個徹底的禁慾家。日本的習慣是端給客人茶點，我也總是在家準備兩份，杵築名產的糕點學生非常喜歡，但只有小豆澤不會去碰它[52]，他說：

「我排行老么，必須盡快獨立自己生活，我想未來有很多事情我必須忍耐，如果現在就記住了這些珍饈的美味，將來一定會更為痛苦。所以，請原諒我的婉拒。」

小豆澤見多識廣，熟知人情世故，他是個天生的觀察家，對於松江的人們的故事，他熟悉的程度令人吃驚。有一次他拿了幾張破爛的印刷品來，說中學的校長現在的意見與他在十四年前公開場合表述的大相逕庭，我後來問校長，校長呵呵笑道：

「不愧是小豆澤啊。他說的沒錯，那時候我太年輕了。」

小豆澤這個青年像是誕生時即已老成，我有時會想，不知道小豆澤是否也有年輕的時代。

小豆澤最好的友人，橫木富三郎不常來拜訪我，因為他每天都在家裡讀書。他總是三年級班上的第一名，小豆澤則是第四。照小豆澤的說法，他們兩人的認識，有著以下的因緣。

「從他來到這時我就開始觀察他，他沉默寡言，舉止輕盈，然後說話時總是直視對方的眼睛，我就知道，他是個很有個性的人，我很喜歡跟有個性的人做朋友。」

誠如斯言。儘管外貌祥和，橫木其實很有個性。他是木工之子，雙親無法負擔他上中學的費用，但是他小學以來的成績相當亮眼，有位富翁聽到了這件事，便提議要幫他負擔升上中學的費用[53]。橫木現在是全校的榮譽，他有平靜的面容，有著細長的眼睛，

52 譯註：小豆澤婉拒食用的糕點，來自於杵築老舖「高田屋」，至今仍在出雲大社旁營業。

53 這種俠義風格的事蹟，在日本並不少見。

還有難以言述的迷人微笑。他在課堂上總是提出睿智的問題，這些問題太過獨創，常搞得我不知道該怎麼回覆才好，而且除非滿意了老師的回答，否則他不會善罷甘休。橫木只要覺得自己的是對的，他就不會在乎其他同學怎麼想。某次班上全體學生排斥出席新任物理老師的課，只有橫木拒絕與他們為伍，他是這樣解釋的：的確這位新任教師並不是我們所期待的好老師，但是老師不可能在短時間之內調職，而且，就算他教學技巧差勁，但至少盡了全力，我們沒有理由讓這樣的人不幸。後來小豆澤站到橫木這邊，只有這兩個人出席上課，等到兩個禮拜後，其他同學也認同了橫木的想法。還有一次，某位基督教傳道士玩弄低劣手段想要勸人改宗，橫木毅然來到那位傳道士家中，辯論傳教士做法的正當性，終讓傳教士啞口無言。同班的某位同學讚揚橫木辯才無礙，橫木卻回答：

「我並非辯才無礙，駁倒道義上的錯誤並不需要辯才，只要明白自己在道義上站得住腳即可。」

這些橫木的言談內容是小豆澤幫我翻譯，並且告訴我的[54]。

我的學生訪客中還有一位，志田昌吉，他是纖細、多愁善感的少年，有著藝術靈魂，繪畫的技巧出類拔萃。他持有日本古代畫家編繪的絕品畫帖，前一次他來拜訪我的時候帶了一些來──珍貴的部分──讓我欣賞了美人與幽靈的版畫。當我端詳志田美麗而蒼白的臉孔，以及異常細瘦的指頭，我很難不去懷疑，眼前的志田是不是馬上就會化為瘦小的幽靈。

不見志田，已經快過兩個月了。據說他生病，狀況很不好，肺部嚴重衰竭，醫師甚至禁止他開口說話。小豆澤有去探病，病體的少年在自己病床枕邊的牆壁上寫下日文的文章，小豆澤幫我譯成英語。

「祢是我的靈魂，我的主。祢知道我無能作為已身之主。主啊，請讓我盡速被治癒。我不被允許多言，我必須萬事服從我的醫師。

明治二十四年十一月九日

志田病體寫給志田的靈魂」

---

54 譯註：根據梶谷泰之《赫恩百話》一書，橫木富三郎生於明治七年四月，中學時代寄宿於松江市片原町的水明館。橫木家中現在保存有赫恩贈送的英文書、日記等資料。赫恩所提到的富豪經濟援助，也是真實故事。

一八九一年九月四日

## 十九

漫長的暑假結束，新學年開始。

世事多變，我的學生之中，有的已經往生，也有的畢了業，再也不回松江。還有幾個老師離開學校，又來了幾位新人，甚至連校長都換了人。

我敬愛的知事也離開了，他被調職到東北寒冷的新潟[55]，算是升遷。籠手田做了七年的島根縣知事，深得民眾的愛戴，學生特別喜歡他，把他視為父親。民眾聚集在河邊，向站在船上的知事告別。籠手田為了搭上蒸汽船所經過的地方，像是道路、橋、碼頭，甚至是屋頂上都擠滿為了看知事最後一眼的居民，成千上百的人哭著，當蒸汽船離開碼頭的時候，大家喊著：「啊、啊、啊、啊、啊、啊、啊、啊、啊、啊。」

那該是送行的歡呼，但對我來說，卻像是松江全體市民惜別的哭嚎，那是你不會想再聽到一次的哀愁。

低年級學生的名字與臉孔對我來說全然陌生，正因如此，我今早踏進甲班教室的時候，第一天在這間學校執教的回憶異常鮮明地湧了上來。

在日本的課堂上審視眼前年輕臉孔的行列，第一印象是不可思議的愉快。對經驗不足的西洋人來說，眼前的臉孔並沒有什麼你熟悉的東西，但是，那些學生卻有著所有人共通的，某種令人舒服的特徵。他們的臉型沒有銳利或是力道，比起西洋人的臉，他們的輪廓平滑，像是「半素描」（half-sketched）一樣，沒有侵略性，也沒有羞愧；沒有特立獨行，也沒有悲天憫人；沒有好奇心，也沒有冷淡。他們的臉孔已經成長完全，但有些學生的臉孔依然充滿孩子氣，有著難以形容的坦率。有的臉孔不怎麼有趣，有的卻是魅力十足，還有些是女性化的美麗。然而，全體共通的特徵是，他們都有入夢佛像般的安穩——不示愛憎，只透露出內心靜謐的一種平穩。不過，等過了一陣子後，你就難以辨明他們不會表現在臉上的這種感情，因為隨著彼此的認識加深，你會發現之前你沒有注意過的特徵，學生的每張臉孔會漸漸浮現個性。雖說如此，一開始的第一印象會如影隨形地跟著你，在經過許多的體驗之後，總有一天你會明白，這個第一印象非常不可思議，它其實早已預言著潛藏在日本人性格中的某種特質，而這是與日本人經年累月的親

55 譯註：新潟一般並不被歸類在東北地方，原文 northwest 應為赫恩的誤解。根據史料，籠手田知事離開松江的時間是明治二十四年五月，但赫恩卻在日記中把知事的離去刻意布置在暑假以後。

密接觸後才能理解的特質。你會發現在那個猶如五里霧中的第一印象之中有著日本人的民族靈魂，你可以瞥見，不管是欠缺個性的可愛之處，或是欠缺個性的柔弱之處，它們都存在。在這個仿若壓力鍋令人窒息的世界中不顧死活的奮鬥者，某天突然進入了輕盈、明亮、自由的空氣中，此時，神經鬆弛，精神上的安定感像是我們西方人獨自生活並且感受到的——這正是我在那第一印象已然感受到的特質。

## 二十

奇人傅立葉[56]是不是寫過有關「文明人」最令人害怕的臉孔？不管是什麼人，當西方人的臉孔第一次出現在極東之地，會給當地人何種印象呢？若能知道問題的答案，那個人肯定能確認自己的人相理論。在自己的國度被定義成帥氣、有魅力、具有特色的西方人臉孔，來到中國或日本卻無法獲得同樣的反應。儘管西方人表情變化的陰影對我們自己人來說，像是英文字母一般熟悉，但對東方人來說，他們無法在剛接觸西方人的時候理解那些細微的變化。他們最先注意到的是人種的特徵，而非獨立的個性。對臉孔平滑的種族來說，西方人的眼窩極深，還有突出的額頭、鷹勾鼻、具重量感的下顎等等，這些具有攻擊特質以及力度的象徵，在進化論的意義上，彷彿是溫和的動物乍見到掠食性猛獸就能以直覺看穿對手的危險性，一目了然。對西方人來說，日本人矮小，身形單薄，五官不具起伏，看起來就像孩童。事實上，在橫濱的西洋商人底下工作的當地人，現在仍然被喚做「小伙子[57]」。反之，就日本人而言，第一次見著紅頭髮、醉酒而喧鬧的船員時，他們心中想的是魔鬼，或是猩猩，或是大海的惡靈[58]。至今，中國人仍稱西方人為「洋鬼子」。西方人的巨大體型、腕力、威猛的態度讓臉孔製造出來的奇妙印象更為強烈，東方的孩童要是目睹了西方人從眼前走過，馬上會害怕地痛哭。現在外國人到鄉下去，日本的孩童如果是第一次見到外國人，很容易就啜泣不已。

居住在松江的一位婦女[59]，她告訴我她幼年時代一則有趣的回憶。

---

56 譯註：Charles Fourier（1772-1837），法國哲學家、社會學家。

57 譯註：原文為 boy，在舊英國殖民地或是中國、日本，英國人所使用意味著奴僕的稱呼。

58 譯註：講談社版翻譯為「想的是猩猩，或是狒狒」，不過原文為 the first red-haired,rowdy, drunken European sailors seemed fiends, shojo, demons of the sea，此處依英文譯成中文。

59 譯註：這是赫恩夫人小泉節子的回憶，其中法國陸軍將官所贈的「迷你而可愛的攜帶型放大鏡」，現在收藏於松江的小泉八雲紀念館。此外，這位法國人名喚佛萊德里克．瓦瑞特，松江最後的領主松平安定在明治三年為了西式訓練而招聘他，由瓦瑞特攜至日本，並以此人命名的瓦瑞特豆現仍在松江一帶栽種，但在日本松江以外的地方相當罕見，它是一種扁平的四季豆。

「我還是小女孩的時候，松江的領主聘了一位西洋人擔任軍事教練，家父也和其他數名武士一同迎接那位洋人。街道上排滿了市鎮上想要一睹其面貌的民眾，畢竟在這之前，還沒有外國人來到出雲一地過。為了一睹廬山真面目，我和家人也出門湊熱鬧。外國人是搭船來的，那時附近還沒有蒸汽船這種東西，他長得非常的高，長腿踩著寬闊的步伐。孩童一看到外國人便開始哭，因為他的臉跟日本人很不一樣。舍弟也大聲地哭，把臉埋在母親的和服裡，母親斥罵弟弟說：『這位外國先生是很好的人，為了幫助領主大人才來到這裡的，你卻一看到他就哭，很失禮』，但是弟弟還是止不住哭啼。我不覺得害怕，那位外國人從面前走過的時候，我還抬頭盯著他微笑。他蓄著大鬍子，面容奇妙而嚴肅，但我仍覺得那是一張英俊的臉。接著他也停下腳步對著我笑，塞了個東西在我的手裡，然後用他粗大的手指碰觸我的頭和臉，說了幾句我聽不懂的話，才從我面前離開。他走後我攤開手一看，那是小而可愛的眼鏡，把蒼蠅放在下頭，牠會變得很大。那時候我真的覺得這眼鏡太特別了，到現在還收藏著。」

然後她從房間裡的抽屜拿出那個迷你可愛的攜帶型放大鏡。這則故事的主角是法國的陸軍將官，由於是松江藩主聘來的人，在廢藩置縣時也被解聘。然而在松江市的許多地方，仍可以尋得關於這個人的記憶，年邁者到現在還清楚記得一則模仿這位外國人說話的繞口令，據說當時非常流行[60]。

Tojin no negoto niwa kinkarakuri medagasho,
Saiboji ga shimpeishite harishite keisan,
Hanryo na Sacr-r-r-r-é-na-nom-da-Jiu.

## 二十一

一八九一年十一月二日

志田昌吉再也沒在學校現身。他長眠於洞光寺古老墓地的杉樹影子下，喪禮時橫木富三郎在友人的靈前朗讀了感人的祭文。

60 譯註：繞口令的一開始是「唐人說夢話」，唐人廣義來說，是外國人的通稱，此句以後的文章與日本一般的繞口令一樣，通常以音節為主，並沒有固定意義，所以此處保留英文原文。現在在島根地方，比方像是隱岐一地仍流傳有類似的繞口令，同樣以「唐人說夢話」為開頭，讀者有興趣可以參考島根縣觀光網頁。此外日文中有同樣「唐人的夢話」的慣用表現，指人說話顛三倒四、莫名其妙。

接著卻換橫木臥床不起[61]，我非常擔心。醫師說他用功過度，導致腦部受到影響，就算痊癒，未來也是相當不安。但我還是在心中期盼，橫木身體強健，也還年輕，他一定會痊癒。上個月連那個壯碩的坂根都咳血了，但還是好了起來，所以我們相信橫木也會好起來。小豆澤每天都會替我帶來橫木的最新狀況。

但是，橫木卻沒有恢復。這個年輕人的生命中，人類的智慧無法控制的某個機關壞了。橫木的意識只有在長時間昏迷後醒來的短暫時光運作，雙親與友人都在病榻前等待那個運作的瞬間，然後給他安慰的話語。他們常問他：「你啊，有沒有什麼，想要做的事情啊？」於是有天晚上橫木回答：

「唉呀，我想要去學校一趟，我想看看學校。」

四周的人心想：該不會那樣優秀的頭腦也壞得一蹋糊塗了吧。但他們還是應聲道：

「已經是半夜啦，而且月亮沒出來，外頭又很冷。」

「沒關係，靠星光就可以看得清楚啦。我好想再看一次學校。」

大家用溫和的口吻安慰他說這樣不妥，但是衰弱的橫木只是帶著哀傷的固執不斷重複「我想再看一次學校，現在就想看」，有若臨終。於是眾人在隔壁房間低聲討論，然後他們從衣櫃拿出溫暖的外衣，接著強壯的僕役，房市點著提燈走近，用他溫柔低沉的嗓音近乎哭喊地說：

「富三郎少爺，那麼我背您去學校吧。沒關係，路又不遠。來，少爺，我帶您去看學校」

他們小心地幫橫木套上棉襖，橫木像嬰兒一樣把手放在房市的肩頭，強壯的房市輕快地背著少年穿過冬夜的街道。父親則跟在房市身旁，握著提燈的步伐零亂。中學不遠，就在小橋的另外一邊。

蒼灰色的巨大校舍在夜裡近乎一片漆黑，但是橫木的眼睛卻可以清楚地捕捉，他凝神盯著自己教室的窗戶。然後看著有屋頂的側門，過去幸福的四年光陰，他就在那門口的鞋櫃把木屐換成不會發出聲響的草鞋。還有雜役起居作息的小屋、掛在低塔上的大鐘，背景是無垠星空。

橫木緩慢地環視校舍漆黑的輪廓，然後自語道：

61 譯註：日本學生飲食上的貧乏，要到昭和四十年代以後才獲得改善。但事實上橫木是在第四學年的明治二十四年秋天臥病，同年十二月十七日夭折，二十三日在松江市洞光寺由學校主辦追悼法會。

「這樣我就全部記起來了。我一定是病得太嚴重了，搞得都忘了。現在我全部都記起來了，房市，謝謝你。能夠再看到一次校園，我真的很高興啊」

接著，他們三個人又走過不見人影的漫長路途回到醫院[62]。

一八九一年十一月二十六日[63]

## 二十二

橫木將於明晚埋葬，墓地就在同學志田的旁邊。

窮人將死之際，友人或是鄰居都會到家中幫忙，有的人去通知遠方的親戚，有的則準備不時之需，也有等過世以後去幫僧侶帶路的[64]。

據說僧侶會在報訊的人來之前就知道檀家有人已經往生。這是往生者的魂魄會先到檀那寺去，然後敲寺院的門，只敲一次。這樣一來，和尚會起身換穿僧袍，等報訊的人一來便回答：「我知道了，現在馬上過去」。

這時，遺體會被安放在佛壇的房間，拿掉枕頭。為了驅走惡靈，會把從刀鞘抽出的刀擺在死者的雙足之上。接著打開佛壇門扉，在先祖的牌位前點燈、焚香，友人們會在靈前獻香。不過就算獻上的香乃稀世珍品，也只能在這種狀況下餽贈，否則是不吉利的。

至於神龕，則用白紙包住，從外頭不能看到神龕，貼在門口神道護符在喪禮中也得遮蓋起來[65]。喪事期間家族成員既不能到神社參拜，也不能從鳥居下方穿過。

遺體前必須擺放屏風，分隔從入口進來的空間。屏風上會貼上長條白紙，上頭寫著戒名。如果往生者是年輕人，屏風會刻意上下顛倒擺放，如果是老年人，就不用這

62 譯註：關於橫木死前仍不顧一切要跟自己的學校道別，這段讓人印象深刻，但赫恩是從小豆澤所寄的訃報得知這些情報的。平川教授推測橫木家境貧困，不太可能有僕人的存在，所以老爺子房市（或是房一）可能是赫恩想像中的人物。

63 譯註：根據赫恩的傳記資料，赫恩於明治二十四年十一月十五日離開松江前往熊本，所以追悼會舉辦時他已經不在松江。這部分有如親眼目睹的虛構必要，或是對現場的具體描述，反應了赫恩對日本中學的學生之死，以及對日本喪禮儀式的關心，並且把這一段做為〈英語教師日記選粹〉的結尾。

64 除了家庭純粹信仰神道這種較為稀少的例子，還有兼信神佛，但卻希望依照神道儀式來埋葬的狀況。在松本，高位者通常只採用神道教的葬禮。

65 除了根據神道進行儀式以外的一般情況均是如此。松江一地的服喪期間通常是五十天，到了第五十一天，家族會全體到圓成寺灘（壯觀的圓成寺位在丘陵上，下方的湖畔就是圓成寺灘）去，在那舉行清淨的儀式。圓成寺灘的水邊立著高大的地藏，服喪的人們會在祂前面祈禱，然後掬湖水漱口、洗手，接著到友人家用早飯。主要是因為清淨的儀式最好在日出的時候進行，加上家族在服喪時不能到友人家裡吃飯。不過，如果葬禮依照神道舉行的話，就無須遵守這些規矩。譯註：此處的神龕，日文作「神棚」，是奉祀神道神明的地方。一般而言，日本人的信仰神佛合一，所以家中有佛壇亦有神龕。赫恩在此處描述兩者十分特別的關係。

麼做。

友人們會在遺體旁祈禱。會有一個小箱子，裡頭有數千粒豆子，這是讓人念佛一聲，過豆一粒，如此一來，故人之靈在重新踏上陌生旅途時，能夠因為友人念佛的功德，一切平順。

接下來僧侶會來唸經。下一步就是準備安葬遺體，淨身後，換上白衣，這時候是左襟。除了往生以外如果把衣物穿成左襟，就算只是一時搞錯，也相當不吉利。

遺體放入形似木轎的四角棺木中後，血親會剪下自己的頭髮或指甲放進棺木，這是一種血緣的象徵。棺木中還會放入六枚一厘錢，這為了站在地府六道入口的地藏菩薩而準備的。

喪禮從家出發，僧侶搖鈴開道，男孩子捧著故人牌位，男性親友排在隊伍的前方，有的手持象徵性的白旗，有的捧花。大家都提著燈籠，因為在出雲地方，必須在日沒以後才能埋葬成年人，只有孩童的葬禮可以在日間舉行。緊跟在後頭的是棺木，以掘墓和葬儀事務為業的人像是抬轎般地扛著棺木，隊伍的最後才是女人。

女人從頭到腳都是白衣，就像幽靈[66]。我想沒有什麼比出雲的送葬行列更令人心驚膽寒的了，提燈映照出來的這種光景，你只要目睹一次，往後必定會在夢中反覆出現。

來到寺院，眾人把棺木放上門前的石級之上，在這裡還必須舉行一次法會。讀經的聲音就像是首悲淒的歌。接著送葬行列再度前進，繞過寺院的庭園到後面的墓地去。不過埋葬必須再等一個晚上，以防往生者在棺木裡突然復活。

出雲很少火葬，這點也很明顯的是因為神道的影響相當深。

## 二十三

我最後一次看橫木一眼，他從頭到腳身著白衣，躺在臨終的床上。為了將來的地府之行，綁著白色的腰帶。雖然眼睛緊閉，但是他臉上的微笑就跟在教室解開英語難題、理解我的說明時的微笑，毫無二致。奇異，但卻和藹的微笑。我甚至覺得現在的微笑比所有之前的還要甜美。是因為他解開世界的神祕之謎，突然大徹大悟了嗎？在這個宏偉的洞光寺中，香煙幽微，佛陀金色的臉龐也掛著同樣的甜美微笑。

66　在古代，女人則身著黑衣參加武士的葬禮。

## 二十四

一八九一年十二月二十三日

今天是橫木富三郎的追悼會，洞光寺的大鐘緩慢而規律地響著，像是砲聲一般，刻印著每一分的時間流逝。青銅大鐘的宏亮聲響有如雷鳴，穿過湖面，越過屋脊，撞上了包圍市鎮的綠色丘陵後粉身碎骨，像是深深的啜泣。

追悼會相當感人。佛教雖然傳入日本已久，儀式卻源自於中國，相當優美。橫木家境貧困，所以追悼會的費用靠著教師和有志學生的募款來負擔。僧侶來自於出雲各地的禪宗大寺，他們在洞光寺齊聚一堂。松江市的師生所有人也來到此寺的本堂，在祭壇左右的榻榻米上坐了下來。本堂外頭寬而長的樓梯擺著近千雙他們脫下來的鞋子和草鞋。

在正面入口之前恰好面對佛壇的地方，多設置了另外一個佛壇。佛壇左右向外開的門扉之中，刻在早夭少年黑漆牌位上的金色文字閃著微光。佛壇前擺放著小桌，上頭有焚香用的香爐、線香、水果、糕點、白米、鮮花等供品，佛壇左右的細長花瓶也插著美麗的花。本尊之前有只大燭台，也有幾根蠟燭正在燃燒，臂的部分是磨得發亮的黃銅，形狀是蜷曲身子的怪物——有升龍，有降龍。香煙繚繞，底下的香爐則呈各種形狀，身為神明使者的鹿、象徵長壽的龜、佛教傳說中冥想的鶴等等。在這些物品的後頭，偌大佛壇深處的微明中，佛像正微笑著，像是在說「寂滅為樂」。

佛壇與本尊間另外有一張小桌，僧侶們依照順序對坐於桌子的兩側。剃度過的僧侶們身穿燦亮的燙金邊朱色袈裟排成兩列，此景實在讓人嘆為觀止。

等鐘聲一停，在死者靈前獻上食物供品，便開始施餓鬼讀經。接著突然響起規律的敲擊聲響，開始充滿哀調的詠誦。這敲擊的聲響來自木魚，所謂的木魚是木製的大魚頭，表面上漆工，再貼金箔，外觀看來像怪異的海豚頭部，用來打拍子。詠誦的經文是妙法蓮華經中的觀音經[67]，眾人向佛陀朗朗祝禱。

真觀清淨觀
廣大智慧觀

67 譯註：根據藤崎八三郎〈追憶小泉八雲先生〉一文的內容，法會實際上讀誦的經文是佛遺教經，仍是中學生的藤崎把內容譯成英文後寄給已在熊本的赫恩，但赫恩認為經文並不適宜追悼法會而改為法華經，這部分也看得出赫恩的佛教理解，以及對這個段落的苦心。赫恩所引用的原文出自〈觀世音菩薩普門品第二十五〉。

悲觀及慈觀
常願常瞻仰
無垢清淨光
慧日破諸闇
能伏災風火
普明照世間

主法的法師以清澄高亮的顫抖嗓音開口後，眾多僧侶隨即以強而有力的低沉聲音誦經。這讀經的聲音就像是巨浪的低語一般，綿延不絕。

當木魚的低音停止，印象深刻的誦經也告一段落。主持追悼會的僧侶們一位接著一位——其中不乏附近名剎的高僧——走近牌位，低頭點起線香，然後插進青銅缽中。每位僧侶簡短地念了幾續經文，經文的開頭第一個音與往生者的戒名的每個文字相同，並依照牌位上文字的順序，此謂「香語」，是一種神聖的離合詩。

僧侶各自回座，片刻的沉默之後是在故人靈前朗讀祭文。首先，各班級派一名代表朗讀祭文。代表起身走近佛壇前的小桌，對佛像本尊一鞠躬，再從懷中取出紙張朗讀，語調像是念漢文時特有的朗朗哀愁。陳述對故人的愛惜之情，夾雜哀嘆與希望。學生代表的最後一位是師範學校的溫柔女學生，她站起身，用小鳥班柔和的聲音朗讀。朗讀結束後，每位代表把祭文置於本尊前的小桌，再一鞠躬，回到自己的位子。

接下來輪到老師。一位老者邁步走到小桌前，他是漢文教師片山尚絅。他以漢詩人聞名，身為老師也受到敬重，學生們均把這位老教師視為慈父般愛戴，當他開口讀到：「故島根縣尋常中學四年級生」時[68]，滿場已是靜寂無聲。

維明治二十有四年二月二十有三日

島根縣尋常中學教師　片山尚絅

---

68　譯註：祭文於第一書房版《小泉八雲全集》中被復原成原本漢文訓讀體，意義自然較赫恩的英譯立體許多。譯者根據日文原稿的漢文訓讀體文章譯為文言文，由於原文並非純正漢文，為使文脈通順，略有增刪。此外，《西田千太郎日記》關於這一天的描述是：

「橫木富三郎（四年級）、志田昌吉、妹尾丑之介（三年級）同為中學生中優秀者，但今秋以來相繼死去，教師學生共同籌畫，於洞光寺舉行追悼會。片山先生之祭文使數百人泣不成聲。」

辱獲侍於追福靈場，不堪焄蒿悽愴，敢告故島根縣尋常中學四年級生橫木富三郎君之靈。

尚絅承乏本校教師前後五年，其間學生優秀者，不為鮮少。

但其忍耐勇進，勤勉不倦，審問慎思，盈科而進，遵守校則，服膺師訓，敏業慎行，如君者不復易得。

若無冀北野馬，古人稱之無馬。本校尚無龍駒乎？然君逝，予不堪嘆其拔尤。

聞君十七年九月，是學業專修之好年期。前途有為之基礎，殆及六七仞，而為病逝去。問其病因，乃腦呈急遽之症，以可証平素苦學，益感當愛惜半途而斃已矣，不及見其業成。若使君全其天壽，有立於社會，可推知其敏業慎行者，必以貫終始，立身興家。

君在教場，舉手發問，自低筆記；或勇壯活潑，提槍馳驅。其聲其容，尚不離眉睫，而今不由再見之。噫！天何殘衰殘無為之尚絅，奪有可為進取之此君耶？

尚絅之於君，因職務不過師弟，尚不能自堪其情義所感。尚絅有子，本年二十四歲，遠在相州[69]橫濱，素為豬犬，非可比君，老父胸間夢寐不忘，況比於君之親父、慈母、兄弟姐妹者遭遇之不幸乎？其衷情以為如何，每思至此，淚先銜胸，復不能言。嗚呼！

君逝。雖乃逝，其勉業其慎行者，永為本校學生之模範不朽，是職員學友之感懷追慕而不能已，茲謹具清酌庶羞之典，所以敬祭君靈。尚饗。

讀畢，木魚的聲音像是要制止啜泣聲一般響徹廳堂，主法僧侶的高亮嗓音開始朗讀大般涅槃經。這是跨越生死大海而行的勝利之歌，高音與木魚朦朧的聲音唱和，再加上一直從下方傳來的，數百人以低音唸著淨化心靈的字句，像是浪打了過來，又碎了過去。

諸行無常
是生滅法
生滅滅已
寂滅為樂

諸事盡是空無，既然出生，就必須死去，誕生即是死亡，寂滅乃為欣喜。

69 譯註：相州為日本古地域名「相模」的別稱，為今日神奈川縣的一部分。

# 兩個珍奇的節日

## 一

對外國人來說，日本節日所用的象徵性裝飾是很不可思議的東西。像這樣的節日裝飾其實琳瑯滿目，其豐富程度是外國節日的裝飾數量無法相比的。那些裝飾所具有的日本信仰或是傳統涵義，就連日本的孩子都知道。不過，外國人應該完全無法想像裝飾背後的含意吧！

即使如此，如果是想稍微了解日本百姓生活以及情感的人，至少得知道節日的象徵、裝飾代表物的意思吧！那些知識對想學習日本藝術的人來說，更是不可欠缺。如果這方面的知識不足，最終還是無法了解日本無數藝術巧思所潛藏的微妙特性、魅力。換言之，外國人大多無法理解日本藝術巧思背後的含意。

節日所用的裝飾物，是承襲好幾百年歷史，以優美的裝飾手法製作而成。手法展現在金屬工藝、陶器、朱色或黑色塗飾的家庭用品、小小的黃銅製的煙管、菸盒的五金扣具等等。也可以說大部分日常生活中常見的裝飾巧思，其實都具有象徵意義。

即使巧思含意最一目了然的圖樣——手法巧妙地描繪出外國骨董店相當熟悉的動植物生態的作品——中所具有的道德含意，外國人還是很難理解。舉出便宜旅店的紙拉門上以一筆畫描繪出極為普遍的圖樣——蝦子、松樹的嫩枝、在漩渦中悠然自得游泳的海龜、一對鶴、小竹枝等等——的例子，應該就很清楚。

為什麼這種圖樣比其他物品用得更頻繁呢？應該很少外國觀光客會詢問日本人吧！即使他們在二十多處旅遊點反覆看到只出現些微不同的圖樣。那些動植物圖樣對日本人來說是理所當然的內容。日本人也都知道其中的含意。但是對外國人來說，卻無從推敲。

關於日本裝飾的巧思，甚至可以寫成一本百科全書。然而自己的知識有限，甚至無法撰寫成一篇文章。不過，還是想寫下兩個至今仍在日本各地舉行，歷史悠久的節日中所看到的珍貴傳承。

## 二

首先是一年最初的節日，也就是新年的慶祝。會連續三天。松江對新年的慶賀尤其有趣。在其他城鎮雖然正急速消失，但是像松江這樣具歷史的地方，現在還保留許多新年的習俗。會將名為松江通的路上裝飾得很醒目，所有店家都休息。注連繩或是注連飾從神話時代就是神道的神聖象徵，以稻草編成繩索，就像成串的花一般裝飾在住家玄關前。家家戶戶的注連飾都是接續綁著，所以不管朝向左邊或右邊，都可以看到附著稻草裝飾以及飄逸的白色紙垂的注連繩，在道路兩旁綿延至一・五公里長。

道路旁的住家門前，會插上印著白底紅日的日本旗幟。旗幟的圖樣，象徵著日出之國。代表這個國家的太陽符號，沿著市區街道、寺廟前道路旁的屋簷等，就連無數提燈上也能看到散發著光芒的太陽符號。此外，每個家門前或是玄關前都會擺著「門松」。所以在名為街之通的路上都被染上一層綠，無論望向哪個方向，城鎮都顯得生氣蓬勃。

雖然名為門松，但不是只有松。而是將松枝、梅枝、竹片緊緊地綁在一起。松竹梅的組合，是後來逐漸發展出來這樣具象徵含意的裝飾。以前的門松其實只有松。到了應永年間才加上竹子，之後隨時代演變，才又加上梅枝。

松本身具有許多象徵意義。其中廣為人知的「祝賀」之意就是，面對逆境也能堅忍以對，轉而成功，具起死回生的能力。其他樹葉紛紛落下時，松樹還是能保持長青。因此，松具有「即使遭遇不幸，也絕不喪失生存勇氣與意志」的象徵意義。松也代表即使年長也能元氣十足。

外國人應該很難理解竹子的象徵意義吧！因為意義來自日文的諧音。發成「節」的漢字有兩個含意，一個表示竹子的「節」；另一個表示「德行」、「貞節」、「忠誠」。所以竹子也用來表示「幸運」。應該會發現日本女孩的名字裡常看到「節」字吧！就像英國女孩會把名字取為「Faith」（誠實）或是「Fidelia」（貞節）或是「Constance」（忠誠）。

關於梅樹的象徵意義，「於日本庭園」中也稍微提及，新年不一定會用到梅樹。有時候也會用神道中被視為神聖之樹的紅淡比取代梅樹。也有只用松和竹綁成的門松。

對外國人來說，新年用的裝飾品都具有陌生且不可思議的象徵意義。其中最普遍的注連繩，其實象徵涵義最複雜。

注連繩的起源可以回溯到神話時代的太陽神——天照大神——隱身天岩戶的神話。或許已經沒有說明的必要，不過依據 古事記 ，為了讓天照大神從隱身的天之岩戶出來，並且不再回去，神便堵住岩戶的入口，拉起繩網。據說這個就是注連繩的起源。

不管注連繩的粗細如何，繩索的編織方式都必須是左編。因為古時候的日本人認為「左」象徵「清淨」與「幸運」。這樣的想法或許源自「心臟位於左胸」吧！

第三項要注意的是，注連繩上固定間隔向下垂掛，如同垂飾般的稻草，根數會依位置不同，從「三」開始算起。所以第一個稻草束是三根、第二個是五根、第三個是七根。然後第四個又回到三根、第五個是五根、第六個是七根，佈滿整條繩。和稻草束錯開的紙垂，其起源也出現在天照大神的天之岩戶神話中。紙垂的前身是古代奉獻給眾神的碎布，但這個習俗很久前就消失了。

注連繩除了紙垂外，還包含其他難以想像的重要象徵。像是用蕨葉、苦橙、交讓木葉，以及小木炭做成的裝飾品。

「蕨葉」（裡白）的象徵，就是祈求多子多孫。因為蕨葉會不斷開枝散葉。如同幸福的家庭，多子多孫，子孫代代門丁興旺。

那「苦橙」呢？漢字以「代代」表示，發音也是如此的水果，象徵著「吉兆」。

「炭」的部分呢？表示「永遠繁盛」的意思。這種象徵的發想，確實有點奇特。其實源自木炭不會變色，所以表示希望所愛的人的幸福也能永遠不變。

除了會在住家玄關上掛上大注連繩，每個房間的壁龕裡也會裝飾注連繩或注連飾。在後門或是二樓走廊的入口處則會掛輪注連。輪注連像花環般繞成環狀，用蕨葉跟紙垂、交讓木葉點綴，算是小型注連飾。

不過慶賀新年的最大裝飾還是神龕的裝飾。住家神龕前會供奉雙層相疊的麻糬，並用鮮花、注連飾、紅淡比枝條裝飾得美輪美奐。供上用線穿起來的護符、蕪菁、白蘿蔔、鯛魚、乾魷魚、神馬草[1]、昆布等等。昆布和日文的「喜悅」同音，所以象徵著「高興」與「喜悅」。此外，麻糬和稻藁做成的餅花也會供奉在神龕前。

三方指的是盛裝著獻給神道眾神供品的正方形小檯子。出雲較優渥的家庭，都有家庭用的三方。家庭用的三方比神社用的三方來得小。正月時期，就會將苦橙、米、麻糬、沙丁魚、力餅、黑豆、勝栗[2]、大蝦等等豐盛的供品放在三方上。客人上門拜年前就會備妥三方的供品。來訪的客人會恭敬地對三方行禮。除了表示客人由衷祈求此家庭能獲得用三方盛裝著各種供品所象徵的「幸福」外，也表示對眾神的崇敬。

1 譯註：藻類的一種。
2 譯註：乾燥栗子。

黑豆象徵身體活力與健康。雖然字不同，但是「豆（MAME）」的發音與表示「強健」的發音相同。那「蝦子」呢？這是有原因的。因為蝦子的身體彎曲，而人的身體也會隨著年齡彎曲。所以蝦子象徵年長者，含有希望親友能像蝦子般，活到身體彎曲、長壽的意思。

勝栗則是與表示「勝利」、「征服」的「勝」同音，所以象徵「成功」。

慶祝新年的習慣、象徵物其實還有很多，要逐一詳述，可能得寫成厚厚一本吧！我只能在此介紹幾項大家一看就能意會的東西。

## 三

另一個想介紹的節日是節分。按照舊曆，節分表示一年初始。當冬天酷寒稍緩，開始變成春天之際。若引用貝西．霍爾．張伯倫教授的說法，或許也可以說「慶祝季節交替的祭典」吧！節分的祭典稱為「驅鬼（ONIYARAI）」，就是眾所皆知將鬼從家裡驅逐，有點奇特的儀式。節分的傍晚，驅逐鬼怪消災解厄的男子會一邊敲打錫杖，一邊故意高喊「鬼向外！福向內！」，一間一間拜訪鎮上的住家。

這個男子會在各家舉行簡單的消災儀式，然後獲取些微布施。消災的儀式其實也只是唸一段經，並將錫杖敲打得鏗然有聲。完成儀式後，家人會將白豆撒在家裡四面八方。雖然不清楚理由，但據說鬼怪厭惡白豆。所以鬼怪就會從家裡往外逃。之後會將撒出去的豆子好好收著，直到聽到春雷聲。日本人習慣聽到象徵春天來了的雷鳴聲後把白豆炒來吃。我不清楚理由。鬼怪為什麼厭惡白豆，我也不清楚。不過，我自己也不喜歡白豆，所以對鬼怪不禁感到同情。

當鬼怪被趕出去，為了不讓他們再回來，會在住家出入口上方擺著小型驅邪物。這個驅邪物是用長短及粗細都如同串燒竹籤般的短竹籤以及一片柊樹葉還有沙丁魚頭做成。竹籤刺穿柊樹葉中間位置後，將沙丁魚頭插到竹籤前端的分歧處，接著再將竹籤底部插在入口處上方柱子的縫隙中。

不過，大家似乎都不清楚為什麼鬼怪會懼怕柊樹葉、沙丁魚頭。庶民之間似乎完全遺忘這個不可思議的習俗起源。在上流階級的家庭雖然也保留這樣的習俗，但是就像現在的英國人已經不相信槲寄生或是爬牆虎的魔力，日本人現在也不再相信節分相關的迷信。

這個傳承下來的驅逐鬼怪的有趣儀式，一直都是日本工藝家們想像力的來源。外國人想要欣賞日本眾多美術工藝品的細膩巧思，就必須熟知這個國家人民的習慣與想法。

那工藝品本身確實珍奇令人嚮往不已。不過，若不了解日本人的生活習慣，就無法知道那些工藝品本身的象徵意義，到頭來只會變成華而不實的東西。

前幾天友人給我一個味道很好的皮製名片盒。一面有鬼臉的浮雕。從那個鬼打呵欠的大口——描繪在內側絹絲內裡上——可以窺見圓臉的御多福笑臉。那圖樣真是珍奇且有趣。不過，圖樣真正的價值其實是象徵祝賀新年的語句——「鬼向外！福向內！」。

## 四

我想要寫下關於節分的慶祝。跟「人形」有關。「人形」就是在白紙上呈現男、女、兒童的樣態。「人形」是巧妙地用剪刀剪下的。「人形」的男女是以袖子的裁剪和腰帶的繫法做區分。

神社會販售「人形」，需要的人會依照家人數量購買。接著神主會寫上每個人的年齡與性別，讓購買者帶回家，發給每位家人。拿到的人會用這個「人形」輕輕地觸摸自己的身體，念出禱詞。

隔天會再將「人形」帶給神主．神主會依某種形式念出禱詞，接著將「人形」燒掉。透過這種儀式，可以保佑全家一整年無病無災。

# 日本海沿岸之旅

## 一

今天是陰曆七月十五日[1]，我來到了伯耆之國[2]。

淡茶色的道路沿著低崖蜿蜒伸展，這裡是日本海的沿岸。順路前行，左手邊要不是狹長的碎石地，就是沙丘，而它們的背後就是無垠的日本海，水面上的藍色漣漪蔓延到藍白色的水平線為止，接著水平線另一端是朝鮮半島，半島也與我所在之處一樣，正被明亮的太陽所照射著吧。有時候，我們可以從崖邊的缺口看到白浪突然拍上岸邊。右手

1 譯註：依照講談社版《明治日本的面容》書中平川先生的注釋，明治二十四年八月十五日『山陰新聞』的報導有以下的內容，標題為「赫恩氏的旅行」：
本地尋常中學所聘教師赫恩氏為漫遊京坂地方，與愛妻同行，昨日業已出發。此外，參考赫恩傳記書籍，旅行目的與報導有所出入，兩人此行經過下市、八橋、逢束、由良，直到濱村折返，再到美保關，遍覽山陰海岸風景。

2 譯註：伯耆與前述的相模同樣是日本古代的區域劃分，日本稱各個地區為「國」，所以伯耆是一個國名，是臨接日本海側的山陰道八國的其中一個，等同現在鳥取縣的西部。

邊有著另外一個大海，是綠色的寧靜之海，遠方被群樹遮蔽的丘陵熱氣蒸騰，丘陵背後聳立著巨大蒼白的山峰，大海擴張至山腳——這是巨大的稻田，稻田的表面有著無聲的波浪，波浪正追趕著前頭的波浪。今天，從朝鮮吹往日本的狂風，吹著湛藍，也吹著稻田。

這一個禮拜左右，天空不曾烏雲滿布，但是這幾天的大海卻開始波濤洶湧。現在，我猜這浪的滔天巨響就算在陸地的深處也能聽見，像是大海在訴說著什麼。當地人說，盂蘭盆節的這三天，大海必定像這般不平靜。盂蘭盆節是往生者的祭典，是每一年的陰曆七月十三日、十四日、十五日。接著會在十六日送出英文應當翻做 Ships of souls 的精靈船，之後人們就不出海了，你雇不到船，漁師也躲在家裡。因為那天的大海是死者之道，往生者必須橫渡海洋，回到死者的神祕故鄉。也正因如此，那天的大海被稱做「佛海」，這個詞彙應該可以意譯成 the Buddha-Flood 或是 the Tide of the Returning Ghosts 吧。此外，陰曆七月十六日的夜晚，不管大海是平靜或是狂暴，海面會密布著漂往外海的淡淡光芒——那是死者靈魂的微光正在閃爍。你還可以聽得人聲鼎沸，就像是遠方都會的喧囂——那是許多靈魂的交頭接耳，我們可是難以聽得分明。

## 二

不過偶爾也會有意外。我們假定有艘船，戴月披星想要趕回港口，但卻沒能來得及，十六日的晚上仍在近海，那麼死者會在四周想要搆住船隻，他們伸長雙手，然後嘰嘰喳喳地說：

「木桶，給我木桶，給我木桶啊！」

你絕對不能拒絕他們的要求。但是，要把木桶給他們以前，必須把底給弄穿。如果一不小心直接把木桶丟進海中，那麼船上的所有人就等著歸西，因為死者會馬上用那木桶把海水倒進船身，把船弄沉。

在這段佛海的期間中，人們害怕的無形力量不光只來自於死者，還有魔力高強的魔與河童[3]。

不限於盂蘭盆期間，泳技絕佳的人一整年都懼怕著醜陋且猥瑣的水中猿猴，河童。河童會躲在深淵，伸長雙手把人拉進河底，噬食他們的腸子。

就只吃腸子。

有時候，被河童抓走的人，屍體會在幾天後漂上岸。只要沒有被捲進浪裡，長時間遭受岩石的撞擊，又或者沒有被魚蝦啃食的話，屍體外觀通常完好如生前。但是會變輕，變空，就像是曝曬許久的葫蘆一般，裡頭空空蕩蕩。

## 三

我們持續前行，左手邊煙波萬里的湛藍以及右手邊一碧萬頃的翠綠，兩種單調，直到灰色墓地的出現才被打破。那墓地範圍很大，人力車伕盡全力在拉車，但突破這個直立墓碑的群聚之地卻足足花了十五分鐘[4]。既然看到了墓地，想必村落也不遠了，但是比起這個大的驚人的墓地，村莊卻是小到令人又吃一驚。比起現在隸屬於這個村莊——村落是稻草屋舍構成的小部落，分布在狹長的海岸邊，岸邊並種植著為了防風的一列昏暗松樹——的居民，在這墓地長眠的人數可是數以萬計。大批大批的墓石，他們是這個海岸不祥的見證者，目睹這個當下是用多少過往的代價所建構，而且它們真的非常、非常古老，立於此地不知已過多少年月，數百個墓碑被從沙丘吹來的風給磨得面目全非，上頭的文字也已消失得無影無蹤。你走過此地，很容易會錯覺：自開天闢地以來，在這個狂風陣陣的岸邊生活過的人們，全部都被埋葬在此地。

由於正值盂蘭盆節，不管是何處的墓地，你都可以看到新的燈籠，掛在新的墓碑前。燈籠是白色的，白燈籠乃是墳墓專用。今晚的墓地將會像都會般燈火通明，不過，也有著未掛著燈籠的墓，多到數不清。這些是成千上萬已經消逝的家族的墓地，又或是子孫已經離開此地，連他們的名字都已被遺忘的墓地。那些沒入黑暗的先祖們——已經沒人召喚，也不再有於此悼念——他們活著時候的相關事蹟，已經被徹底抹去。

## 四

在這樣的村落中，有好幾個是純粹的漁村，裡頭有幾間老舊的稻草屋，男主人在暴

3　所謂的河童，本來並非海中妖怪，而是棲身於江河，就算出沒於海中，也僅限於河口附近一帶。距離松江大約三公里的地方，有個名喚河內的小村莊，村莊剛好位在名喚河內的河流旁邊，那裡有間名喚河子之宮的神社，用英文來說的話，就是 the Miya of the Kappa。其實在出雲地方，一般民眾並不使用河童這個詞，而是以河子，the Child of the River 來稱呼。這間神社保存著河童畫押的文書。相傳在很久以前，住在河內川的河童會獵捕村民和家畜加以殺害。有一天河童為了抓住走進河川喝水的馬，自己的頭卻一不小心被馬腹的皮帶纏住。受到驚嚇的馬從水裡衝了出來，把河童給拽到了田裡去，馬的主人跟許多農民捉住河童馬上把他綁了起來。村民每個人都來看這妖怪，河童的頭垂得老低，開口乞求原諒。農民們想要立即處決，剛好馬的主人就是村長，他說：不如讓他發誓從今以後不再加害河內村的民眾以及牲口。於是準備好宣誓書，在河童面前宣讀。河童說他不會寫自己的名字，便在手上塗墨，在宣誓書的最後畫押，然後村民才放走河童。此後，河內村的居民以及牲口不再為妖怪所害。

4　譯註：根據山陰中央新報出版社編輯的《追尋拉夫卡迪奧・赫恩的面容》（恒文社，一九八七年十二月）資料，赤碕町花見潟的墓石群東西約有三百公尺。譯者於小泉八雲資料館確認此地照片，墓石一望無際，相當壯觀。

風雨中出航後一去不回。那些遭難船員的墳墓也蓋在附近的墓地中，墳墓裡則埋著遭難者的某樣東西。

那東西究竟是什麼？

其他地區視之敝屣，但在日本的西部，會把這種東西妥善保存。這，就是被稱做「臍梗」的生命花莖，新生兒的臍帶。他們會把它慎重地包覆數層，在最外層寫上父親、母親、嬰兒的名字，還有生辰，然後放進家族的護身符袋中保管。女兒出嫁時會把它帶到夫家，如果是兒子的話，雙親會負責保管。等到死後會一起埋葬，所以如果是客死異鄉，或是遭難溺斃，就會把臍帶當作遺體來埋葬。

## 五

在這個偏遠的海岸地方，對於一去不回、連人帶船沒於海中的人，有種奇妙的信念。比起墓碑之前必須懸掛白色燈籠這種溫和優美的信仰來說，這種信念非常原始，有些人相信溺死的人無法抵達冥府，而是永遠在潮流之中顫抖，隨波漂流，被航行的帆船折騰，在破浪間哀嚎。拍岸的浪花是溺死者的白色雙手，砂礫喧囂是因為他們緊緊握著，浪頭一退他們就抓住泳者的雙腳。所以討海的人談到這種鬼怪的時候總是相當婉轉，他們是真心懼怕著死者的存在。

正因如此，他們會在船上養貓。

對船員來說，貓有避邪的效果。至於為什麼會有這樣的效果，我至今未能遇到為我詳加說明的人。據我所知，一般以為，貓具有能夠影響死者的能力，如果把一隻貓跟死去的人放在一起，或許遺體會爬起身來跳舞也說不定？然而，三色貓是各種各類中最獲船員青睞的一種。不過，如果無法弄到三色貓——他們相當稀有，數量很少——也只好帶其他種類的貓出航。所以說，貿易的帆船上一定會有隻貓。入港的時候，大抵可以目擊那隻貓的身影，有的時候牠正從船身的小窗向外窺伺，有的時候牠正趴在船舵勤奮地旋轉的甲板上。當然，這是天候良好，風平浪靜時才能見著的景色。

## 六

然而，這種相信鬼怪的原始情緒，並不會影響到源自於佛教信仰的盂蘭盆節的美麗習俗，所以在十六日這天，這附近所有的小村莊都會放流精靈船。比起日本的其他區域，這個沿海地區所放流的精靈船做工細緻，所費不貲。雖然不過是在骨架上編織稻草，但所有的細節都近似實物，是相當精巧的模型。有些長三、四尺，白色和紙做成的風帆上寫著死者靈魂的名字，也就是戒名。船上放著裝有清水的容器，還有香爐；船緣則插滿卍字的小紙旗，這個字樣是梵文中的swastika。

精靈船的形狀以及放流的時刻、方法等等風俗因地而異。大部分的地方不管墓地位於何方，家族中有往生者就會放流。某些地方會在船上點燈，只在夜晚放流。還有，我也聽過某地的漁村用燈籠代替精靈船，在大海放流燈籠，而且那燈籠有特別的形狀，是專門為放流所製作的。

不過，出雲的海岸，或是在這個西國的沿海地方，放流精靈船，主要是為了在海中死去的人們。而且不在夜晚放流，只在清晨進行。一年一次，在死去後的十年之間內放流精靈船，直到第十一個年頭，就不再進行這個儀式。我在稻佐見到的幾艘精靈船真的非常漂亮，對貧窮的漁民來說，肯定是巨額的經濟負擔。製作的工匠告訴我，溺斃者的親屬每個人都會出一點錢，然後每一年都會訂製這樣的小船。

## 七

人力車停在上市[5]這個正在沉睡的小村旁，我來到這，只為了拜訪聞名的神木。神木位於街道旁低丘上的樹林之中，我走進樹叢來到三邊被低崖包圍的山谷，懸崖上有著巨大的松樹，是難以推斷樹齡的老樹，它捲曲的樹根從崖面穿過岩石突出於外，樹梢則互相交錯，讓這個窪地充滿綠意。有一根奇形的巨大樹根特別突出，最前端則包覆著長長的白紙，寫著祈禱的文字，旁邊還供奉著海草。與其說是各種傳承，根的形狀才是這株神木成為民間信仰尊崇對象的最大要因吧。它是某種特殊崇拜的對象，前面立著小小的鳥居，鳥居上頭記載著奇特的奉祀字句，人類學者和民俗學者肯定對這些文字感興趣，不過我沒辦法在這裡記錄下它。對這株樹木的信仰，或是說對附身在這株樹木上的神明的信仰，其實是男根崇拜殘存至今的稀有例子。在大部分的原始民族間均存在著男根崇拜，過去的日本也十分盛行，政府的強制廢止也還只是上一個世代的事情。窪地的另外一邊，巨大而脆弱的岩石上，可以看見同樣有著純真且奇異的東西被小心翼翼地擺放在那裡。這只奉祀品，喚做「祈禱者之物」，是稻草做成的兩個人偶，一男一女，兩人依偎在一起。人偶的做工粗劣，跟惡作劇幾乎沒什麼兩樣，但我們還是可以從模仿女性髮型的一小束稻草來分別兩者的性別，男性的人有也有髮髻的部分。現在，只剩封建

5　譯註：原文為 Kami-ichi，但在鳥取縣西伯郡大山町的上市此地的正確發音是「Uwa-ich」。

時代的遺老才會梳這種髮髻，所以我想這個被稱做「祈禱者之物」的人偶，應該是參考流傳許久的古物所製。

那只奇妙的奉祀品，有著自己的故事。相愛的情侶因為男人犯了錯而分離，想必是受到其他女性的魅惑，才使得他不忠的吧。於是不幸的女方來到這裡，對著神明祈禱，希望能讓男人從情欲中清醒，改變誤入歧途的心靈。而這個祈禱成真了，兩人破鏡重圓，於是女人自己動手做了這兩只特異的人偶，把它們獻給這株神木。這一對人偶，正是女人感謝的心以及無垢信仰的最好象徵。

## 八

當我們到達濱村這個美麗的小村莊時，日已西沉。從明天開始，路程轉進內陸，這是我們此次旅途最後一次在海邊過夜。我們投宿的地方很小，但乾淨、舒適，而且附近就有暖和的溫泉湧出，我們可以盡情享受。溫泉的特別之處是離海岸非常近，村民還告訴我，這個村莊中所有民家的浴室熱水也是由它提供的。

他們給我們最好的房間，不過我還是在外頭徘徊。因為明天預定放流的精靈船就擺在旅館玄關旁的條凳上，看起來才剛做好，切割下來的稻稈碎片散亂在附近，風帆也還沒寫上戒名。他們告訴我，這是在旅館工作的貧困寡婦和她的小孩的精靈船，我著實吃了一驚。

我本來計畫在濱村欣賞盂蘭盆舞，但非常遺憾，警察已經對盂蘭盆舞下了禁令。因為霍亂正在蔓延，必須執行嚴格的公眾衛生管制。在這個地方，除了引入自家的火山性溫泉熱水以外，不論是飲用、料理用或是清洗用途，住民都不得使用生水。

晚餐時，服侍我們用餐的是一位身材矮小，聲音非常悅耳的中年婦女，她的牙齒塗黑，眉毛剃得乾淨。直到二十年前為止，已婚者均是此般裝扮。然而，這位女性風韻猶存，年輕時肯定是花容玉貌。儘管她做的是女侍的工作，但她似乎是旅館主人一家的親戚，受的是自家人的特別待遇。她告訴我，那艘精靈船是為了她的丈夫和弟弟準備的，他們兩人都是這個村莊的漁夫，八年前，就在可以看見自宅的地方遇難，撒手人寰。由於家中沒人會寫漢字，所以要等附近禪寺的和尚，他明天會來幫忙在船帆上寫下戒名。

給了她禮貌性的小費後，我拜託同行者[6]幫我探詢了她的身世。據說她本來嫁給年

6　譯註：原文為attendant，有同行者的意思，但在之前的注亦有提及，夫人節子正是這趟旅程的旅伴。此外，根據講談社版《明治日本的面容》書中平川先生的注釋，接下來的故事〈鳥取的棉被〉乃由節子轉述給赫恩，聽節子說完這則故事以及出雲的民間傳說〈遺棄孩子的父親〉後，赫恩非常高興，說道：「你是可以助我一臂之力的人」。

長她許多的男性，婚後相當幸福，弟弟那時候是十八歲的年輕人，也一起生活。他們擁有一艘不錯的船，也有一點土地，女人也擅於織布，三個人的家計自然不成問題。漁民夏季時會在夜晚捕魚，眾多漁船盡皆出海，離海岸線三四公里的地方，漁火會像點點繁星一般美麗。一旦天氣不穩，便不出海。不過一年有幾個月會突然有颱風侵襲，船隻來不及張開風帆，就會被颱風追上。女人的丈夫和弟弟最後出航的那個夜晚，大海像是寺院裡的池塘水面一般，無風無浪。但是颱風卻在清晨時來襲。接下來所發生的事情，女人用著一種純粹的悲傷講述，我很難用英語來表現這些未經雕琢的話語。

「除了外子的船以外，所有人的船都回來了。他們比其他人離岸得更遠，所以沒辦法來得及。村民們也都跑到了海邊看，就為了等他們回來。時間越晚，浪是打得更高，風也吹得更急，再過一會兒，連岸邊的船如果不拉上岸，都會被浪給捲走。這時大家的視線中，外子趕著回港的船突然出現，速度非常的快。大家都很高興，外子和弟弟的臉孔都可以看得清楚，這距離船很快就會進港。說時遲那時快，大浪突然打上船腹，船一瞬間就翻入海中，而且就再也沒浮上來了。我們可以看到兩人在海中拼死地掙扎，儘管只有在浪推起他們的時候才看得到。海浪像是山丘一樣高，兩人的頭不斷往上、往上，眨眼之間又沉了下去。他們在浪頭的頂端時，口中喊著：『救我、救我』。就連村中的壯漢在這恐怖的大海前也不禁遲疑，像我這樣的女性，更是手足無措。接著，弟弟就這麼消失了。我的丈夫雖然有點年紀，但身體仍很健康，他掙扎了很久，已經非常接近岸邊，所以我可以非常清楚地看見，他的表情充滿恐懼，他喊著：『救我』，但是沒人救得了他，他還是沉了下去，最後一刻的表情，我是看得一清二楚。

從那天起好一陣子，每天晚上我的眼前都會浮上那時候外子的表情，我只能不住地哭，對著神佛反覆祈禱別讓我再做同樣的夢。我現在已經不會在做那種夢了，但是我依然記得他那時的表情，現在說這些事情的時候，眼前也都還看得到……那時我的兒子還好小。」

語畢，女人的聲音已夾雜著嗚咽，她突然在榻榻米上低頭深深一禮，用袖子擦去淚水，要我們原諒她的失態，然後微笑——這是日本人的禮儀上不可或缺的溫和低姿態微笑。我必須說，比起她的故事，這個微笑更加打動了我的心。我的同行者見狀便轉移話題，開始輕鬆地談及我們這次的旅行，說：「這位先生對這附近沿海地區的古老風俗以及傳承很感興趣」。然後講些在出雲漫遊的趣事，成功地緩和了氣氛。

女人問我們接下來要到哪去，同行的人回答：最遠大概就是到鳥取吧。

「啊，鳥取，是這樣嗎，對了，有一個叫做『鳥取的棉被』的故事，不知道先生有聽過嗎？」

「先生並不清楚，可以告訴我們嗎？」

接下來我所記錄的，就是透過口譯所聽到的鳥取一地的傳說。

## 九

好幾年以前，鳥取的小旅店剛開始營業，第一位客人上門，畢竟旅店的主人希望打響這裡的招牌，招待起來是異常熱情。雖說是新蓋的旅店，但主人並不富裕，準備的器皿用品，像是家具、食器，都是從中古商店買來的。不過東西都非常乾淨，狀態也不差，經過精挑細選。客人也高高興興地用餐，溫了不少好酒暢飲一番，最後就在柔軟的榻榻米上鋪床就寢。

在這我必須暫且打斷故事的敘述[7]，談談日本的「床」。在日本的家中，除非有病人，否則就算你看過了所有的房間，確認了每個角落，在白天你無法看到床鋪的蹤影。事實上，在日本西方語意的床（bed）並不存在。日本人所謂的床鋪，沒有床的骨架，也沒有彈簧、床墊、床單或是毛毯，日本的床鋪只有厚重的棉被，他們稱做「布團」，那裡頭塞滿棉花，或該說是填滿棉花。他們會鋪好幾條棉被在榻榻米（地板上的墊子）上，然後另外有幾條則是拿來蓋的。有錢人可以鋪好幾條在地上，也可以高興蓋幾條就蓋幾條在身上，但窮人可能就得靠兩、三條來抵擋嚴寒。當然，棉被種類繁多，像是男傭女傭專用的棉被，在西洋大概就是暖爐前拿來蓋身子的大小和厚度，亦有富貴之家才能看到的，長八尺、寬七呎的絹絲被，既厚重又奢華。此外，也有所謂的「夜著」，這是一種跟和服一樣有著寬大袖子的厚重棉被，天候嚴寒時可以裹著它睡，非常舒服。白天時，這些寢具都會放在牆壁裡頭的櫥櫃中，關上紙門，妥善收納。我說的紙門，指的是通常有優美圖案和裝飾小拉門，上頭貼著厚厚的和紙，用來分隔空間。壁櫥裡還會擺著奇妙的木枕，據說枕著睡覺也不會弄亂髮型。

枕頭具有某種神聖性。不過我還未搞清楚相關信仰的起源以及正確的特色，我所知道的是，踢到枕頭是一件非常不好的事，就算你沒有惡意。萬一真的踢到枕頭的話，你

---

7　譯註：由於日本讀者對自身的「床」文化非常清楚，講談社版《明治日本的面容》把這段移至注解。此處依據原文把說明置於正文。

必須表示歉意，用雙手把那個枕頭舉至額頭高度，然後再恭敬地放回原位，口中念道：

「御免」，這是「請原諒我」的意思。

言歸正傳。豪飲之後，自然是倒頭大睡。夜涼如水，寢具又是舒適極了。這位客人以為自己已經入眠片刻，突然聽到房間裡有孩童說話的聲音，睜眼醒來。童音不斷重複著相同的疑問句。

「哥，你冷嗎？」

「弟，你冷嗎？」

房間裡有小孩跑了進來，這客人只覺得麻煩，倒也沒吃驚。因為這種和式旅館的隔間並沒有門，只有拉門。他心想：大概是暗中沒看清楚，孩子們就搞錯了房間吧。客人和善地開口要他們安靜，也就安靜了一會兒。但過了不久後，那個溫柔輕嘆的聲音又在自己的耳邊道：

「哥，你冷嗎？」

「弟，你冷嗎？」

客人起身點亮了燈裡的蠟燭，環視周圍，不見半個人影，拉門緊閉。衣櫃打開來看，也是空無一物。客人覺得奇妙，但還是回到床上，弄熄蠟燭。等到蠟燭一熄，又聽到童音開始對話。就在他的枕畔，若有似無的聲音道：

「哥，你冷嗎？」

「弟，你冷嗎？」

這時，他才毛骨悚然。同樣的對話一而再、再而三地重複，客人的恐懼也跟著逐漸膨脹，因為他發現，聲音是從自己的棉被裡傳出來的，蓋在他身上的棉被正發出聲音。

客人急忙收拾包袱，跑下樓梯，叫醒正在睡夢之中的旅店老闆，告訴他剛剛發生的怪事。老闆卻感到相當不快，答道：

「我已經盡全力來滿足客人您的需求，誠心誠意地。但是，您可能酒喝太多，所以才會做這種惡夢。」

但客人不覺得是做夢，馬上付清費用，換到其他旅店去了。

隔天傍晚，又來了一位打算住宿一晚的客人。深夜時老闆又被客人叫醒，他的說詞與昨晚的客人如出一轍。而且，今天的客人是滴酒未沾。老闆心想：這一定是有人故意不讓我好好做生意。他不耐煩地說：

「我盡全力來滿足您的需求，您卻講這種不吉利、破壞商譽的事情，這間旅店算得上是我的性命，我想您也了解。明明房間裡什麼都沒有，為什麼要講這些話呢？」

這樣一來，客人也不禁光火，說話的聲音大了起來，兩人激烈爭吵，不歡而散。

客人離開後，旅店老闆覺得事有蹊蹺，便走進房間檢查棉被，結果，連他自己都聽到了那個聲音——原來客人所言非虛，拿來蓋的棉被只有一條會發出聲音，其他都是安靜的。老闆把那條棉被拿回房間，蓋著它入睡。「哥，你冷嗎？」、「弟，你冷嗎？」對話持續了一整夜，老闆完全無法入睡。

等到破曉時分，老闆便跑了一趟購入那條棉被的中古商店。但店家什麼也不知情，只說是從更小間的店批來的。那間更小的店則說，棉被是從住在這個小鎮最偏僻地方的窮商人買來的。旅店的老闆就這樣一間間地問了下去。

老闆最後終於查明，這條棉被本來屬於某個貧困家庭，他們住在鎮上偏僻的地方，後來屋主買下他們的棉被。以下是這條棉被的故事：

這個貧困的家庭居住的破屋每月的租金是只要六十錢，但是對他們來說，已經是不小的負擔。在鳥取無親無靠的一家口人：父親每月賺的錢不過兩、三元，母親則因病無法工作，兩個小孩，六歲的少年，加上八歲的哥哥。

某個冬日，父親生病，約莫一個禮拜後撒手人寰，草草埋葬。不久後臥病在床的母親也跟隨父親的腳步，留下孩子兩個人。他們找不到人幫忙，也不知道怎麼求救，很快地，可賣的東西都賣光了。

實際上能賣的東西也沒幾件，父母的衣物、自己衣物的大部分，還有幾條棉被跟一些廉價的日常用品——火盆、碗盤等等換不了多少錢的東西。每天都找東西賣，最後就只剩一條棉被，沒錢買東西吃，也繳不出房租。

時逢恐怖的大寒，最冷的時節，雪下了又積，積了又下。那一天，兄弟已經無法出門，兩個人同蓋一條棉被顫抖著，用童言童語表達對彼此的關心：

「哥，你冷嗎？」

「弟，你冷嗎？」

家裡沒有火，也沒有可以生火的東西。接著黑暗的夜來襲，冰冷的風把破屋吹得嘎吱作響。

孩子們怕風，但他們更怕的是屋主。屋主叫醒他們，用兇暴的口氣叫他們付房租。

屋主有著惡魔般的臉孔，他發現孩子們已經付不出錢，便把他們趕出屋外，奪走僅剩的棉被，然後鎖上房門。

他們兩個身上都只穿著一件單薄的深藍色衣服。為了買食物，其他的衣服都典當了。他們無處可去，雖說不遠之處就有觀音寺，但雪積的太高，無法前進。等屋主離開後兩兄弟只好躡手躡腳回到破屋的後門。實在是太冷了，兩人抱著互相取暖便進入夢鄉。熟睡中，神明幫兩人蓋上全新的棉被——朦朧的、白色的美麗棉被。兩兄弟不再覺得冷，他們就這樣一直睡了一天又一天，直到有人發現他們已經死亡，幫他們在有著千手觀音的寺院的墓地準備了新的長眠之處。

旅店的老闆聽完了故事，便把棉被捐獻給寺院的僧侶，請他幫兩兄弟的靈魂誦經，這條棉被也就不再發出聲響了。

## 十

說完了一個故事，又會讓人想起另外一個。今晚，奇妙故事一個接著一個，其中最讓我印象深刻的是同行者突然憶起的，一則出雲的民間故事。

很久以前，在出雲一個叫持田浦的村落裡，有一位農民，生活非常貧困，不敢傳宗接代，所以每當妻子產子，便把嬰兒隨河水放流，然後對周遭的人說是難產。妻子產下來的孩子，有時是男孩，有時是女孩，他總是在晚上把他們丟去河中，就這樣殺了六個自己的嬰兒。

然而，幾經寒暑，農民的生活有所好轉，他購入土地，也存了一些錢，終於，妻子也生下第七個小孩，是個男孩。

農民他是這麼說的：「我們現在養得起孩子，以後我們老了也需要孩子照顧，而且這孩子生得這麼可愛，我們好好把他養大吧！」

男嬰漸漸地成長茁壯，每一天，頑固的農民也發現自己的內心有所轉變，他很清楚自己對孩子的愛是與日俱增。

某個夏天的夜晚，農民抱著孩子在庭院中散步。此時，男嬰已經五個月大。月亮皎潔，是個十分美麗的夜晚，農民不能自已地扯著嗓門說：

「啊，今晚真是難得，是個美好的夜晚哪！」

話才說完，男嬰突然抬頭看農民的臉，用著大人的口氣說：

「爹爹，你最後一次把我丟掉的時候，也是跟今晚一樣的月夜啊，不是嗎？」

男嬰說完，馬上又變回嬰兒的樣子，不再開口。

後來，農民便剃度出家了。

## 十一

晚餐和入浴之後，隨即就寢稍嫌太熱，我一個人外出散步，拜訪了村落的墓地。細長的目的地位在沙丘上，不過與其說是沙丘，它其實是海浪打上來的沙堆積成的小山，只有山頂的部分結塊成土壤。這個小山的側面已經崩塌，從崩塌的痕跡可以發現，過往的滿潮比現在高出許多。

我的膝蓋以下陷入沙中，好不容易走到了墓地。炎熱的月夜吹著狂亂的風，墳墓前掛著許多盆燈籠，但被海風一吹，大部分都已經熄了，只剩零零散散的白色火光平靜地燃燒著。燈籠由精巧的木箱所製成，呈神社的形狀，窗戶的部分只描繪輪廓，上頭貼著白色的和紙。我是唯一的掃墓者，畢竟夜已深沉。但是很明顯地，白天的時候人們來到這裡，以虔誠的心把墳墓打掃乾淨。幾乎所有的竹筒插著鮮花，閼伽中裝滿了清水，墓碑被擦洗得煥然一新。在墓地深處的一角，某個非常卑微的墳墓前，我發現了一只華美的漆具餐盤。餐盤上擺著碗盤，裡頭裝盛著日本美麗而且細膩的料理。也有小小的茶碗。有幾樣料理還散發著熱氣，這應是溫柔女性的心意，那位女性的草鞋鞋印仍清楚地遺留在沙石小徑之上。

## 十二

在愛爾蘭有一則傳說。作夢的人在夢醒後，只要不要為了憶起夢的內容而去抓自己的頭，不管是怎樣的夢都能順利地想起來。但是，如果自己忘記這則禁忌，那麼夢就一去不回，就跟繚繞的煙圈被風吹散一樣，無能再次重現那個形狀。

一千個夢之中，有九千九百九十九個會無情地消逝。只有極為偶爾的狀態下，夢給我們異常玄妙的體驗，讓我們印象深刻，得以鮮明地把它留在記憶，有如真實發生過一般，運氣好的話，會發生在旅程之中。

我在濱村就做了一個這樣的夢，在我看到、聽到的這些我所寫下的事情之後。

某個蒼白、寬闊、鋪有敷石的地方，大概是寺院的庭園吧，陽光十分微弱。在我眼前有位女人，既不年輕也不蒼老，坐在灰色大柱的基座上。我只能看到她的臉，所以我不知道那只柱子到底是支撐著什麼。過了一會兒，我發現，我對她有印象，她應該是出雲的人。但是她看起來越來越古怪，她的嘴唇在動，但眼睛卻是緊閉著。我只能一直盯著她看。

女人開始輕柔地唱起哀愁的歌，用她彷彿歷經歲月的微弱嗓音。聽她唱著，模糊的記憶中，我想起這首是凱爾特人的安眠曲。女人邊唱邊用單手鬆開自己的長髮，直到長髮垂下纏繞在石頭上。垂下的長髮不再是黑色，而是轉成藍色，就像日照下的藍色。長髮開始快速的泛起漣漪，往四周擴散，不斷旋轉。突然，我發現漣漪已經到了很遠、很遠的地方去，而女人也消失不見。我的眼前只有大海，萬里無垠，無聲的碧波浩渺，閃閃發亮。

我醒來時已是半夜，黑暗中可以聽到真正的海在低語。亡靈們乘著佛海的浪正要回家，我知道，那是他們巨大而嘶啞的低語。

# 舞妓

再沒有比日本的宴會開場更安靜的事了。看過那樣的開場，除了日本人以外，誰能想像終場會是那樣的一片狼藉。

披著羽織的賓客們紛紛就座，沒有一點聲響，沒有交談，靜靜地往座墊坐下來。裸足的女服務生不發出一丁點腳步聲，將宴席的餐點送到賓客面前，整齊地排列在榻榻米上。好一段時間，只見親切的微笑和四處移動的人影，感覺好像在夢裡面。通常舉辦宴席的料亭都有一個大庭院，隔開了街道，包廂裡幾乎聽不到任何外面的聲音。等到當晚餐會的主人，或是宴席的主辦人客套地致詞了一番，所有人才一起打破沉默。──「都是些粗茶淡飯，請慢慢享用」。大家聽到這一句，便點頭致意，拿起筷子開動。拿筷子吃飯可是有學問，不能發出一點聲音。女服務生們也要保持安靜，輪流為每位客人斟酒。等小菜吃過兩、三道，酒也喝了五、六杯後，賓客們才打開話匣子。

這時，一陣笑聲傳來，五、六個年輕女子一起進到包廂，客套地打聲招呼後，隨即熟練地各自滑進賓客中間的空位，為客人斟起酒。她們優雅又嬌媚地招呼賓客，是料亭的女服務生所望塵莫及的。每一個都是花容月貌，穿著昂貴的絲質和服，腰帶繫得像女王一樣高，頂著華麗而沉重的髮髻，頭上有各式髮簪、精美的插梳，黃金髮飾。這些女孩對著素昧平生的客人，也能像是熟識以久的朋友那樣寒暄、說笑、開懷地談天說地、嬉鬧。——她們就是被請來宴席助興的藝妓。

正當席間熱鬧談笑，三味線的調音聲響起，瞬時藝妓們全都起身，往宴會場另一頭的大包廂集合。——可以容納比一般宴會更多人數的廂房。其中幾名聽從年紀看似較長的大姐指示，組成合奏團。合奏團有兩到三把三味線，以及一面像是小孩玩具的太鼓，其他女孩則是一人，或兩人一組表演舞蹈。舞蹈看起來優雅又輕快，兩位藝妓想必是練習多年才有如此精熟的身段，節奏、動作都完全一致。雖說是舞蹈，日本藝妓的手部動作，有別於我們西洋人所說的跳舞，應該稱之為演繹——大多類似「演技」。巧妙地擺動衣袖或扇子，再加上日本人特有的眼神和表情，演繹優雅而內斂的動作。藝妓的手部動作也可以很性感，但通常在比較有教養的客人面前，大多演出龍宮公主與浦島太郎的愛情故事這類日本古老的美麗傳說。中場休息時間，偶爾也會吟詩串場。所謂吟詩，就是吟唱漢詩，一種簡短的美麗詩句，歌頌人最自然的情感，富有韻味又真實貼切。而她們在此同時，也殷勤地為客人斟酒。溫熱過的日本酒，帶點黃色，微醺的醉意讓人昏昏欲睡又心滿意足，陶醉在極樂世界的境界。日本酒帶來的醉意就像是服用鴉片後的恍惚，索然無味的事也會變得驚奇和歡愉。眼前的藝妓變成極樂世界的天女，世俗的一切都歡樂無比。

宴會進行到此，原本安靜無聲的包廂，這才要熱鬧起來。客人各自找伴，把酒言歡，藝妓也忙著穿梭其間，談笑助興。這時每個人酒杯都還是斟滿的，賓客之間也會互相斟酒。有人吟詩，也有人邀伴跳起舞來。一位藝妓將和服的衣襬撩到膝蓋，三味線隨即彈起節奏極快的「金比羅，舟，舟」曲調。撩起衣襬的藝妓隨著三味線的琴音，輕盈地沿著8字型小跑步，一位年輕客人兩手拿著酒瓶和酒杯，搖搖晃晃地跟上去，同樣沿著8字跑，若兩個人在同一條線遇上，不小心撞上對方的人，就要罰喝一杯。三味線越彈越快，跑的人腳步也越來越快，兩個人都要配合三味線的節奏。最後是藝妓得勝。……這時在廂房的另一端，客人和藝妓正在划拳。划拳是一邊唱著歌，一邊拍手，跟著三味線的節奏出拳。

Choito, --don don, Otagaidane（兩個人一起喔）

Choito, --don don, Oidemashitane（出拳了喔）

Choito, --don don, Shimaimashitane（你輸了喔）

跟藝妓划酒拳，頭腦必須非常冷靜，眼力要夠快，還需要相當的練習。因為藝妓們都是從小就精通各種酒拳——種類繁多——，如果藝妓輸了，那也是為了給客人面子，故意放水的。最常見的酒拳是庄屋、狐狸、鐵砲。如果藝妓做鐵砲的動作，客人就必須配合音樂節奏，馬上做出庄屋的動作。客人既是庄屋，藝妓又變成狐狸回應。因為狐狸可以變裝成庄屋，所以是客人輸。如果藝妓出狐狸，客人必須要馬上做出鐵砲的動作，因為鐵砲可以殺狐狸。然而，客人總是被藝妓嬌媚的眼神和柔美的手勢所吸引，只要心不在焉，一分神就輸了。

表面上看起來，客人和藝妓好像玩得很開心，其實不然。日本宴席上賓客與藝妓之間有一套嚴格的禮儀規範必須遵循。客人喝得再醉，都不會做出強抱藝妓或是拉藝妓坐到自己腿上的舉動。賓客們很清楚藝妓在酒宴上，只是扮演鮮花的角色，供人觀賞而已，不能觸摸侵犯。常有外國觀光客來日本玩，得意忘形，對藝妓或茶屋女侍做出越矩的行為，對方雖因工作需要，強顏歡笑配合演出，但其實心裡厭惡至極，如果還被日本人看到這種景象，西洋人的粗鄙卑劣更是昭然若揭。

餘興節目帶動酒宴氣氛，賓客正值酒酣耳熱之際，時間來到夜半時分，賓客們紛紛伺機退席，不打擾其他客人。一夜的喧鬧逐漸和緩，三味線的琴音也悄然停息。終於，藝妓們送最後一位客人到門口，嬌媚地笑著道完「再見」，這才回到酒宴包廂，所有人聚在一角，為餓了一整夜的肚子塞點東西。

藝妓所扮演的角色，就是這麼回事。那麼，藝妓又有些什麼背後的一面呢？她們的思考邏輯、內心、私下的為人，都是怎麼樣的呢？在燈光炫爛的不夜城、酒氣迷濛中的假象，抽離了這些，藝妓的真實生活，是什麼情形呢？

與妳共度春宵　或得五千石
管他五千石　願與妳共度春宵

她美麗的嗓音調皮地唱出這種古老的詩歌，藝妓總是這樣惡作劇的嗎？又或者，

妳死了　也不進佛寺

化成灰　與酒共飲之

這樣的山盟海誓，藝妓覺得自己守得住嗎？

「嗯，關於這個嘛……」，曾經有個朋友說，「去年大阪才發生一個叫阿鐮的藝妓真的做出那歌裡所說的事呢。她從火葬場將自己情人的骨灰帶回來，混進酒裡，在宴會的眾賓客面前喝下去。」——在宴會的眾賓客面前，那還真是掃興啊。

藝妓都是幾個人住在一起，屋子裡的壁龕一定會放一個奇怪的雕像。有土製，也有金屬，但一般都是陶瓷。她們拜這個雕像，供奉餅乾、果子、水酒等，還會燒香點燈。這個擺飾是一隻貓。一手舉起像是在邀請人來，稱為「招財貓」。這隻貓是一種守護神，可以招來好運、有錢的老闆，還有來尋歡的客人。熟知藝妓本性的人都知道，這

隻貓的樣子，完全是藝妓的寫照。——愛玩、長相標緻、有女人味、年輕貌美、千嬌百媚、惹人憐愛，卻又有不惜毀滅一切、殘酷的一面。

通曉此道之人還批評得更惡劣，說藝妓的影子裡總是跟著窮神，化身成女人的狐狸，是她的姊妹。藝妓就是來毀滅年輕男子，讓他們傾家蕩產，破壞他們的家庭。男女之情在她眼裡，只是用來使男人放縱、圖利自己的手段，她為男人挖掘墓穴，以謀奪他的財產。藝妓是美麗的偽善者，最危險的陰謀家、最貪婪的拜金主義者、最薄情的蕩婦，總之就是萬惡不赦。但是，這些評論或許並非全然如此，但藝妓這種行業，就像小貓一樣，肯定是肉食主義，這點無庸置疑。小貓也有很多是真的很可愛，藝妓當中，一定也有真心討人喜歡的女孩。

說到底，藝妓從一開始就是人們追求年輕貌美的戀愛對象，為滿足愚蠢慾望所應運而生的產物，後悔或責任壓根就不曾存在。藝妓不只會划拳，所有玩弄人心的把戲都一應俱全。在這沉悶的世間，除了生、愛、死，人們玩什麼都不會受罰。這是永恆不變的定律。唯有這三項，神明才能做主。為什麼是神明做主？因為沒有人能夠在這三件事上犯了錯還能全身而退。所以，和藝妓在一起，除了划拳下棋以外，太過認真可是會惹神明不高興。

藝妓的一生從當奴才開始。用錢就可以讓貧窮的父母簽下賣身契，從他們手中買到標緻的女兒。這紙賣身契約定了買主有權奴役他買下的女孩十八年、二十年，甚至二十五年。女孩被帶到專給藝妓居住的屋子，從吃到穿都有人照看。等到差不多快脫離童年時期，便要開始接受各種嚴格的訓練。學習禮儀、優雅、談吐，舞蹈練習是每天的例行公事，還要背誦詩詞歌詠。各種遊戲、賭博、酒宴婚禮的進退應對、和服的著裝、化妝等全都要學，精心雕琢自己身上的一切。這段準備期間結束後，就要開始學習各種樂器。從小鼓開始，必須好好練習，才能拍出好音色，接著是學用玳瑁或象牙的琴撥彈奏三味線。如此調教下來，學得較快的女孩，大約八、九歲時，就可以到宴會擔任拍鼓手。這時她已經是個舉止優雅，惹人憐愛的少女了。除了拍鼓，中場也要幫忙斟酒，若能幫客人酒杯斟滿而不灑一滴，才表示功夫到位。

之後還有更嚴格的訓練。這時已經可以自由運用嗓音，但還不夠響亮。她要在寒冬中，寒氣最逼人的時刻，爬上屋頂，彈到手指滲血，唱到聲音沙啞為止。最後感染惡性感冒，而這正是訓練的目的，一段時間之後，等喉嚨乾燥、聲音沙啞治好，她的嗓音就會變得響亮，這才終於有資格在賓客面前獻唱、跳舞。

藝妓獲得出場亮相的資格，通常都是在十二、十三歲時。如果長相標緻，技術純熟，就有更多的出場機會。出場宴席是按時間計費，一小時大約是二十錢到二十五錢的玉代。這時，藝妓的老闆花在她身上的時間和開銷，及各種心思，才開始要回本。不過，老闆總是尖酸刻薄，在未來的好幾年，她們賺的錢，全都歸老闆所有。而屬於她們自己的東西，一樣也沒有，甚至連身上穿的衣服，都不屬於她們。

到了十七、八歲，已經可以獨當一面的藝妓漸漸打響名號，而她早就在幾百場的宴席亮過相，懂得辨別地方上的重要人物，客人的習性和來歷，都在她的掌握之中。她的主要生活都在夜晚，獨當一面以後，她已經不曾在清晨朝拜天神了。還要練就喝酒不亂性，耐得住七、八個小時不吃飯的功夫。她可能有兩、三個情人，還不錯的客人，她也能應對自如。不過，她非常清楚如此賣弄風情，只是為了抓住自己的利益。從早到晚，她只期待遇上一個有能力為她贖身的人。——就算真有這種人，日後一定會從倡導愛情的愚蠢與人生如夢的佛典中，領略更多新的真諦。

關於藝妓的經歷，我想就說到這吧。除非她早逝，否則接下來的故事，都沒有什麼好下場。早逝的藝妓，還有姊妹可以為她舉辦像樣的喪禮，多年後的法事和供養也不會忘記。

夜裡在日本的街道散步，經常能聽到大佛寺門裡傳來的弦歌之聲。若你好奇走進去看，會發現寺院深處的廣場擠滿了人。鑽進人群，想辦法擠到大殿的階梯附近，看見兩個藝妓坐在大殿裡，彈著三味線唱著歌。還有一個藝妓在案桌前跳舞。案桌上有一個牌位，前面一盞小燈，香爐裡也點著香。還有水果和點心——都是在往生者的忌日供奉的典型供品。案桌牌位上的法號是一名藝妓的法號，原來如此，這是亡故的藝妓姊妹們，在她的忌日這天來到佛寺祭拜，並表演歌舞。當有這種祭拜的儀式時，任何有興趣的人都可以趁機免費觀賞藝妓的歌舞。

不過，古時候的藝妓．舞妓又不同於今天。其中有一種稱為白拍子，她們的境遇比較不那麼悲慘。當然，每個都是絕世美女，而依當時的習俗，她們會穿戴有黃金裝飾的烏紗帽和華麗的衣裝，到王宮貴族府邸侍奉，舉劍起舞。就讓我來說一個關於白拍子的故事。

## 六一

在過去，其實現在也是，日本的年輕畫師都要為磨練修行四處遊歷。到各地名勝去增廣見聞，或是到有山明水秀景色的神社古寺拜訪，見識珍藏的祕寶名畫。我們今天所珍視的珍品骨董，或是那些令人驚嘆的日本風景畫和浮世繪，多是過去的畫師周遊四方所留下的寶物。見識過這些美術品，我們不禁讚嘆只有日本人才能畫出日本景物的韻味。日本的畫師描繪自己國家的自然有其獨到的畫法，看慣了這些，再看我們西洋人的作品，竟覺得索然無味，毫不生動。我以為，外國的畫家是寫實地呈現他眼睛所看到的景象，但除此之外再無其他。反觀日本的畫師，他們會呈現出自己的感覺——例如，季節的氣氛、當下令人震攝的感覺，畫家將自己的感受傳達給觀看的人。換句話說，日本畫師的作品有一種少見於西洋藝術的渲染力，這就是他們的特質。西洋的畫家藉著詳細刻畫事物的細節，補足自己心中的想像，但日本的弟兄們反而盡可能克制對細節的描繪，甚至是理想化。——例如，以雲霧模糊遠景，或者山水的景色當中劃過一片雲彩，日本的畫師運用這樣的技法，將自己當下所見所感的記憶——只有當時的美景和珍奇保存在記憶裡，呈現出來。他們越過想像力，將自己置於想像力之上，再刺激想像力，讓自己瞬間看見的美感，激發渴望已久的想像力湧現。日本的畫師似乎有種魔法，能夠從自己瞬間看到的美景，將當時的感受、現場的特徵傳遞出來。這正是日本畫師的作風。他們並不重視精確寫實，或許稱之為追憶的畫家、感覺的畫家更貼切。這種令人驚嘆的能力，其實是有秘訣的。沒有親眼見過他們獲得靈感的實際景象，恐怕很難想像這種能力。首先，他必須是沒個性的。他所描繪的人物像，完全沒有個性可言。但他畫出來的人物，具體表現了某個階級特徵，卻是非常難得。像小孩一般凡事都好奇的百姓、少女的羞澀、青樓女子的嬌媚、武士的內心、幼兒的天真可愛、老人看破世俗、包容一切的面容。——旅行和觀察，是促成日本畫發展的一大助力。這些絕對無法從畫室產生。

這是一個很古老的故事。一個年輕、還在修業的畫師，離開江戶，去京都發展。他一個人跋山涉水，孤獨地旅行著。這個時代的街道還很少，就算有，路況也都很惡劣。比起今日的旅行，當時出趟遠門真是千辛萬苦。——俗話常說：「かわいい子には旅をさせ（愛孩子就要讓他出去磨練）」，就是這樣的時代背景。從古到今，日本的國土完全沒有改變，松木、杉木林，還有竹林，茅草屋比鄰的鄉里景色，放眼望去，稻田裡隨處可見戴著斗笠彎腰工作的農民，都和今天一模一樣。路邊一樣有地藏菩薩像，到神社參拜的信眾有說有笑的模樣，到了夏天，各地都有曬得黝黑的孩子們，脫光衣服在水淺的河川裡嬉鬧，艷陽天裡的河川閃閃發亮，到今天也完全沒有改變。

然而，年輕的畫師可不是俗話裡那種「被疼愛的孩子」。他已經有多年遊歷的經驗，餐風露宿是家常便飯，無論多麼辛苦，他都能找到滿足自己的方法。這次旅行的某一天，已是日落西山的時辰，他還找不到一戶人家可以借宿充飢，四周甚至沒有農田的影子，他在這荒山野地裡迷路了。原本打算從捷徑到山的另一頭找村子落腳，卻怎麼也走不出去。

不巧這天又是無月的暗夜，茂密的松樹黑影令暗夜更加漆黑，看來是闖進一個人煙絕跡的地方，耳朵聽到的只是松葉颯颯和草葉間傳來的蟲鳴。他心想，不如先找到河岸走出去，或許能遇上一戶人家。年輕的畫師倉皇地走過樹木的盤根錯節，一個勁地往前走。好不容易來到有一彎流水在眼前的地方，兩岸都是斷垣絕壁，河水在狹窄的山谷間湍急地流著。畫師無計可施，只好折回原路，他突發奇想，不如爬上最近的山頂看看。

從高處往下看，或許能找到人煙。無奈爬上山頂眺望到的仍是無盡的山影。

看來真是沒辦法，今晚只好在星空下等到天明了。正當他幾乎放棄的時候，就在自己剛才爬上的山對面，遙遠的山腳下，有一點微弱的黃色燈影，那裡一定有戶人家。他向著那點燈影，趕緊下山，不久後來到一戶像是農家的小屋。剛才看見的燈影，是從關上的雨戶縫隙透出來，非常微細的一絲燈光。畫師加緊腳步來到門口，並敲了敲門。

## 二

他敲了四、五下，屋子裡終於有點動靜，一個女人的聲音問道：有何貴幹？那聲音極為動聽，而更令畫師驚訝的是，這個神祕的女人說話竟是純正的京都腔調，絲毫不帶鄉音。畫師回答：在下一介書生，於山中迷路，盼能借住一宿，蒙賜飧餐，若有不便，還請指點鄰村之路，不勝感激。畫師自知唐突冒昧，也替對方想了藉口。女人似乎很驚訝：這樣大老遠的，真是辛苦您了。隨後又問了兩、三句，畫師都據實以答，女人這才不再疑心，從屋子裡大聲說：我這就幫您開門。今晚您就別再往村裡去，路上危險啊」

過一會兒，門口的雨戶打開，女人拿著提燈現身。她站在黑暗中，高舉著提燈，照了照旅人的臉，一言不發地打量一番，然後簡短地說：「讓您久等了，我這就幫您打水來」，過一會兒端來了臉盆，放在門口的石階上，還給了客人一條手巾。男人脫下草鞋，先洗洗腳，拍了拍旅行時身上沾染的塵土，才進到簡樸的屋子裡。這屋子看起來就只有一個房間，裡面有一個木板隔開的狹小空間，似乎是廚房。女主人拿出棉布的坐墊，放在暖手的火盆前面。

畫師這時才看清楚女主人的長相，女人的美貌再度令他感到驚訝。她可能比他大三、四歲，但仍是貌美如花，這絕不是農家姑娘的長相。這時，女人用她依然動聽的聲音說：「我獨自一人住在這裡，平時是不請客人留宿的，但今晚若再趕路實在危險，附近雖有農家，沒有人帶路您也去不了，不如在此暫住一夜。我這裡被席簡陋，還請您將就。……想必您還未進餐食，我這只有山野素菜，怕不合您口味，還請多多包涵……」

畫師早已飢腸轆轆，對女主人的招待自是欣然接受。女主人沒有再多說什麼，俐落地生火張羅，不一會兒端出水煮青菜、腐皮干瓢、一碗粗飯，還為粗茶淡飯再三賠禮。畫師用膳期間，女主人幾乎不說話，看她拘謹的樣子，畫師也怕自討沒趣，鼓起勇氣問了幾個問題，女人只是輕輕地點點頭，最多答「是」或「不是」，畫師便不再多問。

用餐時，畫師若無其事地看看四周，發現屋子雖小，卻一塵不染，井然有序。端出的器皿也都完整無缺，屋裡的擺設用具雖不貴重，卻乾乾淨淨，沒有一點瑕疵。壁櫥或碗架的拉門用的是粗糙的白紙，上面卻有毛筆寫的大字。寫的是文人愛好的典型詩句，歌頌著春之花、山與海、夏之雨、天與星、秋之月、川之水、秋之風。房間的另一端擺著一張矮桌，上面有一個佛壇。上了漆的小門敞開著，裡面有一個牌位，桌上有供品和野花，還點著一盞長明燈，閃著紅紅的火光。佛壇上方有一張背景是月光的觀音像，看起來絕不尋常。

畫師吃完簡單飯菜後，女主人說：「我這裡沒有好床，也只有平時自己用的一幢紙蚊帳，今晚我還有事，無暇就寢。不如您先休息，只是家中實在簡陋，委屈您了……」

這女子應是有甚麼苦衷，才會獨自在此生活，畫師發現她將唯一的寢具借給自己，連忙推說自己打地舖就好，蚊子什麼的也不是問題。女主人卻像個大姊一般：您不必推辭，就照我說的吧。我今晚真的有事，想趕緊去做，您應該也是明理之人，不至於阻攔我，才如此懇求。既然這屋子只有這一個房間，畫師也不好再拒絕。女主人趕緊為他鋪好床枕、掛上紙蚊帳，在佛壇和床鋪之間立一扇屏風當作隔間，然後不等畫師開口，先道晚安，要他馬上就寢。畫師總覺得自己給人添了麻煩，有點過意不去，但還是順著女主人的意思，硬著頭皮躺下來。

## 三

女主人執意犧牲自己的睡眠，畫師拗不過她的好意，只得乖乖接受。但當他一躺下來，簡陋的床具彷彿變成了錦綢，頭才躺上木枕，立刻就進入夢鄉，把一天的疲累都丟到腦後。

畫師睡著後，感覺並沒有過多久，就聽到奇怪的聲音。那絕對是人的腳步聲，並不是躡著腳走，而是緊張快步走的聲音。該不是小偷吧——他不禁這樣想。如果是小偷，自己身上沒有什麼好偷的，大可不必擔心。他想到親切招待自己的女主人，擔心她的安危。突然間，他注意到紙蚊帳的四邊各有一個淺褐色的四角形網子，剛好可以窺探外面。畫師便從那個小紗窗望出去。發出聲音的地方剛好被那幢屏風遮住，他原本想叫叫看，又擔心如果真的有危險，不清楚狀況就貿然出聲，太魯莽也幫不上忙。他決定先靜觀其變，但是那令人介意的腳步聲依然沒有停下來，感覺越來越詭異。畫師心想，必要的時候，乾脆豁出去，不，犧牲性命也要保護女主人——他下定決心，很快地穿好衣服，靜悄悄地鑽出紙蚊帳，爬到屏風旁邊，從那裡偷看。這一看，大吃一驚。

長明燈火光閃閃的佛壇前面，身穿華麗衣裝的女主人，一個人跳著舞。仔細一看，女主人身上的衣裝是白拍子的服裝。那身衣裝是畫師至今見過最華麗的一套。穿著這身華麗的衣裝，女主人更顯氣質出眾，只是在這夜半時分，在這深山小屋，眼前的景象彷佛不在人世間，令人不禁懷疑是不是看見妖怪。而畫師覺得最怪的，是她的舞蹈。他腦海中閃過一個念頭，這該不會是百姓們傳說的狐狸精吧。但是，旁邊有佛壇，還有觀音菩薩的掛軸，應該不可能是狐狸精。畫師為自己愚蠢的想像感到羞恥，而在此同時，他也意識自己正在暗處偷窺女主人不想讓自己看到的這一幕。這樣不對，基於作客的道義，他應該要從屏風暗處退下，但是，眼前的景象實在太吸引人，令他無法離去。他一方面驚嘆，一方面又為有幸見識這前所未見的舞姿感到無比的喜悅。他看得入神，女主人優雅的魅力震攝著畫師的心。就在此時，女主人停下舞動的腳步。一邊調整呼吸，一邊解開腰帶，準備脫下外衣，她不經意地轉頭面向屏風，恰好與畫師四目交接。女主人嚇了一跳。

畫師趕緊向女主人賠不是，說明自己因為聽到慌亂的腳步聲而醒來，夜半三更在這寂寥的深山裡，不免擔憂您的安危，沒想到撞見您正在跳舞，著實大吃一驚。畫師連自己被女主人曼妙的舞姿迷倒也一五一十地說出來。——「請原諒我的魯莽。但是，我完全不知道您是何方神聖，又為何有這樣精湛的舞技，這一切都太不可思議了。我也曾經見識過西京的舞妓，但即便是當中最有名的藝妓，也比不上您的舞姿。一看見您的舞姿，眼睛就像被吸住一樣，再也無法離去。」

女主人起初看似面有慍色，聽著畫師的解釋，表情才漸漸和緩。最後還開懷地笑了起來，來到男子面前坐下。「我不是生您的氣，只是被您在這夜半三更撞見我獨自跳舞的模樣，怕您以為我是不是發瘋呢。既然都被您撞見了，我就得好好解釋一下了。」

女主人開始娓娓道來。她的藝名，畫師曾經在年幼時期聽過，確實是當時京都白拍子中最有名的一位。她曾以京都的寵妓揚名四海，卻在名聲和容貌正值最高峰時，突然不知去向，從歌舞界銷聲匿跡。原來她與一名年輕男子相愛，拋棄了財富和時運，兩個人私奔去了。男子雖然很窮，但兩人身上都有盤纏，節省一點還算足夠在鄉下過上幸福日子。他們在這座山裡建了一棟小屋，恩愛地過了幾年。男子深愛著她，而他最大的樂趣，就是看她跳舞。他每夜演奏自己喜歡的樂曲，女子就會為他跳舞。然而，某一年漫長的寒冬中，男子突然生病，女子雖然細心照看，卻還是回天乏術。從此之後，女子只能帶著對男子的思念，以愛與敬意供養成佛的他，獨守空閨至今。她仍每天為男子的牌位供奉鮮花和供品。入夜後，一如往常地在男子靈前獻舞。——所以畫師才會看到女子跳舞的樣子。女主人又為自己打擾了畫師休息，感到很抱歉。原以為已經等到畫師熟睡，又留意放輕腳步，沒想到還是吵醒了他，懇請畫師原諒。

故事說完，女主人與客人共飲了一壺茶後，她誠心地要求客人再躺下來睡，畫師雖然再三推辭，卻還是拗不過女主人的堅持，只好回紙蚊帳裡躺下。

畫師還是睡得很熟，隔天醒來時，已是日上三竿。他起床後，女主人為他準備了與前夜一樣的飯菜。畫師雖然餓，但想到女主人可能是減少自己的餐食，便客氣地只吃了一些。餐後他收拾好行囊，準備上路，為感謝女主人一晚的招待，也為自己惹的麻煩留下一點銀兩聊表心意，女主人拒絕了：「粗茶淡飯，何足掛齒，我只是隨自己心意罷了。還請忘記所有的不愉快，若能記得我的心意，那就足夠了。」

畫師原本執意要女主人收下，但後來想到強迫只會徒增對方痛苦，這才作罷，再三地表達感激之意後，告辭上路。畫師的心裡，一直感覺有什麼事放不下。

是他不願讓別人知道自己被女主人的美貌和優雅深深吸引著。女主人為畫師指引下山的路，還目送他直到看不見背影。約莫過了半刻，畫師終於走到自己認得的主街道。這時他才突然想起忘記向女主人報上自己姓名了。過一會，他又似乎想到什麼，自言自語地說「唉，算了，反正我這輩子只是個窮畫師而已」，說完，便頭也不回地向前走去。

## 四

經過許多年，物換星移，世間也有各種轉變。當年的年輕畫師，這會兒也是個老人了。隨著年齡，他的名氣也越來越大。許多大名諸侯仰慕老畫師的妙筆生輝，都爭相邀約。他因此漸漸富裕，如今也是在京都坐擁豪華宅邸的身分了。從全國各地慕名而來的年輕弟子，住在宅邸裡當學徒，侍奉老畫師，跟著他學畫。老畫師的名聲已經響遍全國。

某天，一名老婦來到畫師宅邸，請求面見老爺。弟子們看老婦衣衫襤褸，外表寒酸，以為她只是來乞討，便很不客氣地問有什麼事，老婦說：「我的來意只能告訴老爺，其他任何人我都不會說」。弟子們認為這老婦一定是瘋了，便隨便編個理由打發她：「老爺不在京城，也不知道什麼時候回來」。

但老婦再三來訪，一天又一天，一週又一週，——每次弟子都有藉口，「老爺今天出去了」「今天很忙」「今天很多客人，沒空見妳」。老婦還是每天同一個時間來。她來的時候，懷裡都抱著一個破爛的大包。弟子們終究拿她沒辦法，想想還是稟告師傅好了。「門前來了個乞食的老太婆，說想見師傅您，這都來了五、六十次了，問她有什麼事，也不肯告訴我們，說只能跟師傅講。我們想辦法拿東西打發她，她還是每天來。只好來請示師傅，看這事該怎麼辦……」

老爺聽了，生氣地說：「這種事怎麼不早點說」，說完便親自走到門前，他想起自己以前的貧窮潦倒，誠懇地招呼老婦，問她希望自己怎麼做。

怎料老婦說自己不是乞丐，只是希望畫師能幫自己畫張像。老畫師心想，這老婦的要求還真奇怪，姑且請她進屋詳談。老婦應邀進屋，就座後，將懷裡布包的結解開。布包打開一看，裡面的東西還真是稀奇，那是一件金線縫製、華麗炫爛的絲綢被衣。雖然看起來已經有點老舊，絲線鬆脫隨處可見，而且大多斑駁褪色，但仍然看得出是古時候白拍子身上穿的那種華麗衣裝。

就看老婦慢條斯理地把衣領、衣袖一一攤開，顫抖的手指試圖將衣裳的每一個部分、每一處皺褶撫平，老畫師腦海中突然浮現了某一段記憶。那段記憶一直在腦海的某一個角落，折磨老畫師已久。這會兒，就像有一道閃光，老畫師清楚地想起來。那段模糊的記憶甦醒過來，老畫師想起那個曾經收留自己的深山小屋，當時發生的一切如今歷歷在目。——那個為自己鋪設的臥床、那個小房間、那幢紙蚊帳、佛壇前微微閃亮的長明燈、還有那個在萬籟寂靜的深夜裡獨自起舞的人、她的絕世美貌……。這時老邁的訪客突然一驚，眼前這位集王侯寵愛於一身的畫師，竟對著自己伏首跪拜。老畫師說「請恕我一時眼拙，沒認出您來。只是當日一別，至今已過了四十年，甚至更多歲月了吧。現在我想起來了，您收留過我啊，還把唯一的臥床讓給我。當年有幸拜見您的舞姿，了解您的身世，記得您說曾經是白拍子吧。您的名號，我到現在都還記得呢。」

老畫師的話令老婦愕然，久久不能言語。這也難怪，兩人都上了年紀，經歷過多少辛酸，陳年的記憶也幾乎要消失殆盡。老畫師親切地為老婦訴說當年的種種，包含那棟簡陋的小屋，老婦總算想起過去的日子，淚流滿面地說：「一定是我平時認真念佛，感謝觀音菩薩的指引啊。只是當年那深山中的我，可不是現在這個模樣，多虧您還記得，這一定是佛陀顯靈啊。」

老婦又接著說，幾年過後，因故被迫離開小屋，孤苦無依，只好回到早已沒有人記得她的京都養老。失去那個小屋令她相當痛心，而更悲傷的是，從此再也無法每夜在佛壇前為愛人跳舞，安慰他在天之靈。這才有了將自己的舞姿畫下來供奉在佛壇的念頭，為此一心向觀音菩薩祈願。既然要畫，就不能是隨處可見的那種畫作，得要畫技高超的師傅，所以才想來拜託名氣最大的您啊。我把跳舞的衣裝帶來，就是想請師傅幫我畫一幅穿上衣裝的模樣……。

老畫師聽老婦道盡原委，面帶微笑溫柔地說：「若能幫您完成心願，我感到無比榮幸。無奈今日尚有工作必須完成，還請您明日再來，我將為您作畫。我一定會盡我所能，完成您的心願。」

老婦連忙說：「還有一件最重要的事，實不相瞞，除了這件舞衣，我已身無分文，昔日雖是光彩奪目，但如今已如您所見，怕是值不了三文錢。只是白拍子已不見蹤跡，現在的舞妓也沒人再穿這種衣裝。若您不嫌棄，視它為稀有之物，我願以此充當謝禮……」

「不，您千萬不要……」，老畫師大聲回應：「您萬萬不可如此客氣，承蒙您不嫌棄，我才有此機會報答您昔日的恩情，哪怕只是十分之一，也算是了卻心願。……無論如何，明日我一定為您作畫。」

老婦再三行禮言謝，又說：「請容我再補充一事。——說來真是冒昧，我想拜託您畫的，不是現在這衰老邋遢的模樣，而是昔日您見過的年輕美貌，還請多多包涵了」。

畫師說：「我還記憶猶新呢。恕我冒犯，您年輕時真是美若天仙啊」

老婦原本羞愧地低下頭，聽畫師這麼說，臉上才浮現一絲喜悅，忍不住高聲說：「如此定能完成心願。萬事拜託您了。我如今這副老態，多虧您記得當年，還請您為我畫下昔日的美貌。感謝師傅，死去的他總算能再見到我昔日的花容月貌，有師傅的妙筆相助，他一定能放下遺憾，原諒我無法再為他跳舞。」

老畫師再三叮囑老婦千萬放心，「無論如何，明日請一定再來，我會為您畫出昔日那位年輕貌美的白拍子。我定盡心盡力，就像為日本首屈一指的富豪作畫那樣，為您精心描繪。請您不用掛念其他。」

## 五

到了約定的時刻，老邁的白拍子依約前來。畫師在白色的素絹上畫下她的模樣。弟子們看絹上畫的，不是眼前的老婦，而是眼神如小鳥般明亮、身材如青竹般修長、穿著金線縫製的衣裳，宛如天仙一般的女子。老婦昔日的美麗優雅，在名畫師的妙筆下重返人世，凋零的姿色也再度像花朵綻放。掛軸的畫終於完成，安然落款後，畫師還精心裱褙，用杉木的卷軸、象牙的風鎮、綢緞的掛繩，收在白色木箱裡，送到白拍子手上。畫師準備了一包禮金，連同掛軸送給老婦，堅持要她收下，但老婦無論如何都不肯接受禮金。她感激涕零地說道：「這是要折煞我了呀，我什麼都不需要，只求這幅畫，如今心願完成，此生再無遺憾。終能心無罣礙，安然往生追隨菩薩。唯有一事還請師傅包涵，我只有這身舞衣能充當謝禮，聊表心意。日後我當每日為師傅祈求菩薩保佑，以報此大恩大德。」

「您快別這麼說」畫師微笑著要老婦別再掛念：「我這只是舉手之勞。這身舞衣既是您的好意，我收下便是。回想當時，我倆素昧平生，您不但不怪我打擾您閒居之樂，不收分文收留我免受餐風露宿之苦，如此大恩我至今謹記在心。這身衣裳正好聊慰我對當年閒居一夜的懷念。……說到這，您府上現在何處？我也想看看這幅畫掛在什麼地方」，老畫師內心希望老婦生活無虞。

然而，老婦以極卑微的口吻回應，現在的居所非常破舊，實在不能見人，無論如何不肯透露。爾後，再三鞠躬行禮言謝，含著喜悅的淚水，懷抱著心愛的畫作離去。

老畫師叫來一名弟子，交代他：「你跟著那位老婦去，別讓她發現了。找到她住的地方」。弟子小心翼翼地尾隨老婦。

弟子去了許久才回來稟報，他有點尷尬地笑著說：「師傅，我跟著那位婦人一直走出城去，最後到了刑場附近的河岸。那裡有許多穢多住的小屋，那位婦人就住在那裡。師傅，那裡真的很髒呢！」

「髒又如何」老畫師說，「明天就帶我去。只要我還有一口氣在，她便衣食無缺」

弟子們都不懂師傅為何如此，老畫師便告訴他們白拍子的故事。聽完師傅的話，弟子們這才恍然大悟。

## 六

隔天早上，日出半刻過後，老畫師便跟那名弟子出城，去到流浪者聚集的河原。

到了那裡，看見一棟小屋，雨戶緊閉著。老畫師往那門上敲了好幾下，都沒有人回應。雨戶看來沒有上鎖，老畫師便稍微打開一點縫隙，朝裡面叫門，但仍然沒有聲音。老畫師心想，乾脆進去看看吧。這時，他想起年輕時迷路於山中，在那棟寂寞的小屋門前，祈求屋主收留一晚的情景，鮮明的記憶令他瞬時一陣心酸。

老畫師獨自一人，進到小屋裡看見老婦人蓋著一件薄薄的破棉被沉沉睡著。旁邊簡陋的棚架上，擺放著四十年前的那個小佛壇。佛壇中還是那個牌位，旁邊也與當時一樣，點了一盞長明燈。月光背景的觀音像掛軸不見了，而老畫師的畫作掛在佛壇對面的牆壁上，下方貼著一言觀音[1]的平安符。任何人都只能向這位觀音許願一次，沒有第二次。其他就只有巡禮的衣物和托缽、錫杖，在這簡陋的居所裡，竟沒有一件生活用具。

但是，老畫師無暇觀察這些，他只想趕緊將沉睡的人喚醒，讓她驚喜。他開朗地叫了兩、三聲老婦的名字。

這時老畫師才發現，老婦的身體早已冰冷。他茫然地看著老婦死去的面容，但看著看著，卻感覺老婦的容貌越變越年輕，就像一個年輕女鬼那樣悠悠的美貌。悲傷的皺紋變淡了，衰老的線條竟也神奇地撫平了。這應該是比老畫師更偉大的巨匠·老天爺的傑作吧。

# 從伯耆訪隱岐

## 一

我決定一訪隱岐。

到目前為止，還沒有傳教士到過隱岐。儘管巡航日本海的軍艦有機會通過隱岐沿岸，但西歐人至今尚未仔細端詳過它，光是這點，就已是充足理由。而且，連日本人對隱岐也知之甚少，我更是欲一探究竟。據說在遙遠的琉球列島住著語言不同、民族區分也稍稍有異的人種，除了此地以外，日本帝國的領土之中，最不為人知的就是隱岐了吧。隱岐與出雲同屬島根縣，新任知事會在就職典禮後拜訪隱岐，島根地方的警察首長也會常到隱岐訪視，有些松江以及附近的商家也會一年一次派行旅商人到隱岐。除此之外，隱岐也有大型貿易，貿易幾乎都靠著小帆船來進行。然而，比起現在，不管是公務

1　一言觀音堂就在今日奈良大佛殿附近。

的往來，或是貿易的繁榮程度，日本史上的中世時代，才是隱岐最為光輝亮眼的時期。居住在西日本海岸的民眾之間，仍然流傳著所謂「女護島」之流的無稽傳說，此種故事類型，在諸多東洋民族的想像文學算來非常普遍，根據古老傳說，隱岐人的道德觀點與常人大相逕庭，不管是信念多麼堅定的苦行僧，只要來到隱岐一地，便無法忘情俗世的悅樂；又或是來島時就算家財萬貫，也必定會受到島上的女性誘惑，歸鄉時已身無分文。我踏上異國領土的經驗並不算少，這些經驗讓我知道，此種駭人傳說只證明了隱岐乃是「未知之境」，事實不過如此，不多也不少。一般隱岐人的道德觀念，即使是放諸西國庶民之中，也比我們祖國的無知階級要好得太多了。這一點，我將在往後的旅程中親身經歷。

一開始，在我的日本朋友之中，並沒有人能告訴我關於隱岐的事情。我本來大略握有的知識是：隱岐是過去後醍醐天皇、後鳥羽天皇流放之地，他們均被武士奪權而遭到廢除天皇之位。不過事情也很巧，我某位過去的教師同事，他不只到訪過隱岐，而且再過兩三天他有事得走一趟隱岐，他對隱岐的說明非常具體，和那些沒去過的人截然不同。根據他的說法，隱岐的人們與出雲一樣，文明著實進步，城鎮的景觀優美，還有宏偉的公立學校。居民生性純樸，出乎想像地正直，對外來者也非常親切。不過他們對自己有一點相當自豪，那就是他們保有著大和民族純粹的血統，打從日本人最早來到這個國家的時候——用較為浪漫的表現來說的話，就是打從「神代之時」。居民均是神道教的信者，屬於大社教，不過他們對宗教態度十分寬大，佛教也影響著他們的生活。此外，那裡還有非常舒適的旅店，我去的話也保證可以賓至如歸。

他給了我一本隱岐當地學校實際使用而印製的導覽小冊，我從這本書知道了以下的大略。

## 二

隱岐之國由日本海上距離出雲海岸約莫一百英哩[1]的小群島所組成，離本州較近的群島稱做島前，島前有知夫里島（亦稱東之島）、西之島、中之島三個大島，還有其他小島。隱岐群島的主島則是島後，島後比島前的任何一個島都還要大，和其他大部分乃無人居住的小島構成島後群島。隱岐這個地名通常指稱群島的整體，但有時則單稱島後

1　譯註：距離島根縣海岸的直線距離只有五十公里左右。

一地。

在行政上，隱岐分成四郡，知夫里島和西之島為知夫里郡，中之島和其他小島合成海士郡，島後則是分為隱地郡以及周吉郡。這些島都是山地，只有很小一部分的面積開墾成農耕地，居民的生計以漁業為主，自古以來即是如此。

冬季的幾個月間，對小船來說，隱岐和西海岸之間的海域非常危險，所以這個季節之中，隱岐島與本州互不往來，只有一艘客船連結伯耆與隱岐兩地。據說，從伯耆的境港到隱岐的最大港口西鄉的直線距離有三十九里[2]，不過客船在前往西鄉的途中，還會經過其他島嶼。

隱岐有著相當數量的町與村，其中有四十五個位在島後。大部分的村莊臨海，主要的町有大型學校。島上人口有三萬零一百九十六人，不過書上沒記載各町村的詳細人口。

## 三

從出雲國的松江到伯耆的境港，搭乘汽船的航程約莫兩個小時。境港是島根縣[3]的主要港口，充滿難聞的氣味，景色荒涼。它就只是一個港口，沒有工業，也幾乎看不到商店，只有一間不怎麼有趣的小神社。建築物則有倉庫、船伕們的娛樂地方，還有兩三間大而骯髒的旅館，總是擠滿了等待前往大阪、馬關、濱田、新潟等等港口的旅客。此處並沒有依照時刻表的航班，船主認為時間的正確性對他們的生意來說不值一哂，所以旅客不得不等待比預期還長的時間，旅館老闆們則是樂不可支。

但是，境港這個位於出雲的高地與伯耆地勢低窪的海岸線之間的海口，無疑是個美麗的港埠。此處可以躲避暴風，除了最大級的汽船以外，水深足以容納各種船隻。港內可以把船隻停泊靠近屋宇，從舢舨到新式汽船，舳艫相繼。

我和友人幸運地占據了最好的旅館中最裡頭的房間。在日本的建築中，最裡頭的房間通常是最佳的空間，在境港這裡，除了繁忙的埠頭，遠方出雲的群山以天空為背景，巨大的綠色波浪層層疊疊，加上閃閃發光的海口景色，從這個房間放眼望去，所見即景，一覽無遺。汽船以及帆船會停在旅館前水深三、四公尺的地方，赤裸的船工用著獨特的方法裝貨、卸貨。這些男丁招募自伯耆或出雲的健壯農民，其中也有身子一動，那茶色背部的肌肉就跟著晃動的絕好體格。還有看起來不過十五六歲的少年正在幫忙，他

2　譯註：日本的一里約為三點九公里。

3　譯註：明治十四年以後行政區重新劃分，此地改屬鳥取縣。

們是所謂的學徒，肉體的強度還不足以搬運重物。仔細一看，幾乎所有的人都在腿肚上纏綁藍色布帶，以防止血管破裂。他們邊做邊唱著歌，合唱的歌曲是罕見的交互對唱，在船艙的男人們開口唱起：「嘿咻嘿咻[4]」（拉啊啦啊）後，在艙口的男人會在把貨物搬上來，探出頭來的時候，隨興地回唱道：

嘿咻嘿咻
女孩的小孩啊
嘿咻嘿咻
爹娘啊，是爹娘
嘿咻嘿咻
一丁點啊一丁點
嘿咻嘿咻
松江啊，是松江
嘿咻嘿咻

這傢伙也是米子啊[5]

這是必須迅速完成的工作時唱的歌，所以如果是較為辛苦而緩慢的工作，比方說更為強壯的男人們抬著沉重的米袋或是酒桶，他們會唱完全不同的歌。

呀、喲！

呀、喲！

呀、喲！

呀、喲！

喲呀剎來啊嘿咻！[6]

4 譯註：原文為「dokoe, dokoe」，是一種吆喝聲，所以此處權宜翻為「嘿咻嘿咻」。

5 「女孩的小孩」指的是非常小的貨物，「爹娘」較大，「松江」「米子」則是指貨物將運往的地方。

6 這句話等同於英語中的 yo-heave-ho，是水手工作時的吆喝聲，出雲、伯耆地方的漁夫都會喊著「呀、喲」。

他們通常是三人一組來把沉重的貨品搬運上岸。第一聲「呀、喲」三個人一起蹲下，喊第二聲時一起抓住貨物，第三聲則以腳抓地，第四聲時再把東西抬起來，然後最後在「喲呀剎來啊嘿咻」的吆喝聲中，貨物會落在等著接手的人的堅實臂膀之上。

在這些船工中，有個裸身的少年正笑著，他那優美的女低音嗓音是讓人愉快的天籟，穿過所有的喧囂，為旅館帶來了某種類似興奮的元素。旅客之中有位年輕女性走到廊外欣賞，說道：「那孩子的聲音好紅啊」，於是大家都笑了。我突然想起腥紅色與小號音色的有名故事，在聲音與光線的性質尚不為人知的時候，這種說法的確愚蠢至極，但現在用紅色來形容聲音已經不足為奇，甚至對眼前的這個光景來說，實是相當貼切的形容。

那天午後，往隱岐的汽船抵達了港口。不過我無法接近棧橋，只能用望遠鏡稍微一瞥船尾，看到上頭用金色的英文字寫著「Oki-Sargo（隱岐西鄉）」。在我還想要確認船隻大小的時候，從長崎來的黑色大汽船突然現身，剛好停在擋住我視線的地方。

我目視著貨物的裝卸，聽著紅色嗓音的少年唱歌，轉眼之間，日影已經西斜，眾人也結束工作，我只好轉而觀察長崎開來的汽船。這艘船在其他船隻出港後進入棧橋，剛好被綁在屋外走廊的正下方。船長和船員一派悠閒，眾人一起坐在前方的甲板上，在燈籠的光線中享用佳餚。接著舞妓也加入陪酒，搭著三味線的曲調唱歌，一齊划拳。宴會持續到深夜，他們的酒量驚人，但局面卻沒變得混亂不堪。但是，日本酒在酒類中有著數一數二的助眠效果，午夜後甲板上只剩三名男性，其中一人滴酒不沾，只是討著東西吃，恰巧遇著深夜販賣麻糬的商人提著箱子走上船。這個麻糬是把磨米粉蒸過，再用砂糖做出甜味的一種糕點。餓著肚子的男子買了所有的麻糬，跟商人抱怨不夠，邊說又邊勸其他兩個人品嘗。第一個回答道：

「俺啊，這世間可用不著麻糬，只要有酒，就什麼都不用啦！」

接著第二個則說：「我說這個世間啊，只要有女人就夠啦！麻糬啊，酒啊，半點也用不著！」

這個餓著肚子的男子狼吞虎嚥吃完所有的麻糬，對著商人道：

「欸，賣麻糬的，對俺來說，在這世間，女人啊，酒啊，都沒半點用。只有這麻糬，勝過一切！」

# 四

一大早我們就接到通知，說是隱岐西鄉號八點準時出發，最好趕快購票。旅館的掌櫃按照日本的習慣，幫我們處理好行李之類的瑣碎事情，也幫我們買了船票，頭等艙是一個人八十錢。我們匆匆忙忙吃完早餐，旅館的小船來到窗外，載我們一程。

我的經驗告訴過我，身著西裝搭乘島根的汽船是多麼不舒服的一件事，所以我換上和服，也把靴子換上草鞋。船夫迅速地穿過形形色色的大小船隻後，可以見著在潮流的遠方有著一艘「蒸氣」——日文中的汽船——正在等著我們。不過從船的外觀來看，我還不知道這個詞彙具有不吉利的意思在。

船身矮胖，長度只跟港口拖船差不多。要不是船身矮胖，跟航行宍道湖的小汽船還蠻像的，雖說航程只有百哩，我還是開始擔心起來。不過不管我再怎麼觀察外觀，還是找不著解開此船內部之謎的線索。小船來到船身旁，從方形的小孔爬進右舷，我才發現我們身處在上頭堆滿貨物，四英呎高、兩英呎寬的狹小通道之中，乘客擠的水洩不通，從兩英呎的小孔用力拉著三英呎的行李，行李都已經被壓成菱形，進退兩難，而且我發現我的背後，還有從通往發動機的柵欄所吹來的恐怖熱氣。後腦緊接著天花板，我實在不知道該怎麼移動行李，但乘客一個接一個擠了進來。好不容易來到門口，踏過堆積成山的草鞋與木屐，終於擠進頭等船艙。頭等艙很漂亮，擺放著亮晶晶的木製家具和鏡子，牆的三面則有寬約五吋的長椅，中央則有六英呎高，跟剛剛的狀況比起來是好了許多，不過天花板上頭形形色色磨得發亮的銅桿上，掛著各式各樣的行李，其中還有兩只關在籠裡的蟋蟀。而且，船艙早就沒有空間了，幾乎人人都伸長了身子躺在地板上。這裡的炎熱，實是超出自然常態。從出雲或是附近的地方搭船出海，在海上交易的人們並不會站著，他們自古以來都會耐心地蹲著，航行近海或是湖泊的汽船都是依照這種蹲姿設計的。我看到靠近港口那側的艙門開著，便一步一步跨過那些軀幹和肢體的糾纏——其中也有藝妓美麗的雙腿——來到另一個有屋頂的通道，這裡則堆滿裝著蠕動鰻魚的籠子，堆得跟天花板一樣高，沒有出口。我只好又爬過那些腿，來到右舷的通道，不過眨眼之間，這裡的空間有一半已經堆著裝有不幸小雞的籠子。儘管牠們瘋狂地啼叫，尖聲幾乎撕裂了我的靈魂，我仍勇敢地穿過牠們，終於發現了通往艙房屋頂的路徑。那裡卻全被西瓜給占據了，只有在角落有一捆繩索。雖然烈日當頭，我在繩索中擺了顆西瓜，坐了下來，不怎麼舒適，不過萬一發生了什麼事故，我想只有待在這種地方才有一線生機吧。我想，就算神也幫不了那些在下頭的人們。推擠中我和旅伴走散了，但這狀況實在沒辦法把他找回來。我可以看到三等艙的乘客在前方二等艙的屋頂上，圍繞火盆蹲著。不太可能穿過他們，但我要是回頭的話，肯定要先解決鰻魚或是小雞，所以我決定，就姑且坐在這西瓜之上。

刺耳的汽笛聲響起，船終於啟航。同時，煙囪開始在我的頭上下起煤雨，所謂的頭等艙位在船尾，這煙塵還混著燃燒赤紅的煤渣。忍受著烈日炙烤，我坐在西瓜上稍稍思考有什麼不用襲擊雞群就能換個地方的辦法。後來我還是無法忍受，只好拚死嘗試移動到火山的背風處，這時我才了解這艘「蒸氣」的特異之處：你想要坐下來的東西會翻轉，你想拿來支撐身體的東西馬上會溜之大吉，而且還是朝著船身之外。外表看起來夾緊或是繫牢的東西，你仔細確認後會發現它危險到隨時會脫落；用西方的常識來判斷應該可以移動的東西，卻是不動如山。所有方向都綁著繩子或是支索，而且都是綁在那些隨時會讓人遭逢不幸的地方。我正面對這些考驗的時候，這個恐怖的小船開始搖晃，西瓜也開始前後滾動，我心想，這艘「蒸氣」絕對是惡魔所設計建造的。

我把這些心情告訴我的朋友。沒想到他能夠找得到我，還帶來一位侍者，在我們跟西瓜的上頭搭了棚子，擋住了煤渣和太陽。

「並非如此」，他語帶責備地說：「這船是在兵庫設計跟建造的，如果不是這樣的話，那說不定還會更糟。」

「我很抱歉」，我插嘴道：「但是我沒辦法贊同。」

「沒關係，你會發現我是對的」，他仍想說服我，「這艘船的船身是用極佳的鋼鐵打成，小小的引擎也很棒，百哩航程只需五個小時，雖然搭乘起來沒那麼舒服，但是又快又安全。」

「我覺得木造的平底船還好一點」，我反對他的意見說：「就算是天候不佳。」

「天候不佳的時候就不會出航了，甚至天候可能轉為不佳的話，船就會停泊在港內，為了出航，有時候會等個把月，絕對不冒險。」

我不相信他所說的。然而，萬里無雲的晴空下，從海口沿著出雲海岸進入日本海，隨著眼前的壯觀景色展開，一切的不愉快，又或是坐在西瓜上的困窘，漸漸煙消雲散。柔和色調的碧空一望無際，映照著萬物的大海像是金屬般光滑，半點波浪也無。我們所搭乘的小船會搖晃，很明顯是因為行囊過多。在左舷，出雲的群山消逝如飛，又長又寬的墨綠色不規則形狀排成一列，被神祕的海岸分隔開來，這些海岸裡頭則藏有漁夫們的小小村落；在右舷，幾百哩外的伯耆海岸對著毫無一物的白色水平線往後退，溫暖湛藍波紋搭配著白絲一般的沙灘，不斷向遠方隱沒而去，在這些景色之中，一個金字塔般的陰影彷彿直通天際，這就是大山靈峰。

我的旅伴拉了我的手示意我看左舷群山上的一叢松樹，他邊笑邊唱起日本的歌曲。我這時才發現我們移動的有多快。我可以看見著名的美保關四棵松矗立的山頂，比祭祀事代主神的神社還更高的地方。本來是有五棵的，有一棵被暴風給吹倒，有位出雲的詩人幫僅存的四棵寫了首歌，旅伴就是正唱著這首。

美保關的五棵松
一棵砍了剩四棵
所剩四棵不可砍
它們是夫婦成對

在美保關有賣一種酒杯酒壺，上頭繪著五棵松，還有用像是蜘蛛網般的金字寫著「美保關的五棵松」這首歌。除此之外，在這種漂亮的小店中，還可以買到一些有趣的美麗紀念品。像是繪有美保關神社的陶瓷器、畫著事代主神把大鯛魚裝入非常小的魚簍的煙盒扣，還有同樣繪著神明的笑容、上過亮光漆的古怪陶器面具。惠比須神就是事代主神，比起俗語有謂「笑門來福」的杵築大神，身為兒子的惠比須神並沒那麼喜歡笑，但祂樂觀勤勞，是漁民的守護神。經過《古事記》中稱做「美保」的海角後，美保關就在眼前。正中央小島上有祭拜弁財天的小神社，呈新月形的古風屋宇群像把腳浸在水中，遠處還能看見神社的大鳥居和花崗石石獅，許多乘客馬上站起身，對著鳥居的方向合掌，開始進行神道式的祈禱。

我對我的朋友說道：

「通道裡堆滿了五十個裝著雞隻的籠子，但這些人卻正對著事代主神祈禱諸事平安。」

他回答：「他們肯定是在求個好運，儘管俗語有云：『神只會嘲笑那些一心祈禱致富的人』。不過，有一則與美保關的神明有關的好故事，很久以前有個非常懶惰的男人，他到美保關去求神保佑發財，當晚，神就在他的夢裡現身。神笑著，然後脫下自己穿的神聖鞋子，要他看個清楚。那鞋子是堅硬的黃銅所做的，但是鞋跟的部分已被磨出個大洞。神開口說：『你腦袋想著要不勞而獲對吧，我就算是當神，也不是無所事事，你看，這鞋子是銅的，但我的工作實在太辛苦，不斷奔波，連鞋都穿破了。』」

## 五

在美保岬跟地藏埼這兩個海角之間是美保關的美麗海灣。地藏埼這個地方，現在的人們通常用不雅的「地藏之鼻」來稱呼，地藏之鼻在浪高的時候，是這附近的海岸裡最危險的海岬之一，對回航隱岐的小船來說是場惡夢。就算是晴天，浪也非常大，但是我們經過它的尖端的時候，水面卻是靜謐如鏡。那毫無聲響的海讓我覺得怪異，就好像熱帶颶風來襲之前，風與浪總是美麗地催人入眠。不過我的友人卻說道：

「這幾個禮拜都大概是這種風吧！六月跟七月初通常非常平靜，盂蘭盆節很少會有壞天氣，不過上個星期美保關突然有點強風，據說是有人觸怒了神明。」

「雞蛋嗎？」我問。

「不是，是『件』。」

「什麼是『件』？」

「您沒聽過『件』嗎？這是人面牛身的一種妖怪，母牛也會生下件，而一旦有件被生下來，通常是某種大事的預兆。件口吐之言，必是真實之事，所以日本的書信或是文書中會寫『如件』，這是『如同此件』或是『以件為真[7]』的意思。」

「那麼美保關的神明為什麼因為件而動怒了呢？」

「據說有個剝製的件，我沒見著，所以不知道那到底怎麼弄來的，總之有群賣藝的從大阪來到境港，帶著老虎等許多珍禽異獸，還有件。他們搭乘開往美保關的出雲號，船一入港，強風就來。神社的神官們說有不乾淨的東西——死掉的動物骨骸還有軀體的一部分——被帶來本地，所以神明生氣了，於是這一群賣藝的不被允准上岸，他們得搭同一艘船回境港。這群人一走，天空馬上放晴，風也停歇，所以不少人深信神官所言並非虛假。」

7 這些奇妙的意義並不見於日英辭典，不過這個表現卻只被翻譯成「如同前述」。

## 六

空氣中的濕度明顯比我們所想的還要高，在真正晴朗的日子，從隱岐可以清楚望見大山，可是等我們通過地藏之鼻後，巨大的山頂馬上被與水平線同樣顏色的雲霧所籠罩，在過兩三分鐘後，大山就像幽靈般消失了。這種突如其來的消失帶來特殊的效果，只有山頂從視線中消失，籠罩著山頂的雲霧則跟水平線和天空合為一體，難以分明。

這時隱岐西鄉號來到航路上海岸線最突出的地點，開始以一直線穿越日本海。出雲的翠綠群山向後消失，變為藍色；伯耆夢幻般的海邊，則像雲帶般消失在水平線上。在這裡，我必須坦承，這艘恐怖的小汽船的速度讓我大吃一驚，而且，小而精良的引擎幾乎沒發出什麼聲響，它非常圓滑地運轉著。不過隨著水深，船開始緩慢地搖晃，越來越激烈。儘管肉眼看來海就像流動的油，非常光滑，但事實上看不見的緩慢浪潮在水面下動著，大海的脈搏。伯耆化為雲霧，出雲的群山轉灰。看著看著，灰色也漸漸蒼白，變得透明，最後消失不見，只剩碧空碧海在皓白的交界處合而為一。

我們像是已經離開陸地數千哩一般，心中是無盡的寂寥。就在我們在西瓜上悶悶不樂的時候，偷閒的老船員來到這，對我們講了更寂寥的故事。那是所謂佛海時期，七月十六日出海的人的不幸遭遇。他說，不管是怎樣偌大的汽船，盂蘭盆的時候不該出海，船員也不該上船。接著，他用打從心底相信自己所述故事的語調，加上簡單的執著來講述以下的體驗。

「第一次是我還年輕的時候，從北海道出發，航程很遠，而且又是逆風，通過這個海域時剛好是十六日的晚上。黑暗之中，我突然看到後頭有艘大帆船，帆是純白色的，一直到那艘船靠這麼近才發現，我覺得很詭異，好像它是從你所不知道的地方冒出來的。距離實在是太近了，講話的聲音都聽得清楚。它的船身比我們的船高出許多，而且看來速度相當驚人，但就沒再靠過來了。我們對著那船叫喊，沒人搭理。我們盯著怪船，大家開始心生恐懼，因為它動的方式，跟真正的船完全不同。大海是波濤洶湧，我們的船搖過來又搖過去，但是那艘大帆船卻是不動如山。正當我們怕得要死的時候，突然間它消失了，我們都說不準到底是真的看到，還是只是一場幻覺。

「那是我第一次看到這種東西，四五年後，我又看到更詭異的。我們搭帆船要到隱岐，這次也是被風打亂航程，十六日那天我們還待在海上，大概是早上，或者是中午之前的事情，天空很暗，浪也很急。突然間，我們看到，船走過的航道出現了一艘汽船駛了過來，距離越來越近，可以聽到引擎的咯嗒咯嗒聲響，但那艘船的甲板上是空無一人。這船就一直跟著我們，保持同樣的距離，我們想要轉個方向甩開她，它卻一直走在我們的航道上，這樣一來，我們也開始覺得不對勁，但我們是半信半疑，直到它突然消失，就像泡沫一樣，無聲無息，沒人真確的看到她消失，也沒人知道到底是什麼時候不見的。最詭異的是，那艘船在不見蹤影後，我們仍然可以一直聽到咯嗒咯嗒、咯嗒咯嗒的聲音。

以上就是我親眼目睹的，我知道像我這種跑船的，有人還看過更多。聽說有的不是只有一次而已，還是不斷地有不同的船跟在後頭，一艘跟上來，消失，然後又來下一艘，接二連三。不過，從後頭出現的，其實不用太擔心。要是這種船在順風中突然出現在前方，那就大事不妙了，這時船上全部的人都得準備溺死！」

## 七

環繞在我們四周的明亮無垠，過了約莫一小時，仍是一成不變。之後，在我們駛向的水平線上，灰色朦朧的影子開始慢慢變大，它迅速地延伸開來，就像一朵雲。沒錯，那是雲，不過那下頭有個藍色模糊的東西，在一片皓白中漸漸變得清晰，再變成一疊群山。山是越來越藍，越來越高，聳立在中央部分的尖銳山峰，是其他山頂的三倍高，被白雲所包圍。這就是隱岐的靈山——西之島的燒火山。

同行的朋友跟我講述了燒火山的傳說。燒火山頂有著祭祀權現[8]的古老神社，十二月三十一日的夜晚會有三團靈火從海上升起，朝著神社前進，然後進入神社前的石燈籠停下來，像燈火般持續燃燒。這些靈火並非同時出現，而是各自從海上升起，一團接一團飄往山頂。據說人們會划船到近海去看這種靈火，但是只有心靈無垢的人才能看的到，那些心術不正，或是欲望貪婪的人，則是徒勞無功。

船繼續前行，突然發現海面上是星羅棋布，那些是本來看不見的奇妙小船，一種細長而輕巧的釣船，黃色方形的大風帆非常漂亮。我不禁對我的旅伴問道：為什麼那帆如此美麗？他大笑，說那其實是舊榻榻米[9]所做成的。用望眼鏡一看，果然如他所言，就是用藺草編織成的榻榻米表面。不過，輕軟的藍色海面上嵌滿隱岐帆船的溫和黃色，是這次旅程第一個迷人的景色。

8　譯註：此處的神社即為燒火神社，八雲紀錄的故事正是此處「燒火權現」的由來。日文中的權現有時指德川家康，但此處並非如此，佛陀菩薩為了拯救世人而化身成日本神祇，這就是權現，日本信仰中的山王權現、春日權現均屬於此種神祇。

那些船像是黃色的蝴蝶飛過，大海上又變回空無一物。靠近左舷，一條青色的懸崖逐漸靠近，只有其中一點的顏色明顯有了改變，上端是墨綠色，下端則是帶點紅色的灰色，原來那是塊巨大的岩石，表面有著黑色斑紋，其餘的部分則是青色的。黑色斑紋越靠近越黑，最後變成變成一條黑影覆蓋的裂縫。巨岩對面的青色山崖也變成綠色，底端依然是紅灰色。船通過巨岩的右側，原來這巨岩正是無人居住的波加島，我們已經通過了知夫里島和中之島的海域，在隱岐群島中前進。

## 八

第一印象幾乎可用怪誕來形容。綠色高聳的群山垂直立於潮流之上，在眼前綿延，在夏季雲霧籠罩下變換著色澤，形成了藍色懸崖與山峰的夢想般景緻。島上毫無人跡，底端是裸露出灰白色的岩石，岩石上頭是群山，山上則是低矮草木生長的寂寥荒地。四周寂靜無聲，只剩小汽船的引擎音，碰碰、碰、碰碰、碰地響著，聽來就像藝妓擊鼓的微弱聲響。荒野的寂靜持續了好幾哩，不過，從缺乏較高的樹木這點來看，該是有人踏過這些尖銳的山崗。突然，在左手的山坳出現了一個灰色的小村落，接著汽船鳴笛停了下來。群山總共讓汽笛回響了七次。

這個聚落正是知夫里島（右舷可見的則是中之島）的知夫里村，從外觀很明顯可以知道此處是漁民的基地。首先，碼頭的石頭並沒有用水泥固定，從海面隆起，就像道牆；巨大的樹木間可以隱約到看到鳥居，後方應是神社；接著是十二三間房屋，屋頂相連，蓋在幾乎毫無一物的丘陵上，荒涼的丘陵上只有一丁點開墾過的農地。沒了，別無他物。汽船稍作停泊，遞送了郵件，再次啟航。

然而，景色出人意表，漸入佳境。眼前的兩岸往後退去，也漸漸攀高。原來我們正穿過三個高聳島嶼的內海。剛開始，我們的航道被雲霧茫茫的山巒給遮掩著，隨著不斷前行，山巒轉為翠綠，壯麗的水路從兩山之間突然浮現，讓人眼睛一亮。山門一開，綿延數哩的山嶺以及絕壁，從天鵝絨般的靛藍到自遠處看來難以捉摸的色澤，五顏六色，令人驚嘆。些微帶有顏色的雲霧模糊了遠方景色輪廓，巍峨巨岩的顏色也變得如夢似幻。

9　日式住宅的地板可以比喻成一個大而淺的盆子。用西方的想法來解釋的話，房間會依照用途隔成各種大小，日本的隔間是在地板的平面設置高約數公分的木製溝槽，然後在這溝槽上裝上可以橫拉的拉門，有點像屏風，來分隔房間。房間裡則鋪著跟木框等高的榻榻米，榻榻米是用稻桿編成的美麗墊子，所有的長方形榻榻米大小相同，所以可以緊密地拼滿地板。與其說是為了房子製造出榻榻米，還不如說，房子是配合榻榻米所設計出來的。經過此種裝潢的房間，地板就像是一張大床。當然，在日本的家中是不能穿鞋的，榻榻米要是髒了的話，就必須換成新的。

日本的中央地區以及西國的風光與其他區域不同，美景有獨特之處。在某些時刻，外國的旅人透過山路的景色，又或是在穿過濃密的霧來到突出於海面的地方，看著連綿不絕的海岸，過往的旅程記憶會突然回到腦海，但是，這種類似的魔幻光景會在一瞬間後消失得無影無蹤。因為細節明晰才會轉眼即逝，然而，你會發現，類似的風景乃透過形體喚醒記憶，而非是顏色的功勞。並非那些色調不順眼，但那既不是山的綠色，也不是大地的顏色，開墾的農地或是連綿的稻田有與溫暖的綠色相近之處，但整個大自然的色調，卻是偏暗的。廣大的森林陰鬱，草的顏色不怎麼順眼，黯淡無光，那不是熱帶風景中像燃燒的火焰般的綠色。花與草木的沉重色調一比之下，帶有強烈的光芒，但是除了公園、庭院、耕地以外，綠色的色澤很奇妙，它欠缺溫暖，也欠缺柔和。在日本，你不可能發現構成英國草坪溫暖美景的翠綠色。

但是，東洋的景色，卻也帶有妖精般神祕且無法言述的夢幻色彩，那是透過巧妙的大氣所妝點的，變化流轉的色彩魅力。水蒸氣，它對著遠景施以魔法，將群山浸在百種色調的藍以及灰色的魔力之中，把突出的山崖變成了紫水晶，為金黃的早晨披上夢幻的薄衣，抹去了水平線，擴大了白晝的光輝，把夕陽的黃金雲霧染上棗紅色，再把落日纏繞上幻影般的紫與綠的螺填。所以，那些日本古代的畫家，作品現在已被當成珍本，他們用色彩捕捉這種誘惑的興致，在繪製背景的時候，獲得奇蹟般的成功。所以，對沒有接觸過日本農業景觀的外國人來說，那些繪畫的前景是個難解的謎。古代的畫卷中，有鬱金黃的平原，有薄紫色的原野，還有深紅色與雪白色的樹木，外國人一看，大抵會說：「哪有可能！」。有如燃燒般的黃色原野是盛開時期的菜花田，至於一望無際的紫色是蓮花田，雪白以及紅色的數目也並非想像的產物，而只是忠實描繪出這個國家的桃樹和櫻樹開花時的美景而已。然而，這種色彩的狂想曲必須在特定的季節才能目睹，而且，那段時間轉眼即逝。描繪內陸的風景，一整年會有大部分的時間，前景的顏色是毫無生趣的。

但是，背景卻會有充滿魔力的霧。就算沒有霧，日本的風景中還有一種難以言述，不可思議的陰暗野性美。而這祕密似乎來自於群山層巒疊嶂，山稜線並不規則，每座山峰並非相似，而是有自己的特色；高聳的山脈大部分都不是緩緩上升的線條，而是給人突然隆起的印象。這正是「不規則」的魅力。

無庸置疑的是，這種特異的自然景觀也造就了日本人在裝飾藝術中的「不規則」的獨特感覺，價值連城，讓自國的藝術與他國有了明顯區分，那是日本人創造的祕密[10]。

針對這點，張伯倫教授也曾提及：把這祕密傳授給西方，乃是日本人的使命。的確，你一旦對日本的裝飾藝術美及意義有所領悟，就很難再從西方的對稱性藝術中獲得滿足。你會明白，自然界最大的魅力就是在於其不規則性。人類生活與作品的最大魅力是否在於不規則性，這問題該值得大書特書才是。

## 九

汽船從知夫里村朝著西之島的浦鄉港往西航行，不久後燒火山映入眼簾，氣勢十分驚人。遠觀時山形柔美，但等到藍色調消失後，山的形態可說是猙獰怪異，墨綠色包覆著巨大而凹凸不平的岩塊，同時到處都有突起且支離破碎的裸岩。陽光灑在山頂的形狀不規則之處，讓我覺得岩石的某個部分就像是巨大的灰色頭蓋骨。面向中之島海岸的山腳下，聳立著金字塔形狀的岩塊，有著數百英呎高，上頭是鋸齒狀的灌木叢，這是文覺山，荒涼的山頂上立著小小的神社。

燒火山是「燃燒著火焰的山」的意思，大抵是有著靈火傳說，又或是很早以前曾經是火山的關係吧。文覺山則是「文覺上人的山」的意思。據說文覺上人逃至隱岐，長年住在此山山頂，獨自一人，過著懺悔滔天大罪的每一天。實際上上人是否到訪過隱岐，不得而知，有些傳說是另外一種說法。文覺上人的故事是這樣的：

好幾百年前，在京都有一位名喚遠藤盛遠的武士，他負責上皇居所的警備工作。有天，他見著了某位高貴武士的妻子，驚為天人。但是女子堅拒他的求愛，武士只好用了不光彩的辦法，威脅女子要毀了她們一家。武士打算讓女子放他進門，他再手刃女子的丈夫，便可把女子占為己有。

女子假裝同意，為了守住自身的貞節大義，她想出一條偉大的計策。她說服自己的夫君離開京都，然後傳信給遠藤，要他在某天晚上獨自前來。當晚，女子身著夫君的衣物，綁著男性的髮髻，躺在床上做出熟睡的樣子。

深夜，遠藤依約前來，手提武士刀，一揮便斬落了躺在床上的人的頭顱，他抓著頭髮提起一看，那正是他所愛並陷以不義的女子的頭顱。

心中自是萬分悔恨，他狂奔至附近的寺院，懺悔自己犯下的罪孽，接著削髮為僧，

10 請參照《日北事物誌》中〈藝術〉項目。

改名文覺。幾年過去，他成為有身分的僧侶，人們向他祈禱，在當地受到眾人的崇敬。

現在，在東京淺草，通往大慈大悲觀音菩薩堂前的奇妙狹小街道，在某個角落裡，可以看到一尊美妙的雕像。是純粹的木雕，栩栩如生，它正是一則日本古老的傳說。你可以看到遠藤站在那裡，右手握著沾滿鮮血的武士刀，左手提著美麗女子的頭顱。女子美麗的臉孔一見即忘，但是遠藤那有如地獄亡靈的表情，永遠會深植你的腦海。

## 十

浦鄉大概跟美保關的規模差不多大，是個有趣的小鎮。如同美保關，它位在山間半圓型底部的狹小台地，但比美保關原始的多，毫無色彩可言。住家聚集在山崖與大海之間，道路盡是些小巷弄，跟汽船裡的走道差不多寬。拋下船錨的時候，我突然被某個不可思議的景色給吸引住，在小鎮綿延的屋頂上是山腹，上頭有著沿山而建的陡峭墓地，裡頭有著看起來像是拖長了尾巴，隨風搖晃而形狀不定的某種白色荒涼事物。墓地中立滿了灰色的墓碑和佛像，每個墳墓上都插著細竹桿，尖端綁著奇怪的白色紙旗。從望眼鏡一看，白旗上寫著佛教的詞句，「南無妙法蓮華經」、「南無大慈大悲觀世音菩薩」、「南無阿彌陀佛」等等。詢問之下，這是浦鄉本地的習俗，在盂蘭盆節前一個月左右，除了裝飾許多象徵吉利的物品以外，還會在墳墓上豎立這種旗子。

海中有許多人裸著身子游泳，他們笑著，歡迎船的來到。裸身的漁夫駛著一艘輕快的小船，準備運送旅客和行李，像羽箭般迅速的靠了過來。這是我第一次看到隱岐諸島居民的體格。男人以及男孩的體格壯碩，讓我留下很深的印象。成人比起出雲海濱的男人更為高大，看起來也更加孔武有力。曝曬在太陽之下，從划槳的動作可見的褐色肩背，又或是從負責搬運重物的男子看來，他們之中不少人有著十足發達的肌肉，這是在日本比較難以見到的。

由於汽船在浦鄉停留約莫一個小時，我們也走上岸，有時間在鎮上最好的旅館用午餐。旅館美麗而乾淨，餐點也比境港的旅館好很多，而且，費用只需七錢。旅館的老闆不肯全額收下我們所付的茶資，只留不到一半，把另一半穩穩地塞回我浴衣的袖子裡。

## 十一

接著我們從浦鄉往中之島的菱浦港前進。隨著我們在島嶼間穿梭，景色持續漸入佳境。在千奇百怪的群山之間，海峽壯闊如大川之幻影，寧靜如深海。海霧染成藍色的山峰圍繞著綿延不絕的幻麗佳景，汽船兩側是帶著紅色的蒼灰峭壁，垂直插在深淵之中，海面就像是一片鋼板，銳利而毫無扭曲地把這景色映照出來。直到抵達菱浦之前，水平線才重新出現在我們的眼前，這段航程中，水平線就算偶爾會從兩個高聳的海角之間若隱若現，但那景色就像是河口一般。

菱浦比浦鄉美麗的多，但人口較少，不像港口，倒像是農業的村落。城鎮被低矮的群山包圍，沿著海灣形成弧線，越往後方山坡越是傾斜，農地面積相當廣大。建築間的距離很遠，大多數隔著田地。面向海側的屋舍是華麗的近代建築，菱浦[11]以擁有隱岐最好的旅館而自豪，而且還有兩座嶄新的神社以及寺院，它們分別是禪寺和大社教的神社，各是一個人所捐獻的。旅館的老闆娘，有錢的寡婦，出錢蓋了禪寺；最有錢的商人則是出資蓋了神社。這是我所見過的神社中，最可觀的其中一座。

## 十二

隱岐群島的主島，有時獨立被稱作「隱岐」的島後，位於島前群島的東北八英哩，必須穿過極度危險的海域之處。離開菱浦[12]後，我們立即朝著島後前進。穿過中之島與西之島之間狹窄卻幻麗的海峽，兩側的斷崖就像巨大的防禦工事——要塞或是城牆，然後再度來到外海。眼前有三塊巨岩，許久以前應該只是一塊，似乎受到了極大的衝擊力道而裂成了三塊，聳立在海峽入口附近的海面上，像是崩塌傾頹的塔。剛剛汽船入港時了通過西之島的岬角，現在上頭突起的紅色岩石在水平線上變成陌生的形狀，這塊岩石被喚做「烏帽子岩」，指的是神官的帽子。

破浪前行，我們又看到了另外一只奇妙形狀的物體從大海中冒了出來。「蝙蝠岩」以水平線為背景，化身成凹凸不平的影子戲，當中受到侵蝕而形成的大洞像是一顆眼睛，閃閃發光。接著是兩塊巨岩，嶙峋起伏，頂端幾乎合為一體，奇形怪狀，就像螃蟹舉著雙螯。另外還有一個小小的黑影，等接近了之後，發現那看起來像是個正划著船的男子。後頭還有兩島，都是無人島，一個是必須注意潮流，不能隨便靠近的松島；另一個是比松島還要高，紅色的斷崖絕壁從海面上忽地隆起的大森島。那些奇形怪狀的岩石，真像有種恐怖的力量，我們的船從旁經過的時候，也受到不知名魔力的影響，東搖西晃。不過，我在大森島的那個恐怖的絕壁之下，見著了美輪美奐的色彩效果。太陽西斜的照射下，光輝岩石的反射在水面上，深藍色的波浪層層疊疊閃著赤銅色的光芒，我

11 譯註：原文為浦鄉，應為誤植，此處修正為菱浦。
12 譯註：同前註。

想，這就是金屬光澤的紫羅蘭色墨水海洋吧。

只要天候許可，從島前可以清楚看到島後的峭壁，山壁的表面四處都是白堊色的紋路。把藍色給割得七零八落，即使起了雲霧。上方是壯闊的大滿寺山，這是伯耆一地漁夫行船用的地標。島後正是由巨型山嶺所構成的。

島後的峭壁迅速轉為翠綠，我們朝東前行約半個小時，頃刻豁然開朗，異想不到的光景隨即出現在眼前——群山環繞、深達內陸的港灣，灣裡還停滿船隻。從雜亂如麻的桅杆的空隙間，可以看到遠方峭壁新月形的底部是綿延不絕的灰色住家，這就是西鄉的市鎮了。轉眼間我們已經駛抵石造的棧橋，在這裡，我與隱岐西鄉號暫別，為時約一個月。

## 十三

西鄉是個令人吃驚的地方。我本來以為它只是個大型漁村，但事實上它比境港還大的多，市容整齊，在各個方面都相當近代化。長長的道路蓋滿了美觀的商店，有著完善的公共建設，外觀上完全是個商業繁榮的都市。大部分的建築都是寬闊兩層樓商家住居，每件事物都閃閃發亮，宛如全新。未塗油漆的木造建築也沒被太陽曬成灰色，屋頂的顏色也還是新的。原來西鄉在一次大火之後，擬定了比之前規模更大、更美輪美奐的計畫，最近才剛完成改建而已。

西鄉的規模看起來比實際還要大。屋舍約有一千戶，一般在西日本的其他地方，這樣的戶數至少會有五千左右的人口，但西鄉卻比這數字多出許多。市鎮由三條大路構成，分別是西町、中町、東町，此外還有許多十字路口和小巷。由於道路沿著不規則的海岸線形奇妙蜿蜒，看起來就有兩倍長，所以會給人腹地寬廣的印象，與實際有所落差，讓西鄉看起來大的不成比例。西鄉的地理位置絕佳，甚至有點怪異，城鎮集中在八尾川河口的兩岸邊緣，往美麗的海灣內側延伸，然後蔓延到海岬，接著在往陸地的內側發展，拼湊出各種形狀，擴散到丘陵的方向去。路看起來不大，但卻像蛇一樣彎彎曲曲，要踏遍這些小路，就得花一個下午。西鄉除了被八尾川一分為二以外，還有許多河道，橋梁也多。城鎮遠方的山上除了有容納學生三百人的宿舍的公立學校以外，尚有幾棟大型建築物，像是靠著富裕鎮民的捐獻，才剛蓋好的堂皇寺院，此外有監獄、醫院等等，據說不管是在隱岐，甚至是在島根縣，這算是大型建築中最美麗的日式建築了。這裡也還有好幾座小而美的庭園。

港口在夏天，船隻會停泊到三百艘以上。還使用木製錨的人會抱怨說這港太深，不過搭乘軍艦的人就沒這種問題了。

## 十四

對我來說，在西日本地區，大概沒有比西鄉更舒適的地方了。我與友人住進他人推薦的旅館，旅客就只有我倆。我們的房間在二樓，天花板高，空間也大，一邊的窗戶可以看到大路，一邊則可以欣賞八尾川河口遠方的美麗山景。日本習慣會在炎熱的季節提供客人團扇，但這裡不管白天還是黑夜，海風都持續吹著，可不需要團扇的幫忙。餐點的美味令人吃驚，種類也多。旅館的人告訴我們，如果需要的話，他們也提供西洋料理，像是附著炸薯條的牛排或是烤雞。旅行中的我通常都吃日本的食物，盡量不給人添麻煩，便婉拒了提議。在其他居民只有五千多人的日本小鎮不可能辦到的事情，在西鄉卻能夠提供這樣特別的餐點，我著實吃了一驚。然而，想得浪漫一點的話，這個發現其實是一種失望。來到日本國土最原始的地方，你本來以為你能夠離開所有被近代化影響過的領土，如果在這裡把薯條跟牛排塞進嘴巴的話，還真是憾事一件。就算我後來才知道這裡沒有報紙，也沒有電報，但還是不能拿來抵銷在這件事所受到的驚嚇。

不過，享受此地的舒適，卻有個非常令人不快的存在。那是四處飄著，甚至沁入所有地方，沉重的異味，用來當肥料腐爛魚屍的氣味。八尾川那邊的田地，用著數以噸計的烏賊內臟做為肥料。大海吹來的風終年不止，把這種惡臭帶進每戶人家。夏天，大部分的人會在家裡點香，但沒什麼效果。雖說你在這個地方待上兩三天就會稍稍習慣這個氣味，但只要離開市鎮兩三個小時後再回來，短暫的離開馬上會把氣味喚醒，這時你會大吃一驚，原來自己的鼻子習慣後變得多麼遲鈍。

## 十五

抵達西鄉的隔天早上，來了一位年輕醫師登門拜訪，他希望能在自宅款待我一餐。他直率地說明他的理由，因為我是第一個在西鄉留宿的外國人，如果他的家族能跟我見上一面，一定會是件愉快的事情。對於這個邀請，難免心生這不過是為了滿足陌生人好奇心的疑慮，但是這位男士的舉止自然有禮，我便拋下了這層疑慮。我不只在他富麗堂皇的家中享用了一頓愉快的美食，還收受了數不清的伴手禮，又讓他們目送我回旅館。我嘗試要拒絕，但是盛情難卻。不過只有其中一樣，就算是會傷到對方的感情也是絕對不能收下，那就是馬蹄石。關於馬蹄石稍後我會再次詳述，總之，我本來就知此物價值不菲，且非常稀有，所以，只有這樣禮物我婉拒了。主人最後也不再堅持，不過他卻在事後悄悄地派人把兩只較小的標本送到我住的旅館。根據日本的禮儀，這是無法退還的。在離開西鄉以前，這位紳士總是給我出乎預料的好意以及照顧。

過沒多久，這次是西鄉公立學校的教師獨自來訪。他聽人說我對隱岐有興趣，於是帶著非常棒的，他自製的群島地圖兩張以及關於西鄉的一本小書來給我，他還送我自己蒐集的隱岐蝴蝶和昆蟲標本。對於完全陌生的人能夠表現純粹的善意，演變為美麗的邂逅，這只有在日本才會發生。

第三位訪客是來拜訪我的友人，他們的互動也有著相同的特色。不過，這次為我帶來了不小的痛苦。我們坐在一起抽煙，訪客從腰帶中掏出令人驚艷的煙盒以及煙斗盒，後者收納著銀製的小煙斗，他拿出煙斗開始抽起煙。煙斗盒上有奇異的雕刻，材質是黑珊瑚。煙盒上用三色的絹絲編成的粗帶跟煙斗盒綁在一起，帶子穿著透明的瑪瑙珠子。我大為驚嘆，訪客看到我的反應，居然從袖口拿出小刀，我都還來不及制止他，他就把煙斗盒跟煙盒切了開來，要送給我。那條美麗的帶子被切斷的時候，我覺得像是自己的神經也被切斷了一條。但是，木已成舟，這時候如果婉拒，也太過失禮。我只好回送東西給他，不過，在這次的經驗以後，我開始謹慎小心，在隱岐一地，絕對不能在物品的所有者面前給予稱讚。

## 十六

日本各地均存在著固有方言，隱岐乃世外桃源，方言自有其特別之處。在西鄉，人們廣泛地使用出雲方言，他們的風俗習慣也和出雲人相當類似。其中也有來自出雲的人們，儘管是外人，仍負責重要的買賣。女人則不像出雲那般有魅力，我有看到幾位美麗的女孩，但是她們都不是本地人。

但是，只有在當地才能夠詳實地調查居住者的身體特徵。在我到訪過的多數漁村中，隱岐島居民的特徵是最為醒目的。此地四處可見強壯的男子與充滿活力的女子，他們在日常中，能夠以便宜的價格取得營養充足的食物，加上氣候以及經常運動等等，這些與他們的健壯體魄息息相關。事實上，在隱岐生活非常輕鬆，在其他海域討生活的男人們，就算是薪水不高，只要有工作的機會，就會搬來隱岐。平時只要天候許可，在日落前的兩小時左右，無數船隊航向大海，此般光景，我怎麼看也不厭倦。令人吃驚的是，駕駛這些迅捷的輕便小船的壯碩舵手，不少是女性，這是好幾個世代的忍耐而傳承下來的經驗，造就出的熟練技巧。我還有非常訝異的一點，那就是船的數量。一個晚上會出現在近海的漁火數量，就我所見，可以數到三百五十個，而這每一個漁火，就代表著一艘船。而且，據說在沿海的四十五個村落同時可以看到相同的景色。事實上，半數的島民，夏天的夜晚是在海上度過的。在適合釣魚的季節搭乘快速汽船從出雲到濱田的話，那個景色就是一個暗示。百哩寬的水平線上燃著漁火，討海者的辛勞化成那巨大的光明，閃爍不已。

就我看來，這裡的居民不因土地的荒蕪而失去活力，反而變得更加強壯。但是，牛、馬卻是退化了，牠們體型矮小。牛隻跟出雲的小牛差不多，小牛則是山羊的大小；馬則該稱為迷你馬才是，是隱岐自豪的品種，很小，但是非常強壯。據說還有更大型的馬，不過我沒見著，也有可能是外來種。根據島上居民的說法，在日本的傳統故事中，有名的佐佐木高綱的軍馬，正是隱岐純種的馬匹，不過我覺得有些奇妙，因為傳說那隻馬可是從隱岐游到了美保關呢。

## 十七

日本各地，總有當地的「名物」與「見物」。所謂的「名物」是當地的特產，可能是大自然的餽贈，也可能是手工藝品。「見物」則是那城鎮或區域的名勝，與宗教、傳說、歷史密不可分，是值得一訪的遊憩地點。神社、佛閣、名園、神木、奇岩等等，均可歸屬於「見物」。所以，能夠欣賞美景的特殊時間與地點，都可以以「見物」稱之，比方說春梅、夏夜中亂舞的螢火蟲、秋日楓紅，還有中國詩人以「金龍」一詞貼切描述的，映照在水面上如長蛇般的浮動月影。

隱岐的一大名物與日御碕[13]相同，都是墨魚乾，不管是在中國或是在日本，這種食物都有相當的需求。隱岐、日御碕、美保關等地的墨魚都是「sepia」的一種，日本人稱為「ika」，美保關一地的墨魚色澤白皙，平均十五公分長，但在隱岐與日御碕所能捕獲的墨魚就幾乎不會超過十二公分，顏色則是偏紅。美保關與日御碕的漁業並不是那麼有名，但是隱岐的漁業卻是在日本、朝鮮、中國三地均享有盛名。繁榮的隱岐群島之所以能夠在耕地狹小的海濱養活三萬人的人口，主要就是靠漁業。以船隻運往本州的墨魚數量相當驚人，不過，當地人卻告訴我，中國才是最大的買主。萬一墨魚的供給發生問

13 譯註：日御碕位於島根縣出雲市，是突出於日本海的海岬，當地有燈塔、漁港。

題，必定會對此地造成難以想像的傷害。不過，這樣的漁業已經持續數千年，卻未有枯竭之象。捕獲數百噸的墨魚，曬乾加工保存，然後每天裝貨上船，另外還有幾百畝的田地用墨魚的內臟和廢棄部分做為肥料。關於這項漁產，某位警官告訴了我幾件有趣的事情。在西鄉的東北方海域，一個漁夫一個晚上大概能抓到兩千隻墨魚。收網兩三次，有時候船還會因為墨魚太重而裂開，所以必須非常慎重。不過除了「sepia」以外，這個海域還有另外一種「墨魚」，同樣可以食用，那就是嚇人的章魚，有些重達十五貫，大約是一百二十五磅，據說在名為中村的漁村附近常常能捕獲到。不過，讓我驚訝的是，這種長得像妖怪的生物卻沒有傷害過人的紀錄。

隱岐的另一件名物，是一種美麗的黑色石珠，被稱做馬蹄石[14]。這東西值得更廣為人知，但似乎不是那麼多人清楚。馬蹄石只能在島後看到，很少是大塊的岩石，而是跟打火石一般重的薄片。不過它的光澤卻像瑪瑙，沒有條痕也沒有紋路，純粹的黑色。馬蹄石可以製成各種工藝品，硯台、酒杯、小盒子、小台座、花瓶或是雕像的底座等等。亦可以做成飾品，精細的雕工就跟出雲湯町的美麗瑪瑙作品一樣。這些產品即使是在產地，相對起來也並不便宜。

關於馬蹄石的由來，有個奇異的傳說。不論是色澤，或是發現時總是可見上頭有半圓形的印記，加上非常容易順著那弧線裂開，怎麼看都像馬蹄，所以才有了這個名字。不過，根據傳說，馬蹄石之所以出現，乃是神馬，也就是源氏武士佐佐木高綱的名馬踩過的痕跡。據說這頭神馬產過一隻小馬，卻掉入島後的深淵溺死了。母馬以為映在水面上自己的影子是自己的孩子，於是跳進湖裡，但卻怎樣也找不到小馬，悲鳴不已。湖底堅硬的岩石也感受到母馬的悲傷，於是馬蹄所踏過的部分，就變成了馬蹄石[15]。

隱岐還有一樣名物，外觀不如馬蹄石美麗，但顏色卻是一般黑，這是一種珊瑚，名喚「海松」。海松加工後可以製成煙斗盒或是筆盒等小玩意，磨亮了就像塗了黑漆。海松的工藝品非常稀有，價格也高[16]。

然而，隱岐的螺填工藝品非常便宜，也算是諸多名物的一種。在西國的海域，鮑魚的貝殼驚人地大，經過巧妙的切割研磨後，可以做成美麗的鍋碗瓢盆之類，表面浮著彩

14　這應是黑曜岩的一種。
15　這則傳說有不少異說，亦有溺死的是並非仔馬，而是雄馬的版本。
16　譯註：又做「海唐松」，亦可製成印章。

虹光芒，像是百種顏色的火焰正在搖曳。

## 二十八

根據松江出版的小冊子，隱岐之國的「見物」，也就是名勝，可以把四個島分成三個區域，只有知夫里島沒有吸引人的地方。不論如何物換星移，說到島後的魅力，那就是無顎地藏菩薩、油井村的檀鏡瀑布、下村的玉若酢神社前的大杉樹，還有人稱津井之池的小湖。中之島的海士村有遭到流放的後鳥羽天皇的陵墓，以及當地長者助九郎的宅邸。天皇曾經暫住過，當時的遺品保留至今。西之島則有奉祀同樣被流放的後醍醐天皇的神社，此外燒火山的山影下還有權現大神的神社，據說在萬里無雲的日子，從那裡可以眺望整個群島的山明水秀。知夫里島沒有可以稱為名勝的地方，知夫里是個貧窮的小村落，隱岐汽船在開往西鄉的途中總會經過那裡，不過，這個小村可能是諸島的各種傳說中，最有意思的舞台。

五百六十年前，流罪的後醍醐天皇逃過看守的耳目，從西之島逃到了知夫里村。只要天皇開口，這個小村子裡皮膚曬得黝黑的漁民們，個個願意為天皇犧牲。他們在船上裝滿了曬乾的漁獲。這是他們的子孫世世代代，在出雲或是伯耆，即便到了今天也依然是最主要的漁獲，墨魚乾。天皇告訴他們，如果能幫助他平安地抵達伯耆或是出雲，他一定不會忘記這些漁民們的恩情。於是漁民就讓天皇登船啟航。

不過這船才出海沒多久，追兵隨即趕到。漁民趕緊請天皇趴下身子，然後在他身上把魚乾堆得老高。追兵登船，翻遍了四周，卻壓根沒想要去碰那些發著惡臭的墨魚。知夫里的漁民們被加以訊問，但他們撒了謊，故意告訴這些追兵錯誤的訊息。於是，藉著墨魚之助，讓天皇從流放之地逃了出來。

## 十九

在隱岐的名勝中，我發現有好幾個是難以親訪。在這裡，不管是哪個島都沒有像樣一點的道路，通常只有山道，所以這裡叫不到人力車，唯一的一台，是西鄉最有名的醫生特別運到島上的，只能在城鎮的路上跑。轎子也就那麼一頂，所有者是同一位醫生。根據身強力壯的農夫的說法，通往名勝的路程驚險，加上非常炎熱，困難的程度，會讓人想半途放棄。雖說可以雇用仔馬，不過根據我在出雲西部的經驗來說，光為了看個瀑布，騎馬穿越松樹茂盛的山嶺，橫渡滑不溜丟的峽谷，沿著河谷歷經萬難抵達終點，這種旅行一點也不愉快，更沒有相對的價值。所以我放棄了拜訪檀鏡瀑布，決定如果可行的話，先去看無顎地藏。

我第一次耳聞無顎地藏，是在松江的時候。那時候我為牙痛所苦，那痛苦像是從幾百英哩深的地方湧出，讓我對於時間、空間的感覺都走了樣。朋友同情我這苦狀，便說了無顎地藏的故事。

「牙痛的人啊，會去拜無顎地藏菩薩，雖說無顎地藏遠在隱岐，不過出雲的人仍會膜拜。想要治好牙痛，你就要到宍道湖啊，或是河啊、海啊這種有水流動的地方去，花上十二個月的時間，把十二顆梨子一顆顆投進水裡，這樣一來，我們相信梨子會隨著水流，橫渡大海，一直漂到隱岐去。

「無顎地藏菩薩，意思就是說這地藏菩薩是沒有下巴的。地藏的前世由於下顎實在太痛，就把下顎摘下來給丟了，不過也因此一命嗚呼，變成菩薩。隱岐的人們會製作無顎地藏的雕像，讓牙痛的人膜拜。」

這個故事，我聽得津津有味，讓我一度激動地想跟無顎地藏做出同樣的抉擇。不過我欠缺必要的勇氣，亦無法忽略這件事會帶來的真正後果。總之，這個古代的傳說，包含對牙痛的深刻理解，也對牙痛患者展現了絕大的慈悲心，讓痛苦的我稍覺安慰。

不過，我終究還是沒去拜訪無顎地藏。原來此地已經不存在著無顎地藏了，告訴我這件事的是長住在隱岐的年輕警官和他的妻子，他們是松江士族的友人。兩人在天明前就出門，途中經過不下三十二條河，徒步從島的西邊來到東邊。他的妻子年方十九，是位苗條美人，臉上卻沒有漫長旅途後的疲累。

他們告訴了我關於這位有名的地藏菩薩的事情，詳細如下。無顎地藏本名應為「治顎」地藏，以訛傳訛，變成了「無顎」。地藏像所安置的佛堂發生火災，連佛像也不能倖免，只留下下半身，現在正由一位年邁農婦虔誠地保護著。由於廢佛毀釋的風潮幾乎已把隱岐的佛教信仰連根剷除，佛堂自然不可能重建。不過都萬目里的農夫們在佛寺的遺跡上蓋了鳥居與小小的神社，人們仍是對治顎地藏的信仰依然沒有改變。

這種奇事讓我馬上想到了我曾經看過的一座鳥居，蓋在地藏尊前，地藏尊是立在祭祀孩童靈魂的石窟內。在這個西國地方，遠離國家的中樞，神道混合著人們篤信的佛教，這就跟在日本地其他鄉下地方也會發生古典佛教混合著神道神明的狀況一般，性質類似。

## 二十

有些名勝能搭小船前往，所以我就拜訪了津井之池與玉若酢神社。不過呢，津井之池是讓我大失所望。航路必須經過垂直峭壁相連的海岸，所以只有在天候穩定的時候，才能抵達此地。海水非常清澈，即使是水面下極深的地方，也能用肉眼看清楚底下各種東西的形狀。沿著峭壁行船約一個小時，小船來到沙灘上佈滿卵石，像是海灣的地方。整面卵石隨著波浪往岸上攀升，邊緣之處不斷地前後滾動，發出像是步槍同時發射般的聲響。要穿過這個卵石不斷滾動的浪頭，可是非常困難。不過距離只剩步行二十碼，就可以看到被樹木茂盛的群山所包圍的津井之池。它比一個大型的淡水游泳池小，寬大概五十碼，毫無特色，水面下沒有岩石，只有泥沙跟小石頭。我懷疑這池中哪裡會有仔馬可以溺死的深度，於是想要嘗試游到另一邊來確認深度，不過我才剛把這想法說出口，船夫們馬上是一場騷動。他們說津井之池是神聖之地，有肉眼不可視的怪物所守護，所以，要踏進池內一步，既是不敬，亦為危險之舉。我必須尊重當地人的想法，於是改口詢問：何處可以找得到馬蹄石？船夫手指池水西側的山峰，他們所說的地方，與傳說有所出入。那個方向的山林非常原始，看來不像會有人跡，而且，這附近幾哩以內，確定毫無住家，彷彿任何破壞聖地的舉動都讓人深惡痛絕[17]。

在日本旅行，過於信賴名勝的聲名絕非明智之舉。大部分的名勝，想要獲得相符的樂趣，需要想像力。而此種想像力的豐富與否，關鍵在於是否通曉這個國家的歷史以及神話。墳塚、岩石甚至是樹根，可能都是幾百年來民眾信仰崇拜的對象，因為它們有相連的傳說。壞掉的鐵製茶釜、氧化成青綠色的青銅鏡、生鏽的刀劍、紅色陶瓷器的碎片等等，因為神社保存了這類的東西，才得以成為世世代代巡禮者的必訪之地。在我造訪過的各種小型寺院中，某寺的寶物是無數的小石頭，裝在盆裡。寺裡的人拿給我看的時候，我看每顆石頭上頭貼了寫著日文的紙，還以為這是歷代住持地質學或是礦物學的研究成果。但仔細一看，這些石頭就算是做為附近的岩石標本，也毫無價值可言。然而，住持與僧侶們針對不同的石頭所娓娓道來的故事，卻是餘韻繞樑，三日不絕。據說這些石頭，是在講述佛教傳說的連禱儀式時，作為簡陋的念珠來使用。

有了津井之池的經驗後，我對下西村不再有特別的期待。不過，此處反而是出乎意

17　兩池距離不遠，我所拜訪的地方是「雄池」，另外一個被喚做「雌池」。

料的愉快體驗。下西村是個美麗的漁村，從西鄉搭船需要一個小時。小船沿著荒涼但美麗的海岸前進，經過奇形怪狀的山巒，據說這個山頂以前有座堅固的城池。現在的下西村只有一個小小的神社，四周是松樹林。從下西村走到玉若酢神社還需二十分鐘，路程是稻田和菜園之間嚴重凹凸不平的小路。然而這個被守護之森所包圍的神社，它的位置正好在群山顏色變化萬千的景色正中央，讓人心蕩神馳，印象深刻。建築物看起來倒像寺院，不過這是隱岐排行第一的神社。神社前有一株有名的杉樹。樹並不高，但是枝幹的腰圍卻很驚人，高度從地表算起是兩碼，腰圍卻有四十五英呎。這個神聖之地通常以這杉樹來稱呼，隱岐的農夫們很少會說「玉若酢神社」，而單單只講「大杉樹」。

根據傳承，這棵樹是八百年以前某位比丘尼所種。用這棵杉樹所做的筷子[18]來吃飯的話，絕對不會牙痛，而且還能長命百歲。

## 二十一

奉祀後醍醐天皇之靈的神社位於西之島一個叫做別府的漁村，漁村鑲在群山的山腳半月型的海灣上，茅草屋頂的房舍沿著一條長路排列著，景色如畫。當地的風俗民情純樸，擁有正直而健康的貧困生活，這點在隱岐列島之中仍值得驚嘆。他們有為旅人準備的，類似旅館的地方，待客時以熱開水代替茶，炒豆代替糕點，小米代替白米。不過，比起不供白米，不奉茶是件更為重大的事情。但是，你看到別府的居民健壯的體格就可以知道，他們並無營養不良的問題。漁船出海捕魚的時候，女人與孩童們就在菜園裡工作，有了豐富的蔬菜，還有取之不盡的漁獲。此外，這裡沒有寺院，不過有一個祭拜氏族神的地方。

天皇的神社在海灣的端點一座叫黑木山的山頂上。山嶺上長滿高大的松樹，山路非常危險，避免滑倒，我特別換穿草鞋。神社的木造本殿僅有三呎大小，頗有歷史，十分黝黑，附近的竹林中還有比這更古老的神殿遺跡。有兩塊粗削的大石，上頭沒有銘刻任何文字或是圖案，就直接擺放在神社之前。我瞧了瞧神殿裡的光景，有著破爛不堪的銅鏡、綁在竹串上骯髒的驅邪幡，一對盛裝神酒的德利（這是神道教紅色素燒的酒器）、一厘錢，除了這些物品以外，眼前是空無一物，不過，從巨大松樹的樹影錯落之間穿透的溫暖藍色光芒照射下，海岸與山嶺的風光讓人是心曠神怡。

18 被認為具有治癒牙痛的各種樹木之中，柳樹有著特別的迷信。人們相信為牙痛所苦時只要常常拿針去刺柳樹，讓樹精痛醒的話，樹精會幫忙治好牙痛。然而，我卻沒有在隱岐找到實行此般信仰的紀錄。

不過，對隱岐的農民來說，這個落魄的神社是天皇曾經到訪此地唯一的紀念。鳥取縣米子附近有個名叫「五千石村」的小村，天皇的女兒瓊子內親王思念被流放的父親，動身前往父親的流放之地，卻在這個小村病故，村民為了紀念這件事，募款正著手建造漂亮的石碑。公主的長眠之地，有一棵與這則故事息息相關而非常有名的栗子樹。據說公主臥病之時，討著要吃栗子。人們遞給她幾個，她卻只拿一個，稍微咬了一下就吐了出來。於是那顆栗子落地生根，長成大樹，而這棵樹所結的栗子每顆都有小小牙齒咬過的痕跡。在日本的傳承中，就連樹木亦有忠義之心，以這種無言的方式表露。這棵樹木就被稱做「齒痕栗樹」。

## 二十二

在到訪隱岐許久以前，我曾說過，這個蕞爾之地毫無犯罪的蹤跡，據說東西無須上鎖，甚至在天氣好的時候，這裡的居民會門戶大開地進入夢鄉。來到這，我確定了此言非虛。在島前的諸島中，沒有偷盜之徒，事實上也不存在著犯罪一事。島前、島後的人口加起來有三萬零九十六人，負責治安的警官十人就綽綽有餘。幾個村由一位警官負責，他會定期巡邏。就算有段較長的時間警官不在，似乎也沒有人會趁虛而入。警官的工作主要是實行衛生上的管理，還有寫報告書，很少有逮捕居民的必要，他們甚至很少發生爭執。

只有在島後才會發生貪小便宜的竊案，這裡也是隱岐諸島中，唯一居民會投注心力在防盜的地方。更早之前，這裡沒有監獄，也不曾耳聞竊盜的發生，島後的人們非常堅持，現在那些犯下罪刑而遭逮捕的人並非隱岐本地人，而是從本州飄洋過海來的外地人。的確，在西鄉成為今日般的重要港口以前，過去的隱岐據說真是夜不閉戶。然而，帝國各地的交易藉由汽船急速成長，西日本的全體貿易也不斷擴張，在這種新的局面下，西鄉的港口在商業上獲益自然不少，但卻在道德上有了失落之處。

話雖是這麼說，觸法的犯罪在西鄉仍然是少得驚人。西鄉設有監獄，我在西鄉的時候，也目睹有人被收監，不過他們不過是犯下賭博（在日本的法律，不管是何種賭博，均是嚴格禁止）小罪，甚至是更輕的法令違反。真正犯下重罪的人，不會在隱岐服刑，而是會轉送到出雲國松江市裡的大型監獄去。

總而言之，島前諸島完全保持了自古以來的名聲，居民正直，不容置喙。就當地人的記憶來說，島前三島未曾發生過竊案，沒有嚴重的爭執或鬥毆，沒有人遇上人生因此變得悲慘的壞事。土地保有自然的荒涼，但是他們可以悠閒地過著自己的日子，食糧便宜而豐富，民情風俗也維持自古以來的純粹樸實。

## 二十三

對外國人來說，出雲住宅的門戶鎖閉就像是兒戲，這個帝國東部的都市四處可見竹棒做成的「忍返[19]」，但在出雲卻是非常稀少。就算住宅有設置，也無法真正保護那個建築物的弱點，不過只是外牆或是圍牆邊界掩人耳目的裝飾，不管是誰都爬得過去。一般的日本住宅，只要有一把小刀，就能夠順利入侵。所謂的遮雨板，是柔軟的薄木片所製成的拉門，輕輕一擊就可破壞，出雲大部分的人家，你只須用力一拉，通常沒有鎖可以撐得住。事實上日本人也很清楚這片木板對強盜毫無抵禦之力，所以能有財力的人會蓋個庫房。庫房小、沉重、防火，對日本人來說幾乎用來防盜，它會有非常厚實的土牆加上狹小沉重的門扉，門上有巨大的掛鎖，另外還有小小的格子鐵窗，位置很高，在接近天花板的地方。倉庫外牆塗著白漆，外觀非常乾淨。但裡頭霉味十足，光線不佳，無法住人，只能拿來保管貴重物品，而要從這種庫房偷東西，可不是件容易的事。

不過，房子裡如果沒有良好的看門狗，以竊盜為前提，想要潛入出雲的住家乃是輕而易舉。在幹壞事時可能發生的意外，不外乎混進去之後碰到人，竊賊很清楚這一點麻煩，所以通常會帶把刀在身上。

但他們並不想把事情搞到非用刀子不可，所以，為了避免不如意的事情發生，他們靠的是下咒。

他們仔細觀察屋宅，找出一只盆子。找到後把它放在庭院中特定的地方，然後唸著不能輕易說出口的咒語，再把盆子給上下顛倒過來，蓋在那個地方。他們深信，這舉動所造成的睡眠魔法威力會影響整戶人家，這樣他們就可以在不被發現的狀態下為所欲為，偷個過癮。

當然，出雲的每戶人家也知道這個咒語的反制之道。謹慎小心的主婦會在每晚就寢之前把菜刀放在廚房的地板上，蓋上金屬製的盆子，然後這個被翻過來的盆底還會在擺上一隻上下顛倒，不會發出聲響的稻草鞋。這個小小的魔法不但會讓竊賊的咒語失效，就算他能避人耳目潛入民家之中，也帶不走任何東西。然而，只要主婦那天沒太疲勞，

19 譯註：原文為「Chevaux-de-frise」，日文為「shinobigaeshi」，圍牆上頭尖銳的防盜設施，有木製也有金屬製，主要讓宵小無法輕易攀爬。

晚上在關上遮雨板以前，她們會確認一下，盆子是不是好好收進家中了。

萬一主婦疏忽了這種防盜的手法，又或是咒語是下了，但還是在好夢中被偷了什麼東西，那麼她們會在一大早醒來找出到竊賊的足跡，在上面燃燒「moxa[20]」。藉由這個咒語，他們祈禱，又或是相信，竊賊的腳會開始痛起來，跑也跑不遠，最後會被警察給逮住。

## 二十四

瘧疾中較輕微的病狀，通常會在固定的季節、固定的地方流行。而關於其流行的原因有著異常的迷信，我在隱岐才初次耳聞。不過，我後來才知道，這種奇妙的迷信乃是出雲甚至是山陰地方各地具有相當歷史的東西，而這亦是說明無法理解的事物時必然援引佛教的一則有趣典型。

根據傳說，瘧疾是「餓鬼佛」，也就是飢餓的惡靈所引起的疾病。嚴密說來，餓鬼指的是印度佛教中的「Pretas」，是墮入永遠的飢餓、口渴的苦行世界的眾生，即所謂餓鬼道。不過，在日本的佛教之中，人世間不存在還記掛自己的生者，沒有人定時供奉食物或茶水的亡靈，就被視為餓鬼。

這些餓鬼會因為自身強烈的痛苦而進入活人的體內，吸收生者的體溫以及營養。被惡鬼附身的人一開始會不住打冷顫，這是來自於餓鬼的冰冷。畏寒之後，會開始感覺自己發高燒，而這是餓鬼開始覺得溫暖的關係。被附身的人沒有抵抗的餘地，就這麼被吸走體溫和營養，等到餓鬼離開，高熱會稍稍下降，但等到隔日同樣時辰，餓鬼又會再度附身，一直到這名餓鬼獲得溫暖，滿足了自己的飢餓為止，患病者總是不住打冷顫，又發著高燒。而且，有的餓鬼每天都會來，有的則是間隔一天，又或是更久。總之，不管是多麼嚴重的瘧疾，他們總是用餓鬼附身來解釋病狀的發作，而病情穩定時，就是餓鬼當下遠離了患者。

## 二十五

關於「佛（hotoke）」這個字（在「濡佛[21]」、「餓鬼佛」這種複合語的時候念做

---

20　這是艾草（mogusa）的訛音。中國醫術之中所謂的「灸」，會把艾草纖維弄成小圓錐狀。放置在患者的皮膚上，然後點火燃燒，直到燒成灰燼，會造成不小的傷口。艾草不只有治療的功用，還會拿來懲罰不聽話的孩童，關於這點，張伯倫教授的《日本事物誌》裡有饒富趣味的描述。

21　「濡佛」指的是在放野外的佛像。

「botoke」)，讓我來談談幾則有趣的事。

「佛」是佛陀。

「佛」也是死者的魂魄。人們相信，人生在世只要行得正，死後就可以進入佛道，化身為佛。

「佛」還是意指屍體的委婉表現。所以「造佛」這個動詞，有個意思是「死人臉」，就是像死後許久的屍體。

此外，「佛祖」一詞則有投射在瞳孔中的面容的意思。這並非法華經裡頭的世尊，而是指存在於我們每一個人心中的小小佛陀[22]。

羅塞蒂詩云：「我在你瞳孔中的影子窺見你的心」。東方的思想剛好相反，日本的戀人們則是「我在你瞳孔中的影子窺見我的佛」。

與這種奇妙信仰密不可分的心靈學理論[23]究竟是什麼呢？我做了以下的推測。靈魂存在於肉體之中，但肉眼不能視。不過，如同法師的鏡子一般，靈魂會藉由他人的眼反射出來。你仔細凝視所愛之人的雙眼，卻無法看清楚對方的靈魂，但你自己的靈魂的影子卻透命地映照在那，那之後只有神秘，通往「無窮」。

不過，這是真的嗎？叔本華曾經貼切地說過，自我是意識的暗點，視神經所在的地方，跟肉眼不可視的地方如出一轍。我們只能透過他人看到自己，只有藉由他人，我們才能稍微試想自己的樣子，所以，只有在對某個他人最深的愛之中，我們才能理解對自身的愛，不是嗎？我們的人格與個性，不過只是宇宙中生命裡無數的振動吧？我們是所有不可知的極限之中的一個存在吧？一個屬於遠超過想像的過往，同時也是一個屬於連結往無限未來的存在嗎？

## 二十六

隱岐的狀況如同出雲，這裡的公立學校確實破壞了許多古老迷信，儘管那破壞非常之緩慢。新一代的消防員們嘲笑他們父執輩相信的事情。我曾透過口譯，詢問某位博識多聞的年輕漁夫有關燒火山的靈火一事，他卻回了我以下的嘲諷答案，讓我吃了一驚。

「那個啊，是我們還是野蠻人時的迷信啦，但現在我們已經是文明人了。」

---

22 根據民間傳說，神或龍的孩子的眼瞳之中可以看到兩個「佛」。此外，日本的民謠中有歌曲吟詠眼睛擁有四個「佛」的英雄，他的眼睛就是所謂的「雙瞳」。

23 多數的讀者應該會聯想到佛教理想中的尊者（Atman）吧。

雖說如此，但他多少在時代尖端走過了頭。因為我發現他所居住的村莊有著狐妖的信仰，這信仰比出雲的其他地方根深蒂固。這個村莊的歷史非常奇特，自古以來就以罹患狐魅病的人們的聚居地聞名。換句話說，一般人相信這裡的居民被狐狸附身，而且居民自己也深信不疑。既然他們全部都是狐魅之徒，自然能夠共食共飲，也無須煩惱通婚的問題。這個村落附近的農夫對他們抱持著靈異上的恐懼感，不管是合不合理，總是聽這些村民的吩咐，因此這個村落非常之繁榮。不過，二十幾年前來了個外人，說是來自出雲，就在村落住了下來。這個男人充滿活力，聰明而有才能，他購買土地，做了許多有遠見的投資，於是在很短的時間內，就成了當地最富有的人。他還幫這個村莊建造了非常漂亮的神社。但是，他想要成為當地真正有人望的角色，卻有先天上的困難。他不只沒有被狐狸附身，他還曾公開表示：我討厭狐狸。這樣的差異很難不造成村裡失和，再加上他讓自己的子女們與其他地方的居民通婚，如此一來，在這群被狐狸附身的人們之中，形成了新的，反狐妖的團體。

於是被狐狸附身的人們，開始不斷派尚未附身在人類身上的狐狸來騷擾這個男人。月黑風高的夜晚，狐妖的身影在這男人的住處外徘徊，然後低語：「滾回去吧，從今天起別再回到這來了！」但接著的是上頭的拉門被猛然一開，這戶人家盛怒的男主人吼道：「你們這些令人憎惡的傢伙，快滾！」影子便一哄而散[24]。

## 二十七

菱浦沒有烏賊那種恐怖的惡臭，所以比起隱岐其他地方，實在是舒適許多。而且不光是如此，菱浦也比西鄉有趣得多，這個可愛小鎮的生活，非常古色古香。自從導入機械以後，極具歷史的家庭工業在出雲或其他地方已是消失殆盡，但在菱浦，它的地位仍是屹立不搖。那些玫瑰色臉龐的少女們織著棉或絹的布帛，工作累了的話就交替休息，目睹這樣的光景，實是樂事一件。這種真正的，自古以來的優雅生活，完全公開，我非常喜歡在旁欣賞。除此之外，我還有其他娛樂。這裡的海灣適合游泳，而且總是有人幫我備妥小舟，領著我去造訪沿岸某些特別的景色。每到晚上，海風沁涼吹進我住的房間，從緣廊就可以看到海浪緩緩的碎裂，冷冷的火就在海岸邊的階梯上，那是美麗的磷

24　在一八九二年於東京發刊的某新聞中，根據某位到訪過島根的醫師證言，提及此地對於犬神的信仰勝於狐妖。這應是島根縣——特別是在石見地方——所使用的「犬神」一詞依照字面直譯造成的誤解，這個詞彙是「狐魅病」的委婉說法，犬神不過是可以化身成各種動物的「人狐」而已。

光。然後，我可以聽見隱岐的母親們為了哄嬰兒入眠，正唱著這世界最古老的安眠曲其中一首。

寶寶睡
山裡的
小兔子
為什麼啊
耳朵那麼長
因為啊
在媽媽的
肚子裡
牠吃了
枇杷的葉子
又吃了竹子的葉子

所以啊
牠的耳朵
變好長

曲調不可思議地柔美，帶點寂寥，同樣一首曲子，卻跟出雲或是日本其他地方所唱的曲調完全不同。

某天早上，為了請人帶我到別府去，便雇了一艘小船。才剛要離開旅館，上了年紀的老闆娘就拉住我的手，大聲地說：「請您稍等片刻，穿過喪禮的舉動是很不吉利的。」我轉頭看街角，果然隊伍沿著海岸走了過來。那是依照神道禮儀的孩童喪禮，年輕人手持白色的小旗以及帶有神聖意義的楊桐枝，捧著神道的象徵物，走在隊伍的最前頭。棺木的後方有位年輕的農婦，應該是母親，哭泣著，用破爛藍衣的袖子邊擦眼淚邊走著。目睹此景，我身邊的老闆娘小聲說道：「雖然是在哭，不過她還年輕，孩子很快就會回到母親身旁的。」我的這個老闆娘是位虔誠的佛教徒，雖然眼前的喪事依循神道的禮法，但我想那位母親跟老闆娘兩人都有相同的信念。

## 二十八

佛教之中存在著一種不可思議的美麗安慰，這在西歐信仰中鮮為人知。母親如果失去自己的第一個孩子，從死去的那天晚上，就會開始祈禱他的歸來，這並非現身於夢，而是希望轉生，重新回到自己身邊。她會帶著這樣的期盼，在小小的遺體的手掌上寫下這個可愛孩子名字的第一個字。

過了幾個月後，她再次成為母親，新生兒的嫩掌就像花瓣，仔細一看，居然有玫瑰色的胎記，看起來不就像當時寫下的那個字嗎？靈魂重回陽世看著自己的母親，透過剛出生的眼瞳，而那是前世的目光。

## 二十九

關於死亡，讓我在這裡談一談，隱岐或是出雲現在仍然殘存著死後必須呼喊死者名字的習慣，儘管非常原始，但其實有深刻的意義。呼喊之聲，傳至正要離去的魂魄耳畔，有時候他們會因此再次回到肉身。所以，如果是母親過世，孩子們會先呼喚母親的名字，而且是從年紀最小的孩子，因為母親疼愛他最多，他必須先開口。孩子後是丈夫，接著是愛著死者的每一個人，輪流對著死者呼喚她的名字。

有人昏厥，又或是某些原因造成意識不明的狀況時，也有大聲呼喊名字的習慣。這習慣的背後有著有趣的信仰。

特別是因為苦痛或悲傷而昏厥的人不少有著瀕死狀況，這些人都會講述類似的體驗。「你會覺得」，某人回答了我的疑問，他說道：「突然來到某個陌生的地方，感覺很幸福，但是很累。你想要走到那個看起來很遠的寺院，等走到寺院的門前，你可以看到門內的事物，那裡很寬闊，很美。穿過大門，走進庭院，正朝著正殿前去時，突然從非常遠的後方傳來朋友們真切呼喚你名字的聲音。如果你因此回頭，就能突然回過神，只要你心中還有一絲生存的意念，就能回過神。不過，已經對生命感到真正疲倦的人，就會充耳不聞，繼續走向本殿，接下來會發生什麼事情，這就沒人知曉了，因為，走進本殿後的人，沒人再次回到自己的朋友身邊。

「所以，這大概就是為什麼要在失去意識的人耳畔大聲呼喊的原因吧。

「此外，人在死亡後，前往冥界之前，據說會先前往長野縣信濃國的善光寺本殿膜拜。那裡的僧侶在念經的時候，總會看到頭上纏著白布的靈魂，為了聆聽讀經而聚在本殿裡。說不定那些失去意識的人看到的寺院正是善光寺，不過我也說不得準。」

## 三十

為了拜訪遭到流放的後鳥羽天皇的陵墓，我從菱浦搭小船到了中之島的海士村。路上的風景很美，比我穿過群島那時所見的輪廓還要更加柔和。突出在海面上的小岩石上停滿了海鷗，你就算把手靠得老近，牠們卻連你的船都不看上一眼。野鳥並不怕人，代表提著散彈槍的旅行家還未踏上這塊邊鄙之地，在這種土地旅行時最是興趣盎然，印象深刻。早期從歐洲或是美國來到日本的獵人們只為了他們恣意地在日本全土撲滅了他們能夠撲滅的獵物，對他們來說就像「遊戲」一般奪取動物的性命，他們並未遭到任何抗議，更不會有自身的良心苛責。現在，「年輕的日本」仿效此種模範，剝奪小鳥的生命，只被不完全的狩獵法所規範。但還是有值得慶幸的部分，那就是政府對於狩獵中特別惡劣的做法開始研擬對策。去年，有不肖人士發現燕子有在日本住家築巢的習慣，便公言道要用好價錢來買數千張燕子的皮，而這則廣告帶來了非常殘忍的後果。不過，警察迅速地發出公告以停止殺戮，他們也辦到了。同一時期，某份橫濱的報紙上刊載了一位神職者的書信，內文提及某位「改信」基督教的漁夫為了情緒上的勝利，被外國人的傳教士說服，開始對烏龜大開殺戒。其他信奉佛教的漁夫朋友們勸他不要這麼做，但卻徒勞無功。

海士村是個極小的村落，位於蔓延大海與低矮山嶺間的稻田之中，從登岸以後，距離村落尚約有四分之一哩的路程。是條狹小的道路，穿過村落邊緣松樹茂盛的小山山腹。山裡有非常美麗的神社，不大，但是建築的部份非常完善，參拜的路上鋪滿石頭，階梯也是石級。

這裡有著尋常的石獅與石燈籠，神殿前也供奉著尋常不過的物品：紙做成傳統而簡單供品、女人的頭髮。在這些信者捐贈的東西之中，我發現了許多在出雲也未曾目睹過的奇妙物品。有一只提桶的小模型，上頭有繩子，還有用竹子精細製成的木桿，毫無疑問的是汲水用的提桶。漁夫說，這是農夫在祈雨時獻給神社的東西。奉祀的神明為諏訪大明神。

後鳥羽天皇所到訪的，就是以諏訪大明神為氏族神的隔壁村子，長者助九郎的宅邸。宅邸依然存在，由歷代子孫相傳至今，但家族已經變得非常貧困。我希望他們能同意讓我看看當時天皇所用的酒杯，或是保存在這個家中的天皇遺物，不過據說家中有病人，並不方便。於是我只能一瞥有著有名池塘的庭院，此地的名勝之一。

這池塘名叫「助九郎之池」，據說已經有七百年的光陰，不曾聞此池蛙鳴。後鳥羽天皇在某天晚上，因著池中蛙鳴無法入睡，於是起身對著外頭怒喊：「肅靜！」自此之後，儘管已經過了幾百年，青蛙不再敢發出叫聲。

那時，池塘的附近還有株巨大的松樹，風強之夜葉子是悉悉簌簌，礙著天皇安眠，於是天皇對著松樹命令：「給我停！」自此之後，那株樹就算遇到了暴風，也不會發出樹葉的沙沙聲響。

現在那株松樹已經枯萎，留下幾片樹皮，做為天皇的遺物，由隱岐的耆老小心翼翼地保存著。其中一片我在西鄉的醫師家中看過，裝飾在客房的壁龕，這位醫師，就是先前對我百般親切的那位紳士。

天皇陵墓位於距離村莊步行十分鐘的低矮丘陵之上。比起月照寺中宏偉的松平家墓地裡最小的墳墓都還要簡陋，但是，對隱岐這個狹小又貧瘠的地方來說，能整理成這樣居民應該是盡了全力。不過，早先墳墓並非在此，這是明治十六年政府下令遷移過來的。實在算不上高牆的漆黑的厚重木柵，圍著長約一百五十呎、寬約五十呎的土地，裡頭整成三個高度的台地，柵欄外頭最低，是庭院。陵墓被松樹的樹蔭所籠罩，最後頭而且最高的台地中央有著墳墓，水平放置著一塊巨大的灰色岩石。參拜小路鋪著狹小的石頭，踏過三四段石級就再走上一個台地，從墓門直通到墳墓，而這道門每一年只為膜拜者打開一次。剛走進門面對墳墓的地方有座鳥居，最高的台地前有一對石燈籠。所有的事物極盡簡樸，但卻有動人之處。鄉間的靜謐之中，只有蟬鳴，還有體型極小的奇妙昆蟲——金鈴子的鳴叫聲，那聽起來就像巫女在神前獻舞時所搖的小鈴聲響。

## 三十一

我們第二次造訪菱浦的時候，待了約莫八天，但在浦鄉只待了三日。浦鄉不是個舒適的地方，那個氣味比西鄉還糟，而且還有其他的理由。

不只一艘外國軍艦短暫停泊過西鄉的港口，自然在街道上我也遇過英國或是俄國的海軍士官。他們總是金髮長身，體格壯碩，所以隱岐的居民們覺得，西洋來的外國人每個都長這副模樣。我是第一個在鎮上過夜的外國人，而且一住就是兩個禮拜，但我矮，髮色偏黑，衣著又近似日本人，倒沒引起一般居民的注意，可能我看起來就只像長得奇形怪狀的本國人，從帝國遙遠的某地來到這裡。在菱浦，眾人對我的印象也差不多是如此，就算我是外國人的事實傳了開來，群眾也無任何無禮之舉，他們已經習慣看我穿梭在巷弄，或是在海邊游泳。但是，在浦鄉卻是完全不同的經驗。我第一次上岸的時候，身著和服，戴著遮住半邊臉的巨大出雲帽子，所以並未引人注目。等我轉赴西鄉以後，浦鄉的居民才知道島前也有外國人到訪。所以等我第二次來到浦鄉，事情便演變成我在加賀之浦以外的地方從未經歷過的混亂局面。

在我正準備要進入旅館時，旅館前的大路已經擠滿為了目睹我一眼的群眾，數量多得驚人，而且運氣非常糟，旅館位在道路的轉角，所以一瞬間，我被從兩側包抄。旅館幫我安排二樓最裡頭的大房間，我才正剛準備要在榻榻米上坐下來，群眾已在樓梯下脫下草鞋，靜靜悄悄地爬上樓來。

他們非常有禮貌，沒有直接踏進房裡來，但四、五個人一次從門口探出頭來，然後點頭、微笑，看完以後便換上擠在後頭的人，老實地退開。這搞得連女侍要端餐點來也變得困難重重。一會兒後，道路對面的屋舍二樓開始湧入群眾，甚至連看的到我們房間的北、東、南三個方位的屋頂都被男人和孩子們給占據。還有我實在搞不清楚他是怎麼爬上來的，我窗戶下頭、緣廊上方的狹窄屋簷上也有人爬了上來。房間三個方向的窗戶全都是群眾的臉孔。片刻後有瓦片掉落，有男孩摔了下來，但似乎沒人因此受傷。當中最怪異的是，他們這般大張旗鼓似地像在表演某種體操，四周卻是一片死寂，你若不是眼睛見著了這麼多人，可能會誤以為路上連個人影也無。

旅館的老闆斥喝他們，但毫無效果，只好把警察找來。警察告訴我群眾未曾一睹外國人的面貌，希望我原諒民眾，然後詢問我是否要把路上的這些觀眾趕走。我想對他來說，只要豎起小拇指就能辦到這件事，不過這騷動對我來說還算愉快，所以我告訴他，無須趕走這些觀眾，不過麻煩那些男孩子們別再爬上屋簷。警官用著低沉的嗓音，對著周遭的人把這命令講得清清楚楚，從此以後，我待在浦鄉的期間裡，沒人再敢靠近屋簷。日本的警官新的命令絕對不說第二次，而且一旦說出口，那就成了鐵律。

然而，群眾的好奇心過了三天也不見衰退。如果我沒有逃離此地，我想他們還會持續更久吧！每當我外出的時候，後頭便跟著一群人，眾人木屐的聲響像是浪打在沙灘一般。但是也就單有木屐所發出的聲音，他們絕不開口。我搞不清楚是否想看外國人的好奇心過度強大，占據了內心的整體運作，搞得他們連話也說不出來。儘管他們如此好奇，卻沒有任何越矩的行為。除了未經許可走上我的房間以外，倒也沒有違背禮儀作法的舉動。事實上我也無法開口斥責那些老實地走上我房間的人，但是這種狀況持續了三天，我的忍耐來到了極限。就寢時為了不被窺視，晚上雖熱，但還是得把門窗全部關緊。我無須擔心自己的物品，因為這個島上沒有竊賊存在的跡象，但是，無論何時都被沉默的群眾包圍，這不單是一種負擔。就算他們是無辜的，但這讓人不舒服。這讓我覺得自己像是變成了幽靈，乍抵陰世，被其他靜默的幽靈包圍著。

## 三十二

日本人的生活中幾乎沒有任何的隱私權。在這裡，沒有西方人腦袋中的隱私權是不存在的。分隔眾人生活的不過只是紙的牆壁。沒有門，只有能開闔的拉門，大白天的時候用不著門鎖，也用不著門閂。在天候許可的狀況下，住家的正面，甚至是兩側，就如同文字描述般是「敞開」的，屋舍寬闊的內部浸淫在空氣跟光線之中，幾近刺眼。即便是富豪也不會在白天關上正面的門，至於旅館以及一般的民宅在進屋以前沒人會先敲門。房子裡只有障子門或是拉門，你要敲了，馬上就破個洞。這個紙壁與陽光的世界裡，對於自己的男女同居者，他們並不害怕，也沒有羞恥的必要。不管是什麼舉動，都是在他人面前進行，個人的習慣，又或是怪癖（如果你有的話）、缺陷、喜好乃至於愛恨私情，全部都攤在陽光下。惡德與美德都不被隱蔽，因為沒有可以隱藏的地方。而且，這種生活方式，乃從最古遠的時代持續至今，至少對幾百萬的人們而言，他們的腦中並不存在著不被窺伺的生活。在日本，生活之所以能夠安穩、幸福地持續，那是因為與生活息息相關的所有部分，全攤在地區社會的眾人眼光下，這也成就了在西方並不存在的例外性道德條件。日本人性格中有一點巨大的魅力是庶民絕對的善意與本能性的禮節，那不存在著批判、嘲笑或是諷刺、潑冷水，對那些以自身經驗通曉這種魅力的人來說，這點真是再清楚也不過了。他們不會企圖以蔑視他人來擴大自己的利益，不會想要讓自己比他人偉大，在他們的地區社會中，此乃徒勞無功，因為他們知曉彼此的缺點，事情無法隱蔽，也無法扭曲。做作，在這裡只不過會被視為一種腦袋不正常的舉動而已。

## 三十三

有幾位松江的年邁武士住在隱岐諸島。當武士這個偉大的階級土崩瓦解的時候，有少數幾位洞燭先機的男人，來到這個風俗依舊、土地也便宜的小島來試試自己的運氣。有些人真的成功了，我想是因為這個島的生活方式一直到靈魂的最底層都是正直而純樸的吧。如果是在其他區域，武士們必須和各種市儈的商人競爭，很少有成功的例子。在隱岐也有經商失敗的武士，但他們改而從事各種不起眼的行業，得以生存下去。

除了這種封建時代老邁的殘存者以外，我知道在隱岐，亦有往昔貴族的後代年輕子女，儘管他們身世顯赫，也勇敢地在這個帝國邊緣的貧困地區面對全新生活的一切。在過往，城鎮的居民必須低頭行禮的對象，現在那些人的女兒在稻田中體會苛刻的勞動。有些年輕人，如果是在其他地方，可能會立志進入政府官僚體系，但他們卻留在這，化身為隱岐平民值得信賴的公僕，又或是警察[25]，他們有些人甚至覺得自己非常幸運。

毫無疑問的，基督教諸國仗勢武力，以進步這種神聖的動機，強迫地為日本的文明帶來劇變，可能恰巧把日本從帝國末期社會即將崩解的巨大危機裡拯救出來。但是，改變未免過於突然，就算你能想像，在英國從紳士階級的地主剝奪收入來源可能帶來如何的後果，但你卻很難確切地理解，對日本的武士階級來說，同樣性質的沒收具有什麼樣的意義。這些年老的戰士們，只以通曉禮儀以及武道聞名罷了。

聽得這些問題，我不禁想起出雲之國的樂山神社不久之前的華麗祭典中，一個奇異場面。

## 三十四

樂山是個以亮黃色的陶器和一間小神社聞名的村落，位在距離松江約莫一里林木茂盛的山腳下，剛好穿過寬廣稻田的地方。樂山神社奉祀的是家康的孫子，同時亦是松江藩之祖的直政公。

松平一族長眠在月照寺華麗而古老佛教墓地中，有石龜以及石獅守護著墓地。但是直政乃是這家系的源頭，所以被奉祀在樂山。出雲的農人們現在仍會參拜直政的神位，合掌祈求直政公的眷顧以及守護。

樂山神社過去的祭典中，有著從村裡的神社抬著直政公的神位出巡前往松江城的習俗。目的地是位在城內中央的御城內稻荷大明神以及楠松平稻荷大明神兩間古老而奇異的神社，兩間均屬於松平一族，神社境內有如廢墟，聚集著石獅與石狐狸，籠罩在巨大的樹影下。在這兩間神社會舉行神道儀式，結束後眾人組成隊伍，再把神位抬回樂山。每年都會進行這種儀式，讓祖先回訪自己的祖居之地，這在日文中叫做「御幸」或是

25 日本的警官被稱為「新士族」，大部份人都出身自武士之家。我想，你可以把這群人當成現在世界最徹底的警察。然而，現在這種突出的特質是否能保持到下一個世代，是個疑問。現在，武士的血脈仍具有重大的意義。

「渡御」。

然而，明治維新改變了一切。諸侯成為過去之詞，接著是城牆壞毀，盡成廢墟。武士階級也遭廢止，失去了原來的領地。直政公的神位也已經三十多年無從行幸松平一族的舊居。

不過，一段時間之後，松江一地的耆老們決定要再一次舉辦樂山祭典，復興往昔風俗，於是「御幸」得以再次實現。

直政公的神位被安放在裝飾華麗的船上，船通過河流、水渠先來到古松原街道的最東端。過去，此地的諸侯每年會經過這個松蔭相連的街道前往江戶，然後再回到這裡。划船的人皆是上了年紀的武士，這些人正是當年出雲最後的藩主松平出羽守的座船的舵手們。他們身著封建時期的古老衣著，開口試著要唱古老的船歌。這歌，從最後一次吟唱以來，已經整整過了一個世代。好幾個人的牙齒早已脫落，連句話也說不清楚，體力自然也是大不如前，划沒幾下就氣喘吁吁。但是，他們還是把船帶到了正確的位置。

接下來，神位被抬上松原街道旁特定的地方。這裡本來有間「御茶屋」，是藩主從江戶的將軍家回到出雲的時候，必定先在此地休息，接見列隊迎接主君歸來的忠誠部屬們。現在茶屋已經不在，但根據過往的習俗，神位和同型的人們在野花和松樹下稍作等待。然後，他們目睹了匪夷所思的光景。

為了迎接偉大主君的魂魄，漫長的隊伍登場，他們也像是鬼魂，從墓地的塵土中升起，武士頭戴有裝飾的頭盔，臉上是鐵製的面罩，身穿鐵冑，腰插雙刀。此外還有綁髮髻的長槍手，身著禮服的侍從，還有挑著衣物箱的年輕隨從們。這些人並非亡靈，而是在最後的藩主底下仕官，曾經身著甲冑的年老松江武士。當時的重臣家老也還活著，就在這群人之中。隊伍往松江市內前進，眾人站在他們過去固定的位置，儘管歲月已讓腰桿子打不直，他們仍是浩浩蕩蕩的領著神位行軍。

我不知道其他人是如何觀看眼前的這個光景。我多少理解這些一位又一位的老者是如何活到今天的，所以，就算是撇開已被遺忘的風俗傳承，又或是不談那些封建時代隊列的興趣關心，眼前的這個光景，依然意義深遠。現在的年老武士處於一種無法言喻的貧困之中，他們美麗的家宅早已不復存在，庭院變成稻田，家產被嚴重賤賣，古董商只用微薄的金額就買下了那些物品，再以高價轉賣給開港區域的外國人。儘管如此，那些已經派不上用場，甚至可以換成一筆錢的東西，在貧困與屈辱之中，他們就是不肯放手。無論生活的壓力如何逼迫他們，就算在這樣全新而苛刻生存條件之下，他們依然不願變賣甲冑、刀劍。

群眾開始聚集在河岸、道路、緣廊、藍色屋瓦的屋頂上。隊伍前進時，持續著巨大的沉默。年輕人驚訝，眼前是在畫冊或是高級的日本舞台才存在的景色，居然有機會可以親眼目睹，自然是屏氣凝神。至於老者們，回想起青春時日，只能安靜地掉淚。

古時哲人有云：「記憶者，與被記憶者，均不過一日之事」。

## 三十五

回程的船上，我再一次坐在隱岐西鄉號船艙的屋頂。這次很幸運，沒有西瓜的阻礙。凝視藍色大海遠方的白色水平線，依然保持著自然景觀的諸島的海岸線漸漸消逝，我試著思考心中憂鬱的情緒。首先，有從許多人那裡接受善意的回憶，這我想不再有機會了，這無疑觸發了我的感情。此外，熟悉這塊古老的土地：物與空間的回憶：穿越兩島間的海峽時，那遙遠而蔚藍的景色；隱藏在石塊眾多的海灣裡，有個灰色漁村；小而原始的村莊裡頭，古怪小路可以見當的精靈；隨著日出日落，越來越覺得親近的山峰山谷的形狀與色澤；又長又彎、隨時會是條死路，但卻可能通往有著奉祀神祕名字的神明的神社小徑；從陌生的水平線的光輝中浮現，黃色風帆就像翩翩蝴蝶。我想，因著某種特別的感情，關於隱岐的所有記憶都沉浸在其中。那就恰是某個風景漸漸沉浸在光線之中，轉成早晨的色澤一般，感覺如此親近大自然，遠離西方那些怪物般的機械世界，我到過熱帶的北部，曾經有過同樣的心情。然後，看來我已經愛上隱岐，儘管有墨魚這件事。我在這裡逃離了強力而無遠弗屆的文明，這種逃脫所帶來的喜悅，比起日本其他區域的更能充足體會，特別是在島前，對人類的生存來說，已經超越所謂人工可及的範圍，因此體驗到明瞭自我的喜悅。

# 關於靈魂

金十郎是家裡的老園丁。他的頭禿得發亮，活像一顆象牙球。這天金十郎工作告一段落，來到書房的外廊，我總是為他在那裡放一個火盆，他往旁邊坐下來，抽菸休息。正當他抽著菸時，我剛好聽見他一邊在訓斥學徒。不知道那男孩做了什麼，但我聽到他說，喂，你能不能多長點魂啊。這句話引起我的興趣，我便走出書房，坐到金十郎身邊。

「金十郎，怎麼人有好幾個靈魂嗎？你呢？你有幾個靈魂？告訴我。」

「我啊，活到現在，好歹有四個吧。」他一臉自信地說。

「四個？」我更不懂了，只好反問他。

「對，四個」金十郎又說，「那個臭小子，頂多只有一個啦。他根本吃不了苦啊。」

我又問：「你說有四個靈魂，要怎樣才能知道？」

「有人頭腦好啊」金十郎一邊彈了彈銀色煙管，抖掉菸灰，「那種人可厲害了，懂得這些，還有寫這些事的古書啊，用人的年齡、出生年月，還有星象，就可以算出他有幾個靈魂了。上了年紀的人都懂啊，現在學西洋學問的年輕人都不相信這一套了啦。」

「那，金十郎，還有人靈魂比你多的嗎？」

「當然有啊。五個、六個、七個、八個都有呢。不過，任何人都不能超過九個，神明不准喔。」

〔話說回來，神不准人擁有九個以上的靈魂，這說法我實在不信。我想起在地球的另一邊，有一個女子擁有各種時代的靈魂，她還可以變換自如。那個女子就像女人穿衣服一樣，穿上自己的各種靈魂，而且還可以一天換五、六次。伊莉莎白女王衣櫥裡的衣服恐怕還比不上這個女子的靈魂。她從不做一模一樣的事，每換一個靈魂，不只想法，連聲音都會改變。如果是南方人的靈魂，眼睛會變成茶色；北方人的時候，眼睛就變灰色。有十三世紀的靈魂，也有十八世紀的。見過的人甚至會懷疑自己的感覺，也有人拿這個女子的相片來比較，想要找出真相。因為她是個絕世美女，大家都很樂意為她拍照，但從來沒有人能拍到兩張一模一樣的相片，大家都百思不得其解。縱然許多人因此對這名女子懷有敬畏之心，卻也擔心會惹上麻煩，沒有人敢跟她談戀愛。她實在擁有太多靈魂了。我相信讀到這篇文章的人，一定有人願意幫我作證。」

「金十郎，日本是神的國家，你所說的或許是真的。但是也有別的國家，只有黃金做成的神，但那些國家的人民生活得並不好，大家的靈魂都生病了。有人只有半個靈魂，還有人甚至沒有靈魂，也有人靈魂多到無法給予營養或職業。這種靈魂的主人活得很痛苦……，不過這些都是西洋的靈魂啊。……你說，擁有那麼多靈魂，到底有什麼好處啊？可以告訴我嗎？」

「老爺，那當然有啊。如果大家擁有的靈魂都一樣多，素質都一樣的話，那人世間就同心一致了，但人就是十個人十個樣，每個人都和別人不同。而人之所以不同，就是因為靈魂的數量和素質不同啊。」

「這麼說來，靈魂多的一定比靈魂少的人好嗎？」

「那是當然啊。」

「只有一個靈魂的人，不就吃虧了嗎？」

「肯定要吃大虧呢。」

「但這種人的祖先也有可能很厲害吧？」

「那倒是。」

「所以說，現在只有一個靈魂的人，他的祖先或許是擁有九個靈魂的人囉？」

「是啊。」

「祖先有九個靈魂，子孫卻只有一個，這中間相差了八個又是怎麼回事呢？」

「那就是神明的旨意了呀。只有神明才能決定人間百姓有多少靈魂，機靈的人就多，笨拙的人就少，就是這麼回事。」

「這麼說來，靈魂並不是父母傳給孩子的囉？」

「可不是！靈魂是很早很早以前就有的呀。算不清有多少年。」

「我想問的是，——人可以把自己的靈魂分開嗎？比如說，同時在京都一個、東京一個、松江一個，這樣。」

「不可能的，他們都得在一起。」

「在一起是什麼樣子？是一個人裡面還有其他的嗎？——像坐轎子那樣嗎？」

「這個非得要神明才知道。」

「所以靈魂是不能分開的嗎？」

「還是可以想辦法分開。只不過靈魂分散的話，人可就不正常了。我們說人發瘋，那就是少了一個魂。」

「但是，人死了以後，靈魂會變怎麼樣呢？」

「還是會聚在一起，人一死，靈魂就會飛上屋頂，待四十九天。就停在屋頂上。」

「屋頂的哪裡？」

「房子的棟樑上。」

「看得見嗎？」

「看不見。靈魂就像空氣、像風，在屋頂的棟樑上飄來飄去。」

「為什麼要待在屋頂四十九天？不是五十天？」

「靈魂要離開以前，可以待七個星期。七個星期就是四十九天。至於為什麼會這樣，我也不知道。」

死者的靈魂會暫時停留在死者家裡的屋頂上，這個古老的信仰，我其實並非毫無所知。日本有許多戲劇，其中有一齣「鏡山」對這個信仰有深刻的描寫，尤其感人肺腑。不過，靈魂有三層、四層，或者更多、更複雜的混合體，這個說法我還沒有聽過。我很好奇金十郎信仰的根據，又問了他幾個問題，卻一無所獲。就只是家裡代代相傳的信仰。——金十郎知道的，僅此而已[1]。

出雲的人大多信仰神道，金十郎也是，但他同時也信佛教。佛教是從禪宗，神道則是屬出雲大社。但我認為金十郎的本體論並不屬於任何一方。佛教並沒有多重靈魂的說法。而查閱一般人接觸不到的神道古籍，也只和金十郎的說法有些微的相似點。然而，金十郎絕對沒有看過這些書籍。根據神道古籍中記載，人有兩種靈魂——「和靈」和「荒靈」。「和靈」是包容一切，寬大且溫良的靈魂，「荒靈」則是執念冥頑的靈魂，而人類受大禍津日神與大直毘神這兩個南轅北轍的神支配著。看來與金十郎的想法確實不同。聽到金十郎說靈魂可以分割，我不禁想起平田曾經寫到，人的荒魂有時候會離開人的身體，幻化成人形，在本尊不知情的情況下，去殺死本尊憎恨的敵人。於是我又問金十郎有沒有聽過，金十郎說從未聽過和靈或荒靈，不過他說：

「老爺，這種事當然有啊。如果有一個男人瞞著妻子在外面有了別的女人，被元配發現後，外面那個女人突然得了醫生也束手無策的怪病。這是怎麼回事呢？就是元配氣瘋了，一個靈魂飛到女人身上想要除掉她呀。可是元配這邊靈魂都跑出去了，也是一種病啊，得瘋上好一陣子呢。

「不過，我們日本還有其他更奇怪的事喔。老爺您是西洋人，可能連聽都沒聽過。如果有正當的目的，靈魂可以藉助神明的法力，暫時離開自己的身體去完成，還可以發出聲音，說出深藏在心裡的事，對身體也不會造成傷害。這種神奇的事可能是這樣——

「假設有一個男子愛上某個地方的一個美女，先不管能不能結為夫妻，這個男人想知道女方是否有意，便去到某個神社，向神主[2]表明自己的心意，求神明助他解開心中的疑問。神主並未詢問男子的姓名，只問了出生年月和時辰並寫在紙上，然後要男子先回去，七天過後再來。

「這七天裡，神主為幫男子向神明祈求，每天早上用冰冷的清水沐浴淨身，三餐只進食神火烹煮的飯菜。第八天，男子又來到神社，神主出來迎接，引領男子進入內殿。

「內殿裡有祈禱儀式，祈禱結束後，所有人都保持靜默，不發出一點聲音。突然，

那個齋戒沐浴的神主突然像瘧疾發作一般，全身開始顫抖。原來是男子心儀的女孩，靈

1 後來我才知道，這個老人只是說了一個極為普遍的民間信仰形式之一。而這個民間信仰，恐怕得寫成一大本書，才有辦法說明。——簡單說，這是根據中國的占星術，加上佛教與神道的觀念所形成的信仰。這種多重靈魂的想法必須先對中國天干地支的星象關係有所了解才能說明。張伯倫教授的名著《日本事物誌》中對「時」的說明，在理解上或許有點幫助。了解了這兩者的關係之後，還必須具備以下的概念。也就是中國星象學中的每年的「五行」——木、火、土、金、水，而人的氣質，是依出生年月，從天體的運行來決定。日本自古傳唱的歌謠中，有利用五行中各有多少靈魂，以諧音編成的數字歌，簡單又好記——大意是木有九個魂、火有三個、土有一個、金有七個、水有五個魂。

kikukarani（木九）聽說

himitsu no yama ni（火三）祕密的山上

tsuchi hitotsu（土一）有一堆土

nanatsu kane to zo（七金）七塊金子

gosuiryou are（五水）請猜猜看

各人又分「長」「幼」，五變成十，「五行」就成了「十干（天干）」。五行・十干再結合十二支（地支）——子、丑、寅、卯、辰、巳、午、未、申、酉、戌、亥，這全部都與時間、地點、生命、運勢有關。光是將這些要素排列出來，就知道這其中的關係錯綜複雜，對問題根本沒有解決。

老園丁說的書，就是日本廣為人知的「三世相」，類似歐洲各國也有的占卜書。這本書現在也買得到。根據中國精通此道的人，其說法與金十郎正好相反，擁有多重靈魂的人只有極少數，而且並不是一件好事。擁有九重靈魂意味著「心思複雜」，表示這個人沒有一定的目標。只有一個靈魂的人，則不夠聰慧。中國占星術中說的「天性」或「性」，似乎比「魂」更貼切。總而言之，這種信仰衍生出各種奇妙的想像世界。簡單舉一個例子，屬「火」的男子不能與屬「水」的女子結合，所以才有俗語「水火不容」，形容夫妻個性迥異，無法相處。

2 譯註：神社的祭司

魂被神明召喚到此，進入了神主的身體裡。女孩本人毫不知情，這時候正在某處沉睡著，任誰也叫不醒，而她的靈魂來到神主的身體裡，凡事只能據實回答。換句話說，她所有的心思都要一五一十地說出來，不能隱瞞。神主說話也不是自己的聲音，而是附身的靈魂，用女孩子的聲音老老實實地說出『喜歡』或『討厭』。如果討厭，得交代理由。如果是喜歡，那就不用多問了。問完後，神主便停止顫抖，表示靈魂已經離開他的身體，神主會像死去一樣全身趴下，久久不能起身。」

聽完這個神奇的故事，我又問金十郎：「那你有沒有遇過這種讓神明抽出靈魂，附身到神主身上的事？如果有，可以告訴我嗎？」

「有啊，我還記得呢」

我靜靜地等他說下去，老人家彈了彈菸管裡的菸灰，放在火盆旁邊，雙手抱胸，眺望著水池裡的蓮花，過了好一會兒，才緩緩開口，臉上帶著微笑——

「老爺啊，我年輕的時候娶過老婆，好幾年都沒有孩子，好不容易等到老婆為我生了個兒子，她卻先走一步，成佛去了。幸好兒子順利長大，是個體面的男子漢呢。維新[3]

的時候加入天皇的軍隊，在九州南方的大戰中光榮戰死了。這兒子可是我的寶貝，聽到他為天皇戰死，我是喜極而泣啊。武士的兒子，還有什麼死法比這更光榮的呢。我的寶貝兒子就葬在九州熊本附近的山上。熊本就是那個有名的要塞，我還大老遠地去到那裡，為兒子掃墓。兒子的姓名　就刻在熊本城二之丸的紀念碑上，那個石碑是紀念為天皇盡忠戰死的出雲男兒，我在石碑上看到兒子的名字，心情很激動啊。我忍不住對兒子說話，感覺兒子好像走到我的身邊來……，不過，這又是另外一個故事了……

「這時我突然好想我老婆，希望她還在這裡。我們在一起的時候感情可好了，從來不曾惡言相向，她死了以後，我真的覺得這輩子不會再娶別的女人了。沒想到才過兩年，老家的爹娘就要我再娶，說有一個漂亮的姑娘，家境雖窮，但家世清白。對方說起來與我們家也有血緣關係，女兒一個人背負家計，靠著織絲綢和棉布的微薄收入。總之這姑娘孝順乖巧，她家裡有困難，我爹娘便要把我們湊一對，也算是幫助親戚家。當年我家雖然也沒什麼錢，所幸還有點米糧，爹娘怎麼說，我就怎麼做，他們總不會害我，

3 譯註：即明治維新。

我沒有意見。接著就找媒人，開始張羅婚事。

「我和那女孩在她家裡見過兩次，第一次見面時，看這姑娘長得很清秀，年紀又輕，覺得自己真是走運。不料第二次見面的時候，她老哭喪著臉，眼神也一直逃避，不肯看我。我想她可能討厭我，被父母逼著，不得已才跟我在一起。我決定找神明問個清楚，先將婚期延後，自己到材木町去找柳之稻荷神。

「神主開始全身顫抖，等姑娘的靈魂附身後，開口說：

『我就是討厭你。我已經有喜歡的人了，家人卻逼我嫁給你。我一看見你的臉就渾身不舒服。我實在很討厭你，無奈父母年事已高，家裡這麼窮，我賺的錢根本無法養活爹娘，只好答應嫁給你。可是你把我娶回家，也不會有什麼好事。因為我太討厭你，永遠都討厭你，我聽到你的聲音就想吐，看到你的臉就想死。』

「知道真相是這麼回事，我趕緊跟爹娘說清楚，再寫一封的信委婉地向女孩表達歉意，懇請她原諒我們的魯莽。為了不讓街坊起疑，我裝病躺了好些日子，藉口取消婚事，還送一些禮物到女方家當作賠罪，姑娘也欣然接受了。後來，聽說姑娘與她心儀的男子總算結成連理，而我爹娘為這件事感到愧疚，也不再跟我提婚事了。爹娘死後，我就一直打著光棍……咦，老爺，您看那小子在幹什麼好事！」

正當我們聊天的時候，金十郎的學徒用竹竿和棉線做成釣竿，偷偷拿老人菸盒裡的菸草，捻成小球綁在棉線前端當作餌，在蓮花池釣起魚來。一隻青蛙吃了餌，被釣上來甩到石子地上，青蛙死命地繞圈圈，又想吐掉嘴裡的餌，又想逃走，四隻腳發了瘋似地拍打著。「喂！阿梶！」金十郎大吼了一聲。

男孩哈哈大笑，丟下釣竿，若無其事地朝著我們走來。這時，青蛙終於吐出菸草，趕緊跳回蓮花池裡。我看阿梶一點也不擔心挨罵。

老人搖著象牙似的光頭直說「你會有報應！」「喂！阿梶，你這臭小子，我怕你下輩子會有報應喔！我這菸草可不是為了青蛙買的啊……。老爺，您看看，所以我說這小子只有一個靈魂啊。」

# 妖怪與幽靈

## 一

《法華經》有云，古時觀世音菩薩「以天、龍、夜叉、乾闥婆、阿修羅、迦樓羅、緊那羅、摩睺羅伽、人非人等身得度者，即皆現之，而為說法」（卷第六）。同樣在《法華經》中，佛陀則約定：「若說法者在空閑處，我時廣遣天龍、鬼神、乾達婆、阿修羅等聽其說法」（卷第四）。這是多麼恐怖的約定！但祂所派，並非全為妖物，仍然值得感謝。不過，萬一我們可以成為說法者，我想，空閑還是勿要常處。因為我曾目睹日本的怪物，你實在很難對他們產生好感。

昨晚，金十郎讓我一睹眾妖的廬山真面目。金十郎他們為了參加氏族神祭典來到市內，他說前夜祭會有許多有趣的東西。天色轉暗後，金十郎提著繪有家紋的燈籠，我便和他一齊前往神社。

儘管早晨下過大雪，現下的夜空已是萬里無雲。空氣凜冽，像鑽石一般清澈。腳踩著結凍的雪，發出沙沙聲響，讓人心曠神怡。

我突然問金十郎道：「日本有跟雪有關的神祇嗎？」

「這個啊」金十郎答道：「神明眾多，我也不是都很清楚，要通曉所有神明的一切，實在不太可能。不過，我知道有所謂的雪女」

「雪女？那是什麼？」

「雪女是膚色白皙的女人，會從雪中探出頭來。她不會做什麼壞事，但是看到她的人，很難不嚇一跳。白天的時候只是探出頭來，嚇唬落單的旅人。等到晚上以後，她會從雪中爬出來，身子比樹木還高大，前一刻你以為她在四下張望，下一刻就突然在雪中消失得無影無蹤[1]」

「她的臉長什麼樣子？」

「就很白，然後很大，而且啊，很寂寞（samushii）的樣子」

（金十郎用了「samushii」這個字，通常意指「寂寞」。不過我想，金十郎現在應是

1　我在日本其他地域所耳聞的雪女，是面容姣好的女性，會把年輕男性帶到人跡罕至的地方，然後吸取他們的鮮血。

想表達「詭異」的意思。）

「金十郎，你看過雪女嗎？」

「不，先生，我沒看過。不過，我爹說他小時候看過。剛好是某個下雪的日子，他要到鄰居家找另外一個男孩玩耍，半路上，雪堆中有個白皙的大臉探頭出來，表情詭異，環視著周遭。我爹他連忙哭著逃回家，家人一聽，趕緊出門一探究竟，但是外頭只剩白雪，別無他物，所以家人們深信我爹遇到了雪女」

「現在也還有人目睹雪女嗎？」

「是呀，據說大寒的時候[2]，去藪村參拜的人們常常遇到」

「藪村有什麼呢？」

「有藪神社。自古以來，藪天王一直是名聞遐邇的瘟神，神社位於距離松江約莫九里的小丘上，二月十日、十一日兩天會有熱鬧的祭典，可以看到有趣的東西。因為藪神社奉祀的是瘟神，身染重病的人會來此地祈求身體能夠康復，一旦願望成真，他們必須在祭典的那兩天以裸體祭拜來還願」

「裸體？」

「是呀，腳踩草鞋，身上丁字布加上腰帶一條，眾多男女信徒在大雪之中簇擁著，往神社推進。這時期雪積得最深，但是男人還是手拿要供奉給神明的驅魔幣束[3]以及刀身，女人則是抱著銅鏡。抵達神社之後，神官會收起這些供品，然後進行奇妙的儀式。儀式是自古以來的傳統，神官會扮成病人躺著呻吟，接著飲下漢方藥」

「不過，金十郎，這樣一來，不會有人反而染病死去嗎？」

「不會的，先生。出雲的農民身強力壯，而且大家都用跑的，抵達神社時身體已經相當暖和。回家前他們會穿上厚重的衣物。不過啊，據說他們回家的路上很容易遇著雪女」

## 二

參拜氏族神的路途，兩側吊著祭典燈籠，照得四周一片明亮。攤販、雜技表演、野台戲等等把寬廣的神社境內擠得密不透風，儘管天氣嚴寒，祭典的場面仍是熱鬧萬分。依循慣例會出現的東西，看來是一個不少，其中還有些較為罕見的表演。每逢祭典必定

2 出雲地方的大寒通常是二月。

3 譯註：原文為「御幣」，這是一種拿來供奉神明，或是驅魔避邪的道具，外觀為一根木棍上纏有紙條。

會出現的角色中，我卻沒見著那個把活生生的蛇像腰帶般纏在身上的女孩，大概是這天氣對蛇來說太冷了吧。除此之外，算命仙、奇術師、雜技者、舞者以及沙畫畫家都在。也有展示的動物，像是遠從澳洲運來的鴕鳥一頭，還有能夠表演的琉球大蝙蝠。我拜完氏族神後，買了幾種特別的玩具，接著決定去拜訪妖怪。妖怪們被聚集在神社境內一隅的巨大建築物裡，此處每逢祭典即會租借給各種表演使用。

入口的看板寫著「活人像」三個大字，大概可以想像裡頭是怎麼一回事。活人像近似於西洋的蠟像，但它並非用蠟，而是使用更便宜的材料，加上同樣細膩的技巧所製作而成。入場費一人一錢，我們付了入場費，領了兩張木牌，走了進去。穿過帷幕，沿著長廊有許多的小房間，這些房間只用竹簾分隔，每一間都是不同的場景，裡頭有跟真人一樣大小的人像。距離入口最近的隔間裡，有兩位男性彈著三味線，另外有兩位藝妓正在跳舞。當然，這四個人都是不會動的人像。這時候，看了說明的金十郎告訴我，人像裡頭有一位是真人。我睜大了眼睛，想說如果是真人的話，必定會眨眨眼睛，或是身體有些許晃動，不過他們真的不動如山。突然其中一位男性大笑了起來，他搖搖頭，撥了撥三味線，開始唱起歌來。他的偽裝，無懈可擊。

總共有二十四個隔間，每間皆是趣味横生。大部分的主題取材自神話傳說，比方說日本人現在仍會熱血沸騰的封建時代英雄的故事，又或是孝行、佛教靈異故事、歷代天皇的佚事等等。其中也有不忍卒睹的殘忍光景。一個隔間裡有一名死去的女性，她的頭被切開，腦漿四散，周遭是一片血海。在鄰接的隔間裡，女人藉由佛陀的神力復活，為表感謝，她前往日蓮宗的寺院參拜，恰巧遇到殺害她的兇手，她成功地讓兇手改邪歸正。儘管這則故事有個好的收場，但回想起來仍是很不舒服。

走廊的盡頭垂掛著黑色布幕，裡頭傳來陣陣悲鳴。貼在黑幕上的紙張寫著：客過此間，如能不心生畏懼，備有薄禮相贈。

「先生」金十郎低聲道：「妖怪就在裡頭」

我們拉起布幕，走了進去。兩邊是樹籬，深處立著墓碑。原來，我們正站在墓地之中。活生生的草木，加上塔型木牌[4]跟石塔，頗有身歷其境之感。天花板應該很高，光源巧妙地隱藏了天花板的存在，我們頂上一片漆黑，加上此處的寒冷與外頭不相上下，

4　譯註：卒塔婆。又云板塔婆。

真覺得自己孤單地佇立在夜空下，而到處都有令人毛骨悚然的身影。大多數都異常巨大，有的躲在暗影處，有的就飄在墓碑上頭。右手邊，離我們最近的樹籬後頭，有位高大的男性僧侶背對著我們站著，像是在仰望什麼。

我問道：「是山伏[5]嗎？」

「不」金十郎道：「你看他那麼高，應該是狸和尚才對」

所謂的狸和尚是化身成和尚的狸貓，專門欺騙趕夜路的旅客。經過他的身旁時，我和金十郎抬頭看他的臉，那真是一場惡夢。

「果然是狸和尚」金十郎道：「先生您覺得如何？」

我還來不及回答金十郎，急忙往後一跳。因為大入道[6]突然從樹籬伸出手來，一邊呻吟一邊想要抓住我。他的手馬上就縮了回去，搖搖晃晃，看得出是用眼睛看不到的絲線來控制的。

「金十郎，這可真的嚇到我了。糟糕，這樣應該領不到獎品了吧！」

我們兩人邊笑邊往前行。接著是三眼入道，這也是襲擊夜晚外出者的妖怪。他的臉孔有如佛陀般平和，甚至你可以看到他滿面笑容，不過在那光溜溜的頭頂上，可是多了一顆恐怖的眼睛。遇著三眼入道，等見著第三隻眼睛時已經無法脫身。這次入道抓的是金十郎，金十郎跟我剛剛一樣，也是心驚肉跳。

下一個是山姥姥。她會擄走幼童，把他們養得肥肥胖胖，然後大快朵頤。那恐怖的嘴巴不在臉部，而是隱藏在頭髮之中。山姥姥並無攻擊我們的意思，她的雙手緊抓著天真爛漫的孩童，正準備大快朵頤一番。孩童的樣貌十分可愛，讓這個光景更顯殘酷。

我們又發現，在有點距離的墓碑上頭，隱隱約約可以看到女幽靈的身影。我們和幽靈保持了一定的距離，所以可以安心觀察。她沒有眼睛，一頭亂髮，白衣像煙霧一般浮在半空中，我赫然想起學生的作文裡曾有這麼一句話：「無足，乃日本幽靈的顯著特徵」。此時，女幽靈不發聲響，突然以驚人的速度往這飛了過來，讓我又嚇了一大跳。

接下來的墓地巡禮，所見所聞已是大同小異，不過這一切卻不會讓人厭倦。為什麼呢？女性觀眾不斷發出尖叫聲，引得四周的人一片哄笑，而這些哄笑的人留在裡頭，是

5 譯註：山伏是為了佛道修行而在山中起居、修練的行者。現代仍有許多行者，在奈良的大峯山或是鳥取的大山等等被視為靈山的地方修練，他們相信經過種種艱難的考驗後，可以獲得大自然的力量。

6 譯註：大入道字面上的意思是「巨大的和尚」，是日本妖怪的一種，有許多傳說，赫恩接下來目睹的三眼入道亦屬入道一類。

想要瞧瞧，那些嚇唬他們的鬼怪會讓其他人有什麼反應。

## 三

步出鬼屋，我們在戶外的舞台前看兩個女孩的舞蹈。跳了一段後，其中一人拿出刀子，砍下另一個人的腦袋，然後放在台上。頭顱在台上開口，唱起歌來。非常厲害的表演，但剛剛的鬼怪還盤旋在我的腦海中，我問金十郎說：

「金十郎，我們剛看的妖怪人像啊，人們還相信他們的存在嗎？」

「現在他們已經不信啦」金十郎道：「特別是居住在城鎮的人早就不信了，不過鄉下就不一樣了。但我們依然信奉神佛，而且，就算是現在，還是有許多人相信死者回到陽世洗刷冤屈的故事。不過，跟過去不同，人們並非來者不拒。先生，說到這個」我們兩人走到了另一個特別的表演前，金十郎道：「這上頭寫著：地獄遊，只收一錢。先生意下如何？」

「走吧，金十郎」我回答，「掏出兩文錢，我們一起下地獄吧！」

## 四

穿過帷幕，我們走進寬廣的房間，可以聽到咯吱咯吱的奇妙聲響。這是隱藏在後頭的齒輪、滑輪正控制著架上琳琅滿目、指不勝數的人偶所發出的聲響。三面牆上皆懸掛著與胸同高的架子，上頭的人偶並非剛才所見的活人像，而是小小的提線木偶，正承受著地獄的各種痛苦刑罰。

最先入目的是奪衣婆，在三途河專門剝下死者的衣裳。許多被脫下來的衣服，就掛在她身後的樹上。奪衣婆身長，綠色的眼珠轉啊轉，長牙磨啊磨，她面前那些身材矮小、光著身子的死者像是白色蝴蝶般地恐懼顫抖著。後頭的閻王面容兇惡，嚴肅地點著頭，右手持幡幢，上頭有能判斷亡者善惡的見目嗅鼻[7]之首，它們像轆轤一般地轉動；左手則是一名小鬼拿著鋸子把死者的身體一分為二。仔細一看，鋸子的用法正如日本木匠，不像西方往外推，而是往身體的方向拉。在閻王的身後，罪人們受的苦刑永無止境。說謊的人被綁在柱子上，讓小鬼慢慢地拔他的舌，舌頭拉到比自己的身體還要長。再旁邊的小鬼用舂臼搗著死者，動作粗魯，其聲響之大，完全不輸給屋子裡頭的機關。再往前進，可以看到一名男性被兩頭人面蛇身的女怪物給吞噬，一頭怪物是白色的，另一

7　譯註：傳說中樹立於閻魔王身側之標幟，杖頭有赤白雙童之首，混合了閻魔王經常攜帶之檀荼幢與俱生神，參照《佛光電子大辭典》。

頭則是青色。據說白蛇是正妻，青蛇則是小妾所化成的。房間裡還有諸多日本中世時期廣為人知的各種折磨，無數的小鬼正在執行這些刑罰。粗略一覽之後，我們停在賽河原之前，抱著一名孩童的地藏菩薩身邊，圍著許多奔跑中的孩童，而手拿狼牙棒的鬼怪正在追著他們。

然而這個地獄實在過於寒冷，只有這點讓人覺得一點都不像身處地獄之中，這麼說來，我從沒在日本的地獄畫卷之類的作品中，看到嚴寒所帶來的痛苦。印度佛典存在著這種地獄，比方說讓人的嘴唇結凍，只能發出「阿吒吒」聲音的「阿吒吒地獄」。此外還有連舌頭都結凍，只能發出「阿波波」聲音的「阿波波地獄」。還有名喚「白蓮華地獄」的恐怖地獄，暴露在嚴寒中的白骨就像是蓮花池裡的白色花朵。金十郎說日本可能也有嚴寒地獄，只是他並不清楚。不過我卻心想，要讓日本人害怕嚴寒之苦，可是一件難事。他們比起熱天更愛天氣寒冷，總在漢詩等創作中歌頌冰雪的美麗，怡然自得。

## 五

我倆踏出地獄，到更寬敞的建築去欣賞幻燈。在日本，我鮮少對他們的幻燈感到失望，幾乎每次觀賞都能有所感動。然而，最了不起的是，他們在這項西洋發明中融入了自己的嗜好，這正是日本人的優點。日本所謂的幻燈，指的是「幻燈戲」，舞台後方的人負責講台詞，幻燈的投影則扮演著演員與背景[8]。正因如此，日本的幻燈非常適合妖魔鬼怪的演出，怪談的戲碼往往是演出者的拿手好戲。由於會場過於酷寒，我們只看了一場就早早離開，這一場的內容大致如下：

〈第一幕〉美麗女孩和老母親坐在房間裡，她們是農民。老母哭得全身顫抖，聽得她在哭啼和嘆息中敘述，原來女兒要被當成供品，獻給深山神社中的神明。這名惡神，每年會有一次在農家的屋頂插上白羽箭，要求獻供，然後把供品的女孩給吃掉。如果眾人不以活人獻祭，村莊的農作和牛隻就會惡神被掠食殆盡。母親抓著滿頭白髮哭哭啼啼的退場，女兒跟在她的身後，垂頭喪氣，無可奈何。

〈第二幕〉場景是路旁的茶店，櫻花滿開。幾名人伕抬轎般扛著偌大箱子登場，箱裡似乎裝著女孩。人伕們放下箱子，在店裡用飯，把這箱子的來龍去脈講給好事的老闆

8 譯註：幻燈機的發明可上溯至十七世紀的歐洲，在十八世紀後半傳入日本，馬上成為一種能夠聚集大量觀眾的表演。在西洋，幻燈被當作魔術，在日本卻演變成一種影子戲的戲劇表現，與日本傳統的藝能結合，我們可以把視為它一種默片，在十九世紀的日本相當受到歡迎。

聽。這時腰佩雙刀的俊美武士登場，問起這只箱子。老闆嘴快舌長，三兩下便把剛剛聽來的話全吐了出來。武士聽完勃然大怒，道：「焉有神明食人之理？這必定是妖精，禍害不可不除」。便要人伕打開箱子，放女孩回家去。隨即武士躲進箱裡，對人伕說道：「你們還要命的話，就快把我抬到深山的神社去」。

〈第三幕〉人伕登場，穿過黑夜中的森林，接近神社時，眾人過於驚懼，丟下箱子一哄而散。人伕退場。箱子被留在一片漆黑之中，此時臉裹布條、全身蒼白的怪物出現。怪物發出恐怖的叫聲，但箱子卻是聞風不動。怪物扯開臉上纏布，露出臉來，竟是目光銳利的一只骷髏（這時觀眾發出「啊啊」的恐懼叫聲）。怪物又伸出有著銳利鉤爪，跟猿猴一般大小的手來（觀眾一看，又發出「啊啊」的恐懼叫聲）。接著怪物緩緩接近箱子，想要打開一看，此時武士一躍而出，與怪物鬥了起來，敲打太鼓的聲音咚咚作響，武士使出柔術，把怪物摔在地上，隨即用腳踩住，揮刀便是一斬，但是怪物的頭顱突然變得跟屋宇一樣大，想要嚙咬武士的脖子，武士又是一刀，這次怪物的頭掉了下來，滾到了後方，吹熄燈火，不見蹤影。完。全體退場。

## 六

這個武士與妖怪的搭配，似乎讓金十郎想起一則奇譚，影子戲結束後，他馬上開口講了這個故事。在這種表演之後再述靈異怪談，通常是乏味之至，但金十郎的故事不管是在何時何地聆聽，都仍饒富興味，這次我依然是聽得入迷，幾乎忘了身處嚴寒。

往昔，魑魅魍魎依然橫行於世，某個武士領著夫人以及女兒來到京都。這位公主容色照人，年輕武士一睹其面貌，便為之傾倒。來到父母前說要提親的，自然是絡繹不絕。在日本，嫁娶通常由父母定奪，但凡事總有例外，而她，就是一則例外。父母兩人異口同聲：選婿一事由女兒決定，若是有心一親芳澤，請親自登門拜訪小女。

雖說如此，都城中的權貴武士仍是蜂擁而至，各自畫策，想要引得她的注意。有人餽贈珍品名寶，有人舌燦蓮花想要說動公主，有人吟詠和歌，也有人起比翼鳥之誓。不管是何人，她總是溫言以對，然後開出奇妙的條件。公主有一個考驗，來測試他們是否真心。而且他們必須發誓，不能把考驗的內容告訴他人。當然，求婚者均是欣然同意。

不過，每個自信滿滿的求婚者在經過考驗以後，便絕口不提婚事。這些人好像遇著類似的怪事，甚至有的自此逃離京都，不管友人怎麼請呼喚，就是再也不願意踏上京都的土地。而且，他們不說理由。所以，在那些不知道真相的人們之間，便有了公主其實是狐精或是妖怪的傳聞。

這麼一來，有權有勢的名士們心生恐懼，不再登門求親。此時，有一位武士出現了，他的家當只有身上的兩把佩刀，個性十分豪爽。公主亦心有好感，但仍是依循慣例，讓他發下重誓，約好某夜，請他再次登門拜訪。

當晚，武士準時赴約，偌大屋舍卻不見家人蹤影，單單公主一人迎接他的到來。公主備妥珍饈，隻身陪武士用膳。佳餚用畢，公主表示準備出門一趟，希望武士能夠同行。武士欣然同意，詢問公主欲往何處。但公主並不回答，而且自此便不再開口，樣子極不尋常。接著她離開房間，留下武士一人。

公主回到房間時已過午夜，身上穿著像壽衣一般的純白衣裳。公主沒有開口，只是招手示意武士跟著她。兩人離開宅邸，穿過寂靜的京都大路，夜晚的月色朦朧，幽靈像是隨時會現身一樣。公主健步如飛，街上的狗也受到驚嚇，吠聲此起彼落。兩人一前一後來到了郊外，步入樹影密布的小山之中。這附近是古老的墓地。公主才剛走進墓地，白色的衣裳就被黑影被吞噬，武士滿心驚異，但仍是手按刀柄跟了上去，片刻，武士的眼睛終於習慣了四周的黑暗。

武士看到公主在一座新墓旁休息。她看了武士一眼，打了手勢要他停下腳步，然後拿起工人留下的鐵鍬，瘋狂地開始挖。不管是速度之快，或是力道之強，看來都不像是一般女性。眨眼之間，鐵鍬似乎碰到棺木的蓋子，發出低沉的空洞聲響，下一個瞬間全新的白色棺木就已經被公主挖了出來，她隨即打開棺木。棺木裡頭有具屍體，是孩童的遺骸，公主見了大喜，面容有若妖魔，她扯下屍體的臂膀，從中對折，隨即席地而坐，開始啃起上臂，接著把下半部分丟給武士，扯著嗓子說：「吃啊，品嘗看這我最愛的美味呀！」

武士毫無半分膽怯之意，面朝墳墓，盤腿坐了下來，張嘴便啃起這隻手腕，道：「此乃人間美味！請再多分給我一點！」原來，這隻手腕是西京第一的甜點所製成。

公主朗聲大笑，起身說：「了不起！這麼久以來，只有您沒有落荒而逃。我所要的就是一位勇敢的夫君，我想那個人就是您了，請讓我傾訴愛慕之意」

## 七

「金十郎」回程中我問道：「死者重回人間的故事，我聽了許多，也在書上讀了許多，你剛剛也提到，現在還是有很多人相信這種故事，也告訴我他們相信的理由。不過啊，不管是你說的故事，或是我在書上讀到的，幽靈通常被視為不速之客，很少人喜歡，畢竟他們心中有怨有恨，或是有所悲憤，才會在陽世流連，這應是人之常情。不過，應該還是有幽靈並非為復仇而回到陽世的吧？這類的故事該去哪裡找呢？比方說怪談，我們今晚看到的表演都是怨恨的故事，只讓人覺得醜惡、懼怕，絲毫不見美好或是誠實的可貴」

我這麼說，其實是為了從金十郎那聽到更多故事，金十郎也不負所望，又講了一個給我聽。

很久很久以前，久到連那時的諸侯之名都已被遺忘的時代，在松江一地，有一對兩情相悅的年輕男女。沒有人記得他們的名字，只剩故事流傳至今。兩人從小就有媒妁之言，加上兩家相鄰，自孩提時分一齊玩耍，長大以後，兩人也對彼此抱有好感。

男子在成年以前即已失去雙親，幸好家族世交的權貴武士收留了他，讓他成為家臣。男子溫文儒雅，武藝過人，深得主君喜愛，前途自是不可限量。他自己也下定決心，等到飛黃騰達後，便要娶女孩為妻。此時，東北一地燃起戰火，男子也隨侍主君準備出陣。出發之前，男子得以和女子相會，男女便在雙親面前交換誓言，如果能在此次戰爭中存活下來，他會在一年之內回來，娶女子為妻。

男子出征以後，有好一段時間無消無息。彼時魚雁往返不比今日，實是無可奈何，但女子仍然日夜為他擔憂，臉色變得越來越差，身子也越來越單薄。某天，終於有了消息，那是從陣中回來帶訊給諸侯的信差，口頭轉告男子一切平安。還有一次，是另外一位信差帶了封信來。但是，自此之後音訊全無，等待是如此漫長，一年之後，男子仍未歸來。

日夜如梭，很快的又過了一年，但男子依然不歸。女子終於認定男子已經戰死，悲傷地病倒在床，很快就撒手人寰。年邁的父母目睹獨生女的死，自然是悲嘆無極。喪女之痛過於難熬，連這個家的一切都變得可恨，於是他們散盡家財，決心踏上膜拜千寺之路。所謂的膜拜千寺，指的是走訪日蓮宗上千個寺院參拜的艱苦旅行，必須花上數年的時光。他們只留下諸如先祖牌位等等不能離身的重要物品，把家、家具、日常物品全部都賣了。不過，女兒的牌位則是依照離開自身故鄉的習俗，寄放在當地的菩提寺。由於他們一家篤信日蓮，菩提寺乃是妙興寺。

老父老母啟程後的第四天，與女兒有婚約的男子終於回到家鄉。為了信守一年之約，他獲得主君的允准離開戰場，已經是好久以前的事情。回鄉途中，各國烽火連天，街道關隘均被軍隊把持，一路上是寸步難行，才花了這麼多時間。男子聽得女子死訊，肝腸寸斷，數日神智不清，有若亡靈。

後來男子從大病中恢復，但清醒後，悲傷也再次襲來。他後悔自己一人獨活，決心在女子的墓前自戕，便偷偷抄起佩刀，趕往女子所葬的之地——妙興寺的墓地，寂寥無人。他找到女子的墓，跪了下來，流著眼淚哭弔，然後小聲訴說他心意已決。突然耳畔有女子叫道：「郎君！」，然後記憶中柔軟的手就放在自己的手上。他回頭，他的未婚妻就蹲在身旁。儘管些許蒼白，女子的美麗臉龐微笑著，與他離鄉時一模一樣。男子感到胸口像被巨槌重擊一般，驚疑不定，無法從口中吐出欣喜或是其他情緒的詞句。於是女子溫言道：「請不要多疑，真的是我，我並沒有死，是家人不注意，就把我埋葬了。家父家母也以為我已經死去，才踏上了巡禮之旅。您看，我還活得好好的，並非鬼魂。所以，請您不要多疑。我知道您對我是真心的，所有漫長而痛苦的等待是值得的，現在讓我們離開此地，到其他地方去吧！如果這裡的人知道了，事情一定會變很複雜的，畢竟還沒有人知道我又活過來了」

於是兩人避人耳目，攜手前往遙遠的甲斐國[9]身延村。此地有日蓮宗名刹，女子說道：「雙親既然決定膜拜千寺，那麼有一天一定會來到身延山，我們若在此處等候，一定可以遇著他們，到時候我們再家族一同和樂融融地過活吧！」。抵達身延村以後，女子便說：「我們在這裡做點買賣吧」，於是兩人在寺院的參拜道路旁開了一間小店，販賣孩童所吃的糕餅、玩具，還有提供給香客的食糧。轉眼之間，兩年即過，生意蒸蒸日上，兩人之間也生下了個可愛的男孩。

男孩一歲又兩個月的時候，膜拜千寺的雙親終於來到身延山上。他們想要進店找些吃的，沒想到店主居然是他們以為已經戰死的女婿，夫婦兩人不禁老淚縱橫，開口探詢，男子趕忙請他們進到屋裡說話，先是深深一禮，然後開始講著讓兩老大吃一驚的話：

「其實令千金並沒有因病死去，她還活著，我們已經完婚，育有一子。她現在就在

9 譯註：甲斐位於現在的山梨縣。

那間房間裡陪孩子睡覺，請進去看看她吧，她每天都在說希望能跟您倆再見一面。」

女婿說完，就忙著接客去了。於是老夫婦來到後首的房間，母親先走了進去。

嬰兒正躺在那沉睡著，但是卻不見女兒的身影。好像是才剛離開房間一樣，枕頭還有餘溫。兩人等了許久，還是不見女兒現身，只好開始東翻西找，但仍是不見蹤影。

兩人心念一動，掀開母子兩人所蓋的棉被，恍然大悟。原來陪著嬰兒睡覺的，正是當年離開故鄉時寄放在妙興寺的女兒牌位。

故事說完，我看起可能像是在思考著什麼，老人便問道：

「先生您覺得這個故事很愚蠢嗎？」

「不，金十郎，這故事我已銘記在心。」

# 日本人的微笑

## 一

那些透過小說或是羅曼史來吸收知識或是知曉世界上各種奇人異事者，依然模糊地認定東方文化比起西方更為嚴肅。此時此刻，比起這種主觀，得以從更高的視點做出判斷的人，會在比較兩者後發現，西方遠比東方嚴肅。而且，這種嚴肅莊重，或是與它相反的物事，不過近似於一種知識的時尚潮流罷了。事實上，這個問題與其他所有的課題相同，無法用相當於人類半數的「東」、「西」兩種區分法則來賦予正確的說明。如果想要科學一點，我們現在能做的最多只是普遍地調查某項事物，來做比較。至於此種比較背後所存在的極度複雜原因，我們卻無力給個令人滿意的說明。雖說如此，我們仍可以透過此種比較之一，比方說從英國人與日本人身上發現一些有趣的現象。

英國人是嚴肅的民族。這觀點已近乎是一項無庸置疑的常識。而且，不僅僅是表面上的嚴肅，而是深達人種性格根柢的一種嚴肅。然而，關於日本人的輕鬆自若，幾乎可以跟英國人的嚴肅相提並論，他們不管是表面或深層，都不夠嚴肅。而且，就算你把比較的對象換成不如英人般嚴肅的民族，這點依然成立。日本人正因為嚴肅的程度不足，反而能獲得隨之而來的幸福，在這個文明化的世界之中，最幸福的民族依然是日本人吧？我們這群嚴肅的西方諸國之民，很少覺得自己快樂，而事實上，我們並不夠清楚自己多麼嚴肅，更何況在這不斷擴張的工業生活的種種壓迫之下，往後我們究竟還會變得多麼嚴肅，知道這問題的答案肯定會讓我們不寒而慄。在不如西方人嚴肅的人種中長時間生活，能夠讓我們對於自己性格有更清楚的理解。我之所以做下這般結論，是因為我在日本鄉間生活將近三年之後，再次回到開港通商地神戶，回到英國人的社會，儘管其間不過數日。原來，英國腔的英文如此悅耳，讓我感動不已，這一點算是始料未及。儘管這種感動並未持續太久。我之所以回到那裡，乃是有購入兩三樣物品的需要。有位日本友人陪著我，對這位日本人來說，外國人居住區的生活觸目皆新，有如另外一個世界。這位朋友問了我一個非常有趣的問題：

「為什麼外國人臉上完全不見笑容呢？連您對外國人攀談的時候，都會笑容可掬，欠身示意，但那些外國人卻完全不笑，為什麼呢？」

這事實意味著，我已經徹底沒入日式的生活習慣，遠離了西洋生活。友人的疑問，讓我首次意識到自己的言行舉止原來是古怪萬分。我想，這可以是一則兩個民族間相互理解並非易事的絕佳例子，我們會極為自然地用自己的態度與動機，來推測對方的態度與動機，因此容易誤解對方。如果日人對於英人的莊重感到困惑，那英人也會說，他們不知道為什麼日人這麼輕浮。日人常說外人「扳著臉孔」，而西方人則強烈鄙視「日本人的微笑」，懷疑這笑容是種虛偽的情感表現。事實上，有些人就斷定這種微笑了虛偽以外，什麼都不是。只有極少數具有觀察力的人察覺，「日本人的微笑」是個值得探討的謎題。我有一位同屬西方人的知己，居住在橫濱，他泰半的人生都在東方的諸多開港都市輾轉度過，是個值得真心敬愛的人物。他聽說我將前往日本鄉間居住，便在出發前跟我說了這段話：

「聽說你接下來打算研究日本人的生活，說不定你可以幫我解答某個謎題，那就是日本人的笑容，我完全無法理解。告訴你我眾多經驗中的其中之一。某天，我在橫濱騎馬正要下山，半路上發現有台沒載客的人力車，沿著彎道上從逆向的那側正要上山。那時，就算我即時勒馬大概也是來不及，但我想這倒也不是什麼特別危險的狀況，我也就沒動手拉住馬的轡繩，只是用日文對著車伕大喊，要他退到另一邊去。但是車伕並沒有移動位置，而是把人力車靠到彎道上高度較低的圍欄那邊去，這樣一來，車轅的部分就橫在道路中央。下坡的速度太快，馬來不及躲開，下一個瞬間，其中一根車轅就刺進了馬的肩膀。車伕毫髮無傷，我看著自己的馬鮮血淋漓，自然怒上心頭，捉著馬鞭的柄就往車伕的頭上敲。車伕卻只是盯著我的臉，笑容可掬，然後彎腰鞠躬。我現在都還可以清楚憶起他的微笑，那時只覺得是挨了那一下的是我自己。這個微笑讓我不知如何是好，片刻前的憤怒頓時煙消雲散。你知道嗎，那是一種禮貌的笑容。但是這微笑到底意味著什麼？為什麼他非得要笑呢？我無法理解。」

那時的我也不懂。然而，後來我逐漸能夠理解，比起這個例子更加不可思議的微笑所包含的意義。日本人即使在面對死亡也能微笑以對，事實上也真的以微笑應對。此時的微笑與其他狀況下的微笑，並不存在不同的理由，裡頭沒有抵抗，也沒有虛偽，更不能把這種微笑與我們西方人偏向視為性格上的弱點、那種代表陰鬱自棄的笑容混為一談。日本人的微笑是歷史千錘百鍊後所形成的一種禮儀，亦是一種沉默的語言。但是，就算你努力想用西方人相的情感表達方式來解釋日本人的微笑，這舉動如同你想解釋漢字與日常生活常見的物品形狀相似與否，很難行得通。

第一印象源自於本能、直覺，所以值得信賴，這點在科學上已獲得證實。對於日本人微笑的第一印象亦是如此，通常不會有所偏差，乍來到日本的外國人幾乎不太可能會錯過日本人臉上那種欣喜的微笑特徵，而他們的第一印象，大部分也是非常愉快的。一開始，日本人的微笑總是魅惑人心，但是，到了後來，當異常事態發生，比方像是傷痛、恥辱或是失望的時刻，西方人竟在日本人的臉上看到了同樣的微笑，很難不懷疑自己的眼睛。甚至在某些怪異的狀況下，這種微笑激怒了西方人。實際上，在日本生活的西方人與日籍雇傭之間發生的磨擦，往往源自於此種微笑。對英國人的認知來說，稱職的下人必須一臉嚴肅，所以他們自然無法忍受日本男僕的笑容可掬。不過，西方人的習性也漸漸滲透日本社會，日本人開始稍稍理解，口說英語的外人一般不喜歡聽話的人臉上帶著微笑，僕役的微笑更是一種對主人的侮辱，於是，開港區域的日籍傭人收起了他們的微笑，變得陰沉而面無表情。

我想起一則居住在橫濱的一名英國婦人告訴我的奇妙故事，主角正是她日籍傭人中的其中一人。

「前幾天，我雇用的日本女傭像是遇到了什麼好事，笑著來到我身邊，告訴我她的丈夫過世，她要參加喪禮，所以必須告假。我當然讓她放假了。他們好像會把過世的人燒掉？當天晚上她回到我這裡，給我看裡頭像是裝著骨灰的罈子（裡頭我有看到一顆牙齒），接著她居然笑著說：『這是我夫君』，您可否有聽過這樣無情冷酷的生物？」

我很難說服這則事件的敘事者，其實她的女傭行為舉止並非冷酷無情，而可能是有些英勇，或許我能夠給予一個感人肺腑的解釋。縱使並非毫無教養之人，在這種狀況下仍會被事物的表面給輕易蒙蔽，更何況居住在開港區域的那些外人大半是些沒有教養的俗人，這輩子從來沒想過要睜開眼看看自己生活周遭表面之下的景色。這些人只要張開口，馬上就是個充滿敵意的批評者。那位告訴我人力車伕故事的橫濱友人則完全不同，他親口承認自己被事物的表面給誤導了。

## 二

誤解日本人的微笑，引起了多次不愉快的事件，曾經居住在橫濱的英國商人T亦是一例。T不知道用什麼名目（我猜有部分是作為私人日語教師），雇用了一位盡忠職守的老武士。這名武士仍依照當時的習慣綁著髮髻，腰帶上插著大小兩把刀。即便是今天，英日兩國的國民都還算不上十分了解彼此，而那個時代比起現在，連語言都不怎麼通。所以日本人即便是受雇於外國人，也遵照受雇於日本人上流家庭的方法行事[1]，於是彼此單純的誤解卻導致諸多虐待以及殘酷的下場。後來，西方人終於發現，用對待西印度群島黑人的態度來面對日本人家僕是非常危險的。

有幾名外國人因此遭到殺害，這也讓外國人終於明白兩者的差異。

閒話休提。總之，T對於這位古風武士的工作態度相當滿意，但他無法理解武士的東洋禮數、行禮方式等等舉止，他也無法理解身為下屬的武士有時會送給他小禮物的意義。這些優雅禮儀對T來說，無異於對牛彈琴。某天，老武士有事前來拜託T（我想那天應該是除夕的傍晚，此處不加詳述原因，但在那天，日本人手頭總是需要一點錢）。

1 關於這點，讀者可以參考 Miss Bacon：*Japanese Girls and Women* 書中「家事服務」一章，內容值得一讀，論點兼及男女僕役，饒富趣味而且呈現真實。不過她並未提及詩意的一面，這點或許跟宗教信仰密切相關，我們無法期待站在基督教立場書寫的人有所顧慮。日本古代的家務處理受到宗教的理想化以及規範，我們可以從現在人們仍在使用的佛教諺語理解這份宗教情感。諺語如下：

親子是一世

夫婦是二世

主從是三世

他的請託是用他兩把刀子中的長刀當抵押，看是否能跟T借一點錢。那是把美麗的武器，商人一眼就可以看出它是值錢的東西，毫不猶豫就借了錢給他。幾個禮拜後，老武士也償還借款，拿回自己的刀子。

然而，接下來這不愉快的事情到底是如何發生的，現在已沒人記得清楚。我想應該是T情緒不穩吧，總之，有一天他對老人動怒了。而T表達出自己的憤怒，老人則是鞠躬，然後微笑以對。T見了更是怒上心頭，開始用難聽的詞彙羞辱老人，老人還是鞠躬，微笑。T終於無法忍受，勒令老武士離開這個家。事態演變至此，老人仍是微笑，於是T失控了，毆打了老人。這時T突然感到害怕，因為老人突然從刀鞘迅速地拔出武士刀，在T的頭上空揮了一刀，看這俐落的一斬，老人明顯是寶刀未老，劍術高超的人只要兩手握住，日本刀的銳利的刀刃只要一刀就可以砍下對方的首級。不過，讓T更驚訝的是，老武士把才剛俐落抽出來的刀熟練地一轉，收入刀鞘，然後轉過身離開了那裡。

於是T滿腹狐疑，坐了下來想這到底是怎麼一回事。他記起這老人的一些好處，數不清的好意，那些他既沒開口要求，老人也不求回報，好幾次還送了東西給他，為人正直、完美無缺。想來想去，T開始覺得內疚，但還是安慰自己說：「不，這終究是他的錯，明明知道我在生氣，他怎麼會有笑的權利呢？」不過，他心下還是決定，有機會的話，他會補償這個錯誤。

事與願違，T不再有這個機會。當天晚上，老人就依照武士禮法，切腹自盡了。他留下了筆跡相當美麗的遺書，敘述切腹的理由。對武士來說，遭到不平的毆打卻無法雪恥，是極大的屈辱，而他卻遭到了這種毆打，若是在任何可能的狀況下，他會選擇復仇的。但是，他身處的狀況非常特殊，他曾經因為急需金錢而把刀子抵押給眼前的這個男人，若用這把刀斬殺保管過它的人，違反武士的名譽法則。既然無法揮下那一刀，他能選的，只剩光榮切腹一途。

為了和緩這個故事的不愉快的結局，讀者可以設想，T對於這個事件的後果痛心疾首，慷慨地照顧了老武士的遺族。但是，激怒了T，並且造成這場悲劇的主因乃是老人的微笑，他無法想像，老人臉上的微笑究竟意味著什麼？

## 廿三

為了理解日本人的微笑，多少需要融入日本從古至今自然狀態下的民眾生活，從近代化以後的上流階層是學不到什麼的。人種之間的差異所包含的深層意義，隨著高等教育的影響展現在日常生活中，但這影響並非形成一種社會共識，反而似乎只是擴大了東西方之間的差距。在外國的觀察家中，也有人是這麼認為：向來被隱藏的性格傾向在高等教育的影響下極端地擴張，甚至發展出在庶民身上極為少見的唯物主義。我無法完全同意這樣的說法，但我無法否認的是，日本人中接受西式教育者會因教育程度越來越高，心理上反而離西方人越來越遠的事實。在明治的新式教育下，日本人的個性似乎結晶成某種奇異的硬度，至少就西方人的觀察而言，那是不透明的。在情感上，比起日本的數學家，日本的孩童與我們西方人是毫無芥蒂；比起日本的政治家，我們與日本的平民百姓更為親近許多。經過完全近代化的頂尖階層的日本人，與西方的思想家之間，完全不存在知性感應般的交流互動，日本人會以冷漠但正確的禮貌來取代交流。在其他國家，這是擴充情感的巨大影響力，但在這個國家，反而造成了抑制情感發展的異常結果。在海外，我們英人習慣性認定感性的發達與知性的擴充息息相關，但若把這法則硬套用在日本人身上，那可是大錯特錯。就連在普通中學任教的外籍教師也會感受到，學生們升上高年級之後，便離老師越來越遠。這種狀況在各種高等教育的機構中則意味著學生與外籍教師之間的隔閡不斷地迅速擴張，最後到了畢業之前，學生與外籍教授的關係，連泛泛之交都算不上了。這個謎題某種程度或許與生理學相關，需要科學性的解釋。但是，若想要獲得解謎的關鍵必須先關注，自遠古先祖相傳至今的生活與想像習慣。只有理解了造成這個謎題的自然上的原因時，才能夠充分地研究這個問題。不過，所謂的自然原因，卻不是輕易可以理解的。某些人們認為日本的高等教育未達西方水準，無法發揮促進感性發達的效果，而且重點發展的部分有所偏頗，不夠明智，因而犧牲了日本人的性格成長。然而，這個主張的前提缺乏具體事證。而且，根據這種說法，性格乃為學校教育所產。實際上，無論是依循何種教育機制，給予磨練既存性向的機會才能獲得的成果，才應該是最好的選擇。所以，前述的說法徹底忽略了這個重點。

所以，這個現況的原因必須先從人種的特性來看。我認為，在遙遠的未來，就算日本的高等教育再怎麼發達，完成了諸多創舉，終歸無法改造自然所帶來的天性。不過，現在的狀況卻是，高等教育反讓日本人的美德萎縮退化。我認為這悲劇無法避免，理由非常單純，因為日本人的精神、頭腦的能力面對的是過度的要求，負擔已經超乎想像。日本人的優良國民精神，像是責任感、忍耐力、自我犧牲的精神等等，打從古代起就是社會上、道德上、宗教上的各種理想的展現，但在高等教育的訓練及規範之下，他們的目標只剩一個，就是完成學業，為了達成這個目標，必須耗盡所有的力氣。加上這個目標如果能夠順利完成，可是得突破那些西方學生極少面對的，甚至是他們連想像無法想像的諸多困難才有辦法達成的。從整個世界的觀點來看，過往讓日本人的性格令人欽佩不已的各種道德素質與現在的日本學生之所以最為孜孜不倦、最為溫順、也最有野心的本質其實毫無二致。但是，日本學生還有一種道德素質，那就是努力，卻超過自己的生理限度，因而導致了精神或是心智上的衰弱。這個國家，正處於過度緊張的時期。不管是否有著相對應的自覺，他們被突來的必要性逼迫著進行困難重重的事業，要讓國家的知識發展追趕世界現有的最高水準。這樣一來，神經衰弱的後果自然不能避免，為了要讓這種知性的變化在數代之間達成，生理上的變化亦不可缺，而實現的代價需要驚人的犧牲與費用。換句話說，日本想要到達的高度，並非一蹴可及，但在現下的局面，日本卻不願意放低自己的目標。幸運的是，在日本就連最為貧困的人們也驚人地滿懷熱情支持政府的教育政策，整個國家陷入一種吸收知識的熱潮。在我的小論中要用適切的表達方式來傳達那種熱情給西方讀者知曉，實是難如登天，但還是讓我舉個聽過的人都會有所感動的例子。一九八一年發生了恐怖的濃尾大地震，震後城鎮遭到破壞殆盡的岐阜縣與愛知縣的孩童們，蹲踞在自己家園的灰燼中，飢寒交迫，無家可歸，他們經歷的恐懼與悲慘自是無以言表。但是，他們居然繼續學習，用燒毀住宅的瓦片代替石板，用石灰代替粉筆，而他們腳下的大的仍然餘震不止[2]。這樣的景況所展現的，日本國民為了貫徹目的的神奇力量未來會創造出什麼樣的奇蹟，我拭目以待。

不過，眼前的事實是高等教育並未帶來全然的幸福快樂。在舊體制之下成長的日本人禮儀端正，大公無私，善良純潔，這些優點並非過譽。然而，在追求近代化的新世代青年之間，此種美德已不復見，他們認定過去的時代以及禮法是可笑的，但他們並無能超越自己正在進行的，對西方的庸俗仿效，或是淺薄的懷疑論調。那些該從父兄們繼承而來，高貴且迷人的昔日美德，如今安在？該不會那些最優良的素質已被轉化成純粹的知識性努力，而這過分的努力磨損了日本人的性格，結果讓他們失去了身為人的重量以及平衡嗎？

---

2 儘管餘震的搖晃以及頻率逐漸減少，但在大地震之後仍持續了六個月的時間。

如果我們意欲理解西方以及遠東地方人種的情感表現或是原始感受上的明確差異，那我們就得把視線落在那些靠著本性流動過活的一般民眾身上。他們不管是對於生存，或是對於死亡，總是平等地微笑以對，只要你變成這種溫柔、善良、親切的人種，你就能享受整個集團所共通的，簡單而自然的感受。藉由這種親近感與同理心，我們就能進而理解日本人為何微笑。

日本的孩童打從出生就擁有這種微笑的幸福傾向，家庭教育也不斷地培養這一點，就像是讓庭樹或花草的自然本能得到發揮一般，他們用著同樣的精力與細心的顧慮來管教孩童。他們教導孩子在點頭示意的時候微笑，兩手平放地板行禮時微笑，還有對長輩行禮後為了表示內心的喜悅，必須發出細微的嘶嘶聲來吸一口氣，這些與教導古典禮法的慣習、優美的禮儀等事並無不同。很明顯的，他們並不鼓勵發出聲音的笑。但微笑卻適用於所有愉悅的局面，不管是對長輩，或是對同輩均是如此，甚至，算不上愉悅的時候，微笑依然適用。這是日人的一種儀態，最舒適的表情就是微笑，社會規範我們必須用這最舒適的表情，來面對雙親、親屬、師長、友人以及所有對自己表達好意的人們。而且，持續地以喜悅的表情面對世界，盡可能給予人們愉快的印象，這不就是處世的法則嗎。即使內心崩毀，社會責任仍要我們勇敢地微笑。反過來說，表情看來嚴肅或不悅是不禮貌的，因為這會讓愛我們的人掛念，給他們帶來憂慮，那近乎是一種愚蠢的行徑，對不愛我們的人來說，那會勾起他們無情的好奇心。孩提時代開始的微笑的培養如同義務，變成一種本能。不管是多麼貧困的農民，他們內心都堅信要把自己個人的苦惱或憤怒表現在臉上，肯定是對自己沒好處，又缺乏同理心的一種行徑。因此，雖然日本與其他國家一樣，悲傷的時候自然伴隨著眼淚，但是在尊長或是客人跟前忘我地嚎啕大哭卻是舉止無禮的表現。萬一真的不堪悲苦，在人前痛哭了一場，就算毫無學識的農婦也會連忙拭淚說道：「請原諒我的自私，竟做出此種無禮之舉！」此外，我認為，日本人微笑的理由並不只侷限於道德層面，某種程度上與美學也有關係，這一部分的理由與希臘藝術中抑制苦悶的表現觀念相通，不過，比起美學上的關係，我以為該研究的部分終究還是道德的部分。

這個微笑的基本禮儀衍生了次要的禮儀，而日本人常為了遵守這個次要禮儀，導致外國人經常嚴重誤解日本人的感性能力。在面對傷痛或是震驚的意外時，當事人必須帶著微笑講述已經發生的事實，這是日本人的習俗[3]。這事實越是嚴峻，微笑越是燦爛。

當這事對口述者來說不怎麼愉快，微笑會變成一種壓得很低很沉的笑聲。初遭喪子的母親在送葬時痛哭流涕，但如果她在西方人的家中工作的話，她肯定會用微笑的臉龐來對他人述說自己的喪子之痛。《傳道書》有云：「哭有時，笑有時」，日本的女性正是如此。深愛之人才剛過世，為何能夠隨即以微笑告知他人，這點確實讓我苦思許久。然而，這種笑容是包含著絕大的自我克制的禮儀，它意味著：「您或許認為這是一件不幸之事，但是請不要為了這不值一提的小事掛慮，請原諒我是不得已才向您報告。」所以，解開日本人難以解釋的微笑之謎的關鍵，就在於日本人的禮儀表現方式。犯了過錯被解雇的僕役會跪著叩首，然後以微笑祈求原諒，這樣的微笑既不是冷酷無情，也並非桀傲不馴，而是意味著：「請勿擔憂，我認為您正如您所言，我已自覺到自己犯下錯誤的嚴重性。很抱歉我因為個人的悲傷以及必要來乞求您的原諒，這是不合理而且無禮至極。」至於那些年紀稍長，不會哭鬧的年輕人或是女孩，萬一犯下過錯遭到處罰時，同樣會臉露微笑，那微笑的情感則是：「我的心中並未存有惡意，我所犯下的過錯必須接受比這更嚴苛的處罰也沒關係。」所以，我住在橫濱的友人以馬鞭敲打對方的時候，那位車伕的微笑亦是類似的理由。我的友人應該有所直覺，所以見到了車伕的微笑馬上放下了自己的情緒，車伕所要表達的是：「我感到非常抱歉，您有發怒的權利，這是我應受到的懲罰，我不會因此心懷怨恨。」

不過，就算是身分卑微、貧窮的日本人遇著了不公不義之事，他們可不會忍氣吞聲，這點不能忽略。日本人善良且服從的特質主要來自己日本人的道德觀，在日本，外國人以為好玩而攻擊本地人後，他們會發現自己犯下的是嚴重的過錯，日本人不是可以輕易愚弄的民族，已經有不少外國人因為自己殘暴的舉動而喪生——丟了生命也不值得讓人心疼的那些人。

以上的說明或許依然無法解釋先前提及的，日本侍女的事件。不過我私心以為，這事敘述者英國婦人言談中說漏了，或是自己看漏了兩三個關鍵。故事的前半相當明確，告知夫君逝去時，她也依照前述的日本禮儀，表情保持微笑。而讓我們難以置信的是，她把骨灰罐打開給女主人看這個部分。如果她既然是個在告知丈夫死訊能夠臉露微笑，如此切身施行日本禮儀的女人，那麼在一般狀況下她應該不會犯下這種錯誤。除非女主

3　當然，慰問遭逢不幸者則又是另外一回事了。

人開口要求，或是她聽錯了，否則她不可能會拿出丈夫的骨灰罐，更不該讓人看到裝在裡頭的東西。然而，她給女主人看骨灰的時候，發出低沉而平穩的笑聲，這點倒是不難想像。無論如何必須完成痛苦的義務時，又或是非得要開口提及痛苦之事時，必定會伴隨那種笑聲。個人的看法是，這該是侍女不得不滿足女主人恣意好奇心的舉動罷了。她的微笑，或是笑聲，不過是意味著：「請不要因為我個人不值一提的事情壞了您的心情，雖說是您開了金口，我還是因為不得不提到自己的悲傷感到非常抱歉。」

## 四

然而，日本人的微笑異於法國人的緊繃笑容（sourire figé），那不是一種為了偽裝內心而戴在臉上的面具，而與其他諸般行為舉止相同，是種受到社會階級之差異所規範的禮節。一般而言，上了年紀的武士並非無時無刻都該面露微笑，微笑只限於面對上司或是親密之人，對底下的部屬，則必須保持稍稍嚴峻的態度。神道神官的高尚尊嚴可謂眾所皆知，而且好幾個世紀以來，中央官僚與地方官員之間均嚴格遵行儒教禮儀。自古以來，貴族的處世更須謹言慎行，階級的尊貴越是往上越是高不可及，最上層的便是天子，被包圍在恐怖的氛圍之中，據說普通人正視一眼的話便會丟了性命。不過，就私生活的部分，就算是居於高位者，言行舉止仍是親切和善。到了今天，除了某些無可救藥追求近代化的例子以外，不管是貴族、法官、神官、官員、軍人等等，他們從自己的義務中解放，回到自家時，仍然會恢復古風而充滿魅力的禮法習慣。

為會話增添少許色彩的微笑，說穿了不過只是禮儀的一環。不過這種微笑所象徵的感情，卻涵蓋了日本禮儀諸般做法。外國人要與日本人建立親密友情並非易事，但萬一你真的能跟凡事均依循傳統，積累相當教養的真正日本人深交，你可以透過這名友人試著研究日本國民全體具有的固有社交特性。我指的是那些性格未受外國影響，不被個人主義毒害的日本人。對這種人來說，社交特性會精緻地嶄露於外，優雅迷人。你會發現，他的原則是避免談到自己的私事，如果遇到有人開口問他，他會含糊且簡短地回答，並禮貌地點頭以示謝意。另一方面，他會詢問關於對方的各種事情，意見、想法，就連對方日常生活瑣碎的細節，他也會興致勃勃。你可能吃驚地發現他居然記得過去關於你的一些小事，不過，這種對於他人的細微關心也是有明確界線的，觀察對方這部分也有界線，他不會碰觸對方會感到不愉快或是痛苦的部分。如果他注意到對方有怪癖或是缺點，他打從一開始就會裝做沒看到。他不會在你的跟前稱讚你，然而他也不會嘲笑或是批評你。事實上，你會發現他不批評他人，而只議論行為以及行為所帶來的結果。就算做為私人的顧問，他不會直接反對他不贊成的意見，而是慎選語言來論述新的提案：「這樣做或許對您比較有利，不是嗎？」如果他非得評論他人的事務，他會使用拐彎抹角的奇妙招式，引用各種事件舉出具體實例，讓話題的歸結方向能夠一目了然。當然他所舉的例子必須讓聽者信服，並且創造一個良好的印象。這種婉轉傳達說話者意圖的辦法，本質上來自於儒學。《禮記．曲禮》有云：「直而勿有」，意思是就算你覺得自己一點也沒錯，也不該用自己的觀點來表達。而且，跟這種真正的日本人來往，你肯定會發現他的一些個性，與古典漢籍知識息息相關。就算你沒有那些知識，你還是會發現這種人不但為他人著想，並且意識地抑制自己。地球上的其他諸多文明，都比不上日本人如此清楚幸福生存的秘訣。既然人生中的喜悅與周遭眾人的幸福密不可分，那麼培養自己的人格無私奉獻、堅忍不拔，自是非同小可，而日本人無疑是最廣泛了解這則道理的民族，這樣的思想滲透整體社會，所以他們不會姑息挖苦、譏諷、冷笑等惡行，我幾乎可以斷言，在高雅的人們之中，這些都是不存在的。個人的失敗不應成為嘲笑或斥責的對象，舉止怪異的人也不該遭受批評，不小心犯錯的人，更不該成為他人的笑柄。

中國風的保守主義維持著傳統，多少也讓這樣的倫理體系僵化，依賴個體的犧牲以維持風平浪靜，甚至讓思想極端地固定。儘管如此，我依然認為，倫理政策若能透過反映社會需求的某種程度理解來做調整，再加上擴展科學性認識，這是通往知識自由進化的關鍵，那麼必能訂定出可獲絕佳成果的倫理政策。然而，實際上這似乎不適合人類的獨創力，自古以來的教育只是培育出缺乏想像力、意見平庸無害的人群。正因如此，居住在日本鄉間的外國人時常會想起西方生活中極為常見的，激烈的不穩定性，那意味著西方世界有著更巨大的歡愉、更巨大的苦痛，以及更全面性的同理心。不過，懷念只是轉眼之事，因為這欠缺知性刺激的缺點，被這個社會擁有的迷人魅力所補足。而且在極少數理解日本人的外國人腦海中，他們一定會毫無疑問地永遠記得，這世界上最容易一起生活的民族就是日本人了。

## 五

現在我動筆寫下這些事情時，我腦中浮現的幻影是在京都某夜的回憶。我不記得那地方的名字了，總之我在街燈燃起，萬頭鑽動的奇特街道中穿梭。我轉入一條小路，要去看一間小寺院門前的某尊地藏菩薩像。那是「小僧」的雕像，意思是「見習的僧侶」，是個美少年，而石像的微笑正是一抹神聖的寫實主義。我凝視這地藏像許久，突然身邊跑來了位十來歲的孩子，在地藏菩薩前合上小小的手掌，垂下頭來沉默地祈禱了片刻。這孩子看來剛跟同伴玩耍完，臉上還留有玩耍後的愉悅以及光芒，而且他自然的微笑不可思議地與地藏石像的笑容如出一轍，看來就像是地藏菩薩的雙胞胎，我心想：這些用銅或是用石頭製成的佛像，祂們的微笑不單只是一種複製，佛像的雕刻家藉由這種微笑所要象徵的是日本整個民族微笑的解釋。

那是很久以前的事情了，不過那時的靈光一閃，我至今仍不做他想。雖然佛教藝術的起源對日本的風土來說是異質的存在，日本民族微笑的意義卻與菩薩為笑的概念相同——幸福來自於自我控制，來自於自我壓抑。「千千為敵，一夫勝之，未若自勝，為戰中上」、「雖曰尊天，神魔梵釋，皆莫能勝，自勝之人」（皆引自《法句經》），諸如此類的佛經思想，多不勝數，當然，我很或許不能說這樣的佛經思想創造出日本人性格最好最美的一點道德特色，但是這些思想確實表現了這種特徵。而且，我認為鎌倉那美麗的大佛像象徵著日本民族道德上的理想主義整體，「譬如深淵，澄淨清明」，那深遠而靜謐如水般沉穩的大佛面容，是其他人為作品所無法表現的，「此滅為樂」（同樣引自

《法句經》）一句，則道盡了永世真理，東方人所憧憬的世界，正是這種無限的安寧、無限的清寂。而日本人也把佛教中克服自我的理想做為己身的理想，然後生活至今。現在的日本雖然受到西洋文明的全新影響因而表面呈波濤洶湧之狀，加之西洋的影響遲早會動搖日本的根本本質。但相較於西方人的思想，日本人的情緒其實仍保持著美好的平靜。日人對於我們西方最關注的極致抽象問題並非全無關心，但也只有那麼一丁點興趣。西方人究竟為何關注著極致抽象的問題？日人並無法符合我們對他們的期待，他們無從理解這個疑問。有一次某個日本學者對我說：「你們就不該對宗教的思辨漠不關心」，他接著說：

「這在根本上理所當然，就像我們不需要被那些事情困擾一樣。佛教哲學的深度遠超越你們西方的神學，我們自古學習至今，我們已在思辨的深淵中無盡地探索，唯一的成果是發現那深淵之下是更深層的無底之洞。我們的航行已經到了思想所能抵達的極致，卻發現水平線是越來遙不可及。然而你們忽略了大海的存在，只在涓涓細流中像個孩子般玩耍了幾千年，現在才通過另外的一條路徑抵達海岸邊緣，眼前的無窮無盡當然是種新的奇蹟。既然你們已經看到人生的沙灘，面對的是的無邊無際，接下來自然會航往烏有之地。」

日本在比十世紀更久以前吸收了中國的文明，然而，接下來能夠用同樣的方法吸收西洋文明，並且在西化的過程中保有日本固有的思維以及感受性嗎？某個讓人印象深刻的事實是，日本對西方在物質上的優越程度讚嘆不已，但那與西方的道德絕對毫無干係。東方的思想家並沒有把機械技術的進步混淆成倫理上的前進，他們既沒有犯下這種嚴重錯誤，也沒有忽略掉我們引以為傲的西方文明在道德層面上的弱點。有關西洋文明，某位日本作家撰筆寫了以下的文章表達他對時代潮流的看法，而這篇文章並不限於作者原來所設想的日本讀者，它值得世界廣大的讀者群一讀。

一國之治亂，非從天而降，亦非由地湧出。一國之人心，亂則亂，一國之人心，治則治。其人心治亂之機，公心與私心之別而已。人以私心動則亂，以公心行則治。所謂私心，私欲私情之心，此私欲私情之私心，居家必亂家，居鄉必亂鄉，居國則必亂國也。所謂公心，乃取義之心。此取義之公心，居家則利家，居鄉則利鄉，居國則利國。夫人為家，必然有思其家之心。夫人治國，當然有思其國之心。乃以思其家之心，從家之事，以思其國之心，從國之事，是為公義。是故以家事為家事，可謂公心。其以國事至為家事，乃為不義，可謂私心。以私心之故，以國家欲利其家，是謂棄義也。⋯⋯

然私欲私情之心，人生而有之。其縱欲恣情而用才智，是全禽獸之勇也。故賢人出世，為人師表，立義正理，制其私心，以起公心。⋯⋯若增長私心謂文明開化，實為難解之事，但實際西洋所稱之文明開化，乃數百年來揉之又揉，以至今日模樣，正居進退兩難之所，聊成秩序者也。而其秩序者，並非有大義名分之制裁，猶且西洋之流習，無論何處，皆任人欲之力變遷，因此人欲強者，國自興盛。故羡彼之人，聞其思想則愉快，起仿效之心，可謂理當然耳。其他飲食、衣服、宮室等，自古以來，上下共恣其欲，華美至極，以成驕風，自當一見垂涎。然西洋流者，理概人欲之私，若非有執意遂行之決心，事必難成。無論爭亂非所顧。不啻非所顧，爭亂卻為西洋之好歷史，造就今日此般田地。吾等皇國從斯新創歷史，應須造出實地學西洋流文明開化之田地。顧崇拜西洋者，果真有此覺悟耶？⋯⋯

抑未知西洋流習，基於東洋古來之傳，所謂政治，一視同仁，應以一國人民之幸福為目的行之。絕非自成強者智者，欺凌弱者愚者。⋯⋯觀今日吾國所況，其人民最大多數悉食其力者也。然其力有限，縱事生業，生產常不足生活之用。縱觀都鄙之差，若欲一日得二十錢，亦為難事。有何餘裕得求衣服宮室之美、功名顯榮之地乎？顧此等，有何罪耶，卻終無能入西洋流文明開化之境地。……或有曰：此全為少有人欲之故。決非是然。雖有人欲，應天之時有限，應地之利有限，應人之義有限，應我等之力亦有限也。以其有限之力，汲汲營營，以事生產，其善美者，供之富貴者所望，以其醜惡者，為自活之計。君不見天地之間現存之物，可有不借勞力可成其者乎？為一人之大欲，若不借數千人之勞力，其欲望難以充足。借之勞力，雖受文明開化之樂，反忘其恩，視之度外，可謂法外之舉。由是言之，西洋流文明開化，不過乃使大欲之人恣遂其快樂之法，非益於一般民眾者。彼大欲之人，相競而增長其欲，若不滿足其欲，必言生於此世乃無益之行，非得忍其不可忍者也。

西洋流混亂吾等皇國，無邊無際，有目者現見之，有耳者已聞之。猶思將來，實是無限驚恐。其學問宗教，總以應人欲為其道理，故速易合人意，其中如自由平等之說，於滅倫理破理義，其猛烈者，恰如燎原之火。而其至極，終不能得單純之自由，單純之平等。遂歸權利義務之制裁，人人相互追求多望權力、少負義務，以致爭論健訟不止。原來此自由平等之說，以之變國家組織，於國法上破尊卑之分，一國人民得其平等，或應可得，但若均一其財產，以得貧富平等，決不能也。如美利堅，地球上名聲最盛之自由平等國家，自有所誇，卻不但無能立貧富平等之法，反而以貧富立貴賤之分際，曰黃金即為權力，以生成一種劣等制裁之力量。然則破滅道德品位，獨以黃金資本之多少，作上下貴賤之分，以之爭奪權利，自然無資本之多數人民，畢生無能伸張自身權利而已。握有資本者卻主張自由，拋棄仁愛之情，以權利為盾，譴責義務，欺凌弱小，當然之事也。是故自由平等說之結果，破我藹然皇國淳良風俗，人情漸轉苛薄，其後果，卻為多數貧民之災厄也。……

故西洋流者，乍聞之，投其情慾之所，思之道理恰是如此，此乃以人欲原本之私，誤認自然之法，以種種巧出之議論，其結果必偏離目的，以致傷害自他，無能有一可達最初希望者也。……彼西洋諸國，由斯理勢，浮浮沉沉，歷經種種勢力關係之變化，方有今日。後來猶尚推行此種流習，今日稍稍得勢力均衡，聊立秩序之所。有小不均衡，便為小變，有大不均衡，便為大變。今日之無勢者，焉知他日可成其勢乎？今日之勢者，焉知他日失其勢乎？故知此事之不均，常隱伏於均衡之所，一治一亂，得平等和平之時節絕無到來之期。其平等和平，即應西洋諸國悉亡，人種絕滅之時。[4]

誠如斯言，只要日人還具有此般的想法，未來就算發生威脅國家的社會危機，日本也能趨吉避凶。但是，眼前的日本動盪不安，國民在道德層面的衰退是不可避免的結果。現在的日本硬是被丟進了列強巨大的產業競賽場之上，而這些列強的文明絕非根植於利他主義，因此日本亦被迫發展那些國民生活中所缺乏的利己特質，儘管這項缺點本身是充滿魅力的。現在，日本的國民特質已經開始僵化，往後僵化的問題也只會變得更為嚴重吧。我們絕對不能忘記一點，那就是在十九世紀的世界之中，過往的日本儘管在物質上比起他國遜色，但民眾的道德修養卻是箇中翹楚，而這道德不單只是合理性下的產物，它被提升至一種本能。儘管範圍相當有限，日本確實達成了西方最優秀思想家所構想的絕大幸福的幾點社會條件。在日本複雜的社會架構中，不管身分高低，他們貫徹公私領域義務的觀念並且實行，這點我在西方諸國無法找到可以相比的例子。事實上，日本人道德上的弱點不過是發展過剩後的產物，因大我而犧牲小我，也就是所有文明化諸國的宗教共同以美德稱之者，為了家庭、社會共同體，甚至是國家，個人是可以被犧牲的。這點帕西瓦爾．羅威爾（Percival Lowell）在《遠東之魂》一書中即以弱點稱之，本書的讀者自身若對遠東地區的知識不足，難以正確評價作者是如何天資聰穎[5]。

日本在社會道德層面達成的偌大進展自是讓西方相形見絀，而他們走的路子，是互相扶持的方向。接下來他們的要務是牢記那位日人明智地引入其思想的哲學家[6]的真知

---

4 以上的文章乃一九八〇年（明治二十三年）十一月十九日、二十日於 Japan Daily Mail 報上以英譯發表，鳥尾子爵保守主義的聞名理論拔萃。單只拔萃難以傳達全文的理論與力道，實為遺憾。不過引用全文卻又失於冗長，所以只選錄部分。總之，全文之中，倫理上、宗教上、哲學上獨特理論的一貫性支配著各種論點，我只引用 Japan Daily Mail 報上傑出翻譯的片段，破壞這一貫性是無可避免的結果。鳥尾子爵的論文代表著完全不受西洋思想影響的日本原生學者的思想，值得一觀，他也正確地預見了日本國會成立之後發生的社會、政治混亂局面。此外，鳥尾子爵為精通佛教哲學的學者，在日本陸軍內部亦居高位。

譯註：鳥尾小彌太，號得庵，此處依照鳥尾子爵死後出版之《得庵全書》譯成中文，原文雖為漢文風格，但並非純粹漢文，日文用字表現甚多，比起〈英語教師日記選粹〉中片山的祭文仍遵守漢文訓讀規則，鳥尾子爵的文章較為接近日文。因此翻譯時多有省略、修改之處，但也盡可能保留原文中的用字遣詞。此外，「……」之處同英文原文，表示省略。

5 首先，我必須表達對這本巨著的誠摯的敬意，但我也必須說明，本書的某幾項結論，特別是最後的部分，與我自己的信念是大相逕庭。我並部分為日本人沒有自己的個性，只是日本人不像西方人那般露骨地表現出來罷了。日人總是習慣不露痕跡。我認為，西方所謂的「個性」或是「性格的力量」等等，不過只是被文明或多或少包裝過的，原始性攻擊傾向的殘餘。而史賓塞氏（Herbert Spencer, 1820-1903）認為極端的個性化，並不該包含以單純攻擊為目的的能力發展，儘管西方人的個性在生活中所展現的，仍然是以這個部分為主。然而在現今的日本，這種為了超越他人而變得具有獸性、攻擊性、病態的個性者，仍居少數。日本的知識份子令人印象深刻的明確缺點是欠缺自主性，無法創意思考，缺乏高度獨到的感受性。這種缺點與不足，是民族整體的問題。遠東地區的人民，在歷史上習慣於接受，而非創造。無論如何，我不認為佛教——一個起源於雅利安人的信仰該負起這件事的責任，日本在國民教育全面排除佛教的影響，看起來也未顯明確的效果。避靜精通佛教哲學的古典學者，比起帝國大學平均水平的畢業生，依然具備更深遠的思考能力。事實上，我以為佛教知識的再生，也就是佛教崇高的真理與當代科學最佳思想兩者相互調合，才會為日本帶來最重要的結果。

6 赫伯特．史賓塞所言。日本當地的學者井上圓了以史賓塞所提及的崇高目標在東京創立了哲學的專門學校，這間學校正漸漸地成為一所有影響力的教育機構。

灼見：「極限的個性化須語互相扶持並存」，儘管這話聽來矛盾，但他還有這麼一句：「進步的法則是邁向完全的孤立以及完全的結合」。

日本現下的年輕世代輕蔑自國的過去，但未來總有一天會再次回顧過往，就像我們西方人回顧古代希臘文明一般。未來日本人或許會欣羨過去的人們，過往的人能因簡單的喜悅而感到滿足。而且，他們會遺憾那些失去的，像是單純生活的欣喜、自然以及神聖世界的親密交融、神奇地記錄著過往時光的藝術等等。他們會憶起，古老的世界是多麼炫麗；他們會哀悼那些已經不復存在的，像是傳統的耐力以及自我犧牲、古典禮儀、古老信仰中人類深刻情感的詩作。他們會懷疑許多事情，但必定會心生後悔。他們會端詳遠古眾神的面容，因為諸神的微笑曾經與他們的笑容是如此相似。

# 出雲，再見！

## 一

我將離去，奔向遠方。我已辭去教師的職務，只等著通行證[1]的核准。如果是在六個月前，我會更感惋惜吧！如今許多親密的臉孔已然消逝，離別的苦痛自然小了許多。話雖是這麼說，住慣了這個古色古香的小城，產生深厚的情感，想到我可能無法再次端詳她的容貌，多麼令人心疼。我一直試圖說服自己，或許有一天我還會回到這綠蔭濃密、位於的北堀町的古老迷人居所。但根據過往的經驗，在徹徹底底的離別以前，我一定會做這種想像。

事實是，在這個諸神的國度裡只有「無常」是真實存在的，還有冬季時分嚴酷。我

1 譯註：直到明治中期為止，外國人在日本內陸的移動需要日本政府外務省所發行的「各地旅行免狀」，所以當時的赫恩需要通行證才能前往熊本，當時發行的通行證現收藏於池田紀念美術館，發行日期為明治二十六年六月十二日。此則規定於明治三十二年取消，外國人才得以在日本自由旅行。

接到一通電話，來自於遙遠的南方，九州的公立學校，那是個連雪都很少下的地方。近來我的健康狀況持續不佳，對於溫暖氣候的嚮往，促成了我的決定。

然而，離別的數日充滿了迷人的驚喜。對我來說，我只是盡到自己的義務，不應有過度期盼的權利，但眾人所表達的謝意，卻讓我喜出望外，而我所預想中的善意，可以深切感受到眾人的情感，這真是個美好的經驗。兩校的教師合送我的餞別之禮，是一對高約三呎的華美花瓶，上頭繪有淺紅色的逗趣螃蟹在海灘上橫行，上頭還有著開著花的樹木以及鳥類，據說此物製作於古老封建時的樂山，在出雲也算得上是珍貴的紀念品。除了花瓶本身，他們還附上了寫有合送者三十二人的漢字名字的卷軸，其中包含女性三人，這三位女性都是師範學校的教師。

尋常中學的學生們也準備了一份禮物，兩百五十一名學生，他們給了我在松江最幸福的種種回憶，最後還送我日本幕府時代的日本刀一把。金瞳銀獅（在出雲，這是屬於神道的獅子）群聚在深紅色漆具的刀鞘上，還有幾隻爬上了精緻的刀柄。將這把日本刀送來我家的委員們說，希望我能撥空到學校的禮堂一趟。據說這是自古以來的禮儀，為了與我道別，全校的學生正在禮堂等候著我。

於是我走出家門。讓我在接下來的章節，記下學生們與我交換的話語。

## 二

親愛的老師：

您是我們曾經擁有過的最好也最親切的教師。吾等衷心感謝您仁慈的教導，給了我們許多知識。學校的每一個學生，本來以為您能留在這裡至少三年，當知道您已經決定遠赴九州，我們的心中只剩悲傷。我們試著懇求校長，是否有方法能讓您留下，但我們發現這是不可能的要求。在這個告別的時刻，我們的情感無法用言語來表達。我們學生一同送您一把日本刀作為紀念。這不是件了不起的東西，但希望老師能收下，因為這是我們對您無以言述的感激之情。我們永遠不會忘記您親切的教導，希望您可以永遠健康快樂。

島根縣尋常中學學生代表
大谷正信

我親愛的每一位學生：

收到這份厚禮，這把美麗的日本刀，銀獅群立於鞘，蜷伏於絲綢纏繞之柄，我真的很難用話語來表達內心感受。看到這把刀時，我的腦中浮出一句日本的諺語，「刀乃武士之魂」。我不禁想：你們選擇了這份厚禮，一定是象徵著各位自身的靈魂吧。我會這樣想，一部分是因為我們英國人也有與刀相關的格言、諺語。英國的詩人會用「值得信賴的」、「忠實的」等詞彙來形容銳利的刀鋒，而且會用「此人如鋼鐵般可信」來形容我們的至交好友，畢竟鋼鐵所製成的完美刀劍，在過去是武士交付自己名聲與生命的對象。所以，這份你們所贈的禮物，有生之年，我一定會好好珍惜，這是你們的真情流露，也讓我明白了你們的忠誠精神，這把刀我會留在身邊，做為此種精神的象徵，也希望你們能讓這種寶貴的精神永遠燦爛！

我想，這不光只是學生對於教師的情感以及忠誠的象徵，這把刀，還有另外一個義務觀念的象徵。那是你們許多人在作文中曾經提過的，為天皇陛下犧牲的期盼。這種期盼十分尊貴，有其重要的意義，儘管現在的各位還無法理解，等到你們年歲與智慧同時增長，終會有體會其深刻意義的一天。現在是一個鉅變中的偉大時代，你們之中的多數人，想必會隨著成長而無法繼續相信那些祖先們曾經相信的事物。雖說如此，我也打從心底相信你們會如同重視祖先們的記憶一般，將會守護祖先們的信仰。總之，不管未來的日本如何改變，或是你們的想法隨著時代如何變化，你們一定不能失去你們所展現出來的，靈魂的期盼，那就像是神壇上微弱的燈火，會永遠在心中清澈且純淨地持續燃燒。

在諸位之中，有些人會成為軍人，甚至當上將官，而能夠達成這種願望吧。保護四面環海的帝國，為了這種重大的任務，有些人會進入海軍學校，那麼天皇與國家或許會需要你們拋頭顱灑熱血，但是，絕大部分的人卻會過著不同的人生，並不會有著犧牲肉身的機會。倘若國家面臨危急，或許有那麼一點可能，不過我相信，日本絕對不會有這樣的時刻。所以，諸位的絕大部分，必然得擁有不同的期盼。那是具備同等志氣的願望，並足以標榜為平民生活的指標，不是為了國家失去生命，而是為國家而活。如同那些善良且聰慧的先賢們，日本政府為了諸位整備了絕佳的學校，比起其他文明國家，能夠以極少的學費，獲得這個科學時代所能傳授的最好教育機會。畢竟，這些都是為了讓你們有能力，足以把這個國家帶向未曾有的富裕強盛。不管是誰，只要在自己的職業或專業領域上完美發展，他們對天皇或國家的忠誠奉獻，不會輸給為了自身義務而流下鮮血的陸海軍士兵們。

我對自身離去的悲傷，與為我餞別的諸位不分上下。越是瞭解日本學生的內心，我對這個國家的愛情越是深厚。我想，就算我沒有機會回到松江，我仍然會再次遇見你們其中的某些人吧，有些說不定會在未來的夏日某地相遇，或是希望有些會在我將要前往的公立學校，再一次成為我的學生。但不管我們是否能再次見面，請不要忘記，認識了諸位讓我的人生更加喜樂，而我會永遠愛著你們，謝謝諸位所贈的美好禮物，再見！

## 三

師範學校的學生在學校的禮堂為我舉辦餞別宴，這一年來我跟這邊的學生接觸的機會不多，授課甚至比規定的某週六小時還少，所以我並不期待他們會對外籍教師抱持好感。不過，對於日本學生，我想我還有很多需要學習的。宴會非常愉快，各年級的代表依序站起身，用英文朗讀事先準備好的告別之辭，精雕細琢的排列組合，引用了古老中國或是日本詩人的情感，篇篇都會永遠流在我的腦海之中吧。學生們為我唱了校歌，又在宴會結束前合唱了日文版的「螢火蟲之光」[2]，最後他們列隊送我回到家門口，告別時呼喊著：「萬歲」、「再見」、「啟程時我們也會跟隨老師，直到老師上船為止」。

## 四

不過，事實上我卻無法享受再會的愉悅，他們不得不離開這裡，甚至有些人，到了另一個世界去了，而這不過是師範學校餞別宴四天之後的事情！殘酷的命運關上了大門，把學生們分散到島根縣的各地。

根據推測，這場霍亂是由中國船隻所帶來的，兩天前的晚上在市內各地出現病例，其中也包含了師範學校。有幾位教師、學生感染後隨即撒手人寰，也有好幾人正在生死之間徘徊。其他人則被疏散到以溫泉聞名於世，並且尚未出現患者，名為玉造的小村，但是在那裡學生間也出現染病者，只好又把其他人疏散回自宅。然而，沒有任何人陷入恐慌。師生在自己的崗位倒下，軍紀卻不動如山。巨大的校舍交由醫療當局管理，消毒作業持續進行，而建築物裡頭只剩恢復中的病患，以及武士般不知恐懼為何物的校長齋藤熊太郎，他像是個船長，不看著旅客、船員平安脫逃，就不願離開自己將要沉沒的船，自己待在危機之中，照顧患病的學生，監督消毒作業的進行。本來有些事務是數名

2 譯註：原文為「Auld Lang Syne」。

職員負責的，但狀況危急，他馬上讓職員離開，獨自面對。病患中有兩名學生因此康復，對校長來說無疑是最大的安慰。

關於昨晚埋葬的一名學生，我聽到以下的故事。儘管死神就在眼前，學生看到校長來到病床之前，不顧他人好意勸阻，全力用手肘撐起上半身行了軍禮。面對勇敢的壯士，回以勇敢的行禮，之後這位學生啟程前往永遠無聲的世界。

## 五

通行證下來後，就必須啟程了。

由於中學以及鄰接的小學均因為霍亂而關閉，我拒絕學生舉行任何與送別相關的聚會，不能讓他們身處在被病菌汙染的河川旁且暴露在早晨的寒風之中的風險。但是我的要求被一笑置之，校長昨晚早已連絡各年級的代表，當天日出一個小時以後，大約有兩百名學生和他們的老師已在我的家門前集合妥當，他們準備送我到碼頭，小小的蒸汽船已經在狹長的白色大橋那裡等待著，於是我們動身出發。

碼頭早有其他學生等候著，還有許許多多我認識的人。知交、友朋、學生的雙親以及親戚、我曾經為他們貢獻微薄之力的人們，以及太多太多幫助我，我卻無法回報的人們，他們有的曾幫我做事，有的我曾在他們的店裡買過東西，善良的面孔聚集在這裡，嘴上是親切的問候。島根縣知事交代秘書一段鄭重的告別之辭，師範學校的校長為了和我握手特別趕來。儘管師範學校的學生大部分被疏散回到自己的家去，但他們的師長卻來了大半。我最想念的是好友西田，他在病床上已經兩個多月，肺部出血，不過他的父親仍帶了他在病床上寫的餞別信以及一些禮物來到這裡。

當下，我看著周遭的這些洋溢善意的面孔，我不禁問自己：如果是在其他國家擔任同樣的工作，同樣的任期，我能夠到享受這種恆久不變的善意以及溫暖嗎？打從來到此地，這裡的每個人面對我的態度，總是友善而有禮，就算有所疏忽，也沒有人吐出任何一個粗暴的字眼。做為一個學生五百多人的教師，卻不曾被學生考驗過我的耐心，我想這樣的經驗，只有在日本這個國家才能體會吧。

小汽船尖銳的汽笛聲，催促著乘客，我握了許多的手，其中我握得最緊的是勇敢卻溫和的師範學校校長的手。接著我搭上船，尋長中學的校長，兩校的幾名教師，加上一名學生跟在我的後頭，他們要陪伴我直到下一個港口，從那個港口，我將穿山越嶺，往廣島前進。

冬天的冷風凜冽，這是一個被曉靄包圍的美好清晨，我站在狹小的甲板上，為了再一次觀賞白色長橋橫跨的大橋川景色：奇特而可愛的老房子比肩並排，像是把腳浸在如鏡般的水面；小船的船帆，在早晨的陽光下金光閃閃；還有美麗而夢幻的，古老山丘。諸神聚集在這塊土地上，這裡的確有著魔法般的魅力。有如光譜般的迷人色彩、搭配其形怪狀雲彩的迷人山丘，對了，最特別的是，那彷彿飄浮在山頂、拖著長長尾巴的迷人彩霞。在這裡，天空與大地沒有界線，現實與魔幻幾不可分，所有的一切，像是即將消失的海市蜃樓。而對我來說，這塊土地真的將從眼前永遠消失了。

汽笛再次尖銳響起，汽船吐著煙，往後退到河川之中，迴轉背向白色的大橋。灰色的碼頭漸漸向後退去，制服的隊伍中開始傳出「啊啊、啊啊」的聲音，他們揮舞著帽子，銅質帽徽閃閃發亮，我爬上狹小船艙的屋頂，揮舞著帽子用英文喊著「再見！再見了！」河岸則回我以「萬歲！萬歲！」的呼喊。但那聲音已經越來越遠，難以耳聞。汽船滑向河口，進入藍色的湖中，繞過斑駁松影的岬角，於是他們的臉孔、聲音，還有碼頭、白色的大橋，盡成回憶。

我仍持續回頭望著寧靜的水面，左手邊是比鬱鬱蒼蒼的挺拔松樹更高的松江城天守閣、有著美麗庭園的舊宅、校舍的藍色長條屋頂等等，它們亦迅速從我的視線中消失，只剩淡藍的水流，淡藍色的薄霧，以及淡藍色、淡綠色、淡灰色在遠近若隱若現的群山山頂。遠方，在東方的天際，神聖的大山像鬼影般蒼白聳立著。

離別之後總有許多鮮明的記憶迅速浮上腦海，包含許多的場景以及人事，那量過於龐大，讓我的心一沉。我記得的眾多笑容，每天早晨出門前往學校之前，家裡的人總是一齊在玄關送我，希望我能有個順利的一天，傍晚則等待我的歸宅，狗兒只要到了固定的時間就會在門口等著我。此外，蓮花滿開、野鴿咕咕啼叫的庭園，穿過杉林迴響不已、有如音樂的寺院鐘聲，玩耍孩童們所唱的童謠，落在五顏六色到路上的午後陽光，祭典夜晚時垂掛的長列燈籠，在湖水上舞動的月光，在河岸對著出雲的太陽拍手祝禱的聲響，刮著風的橋上那無止盡又充滿活力的木屐聲——所有的這些，當然還包括了無法一一列舉的愉快回憶，鮮明到讓我心疼。遠方那些有著神聖名喚的山嶺，藍色的肩膀慢慢轉過身，小小的蒸汽船加快速度，帶我不斷遠離這個眾神居住的大地。

國家圖書館出版品預行編目(CIP)資料

日本瞥見記：異文化的觀察與愛戀 / 小泉八雲著；王憶雲等譯.-- 初版.-- 新北市:遠足文化，2019.04-- (傳世；6)
譯自：Glimpses of unfamiliar Japan
ISBN 978-986-508-005-1(平裝)
1. 文化 2. 風俗 3. 日本

731.3 108004506

傳世 06

# 日本瞥見記：異文化的觀察與愛戀

Glimpses of Unfamiliar Japan

作者——小泉八雲 Patrick Lafcadio Hearn
譯者——王憶雲 / 林美琪 / 余亮誾 / 蔡昭儀
編輯總監——陳蕙慧
總編輯——郭昕詠
編輯——徐昉驊、陳柔君
行銷總監——李逸文
資深行銷
企劃主任——張元慧
封面插畫——黃正文
封面設計——霧室
封面排版——簡單瑛設

社長——郭重興
發行人兼
出版總監——曾大福
出版者——遠足文化事業股份有限公司
地址——231 新北市新店區民權路 108-2 號 9 樓
電話——(02)2218-1417
傳真——(02)2218-0727
E-mail——service@bookrep.com.tw
郵撥帳號——19504465
客服專線——0800-221-029
網址——http://www.bookrep.com.tw
Facebook——日本文化觀察局 https://www.facebook.com/saikounippon/
法律顧問——華洋法律事務所 蘇文生律師
印製——呈靖彩藝有限公司

初版一刷 2019 年 4 月
Printed in Taiwan